皮建才　路瑶　姜舸　主编

南大经济评论
数字经济与高质量发展

NANJING
UNIVERSITY
ECONOMIC
REVIEW

Digital Economy and High-Quality Development

南京大学出版社

图书在版编目(CIP)数据

南大经济评论. 数字经济与高质量发展 / 皮建才，路瑶，姜舸主编. — 南京：南京大学出版社，2025.3
ISBN 978-7-305-27249-3

Ⅰ.①南… Ⅱ.①皮… ②路… ③姜… Ⅲ.①经济-文集 Ⅳ.①F-53

中国国家版本馆 CIP 数据核字(2023)第 159896 号

出版发行	南京大学出版社
社　　址	南京市汉口路 22 号　　邮　编　210093
书　　名	**南大经济评论：数字经济与高质量发展** NANDA JINGJI PINGLUN：SHUZI JINGJI YU GAOZHILIANG FAZHAN
主　　编	皮建才　路　瑶　姜　舸
责任编辑	张　静
照　　排	南京南琳图文制作有限公司
印　　刷	江苏凤凰数码印务有限公司
开　　本	787 mm×1092 mm　1/16　印张 19.25　字数 400 千
版　　次	2025 年 3 月第 1 版　2025 年 3 月第 1 次印刷
ISBN	978-7-305-27249-3
定　　价	98.00 元

网址：http://www.njupco.com
官方微博：http://weibo.com/njupco
官方微信号：njupress
销售咨询热线：(025) 83594756

* 版权所有，侵权必究
* 凡购买南大版图书，如有印装质量问题，请与所购
　图书销售部门联系调换

目　录

数字经济发展与国际消费中心城市建设
——基于 24 个"万亿俱乐部"城市面板数据的研究　　　　王唯煊　1

数据定价与数据反垄断
——拉姆齐定价法与 SSNIP 方法的运用与改进　　　　张更杰　24

"以融促产"还是"脱实向虚"？
——地区金融发展与企业金融化程度　　　　尚庆宇　申　玥　38

地区绿色发展水平对工业企业出口交付的影响
——基于 30 个省级行政区划面板数据的分析　　　　孙　彦　顾翔绪　58

经济型环境规制对中国 OFDI 的影响
——基于规制异质性和交互作用的视角　　　　苏奕之　杨　琛　72

FDI 会促进东道国创新能力提升吗？
——基于 60 个国家的面板数据　　　　毕多多　聂雨瑶　范熙典　97

家庭社会经济地位与义务教育阶段的学业成就
——基于 CEPS 基线数据的实证研究　　　　张　悦　119

教育投资、人力资本结构优化与区域产业升级
——基于人力资本异质性的实证研究　　　　王晨旭　132

方言距离与流动劳动力人口社会融合
——基于五维社会融合指标的线性与非线性模式　　　　刘葳洋　徐悦笛　153

饮酒行为背后的经济动机
——基于 CHNS 数据的实证分析　　　　吴津琪　178

宋代榷茶制度的新制度经济学分析
　　——兼论国家垄断专营的动机、影响与启示　　　　　陈文龙　193

小农制经济、经济周期与经济重心南移
　　——基于新制度经济学和DSGE的分析视角　　　　　杨冰云　219

制度变迁、路径依赖与中国古代盐业专卖制度
　　——基于明清盐业专卖制度演变的新制度经济学分析　邵梦齐　252

中国小农经济的惰性特征分析
　　——基于"道义小农"理论框架　　　　　　　　　　孙　诚　270

中央官制、利益集团与嫡长子继承制的演进　　　　　　刘萌萌　288

数字经济发展与国际消费中心城市建设

——基于 24 个"万亿俱乐部"城市面板数据的研究

王唯煊[*]

【摘要】 建设国际消费中心城市符合城市发展的历史规律,也符合当下我国经济高质量发展的根本要求。当前,数字经济的蓬勃发展为建设国际消费中心城市提供了有力的支撑。本文基于我国 24 个 GDP 超过万亿元(截至 2021 年)的城市 2004—2019 年的面板数据对此进行了实证检验。结果表明:(1)数字经济对于城市消费规模扩大具有显著的提振作用;(2)城镇化率提升对于数字经济影响城市消费的过程具有正向调节作用;(3)门槛回归表明,随着人均收入水平提升和产业结构的升级,数字经济对消费水平的提升作用逐渐增强。基于以上研究结果,本文提出进一步发挥数字经济促进消费中心城市建设的作用,需要发挥大城市的作用,促进要素进一步向城市流动,关注人均收入水平的提高与城市的产业结构转型。

【关键词】 数字经济 消费中心城市 调节效应 门槛效应

一、引言与研究背景

2019 年 10 月 14 日,商务部等 14 部门联合印发了《关于培育建设国际消费中心城市的指导意见》,将上海市、北京市、广州市、天津市、重庆市确定为首批国际消费中心城市进行培育,《中华人民共和国国民经济和社会发展第十四个五年规划和 2035 年远景目标纲要》也提出要培育建设国际消费中心城市。除上述城市以外,许多城市都提出要争创国际消费中心城市。由此可见,国际消费中心城市已经成为我国众多大城市的建设目标。事实上,全球的国际都市诸如东京、纽约、伦敦等都毫无例外的是世界性的消费中心城市。建设国际消费中心城市不仅具有历史的必然性,也符合当下我国经济高质量发展的要求。

从城市发展的历史来看,当人类社会开始进行工业生产之后,人口便开始向城市大规模集聚,不断集聚的人口产生了对消费的需求之后,城市便自然具备了满足城市居民消费需求的功能。城市经济学家以及经济地理学家总结出两类城市发展的模式(安德森,2017),第一类模式认为城市的发展始于独立

---

[*] 南京大学商学院经济学系 2020 级本科生。

的集镇阶段,随着交通运输技术的发展,进入第二阶段即区际和国际贸易中心阶段,第三阶段是以本地的或输入的原料或能源为基础的制造业的阶段,直到最终的阶段——占主导地位的中心形成的阶段;第二类模式认为城市的发展始于大宗商品出口中心阶段,进而进入以当地需求为基础的城市经济多元化发展阶段,第三阶段是以商品出口为基础的制造业中心发展阶段,最终依然进入占主导地位的中心形成的阶段。在现代经济社会,工业制成品市场已经成为买方市场,工业中心已经不再是经济中心,城市只有成为市场中心才能成为经济中心(洪银兴、陈雯,2000)。很显然,消费中心城市的建设符合城市发展的历史规律。

  从当前我国经济高质量发展的要求来看,建设国际消费中心城市是构建"双循环"新发展格局的重要支撑。2020年4月10日,在中央财经委员会第七次会议上,习近平总书记强调要构建以国内"大循环"为主体、国内国际"双循环"相互促进的新发展格局。推动建立"双循环"新发展格局,关键就是要充分发挥我国超大规模市场优势和内需潜力,要通过出台促进居民消费的方案,从需求侧着手促消费,从而建设"主动型"的"双循环"新发展格局(黄群慧、倪红福,2021)。同时,还要放眼全球,通过"扩大内需—虹吸全球资源—发展创新经济—以基础产业高级化、产业链现代化为目标"的基本逻辑构建以国内经济为主体的"大循环"格局——促进形成国内国际"双循环"相互促进的新发展格局(刘志彪,2020)。因此,构建"双循环"新发展格局的战略基点就是扩大消费(梁会君,2022)。从全国经济的区域分布来看,2021年,全国GDP排名超过1万亿元的城市共计24个("万亿俱乐部"城市),这些城市的国内生产总值之和已经接近全国GDP总值的40%[①]。占全国城市总数不到10%的城市却创造了接近一半的国内生产总值,说明我国经济的大城市化倾向已经越发明显。因此,推动国际消费中心城市建设能够在全国范围内扩大消费,进而形成构建"双循环"新发展格局的重要支撑。

  但是,提升消费并非易事。受疫情影响,我国消费增长总体有所放缓,2020年,我国社会消费品零售总额同比下降3.9%。近年来,我国最终消费占GDP总量的比重(消费率)也一直维持在较低区间,2019年,该比重值仅为55.4%[②]。我国居民消费率与发达国家相比也偏低,2018年,我国居民平均消费倾向为65.2%,分别较同期的美国、日本、韩国低26.8、30.5、29个百分点(陈昌盛等,2021)。近年来,以大数据、云计算、区块链、5G、人工智能为代表的数字化信息技术迅猛发展并渗透到各类社会经济活动中,社会的诸多元素都正在或即将在数字空间进行重构,形成了继农业经济、工业经济等传统经济之后的以数字技术为核心的新经济形态(焦勇,2020;陈若芳、周泽红,2021)。

[①] "万亿俱乐部"城市的GDP数据来源于各大城市统计局网站,作者手工整理。
[②] 数据来源:根据国家统计局公布的数据计算获得。

随着数字经济的蓬勃发展,数字经济对我国经济发展的贡献,尤其是对消费的贡献正在逐年提升。据《中国互联网发展报告2021》蓝皮书,2020年,中国数字经济规模已达39.2万亿元,占GDP的比重从2015年的27%上升至2020年的38.6%。其中,实物商品网上零售额同比增长14.8%,较上一年上升4.2个百分点,占社会消费品零售总额的24.9%。2021年上半年,我国实物商品网上零售额达到50 263亿元,增长18.7%。事实表明,数字经济这一以数字化信息(包括数据要素)为关键资源,以互联网平台为主要信息载体,以数字技术创新驱动为牵引,以一系列新模式和业态为表现形式的经济活动(陈晓红等,2022),正在成为我国经济发展的新引擎,对促进我国居民消费、扩大内需具有重要作用。

综上,本文选择从数字经济发展的视角来研究如何提升城市消费,促进国际消费中心城市建设。建设国际消费中心城市至少遵循以下三个原则:本地消费强劲、周边消费集聚、跨区消费活跃(周勇,2022)。由此可见,一个城市若要成为国际消费中心城市,首先要成为国内消费中心城市。因此,本文选取截至2021年GDP超过1万亿元的24个城市("万亿俱乐部"城市),通过测算2004—2019年各城市的数字经济发展水平,来分析数字经济发展与各个城市社会消费之间的关系。考虑到数字经济的作用效果可能具有地区差异,本文对24个城市进行了东、中、西的区位分组以进行异质性检验,并引入城镇化率作为调节变量,分析城镇化率对数字经济作用机制的调节作用。同时,考虑到城市居民人均收入与产业结构对社会消费的影响,本文分析了人均收入水平与产业结构对于数字经济作用于城市居民消费水平的门槛效应。

二、文献综述与研究假设

(一)文献综述

自凯恩斯开始研究边际消费倾向以来,消费作为经济发展的重要推动力一直被学术界重视与研究。许多研究围绕影响消费的因素及其影响机制展开,例如,从微观层面来看,消费者的消费行为受到当期可支配收入(Keynes,1936)、他人的消费行为(Duesenberry,1949)、储蓄(Carroll & Samwick,1997)、消费心理(Thaler & Shefrin,1988)、消费者性别与年龄差异、社会阶层地位、消费习惯(Veblen,2016)等因素的影响;从宏观层面来看,消费受到市场"公平"与"效率"(Blinder,1975;Musgrove,1980)、社会经济发展阶段、市场供给水平、居民预期收入和差距(王宋涛、吴超林,2012)、罕见灾难风险(如严重的经济金融危机、战争、自然灾害、疫情等)(陈国进等,2014;陈昌盛等,2021)、银行存款利率及一些政策性外生因素(黄卫挺,2013)等因素的影响。

随着互联网、大数据等技术应用催生的数字经济的蓬勃发展,数字经济对消费的影响也得到了国内外学者的关注。数字经济概念最早由美国学者Tapscott(1996)提出,其以数字技术为核心驱动力,通过新技术形成新产业、新产业催生新模式、新技术赋能传统产业三条路径来推动全球经济的数字化转型与高质量发展,是一种新经济形态(李晓华,2019;中国信息通信研究院,2020)。其发展与应用使得具有超规模、富媒体、低密度、流信息特征的大数据及其应用成为赋能和创新的重要源动力(冯芷艳等,2013;Hilbert & Lopez,2011;陈国清,2021)。近年来,随着我国新型通信基础设施的大力建设,中国数字经济的发展取得了突出的成绩,并展现出强大活力和韧性,大量新业态、新模式快速涌现,进一步推动了消费市场的健康发展(马玥,2021)。此外,Vatamanescu et al. (2017)研究了数字经济背景下竞争与消费者行为和在线购买决策的关系。Maslova et al. (2020)则以旅游产业为视角,采用Blackwell-Miniard-Engel模型研究数字服务的特点与数字经济条件下消费者行为在旅游产业的转变。现有研究对于数字经济对消费的正向促进作用达成了共识,数字经济正在变革着我国内需结构、居民消费习惯、消费行为等(韩彩珍、张冰晔,2020;马香品,2020)。林挺和张诗朦(2017)归纳了"互联网+"模式下城镇居民消费的特点,分析了居民消费行为偏好演进规律,构建消费行为偏好博弈模型。刘媛媛(2016)提出互联网通过影响商贸流通、产品营销、就业水平而对城镇居民消费产生促进作用。汤才坤(2018)、贺达和顾江(2018)则着重分析了"互联网+"对农村居民消费结构的影响。向玉冰(2018)、周楠(2018)对互联网背景下居民消费特征及影响因素进行了分析。赵明辉(2018)指出互联网通过解决信息不对称问题拉动居民消费。马香品(2020)通过研究数字经济背景下居民消费变化趋势,认为数字经济将促进数字消费占据居民消费新高点。刘导波(2021)分析了"宽带中国"战略下数字经济对居民消费增长的影响,并考虑了不同户籍、性别、年龄居民群体所受影响的差异。梁会君(2021)探究了产业结构升级对于数字经济作用于消费的中介作用与科技支出的调节作用。邹新月和王旺(2020)认为,数字金融能够促进地区内部居民消费水平提升,且存在显著的正向溢出作用。钟若愚和曾洁华(2021)研究发现,数字经济提高居民消费的关键在于其在产业和公共服务体系的深度融合与应用。马玥(2021)认为,数字经济通过改变居民消费理念与消费行为影响着居民消费。

现有研究主要从互联网或"互联网+"与数字金融的角度切入,研究数字经济对居民消费的影响机制,同时多聚焦于城镇或农村的整体分析,忽略了城市自身特点对作用效果的影响,缺乏对特殊城市集合的具体分析。因此,在前人研究的基础上,本文可能存在的边际贡献在于:一是研究对象选择方面,选取全国GDP超过1万亿元的24个"万亿俱乐部"城市作为样本,着重讨论数字经济对"万亿俱乐部"城市消费的作用路径;二是基于东、中、西三个区位进行异质性探讨,分析了数字经济在不同地区城市间作用效果的差异及原因;三是影响因素分析方面,创新性地将各个城市城镇化程度的差异纳入考虑,从城镇化率视角出发构建调节效应模型,并将人均收入水平与产业结构纳入分析框架,采用门槛模型,分析在不同人均收入水平与产业结构下,数字经济对居民消费水平提振的作用效果,为更好发挥大城市中数字经济在扩大内需、拉动消费中的作用提供理论依据。

(二)研究假设

1. 数字经济与经济规模较大的城市消费

基于已有研究,数字经济对消费的影响可以总结为以下几个方面。首先,数字经济的影响涵盖了生产、流通、消费三个环节。在生产环节,数字经济加快了生产环节的数字化与智能化,并且由于生产决定消费的方式与结构(韩文龙,2020),在生产端产生的变革将引致消费端的数字化,对消费市场产生拉动作用。在流通环节,数字经济发展带来了流通环节的创新,有效降低了流通成本,具体表现为在交易渠道和沟通方式更加便携化与多样化的背景下降低了沟通成本(韩彩珍、张冰晔,2020);在信息来源更加丰富与获取更加快速的背景下减少了信息不对称(王茜,2016),同时降低了信息搜寻成本,能够更好地满足居民更加多样化与个性化的消费需求(杜丹青,2017);在打破交易活动的时空限制、缩短运输时间的背景下降低了运输成本(杜丹青,2015)。其次,数字经济带来了居民消费理念与消费方式的变革。数字金融的发展丰富了居民消费的支付渠道(焦瑾璞,2014),提供了兼具安全性与便捷性的数字支付,线上与线下结合的消费方式对居民消费的增长起到积极作用。同时,丰富的信息获得渠道与商品内容载体也在一定程度上提高了居民的消费频率,加速了居民的消费决策。

相较而言,数字经济对经济规模较大城市消费的影响更大,主要原因在于:第一,大城市具有更大的人口规模与更高的人口密度,同时具有更高的人均收入水平,为其贡献了庞大的人口基数与巨大的消费能力,并且很多新兴消费模式更容易具有应用场景;第二,大城市更加通达的传统基础设施与先进的信息基础设施能够更好地促进数字经济发挥对消费的正向作用;第三,大城市对于不同产业与不同行业的集聚作用更强,更容易形成协同效应,例如,新的消费形式更加容易寻找到上下游产业链进行配套等;第四,大城市产业结构更加合理,较高的第三产业比重为数字经济的渗透与作用发挥提供了良好的基础。

综上,本文提出以下假设:

H1:数字经济对经济规模较大城市的居民消费增长存在促进作用。

2. 城镇化率的调节作用

数字经济对消费的作用受到城市城镇化率的影响。从经济角度来看,城市化是在空间体系下的一种经济转换过程,人口和经济向城市的集中是集聚经济和规模经济双重作用的结果。而城市化水平的提高无疑会对经济增长产生推动作用(朱孔来等,2011),集聚效应将带来城市生产力的进步,提高居民的收入和消费水平(雷潇雨、龚六堂,2014)。其具体表现为:生产规模扩大带来平均生产成本的降低;各种要素在更大的市场里实现更优匹配,更多需求得以满足;显性或隐性知识在空间集聚的过程中加速外溢,促进员工、企业家及产业间的相互学习(Gill et al.,2007)。此外,以 ICT 为代表的基础设施是支撑数字经济发展的"新基建",而 5G 网络、大数据中心、工业互联网、物联网等新基础设施建设都主要集中在城市,存在区域布局短板(马玥,2021)。数据显示,截至 2020 年 12 月,中国农村地区互联网普及率为 55.9%,比城镇地区低近 23.9 个百分点[①]。因此,城镇化率的提升还将一定程度上强化数字基础设施建设,提升更广大人群的触网率。同时,城市的基础设施通达性更强,数字经济的发展能够更好地发挥其作用。虽然数字经济依赖 ICT 技术,但是消费品最终送达消费者手中需要传统基础设施的通达性作为支撑,任何新的消费场景都需要物理空间作为载体。所以,城市发达的传统基础设施也能够使得数字经济对消费的作用真正凸显甚至放大。

基于上述分析,城镇化率的提升与数字经济的作用发生交互,能够将数字经济对扩大消费的正向作用放大,使数字经济更好地拉动消费增长。据此,本文提出以下假设:

H2:城镇化水平在数字经济影响居民消费过程中起到了调节作用。

3. 人均收入水平的门槛效应

根据绝对收入理论和生命周期——收入消费理论,居民消费受到居民人均可支配收入水平高低的影响。数字经济的发展拓宽了居民的消费渠道,产生了线上与线下相融合的消费方式。数字经济背景下的居民消费相比于传统线下消费,对平台、设备等硬件的依赖程度更高,因此中高收入群体更容易进入新兴消费领域(闫学元、张蕊,2014)。因此,当收入水平过低时,由于生存消费占据了收入水平的大部分,线上和线下相结合的消费模式发展相对滞后,数字经济对消费的影响尚未显现,只有当居民收入的门槛值被突破后,数字经济线上与线下相结合的消费模式才开始发挥作用,居民多元化、个性化的消费需求可以得到满足,新兴消费模式才更容易被接受。同时,数字经济对消费价格离散程度的降低与对消费频率的提升等作用才具有实现渠道,对消费的促进作用也才得以显现。在人均收入水平未突破某一门槛值之前,数字经济对消费的影响是不显著的,只有当人均收入水平突破某一门槛时,其促进作用才开始出现,并随着人均收入水平的不断上升而放大。

因此,数字经济对城市居民消费发挥扩大作用的过程受到城市人均收入

---

① 数据来源:第 47 次《中国互联网络发展状况统计报告》。

水平的门槛限制。据此,本文提出以下假设:

H3:数字经济影响大城市消费的过程中存在人均收入水平的门槛效应,随着人均收入水平的增加,数字经济对大城市消费的影响逐渐提升。

4. 产业结构的门槛效应

由于消费领域主要集中在服务业,城市的产业结构对于建设消费中心城市具有重要的影响。已有的研究表明,城市产业结构对城市消费水平的影响十分显著,服务业越发达的城市,消费率增长越快(雷潇雨、龚六堂,2014)。事实上,我国产业数字化在三次产业之间存在发展不均衡现象。中国信息通信研究院发布的《全球数字经济新图景(2020年)》数据显示,数字经济渗透率在三次产业间存在差异。2019年,我国第三产业、第二产业、第一产业的数字经济渗透率分别为37.8%、19.5%、8.2%,同比上升1.9%、1.2%、0.9%,然而第三产业与第二产业的数字化程度仍显著低于全球平均水平的39.4%与23.5%,与发达国家相比依然存在较大差距。我国第三产业数字化处于发展速度前列,数字经济渗透率呈现出第三产业高于第二产业、第二产业高于第一产业的特征。

基于上述分析,本文认为城市产业结构对数字经济的作用效果也存在影响,即产业结构水平较低,第二产业占比较高,数字经济所依赖的服务基础等条件发展较差,数字经济促进消费的作用路径尚未建设完善,从而对消费的提振作用将无法发挥。而随着产业结构的转型升级,第三产业的占比不断上升至突破门槛值,数字经济可通过对第三产业的渗透而发挥对消费的拉动作用,对城市消费的促进作用开始出现,并随着产业结构的优化不断增加。据此,本文提出以下假设:

H4:产业结构水平对于数字经济对城市居民消费水平的作用方面存在门槛效应。

三、研究设计

(一)模型设定

1. 基础回归模型设定

为对上述假设1进行验证,本文首先构建如下基础回归模型:

$$\ln \text{con}_{it} = \beta_0 + \beta_1 \text{dig}_{it} + \beta_2 \ln \text{med}_{it} + \beta_3 \ln \text{pri}_{it} + \beta_4 \ln \text{mid}_{it} + \beta_5 \ln \text{pat}_{it} + \beta_6 \text{gov}_{it} + \beta_7 \text{ainv}_{it} + \beta_8 \ln \text{stu}_{it} + \beta_9 \text{ind}_{it} + \varepsilon_{it} \quad (1)$$

其中,con为城市消费水平;dig代表城市数字经济发展水平;医疗卫生床位数(med)、普通中学专任教师(mid)、普通小学专任教师(pri)、政府干预(gov)、固定资产投资(ainv)、人力资本(stu)、产业结构(ind)、城市创新水平(pat)为控制变量；ε 是随机误差项；i 代表城市；t 代表时间。

2. 调节作用机制检验模型设定

为对假设2进行验证，本文使用城市城镇化率作为调节变量，进一步构建如下调节效应模型：

$$\ln \mathrm{con}_{it} = \beta_0 + \beta_1 \mathrm{dig}_{it} \times \mathrm{urban}_{it} + \beta_2 \mathrm{urban}_{it} + \beta_3 \ln \mathrm{med}_{it} + \beta_4 \ln \mathrm{pri}_{it} + \beta_5 \ln \mathrm{mid}_{it} + \beta_6 \ln \mathrm{pat}_{it} + \beta_7 \mathrm{gov}_{it} + \beta_8 \mathrm{ainv}_{it} + \beta_9 \ln \mathrm{stu}_{it} + \beta_{10} \mathrm{ind}_{it} + \varepsilon_{it} \tag{2}$$

其中，urban 代表城镇化水平；dig × urban 代表数字经济水平与城镇化率之间的交互项。

3. 门槛回归模型设定

为对假设3与假设4进行验证，本文使用人均收入水平与产业结构作为门槛变量，构建如下门槛效应模型：

$$\ln \mathrm{con}_{it} = \zeta_0 + \zeta_1 \mathrm{dig}_{it} \cdot I(\mathrm{pgdp}_{it} \leq \gamma_1) + \zeta_2 \mathrm{dig}_{it} \cdot I(\gamma_1 < \mathrm{pgdp}_{it} \leq \gamma_2) + \cdots + \zeta_n \mathrm{dig}_{it} \cdot I(\gamma_{n-1} < \mathrm{pgdp}_{it} \leq \gamma_n) + \beta_1 \ln \mathrm{med}_{it} + \beta_2 \ln \mathrm{pri}_{it} + \beta_3 \ln \mathrm{mid}_{it} + \beta_4 \ln \mathrm{pat}_{it} + \beta_5 \mathrm{gov}_{it} + \beta_6 \mathrm{ainv}_{it} + \beta_7 \ln \mathrm{stu}_{it} + \beta_8 \mathrm{ind}_{it} + \varepsilon_{it} \tag{3}$$

$$\ln \mathrm{con}_{it} = \zeta_0 + \zeta_1 \mathrm{dig}_{it} \cdot I(\mathrm{ind}_{it} \leq \gamma_1) + \zeta_2 \mathrm{dig}_{it} \cdot I(\gamma_1 < \mathrm{ind}_{it} \leq \gamma_2) + \cdots + \zeta_n \mathrm{dig}_{it} \cdot I(\gamma_{n-1} < \mathrm{ind}_{it} \leq \gamma_n) + \beta_1 \ln \mathrm{med}_{it} + \beta_2 \ln \mathrm{pri}_{it} + \beta_3 \ln \mathrm{mid}_{it} + \beta_4 \ln \mathrm{pat}_{it} + \beta_5 \mathrm{gov}_{it} + \beta_6 \mathrm{ainv}_{it} + \beta_7 \ln \mathrm{stu}_{it} + \beta_8 \mathrm{ind}_{it} + \varepsilon_{it} \tag{4}$$

其中，pgdp 代表人均收入水平；ind 代表产业结构。式中 $I(\cdot)$ 表示示性函数，当括号中的不等式成立时取1，不成立时取0。γ 是模型中对应的门槛值，其余变量与本文前述回归一致。

（二）变量选取及数据说明

1. 被解释变量

城市消费水平（con）。采用社会消费品零售总额表示，实证过程中进行对数化处理。

2. 核心解释变量

数字经济发展水平（dig）。借鉴已有文献（黄群慧等，2019；赵涛等，2020），结合数据的可获得性，本文选择电信业务收入、移动电话年末用户数、互联网宽带用户数、信息传输与计算机服务和软件业就业人数四个指标来构建数字经济的指标体系，然后采用主成分分析法得出各城市数字经济发展水平的衡量指标（见表1）。

表 1　　　　主成分分析的 KMO 值和 Bartlett 球形检验结果

检验方法	相关指标	统计量结果
KMO 检验	KMO 值	0.599
Bartlett 球形检验	χ^2	311.887
	自由度	6.000
	p 值	0.000

数据来源:作者使用原始数据进行主成分分析得到。

3. 调节变量

城镇化率(urban)。本文由各城市非农人口占总人口的比重计算得出。

4. 门槛变量

人均收入水平(pgdp)。采用各城市人均 GDP 表示。

产业结构水平(ind)。采用第三产业与第二产业之比表示。

5. 控制变量

医疗卫生床位数(med)、普通中学专任教师(mid)、普通小学专任教师(pri)、政府干预(gov)、固定资产投资(ainv)、人力资本(stu)、产业结构(ind)、城市创新水平(pat)。其中,政府干预使用政府年度财政支出占 GDP 的比重表示;固定资产投资使用全社会固定资产投资占 GDP 的比重表示;人力资本使用高等院校在校生数表示,实证过程中进行对数化处理;城市创新水平使用各城市专利授权量表示,实证过程中进行对数化处理。

本文选取我国 24 个 GDP 达 1 万亿元以上(截至 2021 年)城市的 2004—2019 年的面板数据进行实证检验。数据来源于《中国城市统计年鉴》《中国城市建设统计年鉴》与各城市统计局数据,部分年份缺失的数据使用插值法补充得到(见表 2)。

表 2　　　　　　　　　　描述性统计

变量	含义	样本数	均值	标准差	最小值	最大值
con	城市消费水平	384	2 770.000	2 580.000	113.510	15 847.553
dig	数字经济	384	-0.000	0.547	-0.430	4.794
med	医疗卫生床位数	384	42 189.030	31 631.750	5 647.000	171 181.000
pri	普通中学专任教师	384	21 496.450	15 096.220	2 759.000	87 474.000
mid	普通小学专任教师	384	23 492.620	16 615.850	1 959.000	90 463.000
pat	城市创新水平	384	7 005.792	20 019.920	0.000	166 609.000
gov	政府干预	384	1 180.000	1 430.000	57.100	8 400.000
ainv	固定资产投资	384	4 270.000	3 510.000	360.000	31 000.000
stu	人力资本	384	41.344	28.685	0.910	120.000
ind	产业结构	384	1.016	0.374	0.193	2.135

数据来源:作者根据原始数据整理得到。

四、实证结果分析

(一) 基准回归

表3汇报了本文的基准回归结果。本文采用固定效应对模型进行逐步估计,并在所有的回归过程中控制了稳健标准误。从表3中可知,无论是否加入控制变量,数字经济水平对消费的扩大均存在显著的促进作用,且均通过了5%的显著性检验。表3中的基准回归结果表明,数字经济发展水平对大城市消费水平的影响显著为正。这表明,在城市扩大内需的过程中,通过发展提升数字经济水平,能进一步促进城市消费水平的提升。

表3 基准回归

变量	(1)	(2)	(3)	(4)	(5)
dig	0.7942** (0.3554)	0.1238** (0.0503)	0.1141** (0.0502)	0.0849** (0.0371)	0.0872** (0.0388)
ln med		1.5633*** (0.1416)	1.3051*** (0.1468)	1.0488*** (0.1395)	0.9432*** (0.1368)
ln pri		0.1169 (0.1866)	0.0965 (0.2132)	0.1457 (0.1763)	0.0603 (0.1931)
ln mid			-0.0035 (0.1694)	-0.0153 (0.1398)	0.0046 (0.1393)
ln pat			0.0740*** (0.0193)	0.0864*** (0.0222)	0.0802*** (0.0220)
gov				1.8011*** (0.5642)	1.7064*** (0.5227)
ainv				0.1876 (0.1391)	0.2497* (0.1371)
ln stu					0.0861* (0.0488)
ind					-0.2543* (0.1477)
_cons	16.7318*** (0.0000)	-0.6929 (0.9984)	1.7542* (1.0039)	3.5717*** (0.8767)	4.4965*** (1.4743)
N	384	384	384	384	384
R^2	0.175	0.893	0.904	0.919	0.922
F	4.993	160.3	151.3	147.6	110.9

注:括号内为 t 统计量;***、**、*分别表示在0.1%、1%、5%的显著性水平上显著;各回归均使用异方差-稳健标准误。

(二) 异质性分析：是否存在地区间作用效果差异

基于我国东、中、西部存在着区位造成的多方面发展水平的差异，本文将24个城市按照东、中、西三个区位分为3组（东部：上海、东莞、苏州、福州、广州、南通、杭州、泉州、天津、深圳、济南、佛山、北京、青岛、宁波、无锡、南京；中部：长沙、合肥、郑州、武汉；西部：重庆、成都、西安），并分析3组样本之间是否存在显著的异质性。其结果如表4所示。

从表4中可以看出，对于东部地区城市而言，数字经济水平对于消费具有显著的扩大作用，而对中部地区却存在着显著的负向作用，对于西部地区的作用并不显著。这表明，数字经济对消费的作用效果存在地区间差异。东部地区的综合条件更有利于数字经济对消费的提振作用的实现，西部地区数字经济对消费的提振作用并不显著，而中部地区数字经济对消费则产生抑制效果。可能的原因在于，首先，东部城市的发展较中、西部城市更加迅速，居民人均收入水平更高，具有更好的消费群体基础与消费市场环境等，为消费的进一步扩大创造了基础。同时，东部地区产业结构转型程度较中部和西部城市更高，更高的服务业占比为数字经济的赋能创造了条件。

此外，数字基础设施在空间上分布不均。数据表明，截至2020年10月，中国累计建设5G基站超70万个，其中东部沿海领先于内陆地区（马玥，2021）。相较于对东部城市的正向显著影响，对西部无显著影响的可能原因在于，西部的人口水平偏高，人均收入水平和产业结构水平相对较低，数字经济尚未突破对消费产生影响的作用门槛，故作用不显著。数字经济对中部城市消费产生抑制作用，可能的原因在于，数字经济对中部地区实体经济的总体呈现挤出效应，且经济越为发达地区的实体经济受到挤出效应的干扰越大（马勇等，2021）。研究表明，数字经济对中部地区实体经济的影响呈现出显著的倒"U"型特征，而目前中部城市数字经济水平尚未突破与实体经济能够相互融合的拐点，其对于实体经济发展的阻碍作用抵消并超过了对城市居民消费的促进作用，导致整体出现负向显著作用。

表4　东、中、西部地区异质性检验

变　量	(1)	(2)	(3)
dig	0.092 8*	-0.155 8**	-0.000 5
	(0.051 9)	(0.040 8)	(0.068 6)
ln med	0.886 5***	0.760 9*	0.238 9
	0.156 2)	(0.306 0)	(0.194 9)
ln pri	0.003 6	0.081 8	-0.223 8
	(0.209 8)	(0.061 3)	(0.263 9)
ln mid	-0.002 3	-0.131 6	0.166 7
	(0.139 8)	(0.278 0)	(0.348 8)

续表

变量	(1)	(2)	(3)
ln pat	0.069 8 ***	0.285 7 ***	0.294 4 ***
	(0.022 8)	(0.053 6)	(0.056 8)
gov	1.730 1 **	−0.327 0	3.277 1 **
	(0.762 2)	(0.425 5)	(1.152 8)
ainv	0.683 2 ***	0.240 6 *	0.378 6 **
	(0.215 2)	(0.113 5)	(0.096 7)
ln stu	0.295 0 **	0.000 4	−0.002 3
	(0.124 7)	(0.034 4)	(0.009 8)
ind	−0.263 3	0.233 7	−0.613 2 *
	(0.198 9)	(0.128 8)	(0.267 4)
_cons	3.142 5	6.878 4 **	12.620 2 ***
	(2.242 7)	(2.502 1)	(1.121 9)
N	270	65	49
R^2	0.928	0.975	0.977
F	112.8	—	—

注：括号内为 t 统计量；***、**、* 分别表示在 0.1%、1%、5% 的显著性水平上显著；各回归均使用异方差-稳健标准误。

（三）稳健性检验

为了验证本文基础回归结论的稳健性，本文尝试进行如下稳健性检验：（1）缩尾处理。为了避免部分极端异常值带来的估计偏误，本文对数字经济发展水平变量进行了前后 2% 的缩尾处理，之后对原模型进行回归，回归结果见表 5 中的第 1 和第 2 列。（2）更换被解释变量。使用极值法对被解释变量进行标准化处理，并将标准化后的变量代入原模型进行回归。（3）更换估计方法。基准回归部分，本文使用了固定效应进行回归，这种方式未将消费存在的时序相关性考虑在内，因此本文使用系统 GMM 对模型进行分析，将消费的滞后一期纳入模型进行考量。

从稳健性检验的结果中可以看出，无论是对原数据进行缩尾处理、使用极值法进行标准化处理，还是使用系统 GMM 进行估计，数字经济发展水平对城市消费水平均产生了显著的影响，与本文的基准回归结论相一致。同时从系统 GMM 的估计结果中可以看出，被解释变量滞后一期的估计系数显著为正，这表明，当前各城市的消费具有惯性，前后期的消费存在显著的时序相关性，且 GMM 估计的 AR(1)、AR(2) 和 Sargan 统计量均通过了检验，表明 GMM 估计结果是有效的。稳健性检验表明，本文的基准回归结论具有稳健性，实证分析中考察的因果关系确实存在。

表5　　　　　　　　　　　　　　稳健性检验

变量	(1)	(2)	(3)	(4)	(5)	(6)
	前后缩尾2%		对被解释变量进行标准化处理		系统GMM估计	
L.ln con					0.937 5*** (0.002 3)	0.961 2*** (0.046 6)
dig	1.590 1*** (0.263 3)	0.182 5*** (0.049 1)	0.888 6* (0.448 3)	0.266 5*** (0.064 1)	0.033 8*** (0.006 7)	0.034 6*** (0.011 2)
ln med		0.853 4*** (0.128 8)		0.786 2*** (0.159 8)		0.079 3 (0.103 4)
ln pri		0.099 5 (0.190 4)		-0.250 (0.200 5)		0.085 6** (0.036 6)
ln mid		0.022 0 (0.134 9)		0.422 8** (0.195 4)		-0.021 8 (0.019 2)
ln pat		0.067 9*** (0.020 7)		0.102 9*** (0.021 5)		-0.007 0* (0.003 9)
gov		1.753 7*** (0.506 5)		4.172 0*** (0.640 8)		-0.565 4*** (0.119 5)
ainv		0.268 0* (0.138 2)		-1.028 9*** (0.161 0)		-0.154 3*** (0.045 0)
ln stu		0.091 7* (0.048 1)		-0.092 4 (0.070 0)		0.049 1*** (0.004 4)
ind		-0.313 1** (0.143 4)		-0.269 2* (0.149 1)		0.164 3*** (0.027 9)
_cons	16.761 5*** (0.004 4)	4.932 8*** (1.398 5)	0.000 0 (0.000 0)	-9.063 0*** (1.609 2)	1.185 2*** (0.039 7)	-1.202 4*** (0.205 2)
AR(1)					0.000	0.000
AR(2)					0.293	0.324
Sargan					23.82	21.44
N	384	384	384	384	360	360
R^2	0.349	0.921	0.196	0.676	—	—
F	36.46	119.3	3.929	92.41	—	—

注：括号内为t统计量；***、**、*分别表示在0.1%、1%、5%的显著性水平上显著；各回归均使用异方差-稳健标准误。

五、进一步讨论:调节效应与门槛效应分析

(一) 调节效应分析

城市城镇化率是衡量城市发展水平的关键性因素。基于本文前面部分的理论分析可知,城市城镇化率的提升将促进数字经济对消费的扩大作用,即城市城镇化率越高,数字经济对消费水平提升的促进作用越强。因此,本文尝试构建调节效应模型,以城市城镇化率作为调节变量,来验证城镇化水平下数字经济对消费水平的作用效果。依据前文所设定的模型(2)进行作用机制检验,结果如表 6 所示。

表 6 中的作用机制检验结果表明,随着城市城镇化率的上升,数字经济对与消费水平的边际效应不断增大,存在显著的正相关关系,通过了 5% 的显著性检验。这与前文的理论分析及相关假设相一致,即城市城镇化过程中产生的集聚效应或规模效应所带来的生产成本降低、要素合理配置、知识加速外溢、人均收入水平上升、数字基础设施进一步完善等,对于数字经济提振消费作用的发挥具有显著促进作用。

表 6 作用机制检验

变量	(1)	(2)	(3)	(4)	(5)
dig × urban	0.008 2 *** (0.002 7)	0.002 2 *** (0.000 7)	0.002 1 *** (0.000 7)	0.001 7 *** (0.000 6)	0.001 7 ** (0.000 6)
urban	0.049 2 *** (0.007 6)	0.011 4 *** (0.003 8)	0.008 8 ** (0.004 0)	0.008 3 ** (0.003 5)	0.007 3 ** (0.003 5)
ln med		1.436 1 *** (0.143 1)	1.247 0 *** (0.143 2)	0.997 0 *** (0.139 4)	0.913 7 *** (0.140 3)
ln pri		0.076 0 (0.177 2)	0.077 4 (0.203 3)	0.130 2 (0.170 2)	0.056 5 (0.185 3)
ln mid			−0.020 3 (0.155 5)	−0.030 7 (0.127 6)	−0.012 4 (0.127 8)
ln pat			0.063 5 *** (0.019 9)	0.075 9 *** (0.022 8)	0.072 3 *** (0.022 6)
gov				1.655 5 *** (0.558 2)	1.586 0 *** (0.526 2)
ainv				0.214 3 (0.131 5)	0.276 2 * (0.135 7)

续表

变量	(1)	(2)	(3)	(4)	(5)
ln stu					0.059 4
					(0.047 2)
ind					−0.230 4
					(0.140 8)
_cons	13.333 5***	0.242	2.165 0**	3.912 6***	4.866 2***
	(0.499 2)	(1.081 4)	(0.978 6)	(0.873 3)	(1.432 7)
N	384	384	384	384	384
R^2	—	0.902	0.910	0.923	0.925
F	—	139.1	121.2	132.3	111.8

注:括号内为 t 统计量;***、**、* 分别表示在 0.1%、1%、5% 的显著性水平上显著;各回归均使用异方差-稳健标准误。

(二) 门槛效应分析

1. 人均收入水平的门槛分析

(3)式为本文设定的以人均收入水平为门槛的门槛模型一般形式。本文采用自抽样法(Bootstrap)对该式进行 300 次抽样,以确定模型中存在的门槛值的个数、具体数值及对应的显著性水平。自抽样结果如表 7 所示。其结果表明,人均收入水平在数字经济影响消费的过程中存在双门槛。图 1 绘制了对应两个门槛的 LR 统计图。

本文基于表 7 的自抽样结果,定义人均收入低于 4.954 3 万元的区间为低人均收入区间,高于 12.540 0 万元的区间为高人均收入区间,介于 4.954 3 万元与 12.540 0 万元之间的为中等人均收入区间。根据门槛自抽样的结果及对应的门槛区间分类,门槛回归结果列示于表 8。

表7 人均收入水平的门槛自抽样

类别	门槛值/万元	F 值	P 值	自抽样次数/次	临界值 1%	临界值 5%	临界值 10%
第一个门槛	12.540 0	13.468**	0.050	300	22.080	13.438	9.120
第二个门槛	4.954 3	13.747**	0.030	300	18.133	11.319	8.440
第三个门槛	25.504 7	11.113	0.130	300	26.463	15.531	11.934

注:门槛值的单位为万元。

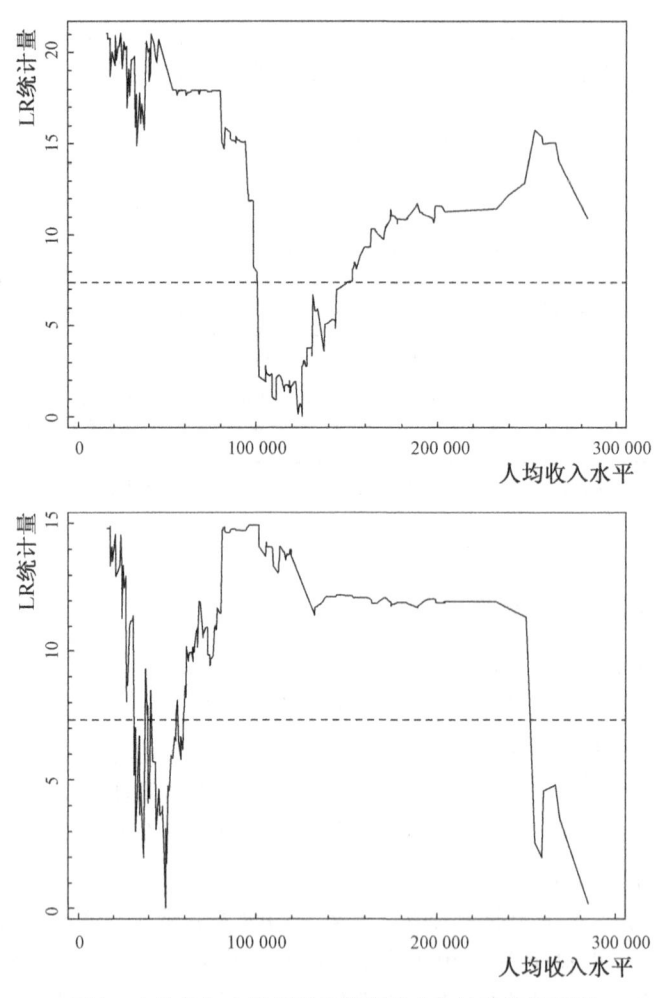

图1 人均收入水平门槛自抽样的LR统计量示意图

从表8中的回归结果可知,在逐步加入控制变量后,在人均收入低水平区间,数字经济对消费水平的影响并不显著;而当人均收入进入中等水平区间后,数字经济对消费表现出显著的促进作用;同时,这种促进作用在人均收入进入高水平区间之后更加突出,即随着人均消费水平的上升,数字经济对消费的影响呈现不断增强的趋势。这表明,随着人均收入水平逐步提高并跨越门槛值后,数字经济水平对城市消费水平的提升作用逐渐增强。

表8 人均收入水平的门槛回归结果

变量	(1)	(2)	(3)	(4)	(5)
dig * (pgdp < 4.954 3)	2.038 8*** (0.523 2)	0.312 4 (0.246 9)	0.297 9 (0.229 5)	0.224 4 (0.161 1)	0.257 4 (0.159 2)

续表

变量	(1)	(2)	(3)	(4)	(5)
dig * (4.954 3 < pgdp < 12.54)	0.483 1 (0.309 9)	0.092 6 (0.063 4)	0.085 9 (0.060 4)	0.051 1* (0.027 2)	0.052 6* (0.029 6)
dig * (pgdp > 12.54)	0.478 3* (0.273 2)	0.188 6** (0.091 1)	0.167 7** (0.069 4)	0.224 7*** (0.068 7)	0.220 7*** (0.075 9)
ln med		1.475 5*** (0.151 6)	1.226 0*** (0.153 7)	0.995 4*** (0.140 1)	0.876 5*** (0.130 6)
ln pri		0.142 9 (0.184 0)	0.111 5 (0.200 7)	0.144 7 (0.166 2)	0.056 3 (0.180 3)
ln mid			0.015 2 (0.155 0)	-0.003 00 (0.133 8)	0.020 6 (0.131 4)
ln pat			0.071 4*** (0.019 3)	0.084 1*** (0.022 5)	0.077 5*** (0.022 1)
gov				1.932 7*** (0.508 5)	1.848 9*** (0.475 8)
ainv				0.157 1 (0.133 2)	0.213 8 (0.134 5)
ln stu					0.086 2 (0.050 5)
ind					-0.273 7* (0.141 5)
_cons	16.851 7*** (0.032 4)	-0.016 7 (0.994 8)	2.277 7** (0.918 1)	4.039 2*** (0.875 2)	5.121 3*** (1.273 1)
N	384	384	384	384	384
R^2	0.396	0.898	0.909	0.923	0.927
F	19.20	107.7	127.7	122.0	101.6

注:括号内为 t 统计量;***、**、*分别表示在0.1%、1%、5%的显著性水平上显著;各回归均使用异方差-稳健标准误。

2. 产业结构的门槛分析

(4)式为本文设定的以产业结构为门槛的门槛模型一般形式。同样采用自抽样法(Bootstrap)对该式进行300次抽样,以确定模型中存在的门槛值的个数、具体数值及对应的显著性水平。自抽样结果如表9所示。其结果表明,产业结构在数字经济影响消费的过程中也存在双门槛。图2绘制了两个门槛对应的LR统计图。

本文基于表9中的自抽样结果,定义产业结构水平低于0.597的区间为低产业结构水平区间,高于 0.640 的区间为高产业结构水平区间,介于 0.597 与 0.640 之间的为中等产业结构水平区间。门槛回归结果列示于表 10。

表 9　　　　　　　　　　产业结构的门槛自抽样

类　别	门槛值/万元	F 值	P 值	自抽样次数/次	临界值 1%	临界值 5%	临界值 10%
第一个门槛	0.640	14.315*	0.060	300	24.501	17.414	10.838
第二个门槛	0.597	8.378*	0.090	300	21.819	11.120	8.241
第三个门槛	1.598	5.310	0.290	300	15.763	12.149	10.020

注:* $p<0.1$, ** $p<0.05$, *** $p<0.01$;括号内列示的是稳健标准误。

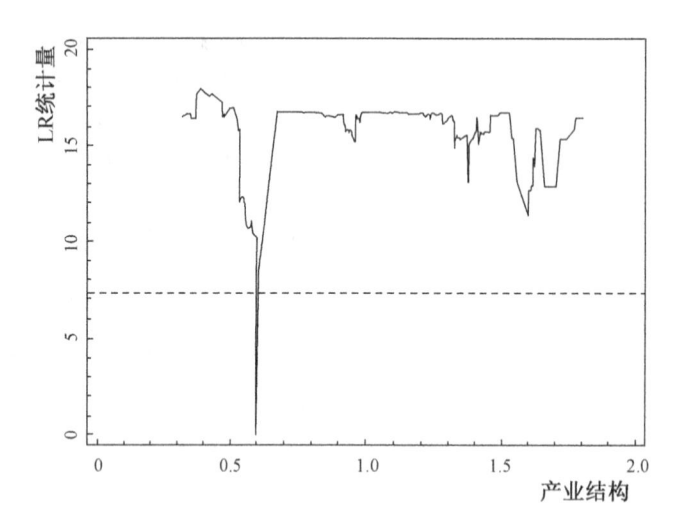

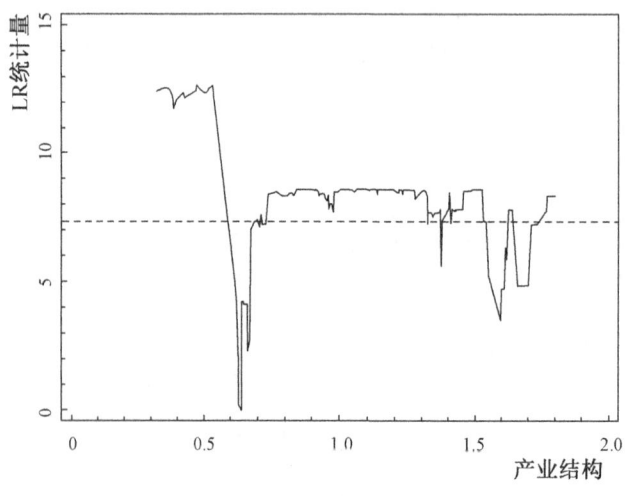

图 2　产业结构门槛自抽样的 LR 统计量示意图

表 10 中的结果与前人得出的产业结构在数字经济推动消费增长中发挥中介效应(梁会君,2022)的结论不同。本文认为,产业机构对数字经济作用于消费的过程存在门槛效应,即随着产业结构水平逐步上升并跨越门槛值后,数字经济对城市消费水平的提升作用开始出现并逐渐增强。由此可知,数字经济对消费的作用需要依赖对第三产业的渗透,即城市产业结构水平与服务基础等条件为数字经济促进消费的作用创造路径,只有当第三产业的占比不断上升并突破门槛值,数字经济才可以发挥对消费的拉动作用,并随着产业结构的优化,作用效果不断增强。

表 10　　　　　　　　　　产业结构的门槛回归结果

变　量	(1)	(2)	(3)	(4)	(5)
dig * (ind < 0.597)	-2.270 6*** (0.264 9)	-0.199 4 (0.193 8)	-0.168 1 (0.169 7)	-0.325 2** (0.151 8)	-0.118 6 (0.102 4)
dig * (0.597 < ind < 0.640)	—	—	—	—	—
dig * (ind > 0.640)	0.474 6** (0.174 6)	0.116 6 (0.078 1)	0.124 9* (0.066 3)	0.160 1*** (0.051 2)	0.161 3*** (0.051 0)
ln med		1.545 1*** (0.149 0)	1.285 4*** (0.148 2)	0.932 6*** (0.144 0)	0.895 2*** (0.144 0)
ln pri		0.094 4 (0.183 3)	0.095 8 (0.244 1)	0.126 2 (0.198 0)	0.107 2 (0.197 5)
ln mid			-0.018 1 (0.193 2)	-0.033 1 (0.148 1)	-0.024 2 (0.151 9)
ln pat			0.075 6*** (0.019 4)	0.088 0*** (0.021 8)	0.083 9*** (0.022 3)
gov				1.941 0*** (0.508 8)	1.901 3*** (0.500 1)
ainv				0.275 5* (0.142 7)	0.257 0* (0.138 4)
ln stu					0.087 5* (0.045 4)
ind					-0.235 9 (0.241 9)
_cons	18.872 0*** (0.253 9)	-0.121 0 (1.268 7)	2.226 1 (1.507 3)	5.327 7*** (1.516 0)	4.791 1*** (1.556 3)
N	384	384	384	384	384
R^2	0.499	0.892	0.904	0.923	0.924
F	36.80	138.1	137.4	132.8	—

注:括号内为 t 统计量;***、**、* 分别表示在 0.1%、1%、5% 的显著性水平上显著;各回归均使用异方差-稳健标准误。

六、结论与政策建议

本文运用2004—2019年我国24个"万亿俱乐部"城市的相关数据,将城市城镇化率作为调节变量,并将居民人均收入水平与城市产业结构作为门槛变量进行了门槛效应回归检验,对数字经济影响消费增长的作用机制进行了检验。基础回归结果表明,数字经济对城市消费水平的总效应显著为正,说明数字经济确实具有扩大消费、拉动内需的作用。进一步分区域进行检验的结果显示,数字经济对于大城市消费水平的作用存在区域间异质性,具体表现为对东部正向显著,对中部负显著,对西部地区不显著。调节作用模型检验结果进一步显示,城镇化率在数字经济影响消费水平的过程中存在正向作用。进一步使用居民人均收入水平和城市产业结构作为门槛变量,结果表明,人均收入与产业结构均对数字经济提振消费作用的发挥存在双门槛效应,即在人均收入水平和产业结构超过一定的门槛值之后,数字经济对消费的促进作用才变得显著。根据以上结论,本文的政策启示如下。

首先,通过发展数字经济推动国际消费中心城市建设应该做到"有所为,有所不为"。通过本文的研究可以发现,数字经济发展对于消费的提升作用在经济规模越大的城市其效果越明显。因此,在国际消费中心城市的布局中,不能"撒胡椒面儿",也不能让城市之间形成"盲目攀比",而是应该鼓励有条件成为国际消费中心的城市大力推进数字经济相关的新型基础设施建设,打造更多的新型消费场景。

其次,本文的研究表明,数字经济对消费的提升作用与城镇化率显著相关,因此应当进一步放宽要素流动的限制,鼓励要素向城市进一步集聚。很显然,数字经济的发展不仅依赖新型基础设施建设,同时需要与发达的传统基础设施建设相结合。由于城市的基础设施更为发达且人口更为集中,数字经济因而能够发挥更大的作用。接下来,各个地区应该认真落实《中共中央、国务院关于构建更加完善的要素市场化配置体制机制的意见》,促进人口、基础设施等要素进一步向城市集聚。

最后,在发展数字经济的同时关注人均收入水平的提高与城市产业结构的转型。研究结果表明,若单纯发展数字经济,而人均收入水平较低及城市产业结构不够合理的话,最终可能对消费无法起到促进作用。所以必须将人均收入的提升、产业结构升级与数字经济的发展有效结合,实现大城市间的协调发展,使数字经济的提振作用有效发挥。人均收入水平的提升可从初次分配、再分配与第三次分配三条路径出发,通过进一步实现收入分配公平、实现充分就业、完善税制等手段来提高我国居民的购买力水平。产业结构水平作为数字经济推动消费增长的重要门槛,应当加快推进产业结构升级,推动传统产业的转型,推动传统制造业高端化、智能化、绿色化与农业、服务业的数字化发展,解决数字产业化与产业数字化之间的失衡问题,借助数字经济培育新业态、新模式。

参 考 文 献

[1] Blinder A S, 1975. Distribution effects and the aggregate consumption function[J]. Journal of Political Economy, 83(3): 447-475.

[2] Carroll C D, Samwick A A, 1997. The nature of precautionary wealth[J]. Journal of Monetary Economics, 40(1): 41-71.

[3] Duesenberry J S, 1949. Income, saving, and the theory of consumer behavior[M]. Cambridge: Harvard University Press.

[4] Gill I, Kharas H, 2007. An East Asian renaissance: ideas for economic growth[M]. World Bank Publications-Books, World Bank Group.

[5] Hilbert M, Lopez P, 2011. The world's technological capacity to store, communicate, and compute information[J]. Science, 332(6025):60-5.

[6] Keynes J M,1936. The general theory of employment, interest and money [M]. London: Macmillan.

[7] Maslova T, Pletneva N, Althonayan A, et al, 2020. Transformation of consumer behavior in the tourism industry in the conditions of digital economy[J]. IOP Conference Series: Materials Science and Engineering, 940(1): 012070.

[8] Musgrove P, 1980. Income distribution and the aggregate consumption function[J]. Journal of Political Economy, 88(3): 504-525.

[9] Thaler R H, Shefrin H M, 1988. The behavioral life-cycle hypothesis[J]. Economic Inquiry, 26(4):609-643.

[10] Tonis-Bucea-Manea R, Blăjină O, 2019. Factors influencing online consumer behavior in the era of iot[J]. Materials Science Forum, 957: 81-89.

[11] Tapscott D, 1996. The digital economy: promise and peril in the age of networked intelligence[M]. New York: McGraw-Hill.

[12] Vatamanescu E M, Nistoreanu B G, Mitan A, 2017. Competition and consumer behavior in the context of the digital economy[J]. Amfiteatru Economic, 19(45): 354-366.

[13] Veblen T, 2016. The theory of the leisure class [M]. New York: Springer Link Wiesbaden.

[14] 曹静,冉净斐,2020.重大疫情后促进我国消费市场高质量发展路径研究[J].上海商学院学报,21(02):3-14.

[15] 陈昌盛,许伟,兰宗敏,等,2021.我国消费倾向的基本特征、发展态势与提升策略[J].管理世界,37(08):46-58.

[16] 陈国进,晁江锋,武晓利,等,2014.罕见灾难风险和中国宏观经济波动[J].经济研究,49(08):54-66.

[17] 陈若芳,周泽红,2021.数字经济新特征及发展逻辑:一个政治经济学的分析框架[J].改革与战略,37(03):41-50.

[18] 陈晓红,李杨扬,宋丽洁,等,2022.数字经济理论体系与研究展望[J].管理世

界,38(02):208-224+13-16.

[19] 杜丹清,2015.大数据时代的零售市场结构变迁——基于电商企业规模扩张的思考[J].商业经济与管理(02):12-17.

[20] 杜丹清,2017.互联网助推消费升级的动力机制研究[J].经济学家(03):48-54.

[21] 冯芷艳,郭迅华,曾大军,等,2013.大数据背景下商务管理研究若干前沿课题[J].管理科学学报,16(01):1-9.

[22] 韩彩珍,张冰畔,2020.数字经济促进经济双循环发展的机理和路径[J].青海社会科学(06):41-46+60.

[23] 韩文龙,2020.数字经济中的消费新内涵与消费力培育[J].福建师范大学学报(哲学社会科学版)(05):98-106+170.

[24] 贺达,顾江,2018.互联网对农村居民消费水平和结构的影响——基于CFPS数据的PSM实证研究[J].农村经济(10):51-57.

[25] 洪银兴,陈雯,2000.城市化模式的新发展——以江苏为例的分析[J].经济研究(12):66-71.

[26] 黄群慧,倪红福,2021.中国经济国内国际双循环的测度分析——兼论新发展格局的本质特征[J].管理世界,37(12):40-58.

[27] 黄群慧,余泳泽,张松林,2019.互联网发展与制造业生产率提升:内在机制与中国经验[J].中国工业经济(08):5-23.

[28] 黄卫挺,2013.居民消费升级的理论与现实研究[J].科学发展(03):43-52.

[29] 姜薇,刘士林,2022.消费中心城市:历史逻辑、理论逻辑与现实逻辑[J].社会科学(02):87-94.

[30] 焦瑾璞,2014.移动支付推动普惠金融发展的应用分析与政策建议[J].中国流通经济,28(07):7-10.

[31] 焦勇,2020.数字经济赋能制造业转型:从价值重塑到价值创造[J].经济学家(06):87-94.

[32] 柯善咨,赵曜,2014.产业结构、城市规模与中国城市生产率[J].经济研究,49(04):76-88+115.

[33] 雷潇雨,龚六堂,2014.城镇化对于居民消费率的影响:理论模型与实证分析[J].经济研究,49(06):44-57.

[34] 李晓华,2019.数字经济新特征与数字经济新动能的形成机制[J].改革(11):40-51.

[35] 梁会君."双循环"新发展格局下数字经济驱动消费增长的机制与路径:基于有调节的中介效应检验[J/OL].重庆大学学报(社会科学版):1-13[2022-04-01].http://kns.cnki.net/kcms/detail/50.1023.c.20220221.1515.002.html.

[36] 林挺,张诗朦,2017.互联网+视域下城镇居民家庭消费行为偏好演进规律研究[J].价格理论与实践(08):156-159.

[37] 刘导波,张思麒,2022.数字经济赋能居民消费:理论机制与微观证据[J].消费经济,38(01):72-82.

[38] 刘司可,路洪卫,彭玮,2021.培育国际消费中心城市的路径、模式及启示——基于24个世界一线城市的比较分析[J].经济体制改革(05):70-77.

[39] 刘媛媛,2016.互联网经济发展对城镇居民消费的促进作用探讨[J].商业经济研究(20):28-30.

[40] 刘志彪,2020.重塑中国经济内外循环的新逻辑[J].探索与争鸣(07):42-49+157-158.

[41] 马香品,2020.数字经济时代的居民消费变革:趋势、特征、机理与模式[J].财经科学(01):120-132.

[42] 马勇,王慧,夏天添,2021.数字经济对中部地区实体经济的挤出效应研究[J].江西社会科学,41(10):48-57.

[43] 马玥,2021.数字经济对消费市场的影响:机制、表现、问题及对策[J].宏观经济研究(05):81-91.

[44] 汤才坤,2018."互联网+"对农村居民消费经济结构的影响分析[J].统计与决策,34(21):117-119.

[45] 陶希东,2022.国际消费中心城市的功能特征与核心要义[J].人民论坛(05):70-74.

[46] 王茜,2016."互联网+"促进我国消费升级的效应与机制[J].财经论丛(12):94-102.

[47] 王宋涛,吴超林,2012.收入分配对我国居民总消费的影响分析——基于边际消费倾向的理论和实证研究[J].经济评论(06):44-53.

[48] 威廉·P.安德森,2017.经济地理学[M].安虎森,译,北京:中国人民大学出版社.

[49] 向玉冰,2018.互联网发展与居民消费结构升级[J].中南财经政法大学学报(04):51-60.

[50] 闫学元,张蕊,2014.我国网络消费行为影响因素实证研究[J].商业时代(33):10-12.

[51] 赵明辉,2018.基于微观主体行为的居民消费行为变迁及其影响因素研究[J].商业经济研究(09):45-48.

[52] 赵涛,张智,梁上坤,2020.数字经济、创业活跃度与高质量发展——来自中国城市的经验证据[J].管理世界,36(10):65-76.

[53] 赵文哲,2022.国际消费中心城市的内涵及实施路径[J].人民论坛(05):75-77.

[54] 钟若愚,曾洁华,2022.数字经济对居民消费的影响研究——基于空间杜宾模型的实证分析[J].经济问题探索(03):31-43.

[55] 周楠,2018.互联网背景下居民消费行为特征与影响要素探析[J].商业经济研究(24):65-68.

[56] 周勇,2022.消费中心布局:原则、逻辑及路径[J].河南社会科学,30(02):38-45.

[57] 朱孔来,李静静,乐菲菲,2011.中国城镇化进程与经济增长关系的实证研究[J].统计研究,28(09):80-87.

[58] 邹新月,王旺,2020.数字普惠金融对居民消费的影响研究——基于空间计量模型的实证分析[J].金融经济学研究,35(04):133-145.

数据定价与数据反垄断

——拉姆齐定价法与 SSNIP 方法的运用与改进

张更杰*

【摘要】 在互联网数字经济蓬勃发展的今天,数据这种生产要素的地位显得愈发重要。然而长期以来,数据被大型互联网科技平台搜集、开发、利用并且垄断。关于数据垄断的争议与民事纠纷常有发生,2021 年 11 月发生的蚁坊诉微博案成了中国首例关于数据的反垄断民事诉讼案件。在具体司法实践中,数据价格可能因为交易成本过高而不存在、过高或者附带不平等条件,进而极大地制约了反垄断重要方法 SSNIP 测试的应用。本文基于数据的类公共产品属性与数据开发行业的类自然垄断属性,在拉姆齐定价法基础上进行调整,为 SSNIP 方法在数据反垄断问题中的适用提供一种理论支撑。最后,本文基于大国博弈的视角,浅谈 SSNIP 等反垄断经济分析方法在类似数据垄断上的适用问题。

【关键词】 数据定价 数据反垄断 拉姆齐定价 SSNIP 大国博弈

一、引　言

2020 年 4 月,《关于构建更加完善的要素市场化配置体制机制的意见》明确将"数据"增列为与土地、劳动力、资本、技术并列的第五大生产要素,同时提出要加快培育数据要素市场,推进政府数据要素共享,提升社会数据资源价值,加强数据资源整合和安全保护。可见,在国家经济下行压力巨大、数字经济已经成为中国经济全新的增长点、社会数字化转型已经成为不可逆时代趋势的大背景下,数据这种生产要素的价值和地位已经上升到了前所未有的高度。从产业关联的角度来看,数字经济产业的发展也带动了其他产业的转型升级,催生出新的业态。徐映梅和张雯婷(2021)[①]根据 2017 年的投入产出数据构建了产业关联网络,得出中国数字关联紧密的产业主要分布在机械制造、交通运输设备制造、能源、研发创新、教育、文化艺术等领域的结论。其中,数字硬件制造产业主要作用于制造业,数字软件及服务产业,数字资料产业主要

---

* 南京大学商学院经济学系 2019 级本科生。
① 徐映梅,张雯婷,2021.中国数字经济产业关联网络结构分析[J].统计与信息论坛,36(8):30-42。

作用于服务业。刘志彪、安同良（2009）[①]认为，从微观的企业技术进步的6M1I模式来看，数据既是技术进步的原材料（material），又能够带来信息（information），还能够产生对新的技术及技术产品的需求（market）。

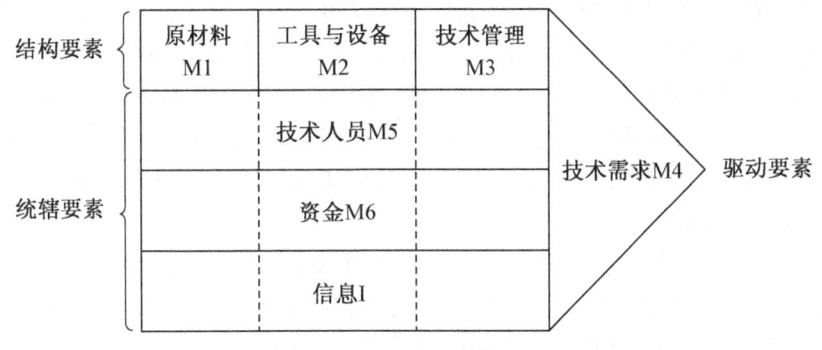

结构要素	原材料 M1	工具与设备 M2	技术管理 M3		
统辖要素		技术人员M5		技术需求M4	驱动要素
		资金M6			
		信息I			

图1　技术要素的结构关系图——技术链

当数据成为大型互联网平台公司的"护城河"时，它们对内在着力构建以自己为核心的互联网生态系统，对外则极有可能拒绝完全开放这个生态系统，以此来维持自身的竞争优势。诚然，大型互联网平台公司是数字技术创新与数据开发的主要来源，它们的创新行为能够使得经济具有更强的增长动力及更具有包容性。但是，数据具有同其他4种生产要素相区别的特征，即一定的类公共产品属性（获得的非竞争性、使用的非排他性、价值的非耗竭性和源头的非稀缺性）。这样的特性决定了大型互联网平台公司对数据的垄断必然难以满足其他主体运用数据进行创新的要求，不可能发挥数据的最大价值，不符合经济学所追求的社会福利最大化的目标。同时，在数据产权法律界定尚不明晰的情况下，大型互联网平台公司并不具有对数据的知识产权（在初始数据基础上加工形成的符合《知识产权法》规定的数据除外），也就难以适用《反垄断法》对于知识产权保护的免除条款。如果站在大国博弈的视角来看待这一问题，数据的开发、开放与多元利用已经逐渐成为中国同美国、欧盟、日本等发达国家和地区进行角力的重要武器，也是中国实现从跟跑到并跑乃至领跑转变的重要子赛道。

长期以来，关于数据"垄断"问题的争议与民事诉讼时有发生。中国法院大多以"三重授权"（用户授权——平台授权——用户授权）的财产权论证思路为逻辑，以《反不正当竞争法》这一行为规制法为法律依据，在诸多相关争议案件中判处数据的开发者胜诉，典型案例为新浪微博诉脉脉不正当竞争案[②]。在法院的支持下，大型互联网平台对于数据所拥有的广义上的"产权"被上升为法律上的财产性权利，这些平台也就有充足的理由拒绝数据的对外

[①] 安同良,2004.企业技术能力发展论[M].北京:人民出版社:29.
[②] 参见北京知识产权法院(2016)京 73 民终 588 号民事判决书。

开放,甚至拒绝合理付费形式的对外开放,进而加强了它们对数据的垄断。

直到近两年来,国家加强对反垄断和资本无序扩张问题的重视,数据垄断的问题逐渐成为社会各界热议的话题。2021年11月,新浪微博因拒绝许可湖南蚁坊公司使用其数据而被提起反垄断民事诉讼。蚁坊公司要求新浪微博以合理条件允许其使用微博数据,并赔偿其经济损失和合理费用550万元。该案是自2008年《反垄断法》实施以来,中国首例因互联网平台公司拒绝数据访问许可而引发的反垄断民事诉讼,其重要性不言而喻。值得玩味的是,原、被告双方的争诉由来已久,且之前法院均认定蚁坊公司因构成不正当竞争行为而判其败诉。

绝大多数反垄断执法的起点是对个案涉及的相关市场(相关产品市场、相关地域市场、必要情况下的相关时间市场)进行界定,这直接关系到后续垄断市场份额的确定、垄断者是否被认定为具有市场支配地位以及垄断行为对竞争的危害程度的确定。因而相关市场界定往往会成为行政执法者与垄断者、原告与被告争议的焦点,从"3Q大战"(奇虎诉腾讯案)[①]长达7万余字的判决书就可见一斑。传统的市场界定方法是利用需求替代法、供给替代法,并综合考虑个案中产品与市场的特殊性。然而,由于不同知识、经历、背景的人可能会对同一产品和市场做出不同甚至相反的判断,传统的方法具有极强的主观随意性。

为了能够使得反垄断执法更加科学、精确,经济学家创造了SSNIP(small but significant and non-transitory increase in price)方法,也叫作假定垄断者测试法(hypothetical monopolist test)。该方法最早出现在美国司法部1982年修订的《横向合并评估指南》中,后被广泛传播,成为美国、欧盟反垄断执法中最重要的定量方法之一。在互联网数字经济高速发展的今天,因为数字经济双边市场、网络外部性、创新性、用户黏性、产品服务价格为0等特点,SSNIP方法的适用性受到了极大的制约。而在有关数据的反垄断执法中,笔者认为,运用SSNIP方法进行市场界定的核心问题在于数据的合理定价,即每单位数据以什么样的价格作为基础价格,而后进行假定垄断者测试才科学合理的问题。同时,无论是基于法学经典理论"卡-梅框架"下的责任规则,即"只要愿意支付一个客观确定的价值,就可以消灭一个初始法益"(Calabresi & Melamed,1972)[②],还是基于规制经济学中的"必要设施理论",即凡是被认定为某一行业的全部参与者在该行业运营所必需且不易被复制的投入品,都应当以适当的商业条款的形式允许其他参与者使用。如果要求大型互联网平台企业开放数据,就要让数据的使用者支付必要的价格,以弥补数据开发者的成本投入并

---

① 参见最高人民法院(2013)民三终字第4号民事判决书。

② Calabresi G, Melamed D, 1972. Property Rules, Liability Rules, and Inalienability: One View of the Cathedral, 85 Harvard Law Review 1089[J]. 85(6):1089-1128.

使其获得合理的利润。此时,数据的价格如果因过高的交易成本而无法由交易双方自由协商达成,就必须由第三方权威机构依据科学的经济学理论来制定。

本文站在反垄断执法者的立场,尝试运用拉姆齐定价法为数据定价提供一种理论范式,最终用该价格的合理变式为 SSNIP 方法在数据反垄断执法中的运用提供理论支撑。最后,基于大国博弈的视角,本文尝试为中国竞争执法机构运用 SSNIP 等经济分析方法解决对中国境内竞争秩序产生影响的国际数据垄断案例时的价值判断与具体实践提供一些理论建议。

二、SSNIP 方法的理论表述与局限性

从经济学的角度来看,任何企业都具有或大或小的市场力,并非任何程度的市场力都会对竞争秩序产生显著影响,只有当市场力超过了一定的临界值后才可能会出现问题。为了寻找这样一个临界值,SSNIP 方法所考察的问题就是在多大的相关产品市场和相关地域市场之下,作为以自身利润最大化为目标的假定垄断者会提高自身产品的价格来获得更大的利润。如果假定的垄断者提高自身产品价格后,消费者转而消费其他可以替代的产品使得垄断者销售量下降而无利可图,那么就不足以证明假定的垄断者具有足够强的市场力。此时,就需要将其他的产品市场或地域市场纳入考量范围,再重复进行上述的分析,直到假定垄断者的涨价有利可图为止。余东华(2010)认为,SSNIP 方法定义的相关市场为:"一个市场是指一种产品或者一组产品以及生产或者销售这种或这组产品的一个地域范围。在该地域范围内,一个假设无须服从价格管制并且追求利润最大化的企业,作为这些产品在当前和今后唯一的生产者或销售者,在所有其他产品的销售保持不变的条件下,它可能会进行一个数目不大但显著的、为期不短的涨价。一个相关市场就是一组产品和一个范围刚好满足这一检验标准的地域。"此处数目不大但显著的上涨幅度通常为 5% ~ 10%,为期不短的涨价持续时间通常为 1 年。这些数值的标准并不是绝对的,而是要在个案中具体确定,有时略高或略低于前述标准,而界定的相关市场仍会是有说服力的,特别是随着互联网这样的技术创新的出现。

为了使得 SSNIP 方法更加直观易懂,现以数据垄断为例,通过建立数学模型来说明其原理和过程。设单位数据原来的价格为 P_0,平均成本为 C_0,数据的成交量为 Q_0,则数据开发者的利润为 $\pi_0 = (P_0 - C_0) \times Q_0$。经过微小但显著的涨价后,单位数据的价格为 P_1,数据的成交量下降为 Q_1。另外,由于数据的非竞争性平均成本依然为 C_0,则数据开发者的利润为 $\pi_1 = (P_1 - C_0) \times Q_1$。考虑价格上涨后利润的变化,则:

$$\Delta \pi = \pi_1 - \pi_0 = (P_1 - C_0) \times Q_1 - (P_0 - C_0) \times Q_0$$
$$= (P_1 - P_0)Q_1 + (P_0 - C_0)(Q_1 - Q_0)$$
$$= \Delta P Q_1 + (P_0 - C_0)DQ$$

方程两边同时除以 P_0，可得到用于直接分析的式子，即：

$$\frac{\Delta \pi}{P_0} = \frac{\Delta P}{P_0}Q_1 + \frac{P_0 - C_0}{P_0}\Delta Q$$

其中，$\frac{\Delta P}{P_0}$ 即假设的微小但显著的价格上涨幅度（通常为 5%~10%）；$\frac{P_0 - C_0}{P_0}$ 为勒纳指数 L 的一个变式（勒纳指数使用的是边际成本，而不是平均成本）；价格上涨后市场的成交量小于0，即 $\Delta Q < 0$。如果此时 $\frac{\Delta P}{P_0}Q_1 < \frac{P_0 - C_0}{P_0}\Delta Q$，即价格上涨带来的收益小于成交量减少带来的损失，说明应当将其他的替代数据产品纳入相关市场的考量范围，然后重复上述操作；如果 $\frac{\Delta P}{P_0}Q_1 > \frac{P_0 - C_0}{P_0}\Delta Q$，即价格上涨带来的收益大于成交量减少带来的损失，数据开发者在当前市场上涨价有利可图，可以认为是一个垄断者，因此当前考量的相关市场是一个合适的相关市场。

SSNIP 方法是一种以经济逻辑为基础且依靠数据驱动的检验方法，与传统的需求替代法和供给替代法相比更加客观，但仍然面临着许多技术性难题，特别是在数字经济的反垄断问题当中。本文着重关注数据反垄断问题，总结了 SSNIP 方法在解决该问题上的局限性。

第一，在数据交易双方无法达成交易的情况下，缺乏进行 SSNIP 检验的基础价格 P_0。数据基础价格的选择直接关系到价格经过微小但显著的上涨后对数据需求者的影响，进而影响相关市场的界定和市场份额的确定。垄断环境下的数据交易形式往往为拒绝交易、以极高的价格交易或者附带不平等条件的交易，无法形成交易的价格或形成的交易价格极其不合理，难以成为 SSNIP 方法中的基础价格。在理论上可以基于博弈论中的鲁宾斯坦讨价还价模型①、机制设计中的数据拍卖模型②或者机器学习的方法对数据进行定价，但这些方法形成的均衡价格能否成为反垄断执法的参考价格还有待进一步研究。

第二，如果采用以往数据交易的均衡价格作为基础价格，容易引发"玻璃纸谬误"。数据的需求企业选择停止购买某一家企业开发的数据的原因有两个，一是选择购买其他可替代的数据开发企业的数据；二是选择本身不可替代

---

① 张晓玉,2016.基于讨价还价博弈的大数据商品交易价格研究[D].鞍山:辽宁科技大学.
② Riederer C, Erramilli V, Chaintreau A, et al, 2011. For Sale: Your Data by You[C]. New York: ACM.

的数据开发企业的数据或者放弃购买任何数据。"玻璃纸谬误"就是由第二种原因产生的。假设某一数据开发企业在数据市场上具有垄断地位,那么,它就可以把交易价格定在进一步提高现行价格会无利可图的高水平上。如果将现行价格当作竞争价格代入 SSNIP 方法中进行计算,则无疑会把其他不具有替代关系的数据开发企业纳入相关市场,从而在技术上扩大相关市场,有可能得出该数据开发企业市场份额较小,没有市场支配地位的结论。在被广泛讨论的 Du Pont 案中,有证据表明,Du Pont 公司在案件审理期间大幅度提高了玻璃纸的价格,以至于玻璃纸的消费者选择用替代性不强的低档产品来取而代之。

第三,数据边际成本几乎为 0 的特点使得平均成本的核算难以精确。数据开发的成本主要为前期基础设施的投入、科技人员的工资和开辟数据获取渠道的费用等。由于大型互联网平台企业相对于用户的绝对优势地位,它们只需要一纸《用户许可协议》就可以免费获得包含用户个人信息、使用软件的信息等在内的所有数据。再叠加上数字经济的网络效应与用户黏性,大型互联网平台企业可以在短期内免费获得大量的用户数据,且数据可以在长期内源源不断地产生和更新。因此,当多生产一单位数据的成本几乎为 0,数据量无比庞大且每天以极快的速度更新和扩张时,生产一单位数据的平均成本也将无限趋近于边际成本。然而,平均成本几乎为 0 并不等同于 0,二者存在质的差别。由于 $\frac{P_0 - C_0}{P_0}\Delta Q > \frac{P_0}{P_0}\Delta Q$,因此如果以平均成本为 0 代入 SSNIP 方法,则 $\frac{\Delta \pi}{P_0}$ 将变小,从而在技术上扩大相关市场的范围,做出对数据开发者有利的判断。如果采用平均成本进行核算,则数据的平均成本将随数据量的实时变化而产生波动,难以达到精确。

第四,价格上涨幅度的大小可能取决于执法者的主观判断和价值选择。理论上,SSNIP 方法的价格上涨幅度区间为 5%~10%,但是在现实执法中到底是选择最低值 5% 还是最高值 10%,不仅和个案中产品及地域市场的特点有关,而且和执法者的选择有关。不同的经济学家采用符合个案特点要求的不同的上涨幅度进行计算,他们界定出的相关市场可能完全不同。而这就可能给执法者留出了价值选择的空间,抛开竞争秩序这一分析的核心,选择抽象的社会公共利益或者其他潜在影响因素作为最终判断的依据。此外,由于数据开发行业具有数字经济的特殊性,选择略低于 5% 或者略高于 10% 的上涨幅度也有可能更为合理。如果涨价的幅度定得过大,则会导致界定的相关市场范围过大;如果涨价的幅度定得过小,则会导致界定的相关市场范围过小,而这些都是违背竞争分析客观性要求的。

第五,数据市场的竞争可能并非简单的价格竞争,从而影响了 SSNIP 检验的准确性。SSNIP 方法的核心是通过检验商品提价后假定垄断者的利润水平来判断其市场地位,其重要假设为价格,是商品之间竞争的主要因素之一。然而在数据市场上,垄断的数据开发者之所以具有垄断地位,很大的原因在于其数据产品的创新性、用户长期提供数据的黏性和广泛性以及日益增长的用户群体。同时,不同的数据开发者之间所展开的竞争往往是技术的创新竞争、渠道的创新竞争和用户的创新竞争,因而其提供的数据产品在多大程度上具有可替代性是一个值得商榷的问题。而无论是传统的需求替代法和供给替代法还是SSNIP方法,都过分注重价格的竞争,而较少关注产品的质量和创新性,因而其在数据行业中的运用极有可能带来偏差。"评估机构熟知非价格竞争的重要性,尤其是创新竞争在长期争取消费者利益方面发挥着重大的作用。美国司法部会例行考察非价格竞争的方方面面,如服务、产品质量和创新。"

三、数据定价与SSNIP方法的改进

由上文的分析可知,SSNIP方法在数据反垄断中应用最大的技术性问题是基础价格的确定与价格上涨幅度的确定。我国《反垄断法》第一条规定:"为了预防和制止垄断行为,保护市场公平竞争,鼓励创新,提高经济运行效率,维护消费者利益和社会公共利益,促进社会主义市场经济健康发展,制定本法。"因此,在反垄断执法中为数据定价时除了考虑竞争秩序这一目标,还要兼顾其他多元目标。本文尝试利用拉姆齐定价法(Ramsey pricing)先制定一个社会福利和市场效率优先的价格,而后通过给予垄断数据生产者一定的合理利润的方式来确定SSNIP方法中的基础价格。

拉姆齐定价法是在保证企业收支平衡的情况下,实现社会总福利最大化的一种定价方法。虽然按照边际成本定价是理论上最优的定价,但是也意味着生产企业因无法回收固定成本的投入而面临损失。拉姆齐定价法保证了企业收支的平衡,因而也被称为次优定价法。拉姆齐定价法被广泛应用于受管制的自然垄断行业,如电力、煤气、自来水等行业的定价。

数据开发行业显然不是国家法定授权的拥有自然垄断地位的行业,但是它存在着诸多自然垄断行业的特点。自然垄断行业往往有大型的网络供应系统,而建设这些网络供应系统需要大量的固定资产投资,因而固定成本在总成本中的比重会很高。当自然垄断厂商能够大规模地快速生产时,规模经济效应会使得单位产品的边际成本和平均成本处于一个快速下降的水平,而范围经济效应则会使得多种产品总的平均成本下降。此外,由于自然垄断行业的资产专有性极强,固定资产难以转向其他行业,产生巨大的沉淀成本。自然垄断的这些特点决定了重复建设会导致资源配置的浪费,企业之间激烈的竞争会导致企业和行业陷入毁灭的境地。数据开发行业前期的设备投入与研发成本很高,然而一旦数据产品开发出来后,多复制出售一份数据的成本几乎为0,随着销售量的增加,数据的平均成本将快速下降。

由于范围经济和网络效应的存在,大型互联网公司往往可以轻松地实现跨行业经营,同时获得更多不同类型的用户数据。诺奖得主斯蒂格利茨在《美国真相》一书中谈及科技巨头时指出:"Facebook 更接近于'自然垄断',难以进行规范管理。也许将 Facebook 公有化是唯一的解决方式,借此 Facebook 将不得不接受公众的严密监督""我们甚至可以更进一步,将数据视为一种公共产品,要求所有存储的数据(无论是否经过处理)都向社会开放,从而削弱科技巨头利用数据优势得以巩固的垄断地位"。虽然斯蒂格利茨的观点可能过于极端以至于几乎难以实现,但表达了他认为数据行业具有类自然垄断属性的观点。因此,由少数互联网科技平台来生产数据显然是符合生产效率要求的,但要求其他企业去搜集和生产同样的数据是毫无意义且低效的。而问题的核心在于,如果少数互联网科技平台拒绝对外开放数据、以极高的价格或附带不平等条件来开放数据,则会降低整个社会对数据的使用和开发效率,更何况这些互联网科技平台只是数据的开发者而不是数据的所有者。综上所述,采用在自然垄断行业被广泛应用的拉姆齐定价法对数据进行定价具有一定的合理性。

(一) 拉姆齐定价模型的构建

现以数据定价为例,展开拉姆齐定价理论的数学表述:不同数据需求者 i 的需求方程为 $P_i = P(Q_i)$,数据开发者的总固定成本为 F,边际成本等于平均可变成本,为 c。此时消费者剩余 CS 和生产者剩余 PS 分别为:

$$\text{CS} = \sum \int P_i \mathrm{d}Q_i - \sum P_i Q_i \tag{1}$$

$$\text{PS} = \sum P_i Q_i - \sum c Q_i \tag{2}$$

社会福利最大化记作:

$$\text{Max}(\text{CS} + \text{PS}) = \sum \int P_i \mathrm{d}Q_i - \sum c Q_i \tag{3}$$

数据开发者收支平衡的约束条件为:

$$s.t. \quad \sum P_i Q_i - (F + \sum c Q_i) \geq 0 \tag{4}$$

构造拉格朗日函数为:

$$L = \sum \int P_i \mathrm{d}Q_i - \sum c Q_i + \lambda \left[\sum P_i Q_i - (F + \sum cQ) \right] \tag{5}$$

拉格朗日函数对 Q_i 求一阶偏导,可得:

$$\frac{P_i - c}{P_i} = \frac{-\lambda}{\lambda + 1} \frac{Q_i \mathrm{d} P_i}{P_i \mathrm{d} Q_i} = \frac{\lambda}{\lambda + 1} \frac{1}{|\varepsilon_i|} = R \frac{1}{|\varepsilon_i|} \tag{6}$$

其中,需求价格弹性的绝对值 $|\varepsilon_i| = -\dfrac{P_i \mathrm{d}Q_i}{Q_i \mathrm{d}P_i}$,拉姆齐指数 $R = \dfrac{\lambda}{\lambda+1}$。上述(6)式表明,价格在边际成本上的上涨幅度与需求者 i 的需求价格弹性呈反比,即对需求价格弹性较大的需求者应当定低价,因为价格上涨会引起需求量的大量减少,从而导致消费者福利的大量损失。如果对需求价格弹性较小的需求者定高价,则引起的需求量变动较小,对消费者福利和社会福利的影响也就较小。对上式进一步整理,可得拉姆齐定价的表达式为:

$$P_i = \dfrac{c}{1 - \dfrac{\lambda}{(1+\lambda)|\varepsilon_i|}} = \dfrac{c}{1 - \dfrac{R}{|\varepsilon_i|}} \qquad (7)$$

(二) 需求价格弹性的估计

对需求价格弹性的估计一般采用计量经济学的双对数模型,即:

$$\ln Q_i = \beta_0 + \beta_1 \ln P_i + \sum_{s=1}^{S} \gamma_s y_{si} + \mu_i \qquad (8)$$

其中,β_{1i} 为估计的需求价格弹性(因为 $\dfrac{\mathrm{d}\ln Q_i}{\mathrm{d}\ln P_i} = \dfrac{\mathrm{d}Q_i}{Q_i}\dfrac{\mathrm{d}P_i}{P_i} = \varepsilon_i$);$y_{si}$ 表示若干个影响需求的外生变量;μ_i 为误差项。由于市场均衡的 (P_i, Q_i) 是在一个供给—需求体系内被同时共同决定的,其内生性决定了无法对上式直接进行估计。通常情况下,可以采用工具变量法来解决变量的内生性问题,即采用生产成本、税率等直接影响 P_i 的变量作为工具变量,在第一阶段回归中对 P_i 进行估计,然后将估计的 P_i 代入上式进行第二阶段回归估计需求价格弹性。需求价格弹性估计的准确性,依赖工具变量选择的好坏。同时,该方程估计出的需求价格弹性 β_1 是所有个体 i 因果效应 β_{1i} 的加权平均数。

(三) 拉姆齐指数的估计

得到估计的需求价格弹性后,即可求得拉姆齐指数的估计值。由于:

$$\varepsilon_i = \dfrac{\mathrm{d}Q_i}{Q_i}\dfrac{\mathrm{d}P_i}{P_i} \qquad (9)$$

(9)式经整理后两边取积分,可得:

$$Q_i = k_i P_i^{\varepsilon_i} \qquad (10)$$

其中 k_i 为常数。将(10)式代入厂商收支平衡的约束条件(4)式,可得:

$$F = \sum \dfrac{k_i R}{\varepsilon_i} * \left(\dfrac{c \varepsilon_i}{\varepsilon_i - R}\right)^{1-\varepsilon_i} \qquad (11)$$

由此式可解出拉姆齐指数 R,得到拉姆齐定价方程中的所有参数,进而得到拉姆齐定价法下的价格。

（四）SSNIP 方法的应用与改进

由拉姆齐定价法得到的数据价格是理论上使得厂商维持收支平衡并且实现社会福利最大化的次优价格。从事数据开发行业具有自然垄断的属性，但仍然是一个经济垄断的行业，即由企业内生成长而获得垄断地位的行业。维持厂商收支平衡这样一个条件在真实的非自然垄断行业的商业世界里是不可能被满足的。因此，由拉姆齐定价法得到的数据价格是一个仅供参考的最低价格。在具体案件中，由于缺乏数据的价格或者数据价格过高而导致 SSNIP 方法失灵，反垄断执法者可在拉姆齐定价的基础上，参考数据开发行业的平均利润率和具体数据产品的特点，通过提高数据产品价格的方式来赋予从事数据开发的互联网平台公司一定合理利润，以弥补其前期的研发投入并鼓励其创新行为。而这样确定下来的价格作为基础价格就会有以下的合理性：第一，该价格合理地高于拉姆齐定价下的厂商收支平衡的价格，既最大限度地实现了数据这种具有类公共产品属性的商品的最大化价值，又尽可能与真实的商业环境相符。第二，该价格避开了数据交易双方复杂的讨价还价博弈过程，将对博弈均衡的计算转化为对需求弹性的估计，也解决了在个案中因交易成本过高而无法实现均衡价格的难题。第三，该价格不是垄断者单方面决定的"敲竹杠"价格，可以在很大程度上将较高的现行价格调整为竞争价格，解决技术上产生的相关市场界定范围过大的问题，解决"玻璃纸谬误"。但是，该种方法确定的价格也有其弊端，即确定的数据基础价格偏离拉姆齐定价确定的价格的程度是由反垄断执法机构确定的，在一定程度上会受主观判断的影响。数据产品基础价格确定得越高，则可替代的数据产品数量就越多，界定的相关市场也就越大。

在 SSNIP 方法中，假定垄断者实施价格上涨幅度通常为 5%～10%，上涨幅度越大，则界定的相关市场越大。因此，将确定的基础价格的高低与确定的涨价幅度两两组合，会得到四种不同的处理结果。如果在高定价、高涨幅条件下界定的偏大的相关市场情况下，仍然可以证明假定垄断者确实具有垄断地位，或者在低定价、低涨幅条件下界定的偏小的相关市场情况下，仍然不足以证明假定垄断者具有垄断地位，则在个案中经济分析的结果将会更有说服力。而在低定价、高涨幅和高定价、低涨幅这两种条件下界定的相关市场则会偏于中等。具体应该选择何种定价和定涨幅的方式，仍然有赖于个案的具体情况与执法者的主观判断。

表1　　　　　　　　不同方法下相关市场界定的大小

类　别	低定价	高定价
低涨幅	小	中等
高涨幅	中等	大

四、大国博弈视角下的数据反垄断与 SSNIP 方法

在经济全球化的大环境下，大型互联网跨国公司在世界各地广泛开展各种信息软件类业务，同时搜集了大量关于当地居民个人信息、软件使用信息等数据。同时，随着近年来物联网、大数据、云计算、人工智能等技术的蓬勃发展，这些关于别国居民的数据信息不仅具有商业价值，还有可能通过技术被赋予政治、经济上的价值。这些对数据占有垄断地位的大型互联网企业，极有可能通过对数据进行计算和分析，精准地描绘出别国的居民个人画像和社会画像，进而威胁到别国的经济发展、社会稳定和国家安全。一旦这些大型互联网企业和政府展开秘密合作，则数据就成为国家之间进行博弈较量的重要武器。

威廉·恩道尔在《目标中国——华盛顿的"屠龙"战略》一书中写道："谷歌为国家安全局和其他一些美国情报机构提供软件、硬件和技术支持，帮助他们建立了一个浩大的闭源数据库，以便在全球部署间谍网和共享情报。""谷歌和中情局共同投资了一项互联网监控项目用于搜查推特账号、博客以及网站中的各种信息，而且该项目还可以预测未来。"可以看出，中美两个超级大国之间的博弈，在明面上是"贸易战""货币战""外交战""科技战""口水战"，而在暗处还上演着互联网时代的"数据战"。中国要想成为"数字化的全球领导者"，就必须在数据垄断问题上掌握自主权乃至主导权。

在面临着来自跨国企业的数据垄断威胁时，我国的反垄断执法部门所采取的经济分析与法律规制手段必然要与国内企业的数据垄断问题有所不同。我国《反垄断法》第二条规定："中华人民共和国境内经济活动中的垄断行为，适用本法；中华人民共和国境外的垄断行为，对境内市场竞争产生排除、限制影响的，适用本法。"同时，法律也明确规定了当垄断涉及国家安全时，适用《国家安全法》的有关规定进行国家安全审查。本文将潜在的国家安全纳入反垄断执法的目标，站在大国博弈的视角来分析 SSNIP 等反垄断经济分析方法的适用性。

首先，根据内外资企业的性质来确定不同的反垄断标准。当外国的互联网企业涉及我国的数据垄断问题时，在合理的范围内可适当地把相关市场范围界定得小一点。因为相关市场界定得越小，外资的数据垄断企业被认定为垄断的可能性就越大，就越有可能对其展开制裁。例如，在考虑价格上涨幅度时，针对外资企业可以考虑使用 5% 的上涨幅度，以此来阻止其在中国市场上排除、限制竞争的行为。当国内的互联网企业涉及在国内的数据垄断时，考虑其在国际上的影响力和对中国互联网科技创新的贡献，在合理的范围内可适当地把相关市场范围界定得大一点，以减少对其进行反垄断制裁的可能性。

例如，在考虑价格上涨幅度时，针对国内企业可以考虑使用10%的上涨幅度。当国内的互联网企业涉及国外数据垄断问题时，我国的反垄断执法机构在法律上没有进行管辖的权力，不应当对其展开反垄断调查。不过应适当给予涉嫌垄断的提醒，以减少其被外国反垄断执法机构制裁的可能性，维护我国在国际上的数据垄断地位。

其次，根据外资企业开发的数据是否保存在中国境内来调整反垄断标准。2021年5月25日，特斯拉官方微博消息称，已经在中国建立了数据中心，以实现数据存储本地化，并将陆续增加更多本地数据中心。所有在中国大陆市场销售车辆所产生的数据，都将存储在境内。数据的本土化和统一规范管理不仅有利于智能网联车行业的发展，而且有利于维护数据安全与国家安全之所需。在未来，涉及大量数据业务的外资企业为了能够获得中国广阔的市场，在相关法律法规的制约下，必然会越来越多地选择将中国的数据保存在中国境内。对于像特斯拉这样愿意把在中国境内搜集、开发的数据保留在中国境内但又可能具有数据垄断之嫌的外资企业，我国竞争执法机构在进行反垄断调查和运用SSNIP方法时可适当放宽相关市场界定的范围，放松反垄断的规制并减轻法律处罚的力度。但是，数据储存本土化是否意味着数据不会被通过云计算等技术手段传输到国外，仍是一个值得怀疑的问题。

再者，如果未来中国的互联网企业因数据垄断受到了外国反垄断执法机构不合理的制裁，则我国反垄断执法机构可考虑对外国的互联网企业予以相应回击。反垄断执法在理论上应以经济理论为基础进行客观、公正的论证，然后依据法律法规进行合理的规制，但是因为其包含主观价值判断的成分，故有可能成为大国之间进行博弈的工具。倾销与反倾销、出口补贴与增收进口关税、垄断与反垄断，这些经济行为与对应的规制行为在理论上都是客观且对立统一的，但是只要博弈的一方打破客观的标准用于相互制裁，则极有可能遭遇别国的相同报复。

五、结论与展望

本文从蚁坊诉微博数据反垄断民事诉讼出发，针对数据反垄断实践中采用SSNIP方法缺乏有效数据价格的问题提出了改进的建议。由于数据开发行业具有与自然垄断行业类似的规模经济效应、范围经济效应、沉没成本效应，以及数据具有与公共产品相类似的非竞争性、非排他性的特点，因而本文采用拉姆齐定价法制定了数据的最低价格。然后在此价格基础上，本文建议根据数据开发行业的平均利润率、数据产品特点等因素进行合理提价，进而形成SSNIP方法中的基础价格。这样的定价方式有利于解决因交易成本过高而导致的数据价格缺失、过高或者附带不平等条件的情况，同时既考虑了数据定价的社会福利最大化效应,又兼顾数据开发企业的合理利润,激励企业创新活动。最后,本文基于大国博弈的视角,认为反垄断执法机构在运用SSNIP等方法分析与数据垄断相类似的问题时,需要做出价值判断,针对垄断企业的性质、垄断企业是否将数据放置于我国境内以及外国是否把反垄断作为一种打击中国的工具等问题提出相关的建议。

笔者认为,本文的贡献在于在理论上为数据定价提供了一种可行的方法,并以此来解决SSNIP检测在数据反垄断问题中的适用问题。此外,在笔者的阅读范围内,极少有文献提及反垄断执法是大国之间进行博弈的工具这一问题。当然,本文从理论上提供的方法也有一定的局限性,即在缺乏相关实证数据时难以适用,该方法在理论上仍然具有一定的主观判断成分。

数据是否应该开放涉及规制经济学中的"必要设施"理论。典型的必要设施有电力网络、港口、某种必要的原料或中间品等。必要设施理论一方面要尊重产权和鼓励投入、创新,另一方面又要通过开放设施来促进市场竞争,因而这两者如何进行权衡往往饱受争议。在美国、欧盟的反垄断执法实践中,必要设施的认定标准极高,垄断者往往会以对某种要素拥有产权、开放将会对自身带来显著损害、其他竞争者可以以较低成本复制该必要投入品等为理由进行辩护。2017年,荷兰在《大数据与竞争》调研报告中指出:"如果数据仅仅是副产品,而且企业可以通过机器以较低成本进行处理,则较之其他市场中的非数据资产的开放带来的负面影响,数据驱动型市场中的数据开放或者数据共享的负面影响可能相对较低。即便要求数据共享,企业仍可能具有充分的投资积极性。相对于欧洲法院确立的必需设施认定标准,数据驱动型市场中认定数据作为必需设施的标准不需要那么严苛。"数据是否能够成为一种"必要设施"对竞争者进行开放,既需要经济学上进一步的实证研究,同时也需要我国反垄断立法与执法对该问题予以相应的回应。

参 考 文 献

[1] Kopsakangas-Savolainen M, 2004. The welfare effects of different pricing schemes for electricity distribution in Finland[J]. Energy Policy, 32(12):1429-1435.

[2] Shapiro C, 2000. The 2010 horizontal merger guidelines: from hedgehog to fox in forty Years[J]. Antitrust Law Journal, 77:701-759.

[3] Utton M A, 2003. Market dominance and antitrust policy[M]. Camberley: Edward Elgar.

[4] 董红霞,2007.美国欧盟横向并购指南研究[M].北京:中国经济出版社.

[5] 韩伟,2018.数字经济时代中国《反垄断法》的修订与完善[J].竞争政策研究(4):51-62.

[6] 约瑟夫·斯蒂格利茨,2020.美国真相:民众、政府和市场势力的失衡与再平衡[M].北京:机械工业出版社.

［7］刘志彪,安同良,2009.现代产业经济分析:第三版[M].南京:南京大学出版社.

［8］马西莫·莫塔,2006.竞争政策:理论与实践[M].上海:上海财经大学出版社.

［9］乌尔里希·施瓦尔贝,丹尼尔·齐默尔,2014.卡特尔法与经济学[M].北京:法律出版社.

［10］威廉·恩道尔,戴健,顾秀林,等,2013.目标中国:华盛顿的"屠龙"战略[M].北京:中国民主法制出版社.

［11］余东华,2010.反垄断法实施中相关市场界定的SSNIP方法研究——局限性其及改进[J].经济评论(2):128-135.

"以融促产"还是"脱实向虚"?
——地区金融发展与企业金融化程度

尚庆宇 申 玥[*]

【摘要】 金融市场发展往往被认为是经济发展的动力和企业外部融资的重要源泉,大量文献证实了地区层面的金融发展对企业成长的促进作用。然而,中国近年来金融的高速发展始终伴随着"企业金融化"的特征,微观经济主体"脱实向虚"的倾向明显,金融发展对企业决策的具体影响逻辑值得重新考量。基于地区金融发展对企业实业投资和金融投资可能产生异质性影响的猜想,本文使用中国 A 股上市公司 2008—2016 年的数据,实证检验地区金融发展水平对企业金融化程度的强化效应,在利用航线数量和人均图书数量作为工具变量以排除内生性后,该效应依然显著。进一步地,排除政策冲击以及城市行政级别的影响后,这一强化效应仍然显著。异质性分析的结果表明,这一强化效应对大企业和民营企业的影响更显著。本文的研究结论揭示了 2008 年以来中国金融与经济发展的结构性缺陷,为之后的金融经济治理提供了深刻的政策建议。

【关键词】 地区金融发展 "企业金融化" 工具变量 "脱实向虚"

一、引 言

长期以来,金融发展对经济的促进作用得到了学术研究的广泛证实,过往学者借助跨国和区域数据,用大量经验证据证实,金融发展不但在宏观层面有利于经济增长(Greenwood & Jovanovic,1990;King & Levine,1993;Rajan & Zingales,1998;Zhang et al.,2012),还在地区层面通过多种机制促进企业的成长发展(Guiso et al.,2004;Kendall,2012;Fafchamps & Schündeln,2013;Chen et al.,2020)。来自发达国家以及部分小国的经验证据表明,地区金融发展能够为企业提供充足的外部资金,减少了企业经营中的信息不对称和融资约束,从而降低了企业的融资和扩张成本,促进了企业的实业发展和规模扩张。从微观层面进一步地说,地区金融发展为企业的生产和成长注入了充足的活力和流动性,进而促进了经济高速发展。

然而,值得充分关注的现象是,随着中国近年来经济与金融的高速发展,

---

[*] 尚庆宇,南京大学商学院经济学系 2019 级本科生;申玥,南京大学商学院经济学系 2020 级本科生。

实体产业呈现出明显的"经济金融化"现象,大量产业资本注入高利润率、高投机性的房地产、金融等领域,逐渐与实体经济脱节,呈现出"脱实向虚"的特征。在"经济金融化"和"脱实向虚"的语境下,金融服务实体经济的能力被挤出,大量流动性由于缺乏实体经济的支撑而在经济体系中频繁"空转",不但无法促进经济增长和实业生产,还会带来潜在的巨大风险。

更加应当引起关注的一个事实是,广泛的"企业金融化"逐渐成为中国"经济金融化"的重要微观特征。近年来,大量的实体企业热衷于从事股票投资、房地产投资、委托理财等金融活动,实体企业大量持有金融资产,呈现微观意义上的"金融化"特征。数据显示,2014年,中国非金融、非房地产业的上市公司持有的金融资产平均超过3亿元,且这一数值还在逐年上升(杜勇等,2017、2019)。

在"企业金融化"的条件下,金融市场与实体企业的关系发生质变。如图1所示,在传统的分析范式与分析逻辑下,金融市场为从事实业生产的企业提供流动资金和外部支持,企业不但可以借助金融市场赋能自身的实业生产,还可以借助资金融通和适度对冲平滑自身的经营风险。而在"企业金融化"的语境中,企业将大量资金注入金融市场,深度参与金融市场的投资活动,不但挤压了自身的实体产业发展,还使得企业经营与金融市场的高风险深度捆绑,形成系统性的金融风险。

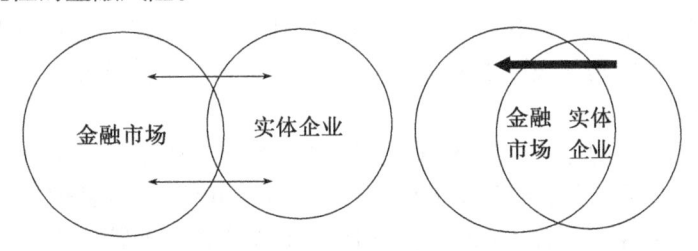

图1 金融市场与企业关系的不同形式:传统 VS"企业金融化"

由于"企业金融化"的重要现实意义,以往研究对"企业金融化"的成因和影响进行了大量的讨论。在对"企业金融化"成因的分析中,过往文献主要集中讨论了企业的各项微观特征对金融化的影响,如 CEO 特征(杜勇等,2019;罗党论等,2022)、控股股东行为(刘德红等,2021)、机构投资者持股(刘伟、曹瑜强,2018)、委托理财(郝项超,2020)等,但较少关注政府治理与制度环境在"企业金融化"过程中的影响作用。虽然有部分文献在宏观层面检验了经济政策不确定性和房价上涨对"企业金融化"的正向作用(彭俞超等,2018a;王慧等,2021),但总体来看,有关金融、法治、产权等制度环境对企业金融化的影响,还有待更深入完整的研究来补充。

本文注意到中国的金融发展与"经济金融化"("企业金融化")在时间上的同步性,以及中国的上市公司发展决策与地方政府治理、制度环境(包括金融发展、法治水平、政府干预等)的高度关联性,自然猜想:地区金融发展可能对该地区企业的金融化产生深刻影响,且这种影响是区域金融发展对企业实业生产和金融资产配置两方面不同效应加总的结果。进一步,鉴于金融危机以来产能过剩、实业投资回报率低等原因,我们猜想:中国金融发展水平的上升对金融资产配置的促进效应很可能高于对实业生产扩张的促进效应,换言之,金融市场扩张给企业带来的流动性更倾向于流入金融资产领域。基于这两个猜想,本文给出两条竞争性假设,并利用地级市层面的金融发展数据和上市公司数据予以实证检验。本文的边际贡献在于以下两点:一是创造性地指出地区金融发展与"企业金融化"的正向关联,指出在中国尚不完善的制度环境下,地区金融发展水平上升会引致"企业金融化"倾向。这一发现是对现有的中国"企业金融化"成因分析的有力补充。二是在发展中国家与转型国家的语境下,指出快速的金融发展可能存在微观层面的潜在金融化风险,表明快速的金融发展对微观企业可能存在负面效应,本文的研究结论是对张成思和郑宁(2020)、Tran et al. (2020)研究结论的有效扩展。

需要指出的是,本文的研究结论并不否认理论和实际层面上金融发展对宏观经济增长和微观企业发展的重要意义和价值,而是意在指出在中国当前的制度环境下,主要表征为信贷市场扩张、企业信贷成本下降和银行竞争性增强的地区金融发展存在结构性的缺陷,以至于金融发展并不能充分服务于实体经济的实业生产,还在更大程度上引致了企业反常规、大批量的金融资产配置,进而成为"企业金融化"的导因。本文的研究结论指出了近年来中国金融发展的结构性问题和底层逻辑缺陷,为今后的金融经济治理提供了扼要而严整的政策建议。

本文的余下部分结构如下:第二部分为文献评述和理论分析,第三部分为样本选择与实证设计,第四部分为实证结果及其分析(包含稳健性检验和内生性的分析),第五部分为机制与异质性分析,第六部分为研究结论与启示。

二、文献评述与理论分析

(一) 文献评述

有关"企业金融化"的成因,张成思和郑宁(2020)将其扼要概括为三点,即资本逐利、风险规避和货币扩张。资本逐利主要指企业借助金融资产获取高于实业投资的超额利润;风险规避指企业借助金融资产配置来减少固定资产投资的风险;而货币扩张则代表宏观和中观层面的流动性增加会对金融资产及实业投资的收益率和风险有调节作用,由于其直接的促进效应大于间接的抑制作用,其总体效应也是增强金融化程度。本文的研究结果是对其"货币扩张"观点在区域层面的实证深化。

在"企业金融化"成因的具体实证层面,过往文献大多基于烙印理论或委托代理理论,聚焦于企业的微观治理特征对金融化的影响,如 CEO 特征(杜勇等,2019;罗党论等,2022)、控股股东行为(刘德红等,2021)、财务公司参与(姚荣荣、黄贤环,2017)、机构投资者持股(刘伟、曹瑜强,2018;Li et al.,2021)、委托理财(郝项超,2020)、同群传染效应(李秋梅、梁权熙,2020)等。一部分文献关注了宏观经济货币政策以及房价变动对"企业金融化"决策的影响(彭俞超等,2018a、2018c;张成思、郑宁,2020;王慧等,2021)。也有文献聚焦于企业的实业投资成本变化,分析相关政策对金融化的影响,如周伯乐等(2020)关注"一带一路"对"企业金融化"的抑制作用,杨筝等(2019)实证指出放松利率管制对金融化的抑制作用等。

有关"企业金融化"的影响,国内外学者大多得出金融化负面影响远大于正面影响的结论。Tori & Onaran(2013)使用英国的数据得出"企业金融化"会抑制企业的资本积累;Davis(2018)利用美国的数据得出"企业金融化"会增加非金融企业的资产价格波动率;Li et al.(2020)利用中国的数据指出,"企业金融化"会抑制工业企业的环境责任承担;Colombo et al.(2021)利用意大利的数据得出,"企业金融化"会抑制企业人力资本配置效率;杜勇等(2017)实证得出"企业金融化"对中国上市公司主业发展的抑制效应;彭俞超等(2018b)得出"企业金融化"会增强上市公司股价崩盘风险的结论;张成思和张步昙(2016)指出,"企业金融化"引致了中国实业投资率下降;盛明泉等(2018)得出"企业金融化"使得全要素生产率下降;王红建等(2017)实证得出,"企业金融化"会抑制企业创新。此外,也有文献指出,"企业金融化"可能存在异质性的正面影响(Xu & Guo,2021)。

关于地区金融发展对企业的影响,大量文献以较发达国家的各地区企业为样本,关注金融发展对企业实业生产、融资效率等的影响,得出的结论多为金融发展通过缓解融资约束等机制来促进企业成长,肯定了金融发展对微观企业的显著有益性。Guiso et al.(2004)利用意大利的数据实证证实了地方金融发展对企业成长的促进作用;Capasso & Jappelli(2013)利用意大利的数据指出金融发展会减少地下经济规模;Fafchamps & Schündeln(2013)利用摩洛哥的数据实证证明了地方金融发展有利于小微企业成长。有关发展中国家的研究也多半关注金融发展对企业融资约束的减轻,如解维敏和方红星(2011)实证得出金融发展通过缓解融资约束促进了企业研发创新,沈红波等(2010)实证指出金融发展通过缓解融资约束促进企业追加投资扩大生产,Chen et al.(2020)实证指出金融发展通过缓解企业的融资约束来增加中小企业的出口,Tran et al.(2020)实证得出越南的省内金融发展水平对企业成长有促进效应。

也有文献注意到快速的金融发展可能存在的制度性扭曲、信贷歧视以及给发展中国家带来的风险。Chen et al.(2020)注意到金融发展存在产权歧视现象;Tran et al.(2020)指出金融发展增加了越南的腐败水平,且这一腐败水平会内生地扭曲金融发展对企业的促进作用。

(二) 理论分析

本文在总结现有文献的基础上,将研究限定在转型国家的语境中,探究地区金融水平的发展对企业金融化的影响。地区金融市场的扩大和金融竞争性的增强增加了信贷资金的供给,这不仅仅在实业生产和实体投资层面影响微观企业资产配置,还通过"货币扩张"和"资本逐利"的机制影响企业的金融资产配置。即金融发展水平的上升,一方面使企业能够以更低的成本、风险和利率获得信贷资金,促进其实业生产,做到"以融促产";另一方面也使得企业能够以更低的风险获取高额的金融资产收益,使其"脱实向虚",这两方面影响的大小比较决定了总效应的方向。

由于中国的金融发展仍处在一个总量快速扩张的阶段,因而我们的猜想首先倾向于地区金融发展会促进"企业金融化"。这一猜想是否成立需要借助实证检验,我们给出竞争性假设 H1a 和 H1b。

H1a:地区金融发展会加剧"企业金融化",即"脱实向虚"。

H1b:地区金融发展会抑制"企业金融化",即"以融促产"。

中国地区之间差异较大的金融发展水平为我们提供了可贵的数据资源,利用中国的上市公司数据并匹配其所在地的金融发展水平,我们得以充分验证这一竞争性假设的准确性。

三、样本选择与实证设计

(一) 变量的定义及其说明

1. "企业金融化"程度

参照相关实证研究的普遍做法,"企业金融化"通常采用企业金融资产占当期总资产的比重来测度。这里的金融资产相比于一般会计准则意义上的金融资产有两点区别,即不包含货币资金、包含投资性房地产(杜勇等,2017)。本文参照杜勇等(2017、2019)、彭俞超等(2018b)的定义,将"企业金融化"定义为企业6项金融资产之和(交易性金融资产+衍生金融资产+可供交易金融资产净额+持有至到期投资净额+发放贷款及垫款净额+投资性房地产)占企业当年总资产的比重。注意到彭俞超等(2018a)、肖忠意和林琳(2019)对金融资产的定义还包括长期股权投资(其中一部分并非金融资产)。本文在稳健性检验部分换用另外两种口径的指标来检验回归模型的稳健性。

2. 地区金融发展水平

过往研究发达国家地区金融发展的文献常常采用地区银行分支机构的数量或密度值作为金融发展水平的测度(Guiso et al.,2004),考虑到中国地区之间金融发展方式以及地区人口、面积的差异较大,此类测度方法因难以找到合适的标准化方式而面临难以解决的测量误差问题。过往也有文献使用省级樊纲指数(2007)来衡量中国的地区金融发展水平(余明桂、潘红波,2008;解维敏、方红星,2011),由于本文关注的是2008年国际金融危机以来的企业样本,也难以使用该指标。① 因此,本文借鉴沈红波等(2010)、Zaidi et al. (2019)和Liu & Song(2020)的做法,使用区域层面金融机构年末贷款余额占当期GDP的比重,并将区域划定到地级市层面,即使用城市层面的贷款占比作为金融发展水平的代理变量。我们在稳健性检验部分还将使用省级层面的数据进行检验。

3. 控制变量

为避免遗漏变量造成的内生性问题,我们控制了地级市层面和企业层面的若干变量。在地级市层面,参照Guiso et al. (2004),我们控制了城市的人均实际GDP(2000年为基年,元)以及财政支出力度(财政支出占当年GDP的比重)的变量。在企业层面,综合以往研究"企业金融化"、金融发展影响的大量文献,我们控制以下变量:① 企业规模:以总资产的对数值计;② 产权性质:国有企业记为1,非国有企业记为0;③ 两职合一:企业的董事长和总经理是同一人的记为1,反之记为0;④ 大股东占款:以第一大股东持有股权占总股权资产规模计;⑤ 资产回报率:以当年净利润与总资产的比值计;⑥ 企业成长:以企业当年的市账比计;⑦ 流动比率:当年流动资产总额与流动负债总额之比;⑧ 资产负债率:当年总负债与总资产之比。相关控制变量的字母表示见后文的描述性统计。

4. 工具变量

区域金融发展水平可能与区域社会经济的一些难以测量的特征直接相关,也可能与该地区企业的性质反向相关,因而即便本文控制了若干协变量,并将城市层面的自变量滞后一阶处理,仍然无法完全保证能够排除潜在的遗漏变量和反向因果导致的内生性问题。基于因果推断的可信性考虑,我们需要寻找能够外生影响金融发展水平,且满足排他性约束的工具变量。

参考Cappasso & Jappelli(2013)、Guiso et al. (2004),不仅金融发展水平、银行数据的历史数据可以作为潜在的工具变量,人力资本和社会公共资源数据也可以作为金融发展水平的工具变量。相对难处理的问题在于,中国的历史金融数据以及社会公共的相关数据或是面临数据缺失和测量误差,或是可能带来新的内生性问题。

考虑到地级市层面的知识资本、省级层面的航空交通通达程度外生于可能的遗漏变量,我们选取城市层面的每万人公共图书数和2008年省级层面的到达飞机航线数量作为工具变量。选用这两个变量的主要原因在于,知识资本存量和飞机航线数量能够通过外溢效应等机制正向促进金融发展水平,同

---

① "樊纲指数"的编纂并未停止,后续更新为"王小鲁-樊纲指数",但其测度口径有变化,学界较少使用,我们将其作为后文稳健性检验的指标之一。

时相比其他变量能够保证足够的外生性。

在中国的地级市层面,公共图书的存量反映了社会的知识资本可得性,而社会知识资本可得性能够在一定程度上引致金融化的发展,且与地区的经济发展水平、产业结构等并无直接关联,能够保证其外生性。而省级层面的到达飞机航线数量越多,交通的通达程度和对外联系的程度就越高,也就越能够对金融发展产生正向影响。与此同时,飞机航线的数量并不会受到省域面积和经济发展程度的过多影响,更多的是受到地理位置和其他交通方式可得性的影响,能够保证外生性。

(二)实证模型设计

本文为验证假设 H1,建立以下计量模型:

$$\text{fin}_{i,t} = \alpha_0 + \alpha_1 \text{fd}_{i,t-1} + \sum \gamma_p \text{city}_{p,i,t-1} + \sum \beta_k \text{control}_{k,i,t} + \eta_t + \chi_s + \varepsilon_{i,t}$$

其中,$\text{fin}_{i,t}$ 表示第 i 家企业第 t 年的金融化程度;α_0 为常数项;$\text{fd}_{i,t-1}$ 表示地区金融发展水平;$\text{city}_{p,i,t-1}$ 表示第 i 个样本城市层面的控制变量第 $t-1$ 年的值(对城市层面滞后一期处理,以减少反向因果导致的内生性问题);$\text{control}_{k,i,t}$ 表示第 i 个样本企业层面的控制变量第 t 年的值;η_t、χ_s 和 $\varepsilon_{i,t}$ 分别是年份固定效应、行业固定效应和残差项。

这一计量模型主要关注 $\text{fd}_{i,t-1}$ 项的估计系数 α_1。若 α_1 显著为正,则说明假设 H1a 成立,地区金融发展水平促进了企业的金融化,企业随着本地金融化的发展逐渐呈现"脱实向虚";若 α_1 显著为负,则说明假设 H1b 成立,地区金融发展水平抑制了企业的金融化,本地的金融发展促使企业实现"以融促产"的良性发展。

如前文所述,使用普通最小二乘法(OLS)对 α_1 进行估计,可能因为内生性问题导致有偏或非一致的估计结果。因此本文除直接估计外,也使用工具变量进行两阶段最小二乘估计以排除内生性的影响,并悉数报告我们的结果。本文还检验了过度识别的 J 统计量以及 Wald 检验的最小特征值,以避免工具变量内生以及工具变量问题的干扰。

(三)样本选择及数据来源

本文选取的样本是中国沪、深两地上市的所有 A 股上市公司,样本的年度区间选取为 2008—2016 年。参照以往文献的做法,我们对样本做如下处理:① 删除金融类上市公司和房地产业上市公司数据;② 删除样本期内被"ST/ST/PT"特殊处理的企业;③ 删除关键指标在全部或部分年份缺失的企业。我们一共得到 972 家上市公司 9 年的数据。本文公司层面的所有财务数据来自 CSMAR 数据库,城市层面的解释变量和控制变量来自《中国城市统计年鉴》和中国研究数据平台 CNRDS 数据库,工具变量来自 CNRDS 数据库。

为避免离群值对回归结果的影响,本文对被解释变量和解释变量做了1%和99%分位的缩尾处理。主要变量的描述性统计见表1。

表1　　　　　　　　　　主要变量的描述性统计

变量	含义	样本数	均值	标准差	最小值	最大值
Panel A:城市层面							
fd	金融发展水平/%	8 775	1.363	0.601 8	0.351 3	3.014
grppercapita	人均实际GDP/元	8 773	71 262	49 161	4 346	467 749
puf	财政力度	8 775	0.138 9	0.051 2	0.043 7	0.502 9
Panel B:企业层面							
fin	金融化	8 775	3.321	6.746	0	38.16
equitynature	产权性质	8 707	0.617	0.486	0	1
concurrent	两职合一	8 636	0.164	0.370	0	1
roa	资产回报率	8 775	0.041 8	0.052 2	−0.506 9	0.399 9
growth	企业成长	8 594	0.300 1	0.140 8	−0.024 5	1.113
currentratio	流动比率	8 775	1.842	3.095	0.038 5	204.7
shoccupy	大股东占款	8 775	−0.017 0	0.043 6	−0.909	0.374
lev	资产负债率	8 775	0.479 2	0.192 9	0.007 1	1.056
size	企业规模	8 643	22.24	1.340	19.02	28.51
Panel C:工具变量							
book	每百人公共图书量	8 744	359.4	775.2	9.810	4 829
flight	Ln(到达飞机航线数量)	8 775	7.231	0.522 5	5.883	7.932

四、实证结果及其分析

(一) 基准回归

表2列示了基准回归的结果,我们使用最小二乘法估计各变量之前的系数,结果表明,在不控制任何其他变量时,金融发展会对"企业金融化"水平造成0.9个百分点的边际影响,且这一正向效应在0.1%的统计水平上显著。逐步加入城市和企业层面的控制变量,可以观察到边际影响减小,但仍然在1%的统计水平上显著。控制年份和行业固定效应后,显著性水平不变。

基准回归的结果表明,随着地区金融发展水平的提升,"企业金融化"的倾向显著上升。地区信贷市场的规模扩大并未借助促进研发、融资等机制使企业着眼于实业生产;相反地,其引致了企业显著的金融化倾向,即"脱实向虚"。这一回归的结果拒绝了H1b,接受了H1a,即地区的金融发展水平促进了企业的金融化。

表2　　　　　　　　　　　基准回归

	(1)	(2)	(3)	(4)	(5)
fd	1.505*** (12.15)	1.104*** (8.48)	1.125*** (8.52)	1.175*** (8.82)	0.618*** (4.74)
grppercapita		0.0000116*** (7.14)	0.0000124*** (7.00)	0.00000872*** (4.62)	0.00000453** (2.61)
puf		6.375*** (4.24)	6.109*** (3.77)	4.164* (2.54)	4.218* (2.54)
equitynature			0.574*** (3.49)	0.648*** (3.95)	0.550*** (3.40)
concurrent			0.0716 (0.35)	0.0499 (0.25)	0.124 (0.64)
roa			-7.825*** (-5.29)	-3.923* (-2.55)	-5.456*** (-3.56)
growth			1.732* (2.36)	4.733*** (5.66)	3.662*** (4.36)
currentratio			-0.0635 (-1.39)	-0.0487 (-1.19)	-0.0534 (-1.21)
shoccupy			-5.840*** (-3.67)	-5.703*** (-3.62)	-5.681*** (-3.70)
lev			-4.498*** (-6.60)	-2.216** (-3.10)	-5.112*** (-6.65)
size			-0.254*** (-4.14)	-0.517*** (-7.90)	-0.214** (-3.06)
_cons	1.269*** (7.63)	0.103 (0.41)	7.293*** (6.80)	10.24*** (9.50)	6.694*** (4.36)
N	8775	8773	8391	8391	8391
adj. R^2	0.018	0.026	0.048	0.058	0.169
年份固定效应	否	否	否	是	是
行业固定效应	否	否	否	否	是

注:括号内为t统计量;***、**、*分别表示在0.1%、1%、5%的显著性水平上显著;各回归均使用异方差-稳健标准误。

(二) 内生性检验

普通最小二乘法的结果可能由于遗漏变量或测量误差等原因,产生内生性偏误。为纠正这一问题,本文借助地级市当年的人均公共图书数量和省级层面的飞机航线数量(2008年)作为工具变量,对原回归方程进行了两阶段最小二乘估计(2SLS)。工具变量估计的结果表明,排除内生性后,地区金融发展对"企业金融化"的促进效应仍然在5%的置信水平上显著。对该回归进一步的检验表明,过度识别检验的 p 值为0.7307,不能拒绝"所有工具变量均外生"的原假设。弱工具变量检验的最小特征值和第一阶段回归的 F 值均拒绝了"存在弱工具变量"的假设。

表3中还汇报了单独使用图书数量数据、使用航线+图书数量对数值的工具变量结果,以上各估计的两阶段结果均在表中报告。使用工具变量的估计表明,排除内生性的干扰后,我们仍然能得到结论:地区的金融发展水平显著促进了企业的金融化倾向。

表3 工具变量检验结果(2SLS)

	(1) 2SLS	(2) First-stage	(3) 2SLS	(4) First-stage	(5) 2SLS	(6) First-stage
city_f	2.358* (2.39)		0.977** (3.01)		2.799* (2.27)	
flight		0.0967*** (7.92)		0.0998*** (8.10)		
book		0.0000706*** (10.91)				0.0000737*** (11.56)
_cons	6.453*** (4.20)	−0.512*** (−3.56)	6.617*** (4.33)	−0.599*** (−4.17)	6.429*** (4.17)	0.189 (1.70)
N	8361	8361	8361	8391	8391	8361
adj. R^2	0.150	0.291	0.167	0.284	0.141	0.285
overid_p	0.7307	N/A	0.1355	N/A	N/A	N/A
外生性	是	/	是	/	/	/
最小特征值	73.0851	N/A	799.704	N/A	67.3977	N/A
弱工具变量	否	/	否	/	否	/
F	N/A	106.6	N/A	118.1	N/A	111.2

注:括号内为 t 统计量;***、**、*分别表示在0.1%、1%、5%的显著性水平上显著;各回归均包含基准回归的控制变量,控制了年份和行业固定效应,并使用异方差-稳健标准误。工具变量的使用情况为:(1)列使用flight和book,(3)列使用flight和ln(book),(5)列使用book。

为进一步避免弱工具变量对结果的影响,本文换用对弱工具变量不敏感的 LIML 和 GMM 方法,使用航班数量和公共图书数量作为工具变量重新估计,回归结果如表 4 所示。结果表明,LIML 和 GMM 的系数结果以及显著性与 2SLS 差别不大,这进一步证明了不存在弱工具变量问题,以及基准回归结论的稳健性。

表 4　　　　　　　进一步工具变量检验结果(LIML & GMM)

	(1) OLS	(2) 2SLS	(3) LIML	(4) GMM
fd	0.618 *** (4.74)	2.358 * (2.39)	2.359 * (2.39)	2.452 ** (2.58)
_cons	6.694 *** (4.36)	6.453 *** (4.20)	6.453 *** (4.20)	6.435 *** (4.18)
N	8 391	8 361	8 361	8 361
adj. R^2	0.169	0.150	0.150	0.148

注:括号内为 t 统计量;***、**、* 分别表示在 0.1%、1%、5% 的显著性水平上显著;各回归均包含基准回归的控制变量,控制了年份和行业固定效应,并使用异方差-稳健标准误。工具变量为:(2)列、(3)列、(4)列均使用 flight 和 book 作为 fd 的工具变量。

(三) 稳健性检验

我们进一步使用多种方法来确保回归结果的稳健性,结果列示于表 5 中。

1. 缩小样本范围

我们首先进行一个安慰剂检验。我们会有一种担忧,即金融发展水平较高的地区企业产生金融化倾向,这并非必然以金融发展水平为导因,而可能是因为金融发展水平不同的地区对特定时期外生的政策冲击(如金融危机、产业政策等)有异质性的反馈。因此我们将样本限定在 2011 年以后和 2014 年以后,对子样本的 OLS 回归均呈现稳健性,因而排除这一担忧后结论依然成立。

我们另外的一个担心在于,上海、深圳、北京三地聚集了大量的样本,这三个地区的高金融发展水平可能导致集聚性的金融化倾向,对估计结果产生支配性影响。为消除这一担忧,我们先随机去掉大约 1/2 的上海、北京、深圳样本(注:按照证券代码除以 2 的余数),再去掉所有京、沪、深样本,最后去掉所有省会和直辖市样本,逐步回归的结论依然在 1% 的置信水平上显著,结论仍然具有稳健性。

2. 更换代理变量

考虑到解释变量测度方式可能存在测量误差等问题,我们依次更换解释变量的代理变量为城市贷款占比的对数,以及省级层面的"王小鲁-樊纲指数"进行稳健性检验,得到的结果都依然在1%的置信度水平上显著。进一步地,考虑金融化的测度方式可能存在偏误,我们更换金融化的指标为投资性房地产占总资产的比例(彭俞超等,2018a)、包含长期股权投资且不包含发放贷款及垫款净额的统计口径(肖忠意、林琳,2019;罗党论等,2022),结果发现OLS的全部结果依然显著,这表明口径的细微差别不会影响金融发展对"企业金融化"促进作用的估计结果。

表5 稳健性检验

Panel A:缩小样本范围				
	(1)	(2)	(3)	(4)
	2011年以后	随机去掉一半沪、深、京样本	去掉所有沪、深、京样本	去掉所有省会及直辖市样本
fd	0.767***	0.572***	0.431**	2.754***
	(4.19)	(4.24)	(3.14)	(7.07)
N	4 602	7 281	6 353	3 414
Panel B:更换解释变量的代理变量				
	(1) OLS	(2) 2SLS	(3) OLS	(4) 2SLS
ln fd	0.579***	2.816*		
	(3.88)	(2.34)		
f_c			0.233***	0.340*
			(3.96)	(2.42)
N	8 391	8 361	8 391	8 361
Panel C:更换被解释变量的代理变量				
	(1) 含长期股权投资 OLS	(2) 含长期股权投资 2SLS	(3) 投资性房地产 OLS	(4) 投资性房地产 2SLS
fd	0.709**	7.827***	0.375**	-0.895
	(3.06)	(4.21)	(3.15)	(-0.95)
N	8 391	8 361	8 391	8 361

注:括号内为 t 统计量;***、**、*分别表示在0.1%、1%、5%的显著性水平上显著;各回归均包含基准回归的控制变量,控制了年份和行业固定效应,并使用异方差-稳健标准误。两阶段最小二乘法使用的工具变量均为flight和book。

以上结果从各个层面充分印证了本文实证结果的稳健性,我们可以认定结论:在中国当前的制度环境下,地方金融发展广泛地引致了企业的金融化倾向——假设H1a成立。

五、机制与异质性分析

（一）机制分析

本文的实证结果表明,尽管地方金融发展可能同时对企业的实业生产和金融投资产生促进作用,但总体的效应是导致了企业的"脱实向虚"。在此认知基础上,我们给出一个简要的机制分析。而因为企业的实体生产、实体投资和金融投资复杂的相关性,再加上数据可得性和内生性的困扰,我们很难使用实证方法给出完整的机制证明,只能给出一些基于可得数据和已有文献的分析论证。

1. 资产(房价)泡沫效应

中国的金融发展随着大规模、反常规的房地产投资(彭俞超等,2018b),大量的金融流动性或者直接注入房地产,或者通过担保等方式与房地产相关联,助长了房价的上涨与房地产泡沫的出现,房价与房地产的这一变化趋势使得企业倾向于借助投资房地产及关联资产谋求收益以及对冲风险,进而产生以房地产投资过热为表征的"企业金融化"。注意到样本中房地产投资倾向占到了"企业金融化"程度的约2/3,这可以在一定程度上证实房地产投资的中介作用。

本文使用投资性房地产占总资产的比重侧面证实这一机制。如表6所示,地区金融发展水平显著促进了房地产投资倾向,且这种效应在非省会(直辖市)、非副省级市的样本中更为显著,换言之,排除政策等因素后,金融发展对促使房地产过热投资的效应更为显著。这进一步证实了金融发展会产生全局性的资产泡沫效应,进而引致"企业金融化"倾向。

表6　　机制检验:房价泡沫效应

	(1) 投资性房地产 全样本	(2) 投资性房地产 去掉省会城市	(3) 投资性房地产 去掉副省级市
fd	0.375 ** (3.15)	0.972 *** (3.57)	1.868 *** (5.06)
_cons	0.023 2 (0.02)	2.867 (1.46)	-1.985 (-0.86)
N	8 391	4 267	3 414
adj. R^2	0.104	0.103	0.130

注:括号内为t统计量;***、**、*分别表示在1%、5%、10%的显著性水平上显著;各回归均包含基准回归的控制变量,控制了年份和行业固定效应,并使用异方差-稳健标准误。工具变量的使用情况:(2)列和(4)列均使用flight和book。

2. 融资约束的异质性影响

过往文献充分证实了地区金融发展对中国上市公司融资约束显著的缓解效应(沈红波等,2010;解维敏、方红星,2011),且金融发展能够通过缓解融资约束来促进企业投资效率(沈红波等,2010)。在此认知基础上,我们自然猜想:企业的实业投资和金融投资均会通过融资约束的影响机制而受到地区金融发展水平的影响,且这种影响存在显见的异质性。

据此我们自然地提出猜想:在地区金融发展水平较高的地区,由于企业较容易从外部获得融资,融资约束的程度较轻,因而无须过分担心配置金融资产导致的资金链断裂风险,企业投机于金融资产以获取额外利润的动机显著更强,而实业投资倾向增加不明显。换言之,融资约束的减轻是金融发展促进"企业金融化"程度上升的重要机制。

我们使用 KZ 指数作为企业融资约束的代理变量(KZ 指数越大,融资约束的程度就越高),回归分析的结果表明[表7中(2)列],企业融资约束减小,相应的金融化水平更高,该结果在控制年份和行业固定效应后,仍然在10%水平上显著。可以证实融资约束是地区金融发展引致"企业金融化"程度上升的中介机制。

表7　机制检验:融资约束的异质效应

	(1) kz	(2) fin
fd	-0.084 2** (-2.12)	
kz		-0.090 9*** (-3.28)
_cons	1.778*** (29.64)	3.479*** (39.45)
N	8 523	8 523

注:括号内为 t 统计量;***、**、*分别表示在1%、5%、10%的显著性水平上显著;使用异方差-稳健标准误。

3. 其他可能的机制

除资产泡沫效应和融资约束效应以外,我们不加证明地给出两条不易证明的额外机制,以使本文机制分析更加完整。

(1)传染效应。现有文献证实,"企业金融化"显现出强烈的传染性特征(李秋梅、梁权熙,2020)。据此,我们容易给出的可靠猜想是,地区的金融发展水平具有对这一传染性的正向调节效应,地区金融发展水平越高,企业的金融化决策越容易借助关联交易、模仿决策等在企业之间传递。企业大面积金融化在高金融发展水平地区形成均衡。

(2) 不确定性机制。经济政策的不确定性是引致"企业金融化"的重要原因(彭俞超等,2018a),而金融发展水平的提高可能增加经济政策和货币政策的不确定性,从而使得企业持有金融资产以对冲政策不确定造成的额外风险,致使其金融化程度加深。

(二) 异质性分析:基于规模和产权

考虑金融发展对"企业金融化"的异质性影响,我们基于企业规模和产权的区别,使用带交乘项的全样本回归、分样本回归的形式进行异质性分析。

表8中(1)到(3)列所示的回归结果表明,金融发展对规模大于中位数的大企业样本有更加显著的促进效应,而对规模小于中位数的小企业样本效应不显著。这表明,金融发展主要通过促进大企业大量投资房地产等金融资产,引致中国上市公司金融化倾向的上升。

表8中(4)到(6)列的回归结果表明,金融发展对两种产权性质的"企业金融化"的引致效应均在1%的水平上显著,但相比较而言,对民营企业的引致效应更显著。这一结果进一步证实了融资约束的中介效应(相比国有企业,金融发展对民营企业融资约束的减轻作用更大),也可能缘于不同所有制企业监管强度的不同。

表8 异质性分析

	基于规模:交乘项 & 分样本			基于产权:交乘项 & 分样本		
	全样本 (规模交乘)	大企业样本 (>中位数)	小企业样本 (<中位数)	全样本 (产权交乘)	国有企业	民营企业
	(1)	(2)	(3)	(4)	(5)	(6)
fd	0.672*** (4.63)	0.865*** (4.63)	0.228 (1.25)	1.138*** (5.16)	0.408** (2.42)	0.971*** (4.33)
big × fd	-0.108 (-0.72)					
equity × fd				-0.667** (-2.49)		
_cons	5.740*** (3.13)	13.02*** (6.24)	-14.57*** (-3.43)	5.891*** (3.66)	7.997*** (5.09)	-1.615 (-0.56)
N	8 391	4 171	4 220	8 391	5 180	3 211
adj. R^2	0.168	0.217	0.195	0.169	0.198	0.177

注:括号内为 t 统计量;***、**、* 分别表示在0.1%、1%、5%的显著性水平上显著;(1)列、(2)列、(3)列、(4)列包含了基准回归的控制变量,(5)列、(6)列包含了除产权性质(equity nature)外基准回归的所有控制变量;各回归均控制了年份和行业固定效应,并使用异方差-稳健标准误。

六、研究结论与启示

本文的理论分析和实证结果表明,在中国当前的制度环境和经济结构特征下,地区金融发展尽管有助于缓解企业的融资约束以及在一定程度上促进企业扩大生产和长期成长,但并未为实体经济的生产和发展注入充分的动能。随着金融水平的发展,企业呈现出愈加明显的金融化特征——上市公司在更容易获取信贷资金的同时,反而将更多的资金注入以房地产为代表的金融资本,"脱实向虚"的倾向随着信贷市场的不断发展扩大而逐渐强化。

本文的机制和异质性分析也充分表明,以房地产投资为代表的"企业金融化"倾向绝不仅仅在中国最发达的直辖市和省会城市中存在,而是广泛存在于整个中国的上市公司群体中,在排除政策因素和内生性影响之后,我们仍然能够观察到金融发展对"企业金融化"广泛存在的强化效应。

新冠疫情的持续演进和复杂的国际形势使中国经济面临短期内难以消解的下行压力,要在未来新的发展阶段稳步推进经济增长,则必须要求金融能够在真正意义上服务于实体经济,金融发展能够在促进实业生产方面取得明显的实质性进展,而非引致"脱实向虚"倾向的强化。我们理想的情况是,随着金融的持续发展,货币资金能够以更高的配置效率在实体经济与金融市场之间快速融通,实体经济的发展得到充分促进,而企业配置金融资产的倾向随着政策的确定性预期、房地产价格的合理化以及信息不对称的降低而得到抑制,进而实现金融发展赋能实体经济的"以融促产"。

为实现这一理想情况,我们给出如下几条政策建议。

(1) 进一步优化治理信贷市场与资本市场,消除信息不对称或制度歧视造成的价格扭曲、信贷歧视等现象,以降低生产融资的成本并限制投机性金融资产相对于实业投资的过高利润。

(2) 制定激励政策,短期内不但切实保证从事实业生产的企业能够从金融市场的壮大中真正受益,还要尽量保证增加的信贷资金被用于实际生产,如对企业扩大生产和固定资产投资行为设置信贷优惠,设立民营企业实业投资专款专用信贷等。

(3) 中长期内可以逐步限制上市公司的金融资产配置,尤其是投资性房地产配置的行为。从对房地产投资超过阈值的非金融企业不实行税收减免开始,逐步过渡到限制上市公司的房地产投资行为。

(4) 促进金融资产价格的合理化、房价的合理化,政府要进一步强化房地产的消费属性和金融资产的保值属性,抑制资产泡沫的形成。

参 考 文 献

[1] Arellano C, Bai Y, Zhang J, 2012. Firm dynamics and financial development[J]. Journal of Monetary Economics, 59(6): 533-549.

[2] Assa J, 2012. Financialization and its consequences: the OECD experience[J]. Finance Research, 1(1): 35-39.

[3] Beck T, Levine R, 2005. Legal institutions and financial development[C]. In: Handbook of New Institutional Economics. Springer, Boston, MA: 251-278.

[4] Bose N, Capasso S, Wurm M A, 2012. The impact of banking development on the size of shadow economies[J]. Journal of Economic Studies, 39(6), 620-638.

[5] Capasso S, Jappelli T, 2013. Financial development and the underground economy[J]. Journal of Development Economics, 101: 167-178.

[6] Chen Z, Poncet S, Xiong R, 2020. Local financial development and constraints on domestic private-firm exports: evidence from City Commercial Banks in China[J]. Journal of Comparative Economics, 48(1): 56-75.

[7] Colombo M G, Guerci M, Rovelli P, 2021. The effects of firm financialization on human resource management: how financialization affects the design of managerial jobs[J]. Human Resource Management Journal, in press.

[8] Davis L E, 2018. Financialization and the non-financial corporation: an investigation of firm-level investment behavior in the United States[J]. Metroeconomica, 69(1): 270-307.

[9] Deloof M, La Rocca M, 2015. Local financial development and the trade credit policy of Italian SMEs[J]. Small Business Economics, 44(4): 905-924.

[10] Fafchamps M, Schündeln M, 2013. Local financial development and firm performance: evidence from Morocco[J]. Journal of Development Economics, 103: 15-28.

[11] Fisman R, Love I, 2004. Financial development and intersectoral allocation: a new approach[J]. Journal of Finance, 59(6): 2785-2807.

[12] Greenwood J, Jovanovic B, 1990. Financial development, growth, and the distribution of income[J]. Journal of Political Economy, 98(5, Part 1): 1076-1107.

[13] Guiso L, Sapienza P, Zingales L, 2004. Does local financial development matter? [J]. The Quarterly Journal of Economics, 119(3): 929-969.

[14] Kendall J, 2012. Local financial development and growth[J]. Journal of Banking & Finance, 36(5): 1548-1562.

[15] King R G, Levine R, 1993. Finance and growth: Schumpeter might be right[J]. The Quarterly Journal of Economics, 108(3): 717-737.

[16] Klinge T J, Fernandez R, Aalbers M B, 2021. Whither corporate financialization? a literature review[J]. Geography Compass, 15(9): e12588.

[17] Rajan R, Zingales L, 1998. Financial development and growth[J]. American Economic Review, 88(3): 559-586.

[18] Li Z, Wang Y, Tan Y, et al, 2020. Does corporate financialization affect corporate environmental responsibility? an empirical study of China[J]. Sustainability, 12(9): 3696.

[19] Liu H, Song Y, 2020. Financial development and carbon emissions in China since the recent world financial crisis: evidence from a spatial-temporal analysis and a spatial durbin model[J]. Science of the Total Environment, 715: 136771.

[20] Sawyer M, 2013. What is financialization?[J]. International Journal of Political Economy, 42(4): 5–18.

[21] Tori D, Onaran Ö, 2018. The effects of financialization on investment: evidence from firm-level data for the UK[J]. Cambridge Journal of Economics, 42(5): 1393–1416.

[22] Tran V T, Walle Y M, Herwartz H, 2020. The impact of local financial development on firm growth in Vietnam: does the level of corruption matter?[J]. European Journal of Political Economy, 62: 101858.

[23] Xu M, Albitar K, Li Z, 2020. Does corporate financialization affect EVA? early evidence from China[J]. Green Finance, 2(4): 392–408.

[24] Xu S, Guo L, 2021. Financialization and corporate performance in China: promotion or inhibition?[J]. Abacus, in press.

[25] Zaidi S A H, Zafar M W, Shahbaz M, et al, 2019. Dynamic linkages between globalization, financial development and carbon emissions: evidence from Asia Pacific Economic Cooperation Countries[J]. Journal of Cleaner Production, 228: 533–543.

[26] Zhang J, Wang L, Wang S, 2012. Financial development and economic growth: recent evidence from China[J]. Journal of Comparative Economics, 40(3): 393–412.

[27] 蔡明荣,任世驰,2014.企业金融化:一项研究综述[J].财经科学(7):41–51.

[28] 杜勇,谢瑾,陈建英,2019.CEO金融背景与实体企业金融化[J].中国工业经济(5):136–154.

[29] 杜勇,张欢,陈建英,2017.金融化对实体企业未来主业发展的影响:促进还是抑制[J].中国工业经济(12):113–131.

[30] 顾雷雷,郭建鸾,王鸿宇,2020.企业社会责任、融资约束与企业金融化[J].金融研究,476(2):109–127.

[31] 郝项超,2020.委托理财导致上市公司脱实向虚吗?——基于企业创新的视角[J].金融研究,477(3):152–168.

[32] 胡海峰,窦斌,王爱萍,2020.企业金融化与生产效率[J].世界经济,43(1):70–96.

[33] 李秋梅,梁权熙,2020.企业"脱实向虚"如何传染?[J].财经研究,46(8):140–155.

[34] 刘德红,魏方方,武伶柯,2021.控股股东股权质押对实体企业金融化的影响[J].北京交通大学学报(社会科学版),20(03):89.

[35] 刘笃池,贺玉平,王曦,2016.企业金融化对实体企业生产效率的影响研究[J].上海经济研究(8):74–83.

[36] 刘伟,曹瑜强,2018.机构投资者驱动实体经济"脱实向虚"了吗[J].财贸经济:12.

[37] 罗党论,杨文慧,黄依梅,2022.企业家科研禀赋与企业金融化[J].南方金融(1):1–14.

[38] 吕朝凤,毛霞,2020.地方金融发展能够影响FDI的区位选择吗?——一个基于城市商业银行设立的准自然实验[J].金融研究,477(3):58-76.

[39] 彭俞超,韩珣,李建军,2018.经济政策不确定性与企业金融化[J].中国工业经济(01):137-155.

[40] 彭俞超,黄娴静,沈吉,2018.房地产投资与金融效率——金融资源"脱实向虚"的地区差异[J].金融研究(08):51-68.

[41] 彭俞超,倪骁然,沈吉,2018.企业"脱实向虚"与金融市场稳定——基于股价崩盘风险的视角[J].经济研究,53(10):50-66.

[42] 沈红波,寇宏,张川,2010.金融发展、融资约束与企业投资的实证研究[J].中国工业经济(6):55-64.

[43] 盛明泉,汪顺,商玉萍,2018.金融资产配置与实体企业全要素生产率:"产融相长"还是"脱实向虚"[J].财贸研究,29(10):87-97.

[44] 王红建,曹瑜强,杨庆,等,2017.实体企业金融化促进还是抑制了企业创新——基于中国制造业上市公司的经验研究[J].南开管理评论,20(1):155-166.

[45] 王慧,王擎,徐舒,2021.房价上涨是否助推企业金融化?[J].经济科学(06):88-100.

[46] 武志,2010.金融发展与经济增长:来自中国的经验分析[J].金融研究(5):58-68.

[47] 肖忠意,林琳,2019.企业金融化、生命周期与持续性创新[J].财经研究,45(8):43-57.

[48] 解维敏,方红星,2011.金融发展、融资约束与企业研发投入[J].金融研究(5):171-183.

[49] 姚荣荣,黄贤环,2021.财务公司能抑制企业金融化吗[J].财会月刊,12:49-56.

[50] 杨友才,2014.金融发展与经济增长——基于我国金融发展门槛变量的分析[J].金融研究(2):59-71.

[51] 杨筝,王红建,戴静,等,2019.放松利率管制、利润率均等化与实体企业"脱实向虚"[J].金融研究(06):20-38.

[52] 余明桂,潘红波,2008.政府干预、法治、金融发展与国有企业银行贷款[J].金融研究(9):1-22.

[53] 余明桂,潘红波,2010.金融发展、商业信用与产品市场竞争[J].管理世界(8):117-129.

[54] 张成思,张步昙,2016.中国实业投资率下降之谜:经济金融化视角[J].经济研究,12:32-46.

[55] 张成思,郑宁,2019.中国实业部门金融化的异质性[J].金融研究,469(7):1-18.

[56] 张成思,郑宁,2020.中国实体企业金融化:货币扩张、资本逐利还是风险规避?[J].金融研究,483(9):1-19.

[57] 张璟,沈坤荣,2008.地方政府干预、区域金融发展与中国经济增长方式转型——基于财政分权背景的实证研究[J].南开经济研究(06):122-141.

[58] 张昭,朱峻萱,李安渝,2018.企业金融化是否降低了投资效率[J].金融经济学研究,33(1):104-116.

[59] 周伯乐,葛鹏飞,武宵旭,2020."一带一路"倡议能否抑制实体企业"脱实向虚"[J].贵州财经大学学报,38(05):34.

地区绿色发展水平对工业企业出口交付的影响
——基于30个省级行政区划面板数据的分析

孙 彦 顾翔绪[*]

【摘要】 经济高质量发展的目标在近年间成为焦点,而随着理论与实践的不断深化,绿色经济不光作为新发展理念的指导思想之一,更是切实影响到了多方经济实体。本文着重探讨了区域绿色发展水平对企业出口交付额的影响,这一论题在建构"双循环"新发展格局的大背景下被赋予了极强的现实必要性。博弈论模型与面板Tobit实证回归的结果表明,绿色发展水平对工业企业发展确实具有显著的促进作用,且在地区之间、行业之间存在异质性。这启示我们要关注经济发展的质效,在多维层面实现可持续的绿色发展,并进一步优化产业转移的相关政策。

【关键词】 企业出口交付 绿色发展 异质性 产业转移

一、引　言

改革开放以来,我国经济发展水平得到了有效而飞速的提升,但不少企业追求经济效益时忽视了对环境的保护,同时,在高产出的背景之下废弃物增多,碳排放逐年增加。空气污染、水污染和固体废弃物等环境污染问题日益加剧,严重影响了人民的生活质量,对人类社会的可持续发展造成威胁。对此,我国积极转变经济发展方式,多次提出"绿色经济",并制定了一系列的环境政策。

2015年10月26日,党的十八届五中全会率先将绿色发展列为我国五大发展战略之一。绿色发展的实现不仅需要巨大的资金支撑,更离不开资本市场的支持。近年以来,发展绿色金融成为供给侧结构性改革的理念之一,同时也是推动我国经济结构转型升级,实现经济社会可持续发展的重要措施。国家七部委于2016年联合发布了《关于构建绿色金融体系发展的指导意见》,该意见对我国的绿色发展路径提供了政策性指导。2017年,证监会发布了《关于支持绿色债券发展的指导意见》,在监管层的支持下,一批绿色产业在资本市场取得了较好的融资,其成果显著,产品品种丰富,主要包括:绿色发展

---

[*] 孙彦,南京大学商学院经济学系2020级本科生;顾翔绪,南京大学商学院经济学系2020级本科生。

投资基金、绿色股票及绿色债券。2021年2月,国务院印发了《关于加快建立健全绿色低碳循环发展经济体系的指导意见》,该意见指出大力发展绿色金融,引导、支持服务于绿色产业的企业进入资本市场。"十三五"规划的理念倡导"绿水青山就是金山银山","十四五"规划明确指出要大力发展绿色金融,支持绿色技术创新,加快重点领域和重点行业的绿色化发展、升级改造。未来绿色低碳产业发展将成为我国经济产业发展的重要目标。

此外,《中共中央关于制定国民经济和社会发展第十四个五年规划和二〇三五年远景目标的建议》提出:"深化公共卫生、数字经济、绿色发展、科技教育合作,促进人文交流。"数字经济与"绿色经济"高质量融合发展是构建我国新发展格局的必然要求,"绿色经济"与数字经济之间的耦合协同发展将成为未来一大趋势。数字经济将有效推动传统经济绿色转型,相比于人力、土地、矿产等边际效应递减的有形社会资源,数字技术是一种逐渐引导绿色技术创新、产品模式创新以及产品创新的新兴无形社会资源,其可以有效整合前端后端、线上线下各环节,构建涵盖生产、运输、消费和回收的全产业链条,进而在提升资源利用效率、减少污染排放等各环节发挥重要作用。绿色经济也将助力数字经济,实现数字领域本身的绿色、低碳和可持续发展。数字经济发展整体上推动并体现了绿色发展的目标导向,但发展数字经济并不意味着绝对意义上的低碳。新一代信息技术的产业链不仅建立在互联网技术的发展之上,更是建立在稳定充裕的电力能源保障之上。因此,针对数字领域的高能耗、高排放与环境污染等问题,必须全面贯彻绿色发展理念,加快绿色数字化转型(郑晓云等,2021)。

在"绿色经济"的趋势下,企业的经济绩效必定会受到影响,在国际市场上的竞争力会继而发生变化,其出口交付额也会产生波动。研究"绿色经济"对企业出口交付额的影响,对于引导企业绿色创新与可持续发展、构建我国绿色创新体系、提升"绿色经济"时代背景下我国企业的核心竞争力具有重要的理论与现实意义。

二、文献综述

学者针对"绿色经济"对企业的影响做了全方面的研究。早期在宏观经济层面上,刘亮和王雅利(2011)研究了"绿色经济"对生产方式、经济管理方式以及产业发展方向的影响。后来的学者更加关注对微观企业层面的影响,吴强(2020)研究了我国绿色税收实施对企业经济绩效的影响,发现一方面绿色税收致使外部成本内部化,由此带来的生产成本对企业生产运作造成了直接影响;另一方面,额外增加的环保成本倒逼企业进行技术创新与产品结构调整,进而对企业产生间接效应。周慧(2020)从绿色创新的两个维度(即绿色产品创新与绿色过程创新)来探讨绿色创新在企业环境伦理与企业经济绩效之间的中介效应,同时加入了消费者环境关注作为调节变量。

此外,学界进行了更加细致的研究,从环境政策对企业绿色行为的影响、企业绿色创新的驱动因素、企业的绿色创新对企业的影响等方面逐步进行了细化探索。总体来说有两种声音,第一种是绿色创新可以改进生态,但是会影响企业的经济效益的提升(Amores-Salvadó et al.,2014);而另一种相对地认为企业在经营的过程中进行绿色创新可以改善经济绩效,促进自身发展(Hojnik J & Ruzzier M,2016)。王薇(2020)使用国际前沿研究方法中的双重差分方法,进一步分析了环境经济政策对企业绿色行为的因果关系和不同行业企业之间存在的异质性。曾江洪等(2020)研究了绿色产品创新与绿色过程创新对企业绩效的影响,发现绿色产品创新有利于企业开发低污染的产品,有助于企业在市场上实施差异化战略,帮助企业获得更高的市场份额,进而提升企业经济绩效;绿色过程创新能够表明企业对社会责任的承担,改善其声誉和形象,有助于提高其经济绩效。

上述文献虽然分析了"绿色经济"对企业的影响,但未考虑企业在某些因素方面的异质性,即使是开展同类型生产活动的企业,其受"绿色经济"的影响也会有差别。与现有文献相比,本文的边际贡献可能在于:考虑了企业规模、人均固定资产等变量,提供了已有理论的综合视角;在已有文献的基础上进行开拓,发现了地区绿色发展水平的影响存在区域差异和行业差异;不仅考察了企业绩效,还延伸至企业出口交付额,顺应了"双循环"的时代呼声,从而反映了企业的国际竞争力,证明了"绿色经济"对企业真正实力的影响,避免了因国内市场的局限性而带来的对企业实力的误判。

三、模型分析

(一) 博弈模型构建

在企业的出口交付过程中,涉及来自国际国内环境中包括企业自身、出口国家或地区海关和出口市场消费者等多方行为主体的利益判断和选择,故此版块以博弈论为基础,构建完全且完美信息动态博弈模型,并提出若干前提假设。

该动态博弈过程共有所在地政府、工业企业、出口国家或地区海关以及出口市场消费者四个博弈方(后文简称政府、企业、海关和消费者),其中政府选择是否进行环保监管并对违规企业施加行政处罚,海关则选择是否对绿色产品提供减税。考虑到以《京都议定书》为代表的一系列世界性文件的要求,以及世界环保意识的整体提高(潮轮,2013),本文对模型做出一定简化,假设政府会监管并实施相应的行政处罚,而海关会对绿色产品提供关税减免。简化后的模型中,企业决定是否绿色化生产,而消费者决定自己的购买行为。两个博弈方都以利益或效用最大化为目标,企业追求利润最大化,所获利润由销售额减去税额和成本后确定,而消费者除了自身的效用外,还关注消费行为对环境的效用。双方都知道所有可能的博弈路径和与之对应的得益情况,并且掌握之前的博弈过程。

放松市场能完全出清的条件,交付量由企业产量和有效需求量的最小值决定。同时,对企业的生产能力和成本做出规定,所有企业均满足新古典生产函数,而绿色产品和普通产品的生产差异来自生产效率的区别,两种情况的边际成本为相同的固定值。绿色产品的需求函数为 $P_1 = a_1 - b_1 Q$,普通产品的需求函数为 $P_2 = a_2 - b_2 Q$,且 $b_2 > b_1 > 0$,意味着绿色产品的需求弹性较大。生产者和消费者都是市场价格的接受者。

其具体过程描述为,在企业选择生产行为时,绿色生产方式对应了一个较低的产量,而普通生产方式对应了一个较高的产量,与此同时,绿色产品的市场价格高于普通产品的市场价格。企业的普通生产方式会以一定的概率被政府监察到并处以行政罚金。海关对绿色产品征税的税率较低,对普通产品征税的税率较高,税收负担由企业承担。若为普通产品,消费者只有这种购买选择;若为绿色产品,消费者可以选择购买,并且每单位产品带来的效用较高,也可以选择不购买,此时产品必须降价促销。

有了上述模型假设和过程梳理,对参数进行明确的定义,各参数的符号和含义列举在表1中。

表1　　　　　　　　　　博弈模型中的参数符号及含义

博弈方	符号	含义
企业	Q_l	绿色产品的产量
	Q_h	普通产品的产量
	P_h	绿色产品的市场售价
	P_l	普通产品的市场售价
	c	每单位产品的边际成本
	P	企业的普通生产方式被发现后面临的行政罚金
	t_l	海关对绿色产品征收的较低税率
	t_h	海关对普通产品征收的较高税率
消费者	$Q_{\max}$	对普通产品的最大需求量
	Q_{mid}	绿色产品降价处理时的获取量
	$Q_{\min}$	对绿色产品的最大需求量
	U_h	绿色产品消费的平均效用
	U_l	普通产品消费的平均效用
	W	普通产品消费对环境的总负效用

需要注意的是数量参数之间的大小关系。初始假定为 $Q_{min} < Q_l < Q_{max} < Q_h$，这代表着当消费者在企业提供了绿色产品时，其对绿色产品的需求量能得到满足，而剩余的产品会由市场出清；其对普通产品的需求量小于企业的产量，剩余的产品被迫滞销。Q_{mid} 的含义是当绿色产品不得不降价出售时，尽管消费者的意愿量增加，但同时买方市场内部的竞争增加，消费者所能实现的获取量小于 Q_{min}。整理后可得 $Q_{mid} < Q_{min} < Q_l < Q_{max} < Q_h$。

借助表1中的参数，该博弈过程的拓展型如图1所示。

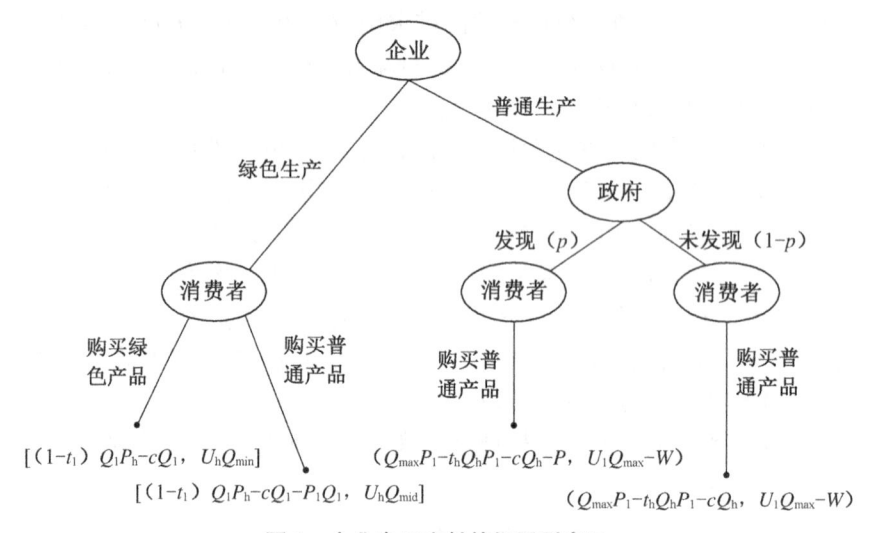

图1 企业出口交付的拓展型表示

（二）博弈分析

对于完全且完美信息动态博弈，采用逆推归纳法进行分析。政府发现企业非绿色生产行为的概率是给定的，所以企业普通生产形式下博弈双方的平均得益情况为 $(Q_{max}P_l - t_hQ_hP_l - cQ_h - pP, U_lQ_{max} - W)$，括号中的前项为企业的得益，后者则是消费者的得益。在企业绿色生产的前提下，消费者两种购买行为对应的得益分别是 U_hQ_{min} 和 U_hQ_{mid}，结合前文交代的数量参数大小关系，前者的数值大于后者，消费者会选择购买绿色产品。回到第一阶段企业的策略选择，两种生产形式的得益分别是 $(1-t_l)Q_lP_h - cQ_l$ 和 $Q_{max}P_l - t_hQ_hP_l - cQ_h - pP$。当满足 $(1-t_l)Q_lP_h - cQ_l > Q_{max}P_l - t_hQ_hP_l - cQ_h - pP$ 时，企业会选择绿色生产。此时概率 p 满足 $pP > Q_{max}P_l - t_hQ_hP_l - cQ_h - (1-t_l)Q_lP_h - cQ_l$，企业这时在出口交付方面取得最大利润。在符合上述条件后，博弈的均衡路径为，第一阶段企业绿色生产，第二阶段消费者购买绿色产品。

因此，本文提出假设：地区绿色发展水平对企业出口交付存在促进效果。

四、计量模型与基准回归

(一) 计量模型的选取

由于因变量企业出口交付额在数值上非负,并在0点存在左归并,因此借鉴现有理论,采用面板数据Tobit计量模型进行回归,以在因变量受限的情况下尽可能地提高回归准确性与可信度。考虑到因变量的这一特征以及出于减少来自样本异方差和多重共线性的干扰的需要,本文将所有变量均取对数表示。

参考魏鹏等(2022)的做法,构建模型如下:

$$\alpha \, \text{exdelivery}_{it} = \beta + \gamma \, \text{gdi}_{pt} + \lambda \, \text{ctrl}_{it} + \varepsilon_{it}$$

式中,下标i表示企业;p表示省份;t表示年份;ε_{it}作为误差项;$\alpha\text{exdelivery}_{it}$为企业当年的出口交付额;$\text{gdi}_{pt}$为企业所在省份当年的绿色发展程度,是本文的核心解释变量,其数值越大,代表该地区的绿色发展程度越高;ctrl_{it}为回归中的控制变量。

(二) 指标说明与数据处理

1. 被解释变量:企业出口交付额(exdelivery)

本文选取了各企业披露的当年出口交付产值,数据来源于中国工业企业数据库。

2. 核心解释变量:绿色发展指数(gdi)

该指标用于衡量不同省份的绿色发展程度,学界在这项指标的选择与确定上尚未达成一致。与之对应的现实是,随着新发展理念的提出与不断深化,绿色发展早已不再局限于环境层面,而是应当综合更多维度。当前较为权威的是北京师范大学经济与资源管理研究院每年发布的绿色发展指数,其评价体系在2011年经专家组调整完善后不再变动,保持了良好的信度。该指数由经济增长绿化度、资源环境承载潜力和政府政策支持度3个一级指标以及9个二级指标和60个三级指标构成,分别赋予不同权重,具有良好的效度。由于该指数反映的是省份间的相对水平,即数值大于0表示绿色发展程度超越了全国平均水平,而小于0则代表不及全国的平均水平,因此在对数化过程中,本文对这一点加以关注和处理。采用该指数作为代理变量,数据来源于各年度的《中国绿色发展指数报告》。

3. 控制变量

控制变量的选取则参考金祥义和张文菲(2022)的做法,大多采取与企业自身相关的指标,具体包含以下几个:

(1) 企业年龄(age)。由数据报告年份减去企业成立年份后取对数表示。数据来源于中国工业企业数据库。

(2) 数字普惠发展指数(phindex)。用以衡量数字金融发展的程度，反映了不同省份的数字金融发展水平。金祥义等(2022)的研究表明，数字金融的发展能对企业出口国内附加值带来显著的提升效应。数据来源于北京大学数字金融研究中心课题组发布的文件。

(3) 企业全要素生产率(tfp)。全要素生产率的测算常用的有 OP 方法和 LP 方法，因为前者易导致样本容量大幅减少，故本文以后一种方法测算。测算所需的中间投入与企业增加值两项数据在数据库中未经报告，借鉴余淼杰等(2018)的方式计算，可获得"中间投入 = 当年产出 × 主营业务销售成本 ÷ 主营业务销售收入 − 工资支出 − 折旧值"和"企业增加值 = 总产值 + 应缴纳增值税 − 中间投入"。

(4) 企业规模(size)。以年末企业职工人数取对数表示。数据来源于中国工业企业数据库。

(5) 垄断水平(hhi)。以学术界认可和广泛运用的赫芬达尔指数计算表示，数值越大意味着企业在行业内就拥有越强的市场势力，垄断经营程度也就越高。

(6) 企业补助收入(subsidy)。数据来源于中国工业企业数据库。

(7) 企业资本密集度(klr)。由固定资产总值除以年末企业职工人数后取对数表示，数值越大意味着资本密集度越高。

4. 数据处理

为了分析区域绿色发展指数对企业出口交付值的影响，本文需要将不同来源的数据进行合并，但是考虑到中国工业企业数据库包含的数据为原始数据，不能排除噪声样本的干扰影响。为此，本文依照通用会计准则对样本进行处理，以保障回归结果的准确性：① 将固定资产总值大于资产总值的企业样本剔除；② 将流动资产总值大于资产总值的企业样本剔除；③ 将固定资产净值大于资产总值的企业样本剔除。

在此基础上，根据企业所在省份、市区或直辖市以及年度等信息，对数据进行合并，并进一步剔除其中的缺失值样本。鉴于数据的可得性，绿色发展指数从 2010 年开始发布，数字普惠发展指数从 2011 年开始发布，而中国工业企业数据库目前仅更新到 2013 年，通过上述流程获得的是 2011—2013 年除西藏外共计 30 个省(自治区、直辖市)中规模以上工业企业的面板数据。

(三) 基准回归结果

1. 变量的描述性统计
具体见表2。

表2 各变量的描述性统计

变量	(1) N	(2) mean	(3) sd	(4) min	(5) max
exdelivery	14 493	1.946	4.098	0.000	18.550
gdi	14 493	0.299	0.137	−3.58e−09	0.750
phindex	14 493	4.625	0.533	2.909	5.403
age	14 430	1.116	0.259	0.000	1.828
tfp	14 493	9.429	0.985	1.063	14.740
size	14 493	5.471	0.941	0.000	11.560
hhi	14 493	−2.268	1.087	−4.238	0.000
subsidy	14 489	0.840	2.337	0.000	13.160
klr	14 385	1.272	0.506	−4.916	2.534

由描述性统计结果可知，被解释变量 exdelivery 的均值为 1.946，其中最大值高达 18.550，而最小值仅为 0.000，且在细化描述中确实存在 0 点处的左归并，为面板 Tobit 模型的运用提供了有力的支持。该变量的样本方差达到 4.098，表示各企业的出口交付额差异较大。核心解释变量 gdi 的均值为 0.299，其极差较大，可见各省的绿色发展程度之间确实存在差距。对控制变量的描述性统计也揭示出不同省份在数字金融发展程度，不同企业在劳动生产率、规模大小、垄断程度等方面存在不可忽视的差距。

2. 基准回归
根据构建的计量模型设定，本文使用 Stata16 软件进行回归估计，结果列示在表3 中。

表3 基准回归结果

变量	(1)	(2)	(3)	(4)
gdi	7.048 *** (7.64)	8.584 *** (8.05)	7.719 *** (6.90)	7.960 *** (7.00)
phindex		−0.803 *** (−6.30)	−0.995 *** (−7.45)	−1.029 *** (−7.65)
age		7.546 *** (11.09)	6.199 *** (9.03)	5.916 *** (8.58)

续表

变量	(1)	(2)	(3)	(4)
tfp			1.611*** (11.47)	1.535*** (10.58)
size			1.001*** (7.93)	1.139*** (8.59)
hhi			1.252*** (8.78)	1.241*** (8.70)
subsidy				0.0835** (3.05)
klr				0.682** (2.84)
_cons	-21.17*** (-64.48)	-24.83*** (-31.27)	-39.08*** (-24.68)	-39.18*** (-24.31)
sigma_u	19.39*** (63.83)	17.88*** (63.18)	16.45*** (62.12)	16.04*** (61.64)
sigma_e	2.979*** (62.18)	2.959*** (61.95)	2.984*** (60.77)	2.987*** (60.38)
N	14 493	14 430	14 430	14 318

注:括号内为 t 统计量;***、**、*分别表示在0.1%、1%、5%的显著性水平上显著;各回归均使用异方差-稳健标准误。

对表3中的结果加以分析,可以得到绿色发展水平对企业出口成交额的影响。首先,(1)列考察了 gdi 对 exdelivery 的单一作用,回归系数为正,且在1%的水平上显著,这说明随着区域绿色发展水平的提高,企业出口成交额得到了显著提升,假设1得到了初步验证;其次,(2)列在加入了 phindex 和 age 两个控制变量后,gdi 对 exdelivery 的促进效用依然显著;再次,(3)列在更深入地加入 tfp、size 和 hhi 3个控制变量后,回归系数及其显著性水平并未发生明显的改变;最后,(4)列显示了在加入所有控制变量的情况下,gdi 对 exdelivery 的影响在1%的检验水平上显著为正,确实说明了绿色发展水平对企业出口成交额的促进作用。假设的稳健性得到检验,可以被接受。

面板 Tobit 模型的一大特点是,变量的偏效应需要单独计算,不能简单接受回归估计的结果。偏效应分解所得结果如表4所示。

表4　　　　　　　　　　　　　　偏效应分解结果

变　量	dy/dx	Std. Err.	z	P>z	95% Conf.	Interval
gdi	1.614	0.231	7.000	0.000	1.162	2.066
phindex	-0.209	0.027	-7.650	0.000	-0.262	-0.155
age	1.200	0.139	8.610	0.000	0.927	1.473
tfp	0.311	0.029	10.560	0.000	0.253	0.369
size	0.231	0.027	8.580	0.000	0.178	0.284
hhi	0.252	0.029	8.700	0.000	0.195	0.308
subsidy	0.017	0.006	3.060	0.002	0.006	0.028
klr	0.138	0.049	2.840	0.005	0.043	0.234

从表4中可知，各变量的平均边际效应在方向以及所对应的显著性水平上并未发生明显的改变，佐证了基准回归结果的可接受性。但是，在边际效应的数值水平上则发生了较大的变动，比如，核心解释变量 gdi 的边际贡献由回归估计的7.960降低到了1.614。考虑到本文中所有的变量均是以对数形式表现，1.614的边际效应更接近现实。

五、异质性的进一步分析

回顾博弈论模型部分，绿色发展水平对企业出口附加值的影响可能基于地区行政约束力、行业特质等的不同而相异，这样促进效用就表现出鲜明的样本异质性。为了探究这一问题，本文设置了不同的标准对样本进行分组，并借此观察绿色发展水平对企业出口附加值的影响是否随之变化。

（一）地理位置的差异

根据企业地理位置的差异，将样本分为东部（包括官方认定的东部和东北）地区和非东部（包括官方认定的中部和西部）地区。当企业处于东部地区时，将区划变量 district 赋值为1，否则赋值为0。相关的回归结果见表5。

表5　　　　　　　　　　　　地理位置异质性回归结果

变　量	(1) district=1	(2) district=0
gdi	6.427*** (5.14)	0.136 (0.03)
phindex	-1.087*** (-7.09)	-0.319 (-1.20)

续表

变 量	(1) district = 1	(2) district = 0
age	6.942 *** (9.21)	2.234 (1.58)
tfp	1.550 *** (9.88)	0.862 * (2.47)
size	1.132 *** (7.92)	1.503 *** (4.41)
hhi	1.249 *** (7.91)	2.166 *** (6.07)
subsidy	0.0841 ** (2.84)	0.119 (1.86)
klr	0.672 ** (2.68)	1.609 (1.93)
_cons	−37.76 *** (−21.31)	−29.69 *** (−8.78)
sigma_u	15.16 *** (55.09)	11.81 *** (25.28)
sigma_e	3.039 *** (56.95)	2.426 *** (19.32)
N	11 694	2 624

注:括号内为 t 统计量;***、**、* 分别表示在 0.1%、1%、5% 的显著性水平上显著;各回归均使用异方差-稳健标准误。

从表 5 中可知,在(1)列中,核心解释变量 gdi 的促进作用仍是显著为正,但在(2)列中,gdi 对企业出口交付额的影响则变得不显著。

(二) 行业大类的差异

根据企业行业大类代码的差异,将样本分为制造业企业和非制造业企业(主要是采矿业)。当企业属于制造业类型时,将行业变量 industry 赋值为 1,否则赋值为 0。相关的回归结果见表 6。

表 6 行业大类异质性回归结果

变 量	(1) industry = 1	(2) industry = 0
gdi	7.851 *** (6.88)	−53.62 ** (−2.60)

续表

变 量	(1) industry = 1	(2) industry = 0
phindex	-1.026*** (-0.09)	-0.113 (-7.59)
age	5.967*** (8.62)	41.73*** (4.59)
tfp	1.569*** (10.71)	0.194 (0.09)
size	1.127*** (8.49)	6.674*** (3.97)
hhi	1.388*** (9.59)	-5.043* (-2.26)
subsidy	0.0829** (3.04)	0.173 (0.41)
klr	0.657** (2.75)	46.57*** (7.48)
_cons	-38.07*** (-23.58)	-200.6*** (-6.67)
sigma_u	15.42*** (60.06)	25.46*** (9.00)
sigma_e	2.980*** (59.95)	1.802*** (4.98)
N	13 762	556

注:括号内为 t 统计量;***、**、*分别表示在0.1%、1%、5%的显著性水平上显著;各回归均使用异方差-稳健标准误。

由表6可知,在(1)列中,核心解释变量 gdi 的促进作用在1%的显著性水平上为正,且在(2)列中,这一影响在5%的显著性水平上为负。

本文设想,随着产业梯度转移,西部地区也会呈现东部地区的特征。产业转移会促进西部地区的创新投入,有利于环保技术的研发,且在高科技行业更为显著(张营营、高煜,2018)。随着产业转移过程中西部地区人力资本的积累,产业转移将正向促进绿色经济效率的提升(李晓阳等,2018)。依据能源价格空间差异而进行产业转移将有效提高能源利用效率,从而使得西部地区在提高区域绿色发展指数的同时,也能同频提高企业的经济效率(卢宇,2021)。

六、总结与政策建议

在已有研究成果的基础上,本文使用2011—2013年我国30个省(自治区、直辖市)中规模以上工业企业的面板数据,从地区绿色发展水平对企业出口交付额的影响这一视角出发进行计量回归,并进一步地基于地理位置和行业大类进行了异质性分析。其结果显示,当以中国绿色发展指数表示时,地区绿色发展水平确实对企业出口交付额产生了显著的正向促进作用。对于东部地区的企业来说,这一作用仍是显著正向的;而对于西部地区的企业来说,则变得不再显著。对于制造业企业来说,这一作用是显著为正的,而到了以采矿业为主的非制造业企业这里,则出现了显著的负向影响。归纳相关的文献发现,该结果与我国的产业梯度转移有很强的关联。据此,本文提出了设想,出于篇幅与主题的缘故,此处不再赘述。结合未来可能的产业政策与数据完善来看,这一假设是有意义的,留待验证。

本文的结论为当前构建"双循环"格局大背景下,工业企业的出口交付提出了一条行而有效的路径,综合绿色发展指数的三级指标以及本文所选取的控制变量,这条路径对我国政府和企业本身都提出了一定的要求。

(1)科斯定理指示政府要做好企业生产过程中对环境、资源层面的产权界定工作,帮助企业在生产过程中明确权责,以尽可能地规避企业盲目逐利给社会带来的负外部性,减轻环境污染、资源浪费等问题对高质量发展所起的阻碍作用,由此实现工业转型与环境保护、资源节约等基本国策的对接。

(2)加快转变政府职能,更好地承担起为人民服务的职责,并逐步提升为民办事的效率,提高信息公开的透明度,保障信息的可得性与质量。充分发挥财政资金的潜在价值,加大环境保护支出和科教文卫等支出的比重,修建与完善污水处理、垃圾处理和公共交通运营网络等基础设施,切实提高人民生活质量。在此基础上,人民在发展中的获得感与满足感有望得到提升,人民对政府政策的支持度有望进一步提高。

(3)企业尤其是制造业企业需要时刻关注自身经营状况,并积极调整以适应市场偏好的转变,提高产品的竞争力和差异化程度,以更好地融入绿色化转型的浪潮,提高绩效水平。加大研发投入是一种可行的选择,研发投入虽然可能在短期内增加企业的经营成本,但长期来看是提高全要素生产率的必经之路,正如本文实证回归所揭示的那样,对出口交付产生积极的拉动效果。另外,企业还应当对垄断树立正确的态度,遵循公平与效率的原则。适当提高市场占有率对企业出口交付是有益的,但若突破了原则的底线,难免会给社会带来消极影响。

参 考 文 献

[1] Amores-Salvado J, Castro M D, Navas-Lopez J E, 2014. Green corporate image: moderating the connection between environmental product innovation and firm performance[J]. Journal of Cleaner Production, 83(15):356 – 365.

[2] Hojnik J, Ruzzier M, 2016. The driving forces of process eco-innovation and its impact on performance: insights from Slovenia[J]. Journal of Cleaner Production, 133(1): 812 – 825.

[3] 潮轮,2013."世界地球日"唤醒人类环保意识[J].生态经济(6):6.

[4] 蒋金荷,2021.可持续数字时代:数字经济与绿色经济高质量融合发展[J].企业经济,40(7):23 – 30 + 61.

[5] 金祥义,张文菲,2022.数字金融发展能够促进企业出口国内附加值提升吗[J].国际贸易问题(3):16 – 34.

[6] 李晓阳,赵宏磊,王思读,2018.产业转移对中国绿色经济效率的机遇和挑战——基于人力资本的门槛回归[J].现代经济探讨(9):71 – 78 + 89.

[7] 刘亮,王雅利,2011.绿色经济对产业发展方向的影响[J].科技创新与生产力(1):62 – 67.

[8] 卢宇,2021.高能耗产业转移对能源利用效率的影响——基于能源价格空间差异视角[J].价格月刊(12):78 – 82.

[9] 王薇,2020.环境经济政策对企业绿色行为的影响研究[D].武汉:中南财经政法大学.

[10] 魏鹏,菊春燕,李莉,等,2022.基于面板Tobit模型的环境规制对中国生态福利绩效的影响分析[J].济南大学学报(自然科学版),36(3):338 – 348.

[11] 吴强,2020.我国绿色税收实施对企业经济绩效的影响研究[D].上海:上海海关学院.

[12] 余淼杰,金洋,张睿,2018.工业企业产能利用率衡量与生产率估算[J].经济研究,53(5):56 – 71.

[13] 曾江洪,刘诗绮,李佳威,2020.多元驱动的绿色创新对企业经济绩效的影响研究[J].工业技术经济,39(1):13 – 22.

[14] 张营营,高煜,2018.区域产业转移对西部创新投入的影响研究——基于行业异质性的视角[J].经济问题探索(12):152 – 160.

[15] 郑晓云,陈金燕,苏义坤,2021.绿色经济与数字经济协同发展研究——基于修正耦合模型的实证分析[J].价格理论与实践(8):164 – 167 + 187.

[16] 周慧,2019.绿色创新视角下企业环境伦理对企业经济绩效的影响研究[D].成都:西南财经大学.

经济型环境规制对中国 OFDI 的影响

——基于规制异质性和交互作用的视角

苏奕之　杨　琛[*]

【摘要】 随着生态文明建设上升为国策、国民环保意识的提升，日益严格和多样化的环境规制将影响中国包括 OFDI 在内的经济引擎。本文将经济型环境规制细分为费用型与投资型，分析了环境规制对 OFDI 可能的影响机制，从微观视角构建了数理模型，并将规制的异质性和其交互运用纳入考量。实证分析可得，环境规制对中国 OFDI 整体上起促进作用，但在区域间存在较大差异。东部费用型规制正向促进 OFDI，但经投资型规制调节后不显著；西部 OFDI 受投资型规制正向影响较大，且费用型规制存在正向调节作用；中部地区的 OFDI 受经济型环境规制的影响不显著。

【关键词】 经济型环境规制　OFDI　异质性　区域差异　交互作用

一、引言与文献综述

自党的十八大将生态文明建设纳入社会主义建设的总体布局以来，环境规制的执行与创新被赋予战略性地位。2014 年 4 月，新增了"按日计罚"等制度的"史上最严环保法"经表决通过。2015 年 4 月，中共中央、国务院印发《关于加快推进生态文明建设的意见》，后陆续修订了《大气污染防治法》《水污染防治法》环境影响评价法等一系列法律法规，旨在提高环境违法成本，减少污染行为。2017 年 10 月，习近平主席在十九大报告中再次强调"两山论"。2020 年 9 月，中国政府在第七十五届联合国大会上提出"碳达峰""碳中和"目标，彰显了环境治理的决心。日益严格、多样的环境规制正重塑着包括对外直接投资在内的各类经济引擎。

与此同时，近 10 年来，中国的对外直接投资增速可观。2015 年，中国首次成为资本净流出国，OFDI 流量跃居全球第二，此后数年，OFDI 流量、存量均稳居世界前三，2020 年，OFDI 流量首次冲上全球首位。[①] 依据 Dunning(1981)

---

[*] 苏奕之，南京大学商学院产业经济学系 2020 级本科生；杨琛，南京大学商学院经济学系 2020 级本科生。

[①] 参见 2010—2020 年各年度《中国对外直接投资统计公报》，商务部、国家统计局和国家外汇管理局联合发布。

提出的投资周期理论,对外投资与一国的经济发展水平密切相关。我国经济保持中高速增长为OFDI蓄积了良好的基础,"走出去"战略搭建起对外投资的引领性框架,共建"一带一路"倡议的推进调动了更多内陆省份参与OFDI,为OFDI开辟了延展空间。自金融危机之后,经济下行压力增大,OFDI更是被赋予了加快国内产业结构调整和转型升级、调整能源和资源性产业布局的战略性意义(赵晋平,2015)。

有关环境规制对外商直接投资的影响,国内外研究主要沿着"成本效应"与"创新效应"两条线展开。传统的成本-收益理论认为环境规制会增加企业成本,削弱企业竞争力,而在引入地区间的开放后,"污染避难所效应"(Pollution Haven Effect, PHE)便可能出现。"污染避难所"假说(PHE)最早由Walter & Ugelow(1979)提出,其核心内涵是发达国家倾向于将污染性产业("肮脏产业")转移到发展中国家,后者成为前者的污染避难所。同时,该过程所暗含的制度套利情况有可能降低期望引资的欠发达地区的规制严格度,甚至诱发环境政策的"逐底效应"(Konisky,2007;Kunce & Shogren,2007;Bu & Wagner,2016)。就实证而言,该假说的适用范围尚未达成共识。早期文献通过地区间跨国公司新建选址(List & Co., 2000)、贸易净进出口额(Taylor,2008)、承接产业的欠发达国家污染气体排放情况(Jorgenson,2007)等多个角度对假说进行实证,随着对跨国公司研究的深入,"污染避难所效应"进一步在公司战略行为层面得到论证(Cole等,2017)。与之相对的,也有学者提出"污染光晕"学说,认为发达国家企业高标准的环境治理水平会在东道国形成外溢(Antweiler,2001)。

从创新效应来看,最具代表性的"波特假说"引入创新要素来调和企业利润最大化与环境规制的矛盾,认为适当的环境规制能够带来同行竞争,引导企业进行潜在的创新,进而帮助企业提升竞争力、开辟市场,获得"创新补偿"(Porter & van der Linde,1995)。国内学者就"波特假说"在中国是否适用进行了多重检验,文献结论以肯定为主流。黄德春和刘志彪(2006)在Robert模型中引入技术系数,认为短期的成本冲击过后,环境规制能够对企业生产率产生正向效果;陈诗一(2010)构建基于方向性距离函数的动态行为分析模型,给出了减排与增长的共赢路径预测;沈能(2012)认为,环境规制对企业技术创新的激励具有门槛效应;涂正革等(2015)指出,要通过排污权交易制度实现波特效应,需要高效运转的市场与之配套。

创新效应的本质是企业可以通过技术能力、管理理念的突破来响应规制的激励,而值得注意的是,开放格局为企业获得技术提供了新的外部源泉。在跨国公司对外投资动机的OLS框架(Dunning,2001)中,战略资产寻求型企业可以通过内部化、合作经济等方式从对外投资中获得技术、管理等的外溢。而随着来自新兴市场的对外投资的兴起,其作为"后进者"(Chittoor,2015),由于路径依赖、不完善的创新机制、政府干预等因素约束了内部创新能力

(Piperopoulos et al. ,2018),借助OFDI弥合生产率差距的动机和可能性尤为明显,OFDI在创新能力、绿色全要素生产率、产业结构升级等方面的逆向溢出效应成为重要的研究方向(李梅、柳世昌,2012;尹东东、张建清,2016;Piperopoulos et al. ,2018)。

梳理文献发现,将环境规制作为对外投资动因的早期研究多聚焦于发达国家,且"污染避难所效应"的检验多从东道国角度展开。有关新兴市场国家对外投资动机的研究则较少与母国的环境规制直接联系,也很少对不同的环境规制类型进行区分。作为世界上最大的发展中国家,中国的OFDI分布广泛,合作对象兼有发达国家与发展中国家,国内环境规制对OFDI的影响在路径上将更为丰富,兼备了成本效应和创新效应的条件。同时,中国国内"东高西低"的梯度化经济基础和形式多样的环境规制工具在影响力上提供了双重区分度。

本文的探究按如下顺序安排:第二部分进行理论分析并提出国内环境规制与OFDI关系的假说;第三部分建立企业生产函数的模型,从微观角度对假说做进一步说明;第四、第五部分进行实证分析;第六部分总结结论并讨论本文尚存的不足之处。

本文可能的边际贡献有:① 分析了经济型环境规制对中国OFDI促进作用的可能机制;② 通过微观数理模型和实证分析,考察了经济型环境规制对中国OFDI的整体正向促进作用;③ 立足国情,对环境规制类别与地区适用情况做出区分,对两类经济型环境规制的交互情形也做了一定探讨。

二、理论分析

(一) 对外直接投资(OFDI)受环境规制影响的机制探讨

沿袭正反双重视角,我们将中国OFDI作为考察对象。中国的OFDI作为"走出去"战略的重要构成,其分布覆盖了亚洲、非洲、欧洲、南美洲、北美洲、大洋洲,东道国兼有发达国家与新兴经济体。已有的研究表明,中国OFDI在动机上存在明显的能源寻求、市场驱动和战略资产寻求动机(余官胜等,2013;蒋冠宏等,2012;周超等,2017)。而自2013年共建"一带一路"倡议提出以来,化解过剩产能也成为我国OFDI的战略目标之一。投资东道国的多元性和投资动机的多样性,使得环境规制对我国OFDI的影响方式存在多重机理的可能。

一方面,基于传统的成本视角,环境规制直接提高了企业在本国的生产成本,可能成为对外投资的"负面推力"。部分企业会将对外投资视作污染转移和过剩产能转移的手段,而欠发达国家或地区低廉的要素价格(刘瑞、高峰,2016)也提供了成本补偿的可能性。另一方面,环境规制对企业的创新能力提出了更高要求,从而对OFDI起到"正向激励"作用。企业自身进行的创新行为包括直接投资于污染管控处理的治污投资以及产品、工艺、理念的进化,能够提升企业潜在的对外投资实力。同时,从海外投资中习得的先进技术、管理经验对国内的绿色全要素生产率存在着反哺机制(贾军,2017;Zhou,2019),国内环境规制的提升强化了企业向外寻求技术的投资动机(见图1)。

综上,提出假说1:环境规制对中国的OFDI产生正向作用。

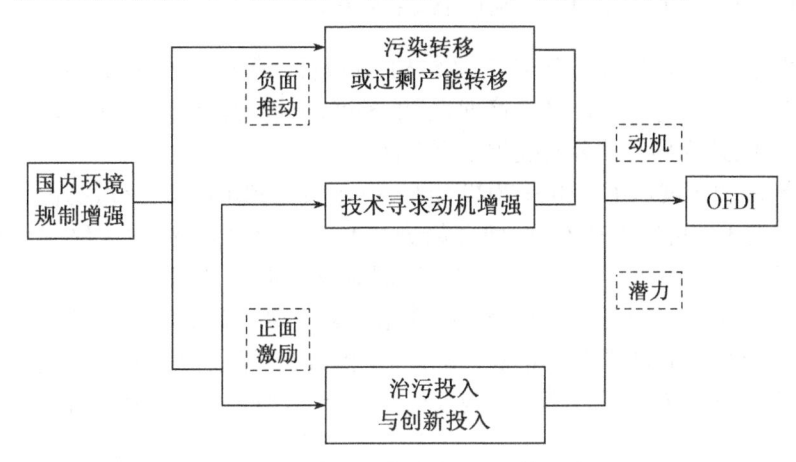

图1 国内环境规制增强对OFDI的影响机制

(二) 环境规制的类型识别

Böcher(2012)在命令-控制型和市场型的基础上总结的环境规制分析框架,囊括了劝导型、合作型、经济型、管制型四种类别。国内的环境规制实践经历了从政府干预到市场激励再到公众参与的深化过程,因而学界多按照规制工具的运作模式进行分类,主要有命令控制型、市场激励型、公众参与型和自愿行动型等(赵玉民等,2009;江珂等,2011;王红梅,2016)。

在趋于多元的规制手段中,经济型环境规制直接影响企业生产成本,是目前我国环境规制的主流思路。鉴于其数据的连续性和实践的高效性,我们参考原毅军等(2016)的做法,将经济型环境规制作为本文的研究对象,并根据强制程度和资金投入周期细分为费用型环境规制和投资型环境规制。

费用型环境规制是指与环境相关的资金投入中未形成固定资产且仅有短期影响效果的资金(原毅军、刘柳,2016)。2018年前主要以排污费征收的形式出现,自2018年起改为环境保护税。此外,目前各地试点、推广的排污权交易也属于此类。费用型环境规制以"谁排污谁缴费"为原则,其基本思路是通过市场化手段将污染外部性问题内部化。

与之相对应的是,投资型环境规制指向与环境相关的资金投入中用于形成固定资产且存在长期(1年以上)影响效果的资金(原毅军、刘柳,2016),我国统计口径下的投资形式主要包括城市环境基础设施投资、工业污染源治理投资、建设项目"三同时"环保投资。对于企业而言,以污染处理设备的投资、运营等费用为主体,以政策要求为导向,具有较强的强制力。政府除了设定排污标准外,其参与环境监测基础设施等方面的投资,也会对企业形成侧面约束。

基于两种经济型环境规制具有差异化的运作方式,我们给出假说2:不同的规制类型对OFDI的影响程度待定。

(三) OFDI与环境规制的区域性差别

由于自然资源、经济基础、产业结构、开放程度等禀赋差异,我国东、中、西部的对外直接投资呈现出"东高西低"的梯度,环境规制的运用在东、中、西部也有差别,这为异质性分析提供了可能性。

图2、图3展示了2010—2020年东、中、西部OFDI流量、存量的占比。从图2和图3中可以直观看到,两者趋势基本一致,东部沿海地区保有绝对优势,且绝对份额差距存在扩大倾向。而同时也应指出,随着"一带一路"等战略深入推进,更多中、西部省份的投资潜力被调动,参与OFDI的程度深化。郑展鹏(2013)通过测算赫希曼-赫芬达尔指数、多样性指数和均匀度指数发现,我国地区间对外投资不平衡现象仍然突出,但相对差异性特征有所减小。

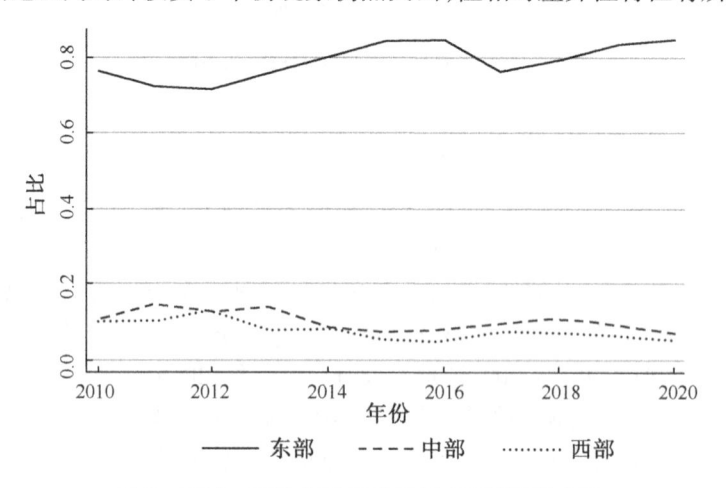

图2 2010—2020年我国分区域OFDI流量占比

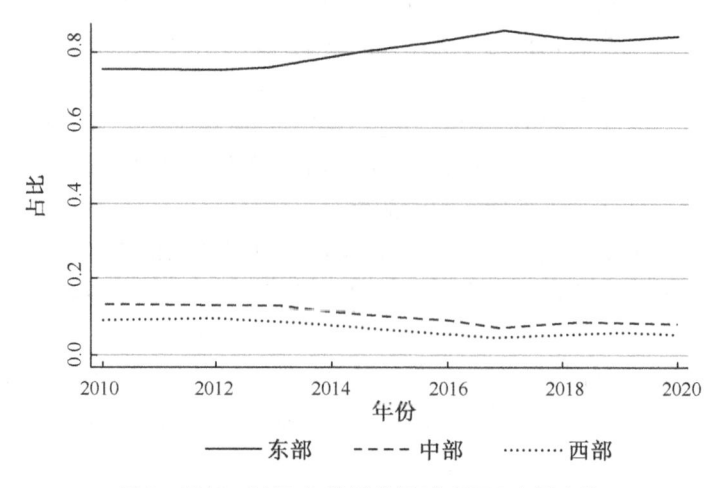

图3 2010—2020年我国分区域OFDI存量占比

受政策导向的影响,环境规制在全国范围内则呈现出一致的收紧、强化趋势,各地区"十二五""十三五"环境保护和生态建设规划均综合体现了规范排污责任、加大环境投资、创新环境监管的基调,"十四五"规划更是着重强调了规制手段的创新探索。值得关注的是,在"十二五"规划中,不少省份对环境监测站建设提出了指标性要求,如江苏省要求"到2015年,苏南、苏中、苏北地区县级环境监测站建设达标率分别达到100%、90%、80%"[①],广东省要求"到2015年,县级环境监测站标准化建设硬件达标率达85%以上(其中珠江三角洲地区达100%,其他地区达80%以上"[②],甘肃省要求"到2015年,市州级环境监测站达标率不低于100%,县级环境监测站达标率不低于60%"[③]。

中、西部地区工业发展较东部粗放,且为了吸引东部转移的产业,在排污费征收上存在企业与政府合谋的动机,使得费用型环境规制的约束性下降。而监测水平的提升能够有效倒逼企业投资于污染处理,这使得企业对于投资型环境规制的响应更为敏感。东部地区市场化程度高、治污能力基础好,市场化规制手段起主导作用,在排污收费上分类明细、经验充足、试点多样,费用型规制的冲击或更加明显。此外,考虑到两种规制往往并行推进,相互间可能存在着或约束或促进的调节,增加了环境规制对OFDI影响的不确定性,故而对区域间规制效果及其交互关系做进一步区分很有必要。

基于上述考虑,我们提出假说3:不同区域OFDI受不同环境规制及其交互作用的影响状况有所差异。

三、模型构建

本文尝试从微观的企业角度构建数理模型,对假说进行进一步说明。

假设一种产品x,在其生产过程中需要投入资本k、劳动力l,并且排放污染物(z)。借鉴Copeland & Taylor(2003)的研究,设国内厂商的生产函数为:

$$x = z^y (k^\alpha l^{1-\alpha})^{1-y}$$

上式相当于将污染排放也视为一种生产要素。其中,y代表厂商的污染处理能力,y越小,单位x排放的污染就越少,厂商治理污染的效果也就越明显。同时,认为企业的污染处理能力(y)与企业污染处理技术(A)、过去污染处理设备投资存量(Past I)以及当期污染处理设备投资流量(I)相关,将当期污染处理设备投资流量除以过去污染处理设备投资存量的值设为θ,则有:

[①] 摘自《江苏省政府关于印发江苏省"十二五"环境保护和生态建设规划的通知》,见http://www.jiangsu.gov.cn/art/2012/4/17/art_46752_2680114.html。

[②] 摘自《广东省环境保护和生态建设"十二五"规划》,见http://www.gd.gov.cn/gkmlpt/content/0/139/post_139975.html。

[③] 摘自《甘肃省环境保护和生态建设"十二五"规划》,见http://www.gansu.gov.cn。

$$\theta = \frac{I}{\text{Past } I}$$

θ可以视为厂商污染处理投资的完善程度,θ越小,表示厂商过去积累的污染处理投资就越完善,故而当期的投资额占比也就越低;θ越大,表示厂商过去积累的污染处理投资就越欠缺,故而当期的投资额占比也就越高。由于y与A、Past I、I均负相关,所以y可以表示为 Past I、I与A的函数:

$$y = \frac{1}{(\text{Past } I + I)A}$$

也即

$$y = \frac{\theta}{IA(1+\theta)} \quad ①$$

参照 Copeland & Taylor(2003)的思路,假设厂商处于完全竞争状态,则单位x产品的价格为常量P。由于有能力进行对外投资的厂商一般能够获得经济利润,故进一步假设该厂商处于国内市场未达到饱和的完全竞争状态,此时厂商的经济利润大于0,可以进行对外直接投资。

考虑到污染处理设备的投资存在折旧问题,且污染处理设备的使用周期一般比产品生产周期长,所以考虑了投资折旧的厂商生产总成本(TC)为:

$$TC = z\tau + kr + lw + \delta \cdot \text{Past } I + \delta \cdot I$$

也即

$$TC = z\tau + kr + lw + \delta \cdot I \cdot \frac{(\theta+1)}{\theta}$$

其中,τ表示单位污染物的排污收费额;r为资本的要素价格;w为劳动的要素价格;δ为折旧率。于是厂商利润函数为:

$$\pi = P \cdot z^{\frac{\theta}{IA(1+\theta)}}(k^{\alpha}l^{1-\alpha})^{1-\frac{\theta}{IA(1+\theta)}} - z\tau - kr - lw - \delta \cdot I\frac{(\theta+1)}{\theta}$$

由厂商利润最大化决策可以得到厂商在国内的资本(k)、劳动(l)、污染排放(z)和投资额(I)的最优投放量,即

$$z = \frac{\frac{\delta(\theta+1)}{\theta} \cdot \frac{1}{\tau}}{y \cdot [\ln(1-y) - \ln y + \ln\Delta]}$$

---

① 由于$y \in (0,1)$,故只需令参数A在大于$\max\left[\frac{\theta}{I(1+\theta)}\right]$的域上变化来表征污染处理技术强度即可。其中$\max\left[\frac{\theta}{I(1+\theta)}\right]$表示所取样本$\theta$、$I$中,能计算出的函数$f(\theta,I) = \frac{\theta}{I(1+\theta)}$的最大值。

$$k = \frac{\dfrac{\delta(\theta+1)}{\theta} \cdot \dfrac{\alpha}{r}}{\dfrac{y^2}{1-y} \cdot [\ln(1-y) - \ln y + \ln\Delta]}$$

$$l = \frac{\dfrac{\delta(\theta+1)}{\theta} \cdot \dfrac{1-\alpha}{w}}{\dfrac{y^2}{1-y} \cdot [\ln(1-y) - \ln y + \ln\Delta]}$$

y 为方程式 $(1-y)^{1-y} \cdot y^y \cdot \Delta^{1-y} = \dfrac{\tau}{P}$ 的解。Δ 为参数,满足:

$$\Delta = \frac{\alpha\tau}{r}\left(\frac{r}{w} \cdot \frac{1-\alpha}{\alpha}\right)^{1-\alpha}$$

由于 k 表示厂商在国内投放的资本最优量,故而 k 的减少可以看作当环境规制变动引起要素成本变化(包括污染排放在内)时,厂商经由利润最大化决策,最终投放在国内的资本减少。多出来的资本为了追求资本报酬,就会投入其他领域,其中一部分转化为 OFDI。这样,观察 $\dfrac{\partial k}{\partial \tau}$、$\dfrac{\partial k}{\partial I}$ 和 $\dfrac{\partial^2 k}{\partial \tau \partial I}$ 的符号,可近似等价于观察费用型、投资型环境规制的加强对 OFDI 的影响,以及两种环境规制对 OFDI 的影响是否存在交互性的作用。

下面观察 $\dfrac{\partial k}{\partial \tau}$、$\dfrac{\partial k}{\partial I}$ 和 $\dfrac{\partial^2 k}{\partial \tau \partial I}$ 的符号。

由最优投放量方程组解得:

Ⅰ. 对于 $\dfrac{\partial k}{\partial \tau}$ 的符号。

(1) 当 $N > 0$ 时,对 $y \in (0, y_0)$,有 $\dfrac{\partial k}{\partial \tau} > 0$;对 $y \in (y_0, 1)$,有 $\dfrac{\partial k}{\partial \tau} < 0$。

(2) 当 $N \leq 0$ 时,对 $\forall y \in (0,1)$,都有 $\dfrac{\partial k}{\partial \tau} < 0$。

Ⅱ. 对于 $\dfrac{\partial k}{\partial I}$ 的符号。

(1) 当 $N > 0$ 时,对 $y \in (0, y_0)$,有 $\dfrac{\partial k}{\partial I} > 0$;对 $y \in (y_0, 1)$,有 $\dfrac{\partial k}{\partial I} < 0$。

(2) 当 $N \leq 0$ 时,对 $\forall y \in (0,1)$,都有 $\dfrac{\partial k}{\partial I} < 0$。

Ⅲ. 对于 $\dfrac{\partial^2 k}{\partial \tau \partial I}$ 的符号。

(1) 当 $N > 0$ 时,对 $y \in (0, y_1)$,有 $\dfrac{\partial^2 k}{\partial \tau \partial I} < 0$;对 $y \in (y_1, 1)$,有 $\dfrac{\partial^2 k}{\partial \tau \partial I} > 0$。

(2) 当 $N \leq 0$ 时,对 $\forall y \in (0,1)$,都有 $\dfrac{\partial^2 k}{\partial \tau \partial I} > 0$。

其中,N 为常数,满足:

$$N = \ln\left[\frac{\alpha}{r} \cdot P \cdot \left(\frac{r}{w} \cdot \frac{1-\alpha}{\alpha}\right)^{1-\alpha}\right]$$

y_0 为(0,1)域内的数,且满足:

$$\ln(1-y_0) - y_0 + N = 0, (N > 0)$$

y_1 为(0,1)域内的数,且满足:

$$[N + \ln(1-y_1)]^{\frac{1}{y_1}} \cdot \left\{2 \cdot \left(1 - \frac{1}{y_1}\right) \cdot [N + \ln(1-y_1)]^3 - (y_1 + 2)(y_1 - 1) \cdot [N + \ln(1-y_1)]^2 + y_1(y_1 + 1)(y_1 - 2) \cdot [N + \ln(1-y_1)] - 2y_1^3 + 4y_1^2\right\} = 0, (N > 0)$$

由Ⅰ和Ⅱ的结论可知,只有当 $N>0$ 且厂商处理污染的技术较强时,才可能存在费用型、投资型环境规制的增强会减少厂商 OFDI 的情况。此情况的限制条件较强,且我国厂商整体污染处理能力仍然偏低,故而猜测是个案。由于污染处理能力或技术高的厂商往往集中在经济相对发达的东部沿海地区,我们推测东部的个案出现概率将高于其他地区。另一方面,当 $N>0$ 且厂商处理污染的技术较弱,或者当 $N\leq 0$ 时,费用型、投资型环境规制的增强都会对厂商的 OFDI 起到正向促进的作用。此情况的限制条件较宽松,且较符合我国厂商整体的治污能力现状,故而猜测是主要情况。这一推导过程符合假说1:环境规制对中国的 OFDI 产生正向作用。

继续观察Ⅰ和Ⅱ的结论,由于 $\frac{\partial k}{\partial \tau}$、$\frac{\partial k}{\partial I}$ 的函数表达式不同,且表达式中的参数 r、w、α、P、δ、A、τ、θ 在我国不同地区也不同,于是认为假说2和假说3具有合理性。

由Ⅲ的结论可知,只有当 $N>0$ 且厂商处理污染的技术较强时,才可能存在一种环境规制反而减弱了另一种环境规制对 OFDI 正向影响的情况。另一方面,当 $N>0$ 且厂商处理污染的技术较弱,或者当 $N\leq 0$ 时,一种环境规制会加强另一种环境规制对 OFDI 的正向影响。故认为有必要对两种环境规制相互间的作用进行考察。

四、实证数据与过程

(一)样本选择和数据来源

本文选取中国30个省(自治区、直辖市)2010—2017年的面板数据。西藏自治区由于数据缺失严重,从样本中剔除。对外直接投资数据来自各年度《中国对外直接投资统计公报》,使用各年平均汇率换算成人民币。排污费、工业污染治理投资总额的数据来自各年度《中国环境统计年鉴》和国家统计局官网。控制变量中所涉及的各省份出口额、生产总值、规模以上工业企业R&D经费支出、城镇单位就业人员平均工资、税收收入、工业增加值等数据，以及参与换算、平减的各类平减指数、平均汇率，均来自《中国统计年鉴》和中经数据库。

（二）模型设定

基于前文假设，我们将经济型环境规制分类为费用型环境规制和投资型环境规制，初步建立回归模型为：

$$\ln \text{OFDI}_{it} = \beta_1 \ln \text{ER\_C}_{it} + \beta_2 \ln \text{ER\_I}_{it} + \theta X_{it} + \varepsilon_{it} \tag{1}$$

式中，i 表示省份；t 表示年份。其中，$\ln \text{OFDI}_{it}$ 为被解释变量，指第 t 年 i 省人均对外直接投资流量；$\ln \text{ER\_C}_{it}$ 为第 t 年 i 省费用型环境规制强度；$\ln \text{ER\_I}_{it}$ 为第 t 年 i 省投资型环境规制强度；X_{it} 为控制变量集；ε_{it} 为随机扰动项。为了保证数据的平稳性，本文各变量取对数处理。

对面板数据进行 Hausman 检验，在 5% 置信水平上显著拒绝原假设，故应采用固定效应模型。又由于时间趋势项显著，最终选择双向固定效应，即基准模型确定为：

$$\ln \text{OFDI}_{it} = \beta_1 \ln \text{ER\_C}_{it} + \beta_2 \ln \text{ER\_I}_{it} + \theta X_{it} + \mu_i + \lambda_t + \varepsilon_{it} \tag{2}$$

引入 μ_i 为各省份的个体效应，λ_t 为时间固定效应。

固定效应能部分解决遗漏变量带来的内生性问题。同时，考虑到本文关注的经济型环境规制多由政府主导和计划性推进，受对外直接投资的影响较小，故我们倾向于假定解释变量与被解释变量间不存在双向因果带来的内生性问题。

考虑到两种环境规制通常并行运用，我们再考察引入其交互项的模型为：

$$\ln \text{OFDI}_{it} = \beta_1 \ln \text{ER\_C}_{it} + \beta_2 \ln \text{ER\_I}_{it} + \alpha \ln \text{ER\_C}_{it} \times \ln \text{ER\_I}_{it} + \theta X_{it} + \mu_i + \lambda_t + \varepsilon_{it} \tag{3}$$

$\ln \text{ER\_C}_{it} \times \ln \text{ER\_I}_{it}$ 表示费用型与投资型两类环境规制强度的交互项。

（三）变量说明

1. 被解释变量

人均对外直接投资额 $\ln \text{OFDI}$。各年度《对外直接投资统计公报》同时汇报了各年的对外直接投资存量与流量。为了更加直观地体现当年的投资规模，我们选择各年对外直接投资流量，用各年平均汇率换算为人民币，以 2010 年为基期，用各省固定资产投资价格指数进行平减，并除以各省年末常住人口数，以得到 OFDI 人均流量。

2. 解释变量

对于环境规制的测度,江珂(2011)将国内外学者的方法总结为单一指标法、替代指标法、赋值法、复合指标法四类。典型的测量方法有以各污染物排放量为基础计算环境规制强度的综合指标(傅京燕,2010)、采用单位产值的治污成本和单位产值的排污费来表征环境规制强度(赵红,2007;李胜文,2010)。综合考虑样本时间段内主要规制手段和数据的可得性,我们沿用后者考察相对份额的思路,将核心解释变量设置如下。

(1) 费用型环境规制强度 $\ln ER\_C$。以排污费占地区生产总值的份额来表示。在自2018年起实施环境保护税法之前,排污费是约束企业排污行为的主要市场化手段,其征收囊括废气、废水、固体废物、噪声等主要污染物,具有综合性,其占GDP的份额在一定程度上体现了地区对企业环境责任的要求力度。

(2) 投资型环境规制强度 $\ln Er\_I$。以环境污染治理投资额占地区生产总值的份额来表示。环境污染治理投资额是各个社会主体为保护与改善环境质量和防止生态环境恶化而进行的投资,包括污染处理设备的投资和运营费用。我国主要有预防性质的工业污染源治理投资和"三同时"环保投资,以及治理性质的城市基础设施建设投资。政府通过出资、补偿、开列清单等方式鼓励、帮助或督导企业投资于污染处理,其占GDP的份额在一定程度上反映了地区对环境治理的重视程度。

3. 控制变量

对于其他可能对OFDI产生影响的因素,设置如下控制变量。

(1) 对外开放度 $\ln OPEN$。以出口额占地区生产总值的比重来表示,取对数引入方程。前人研究已经表明,对外贸易与投资联系紧密,出口与对外直接投资之间存在长期均衡关系(张如庆,2005),地区对外开放程度的加深往往能够提升企业进行对外直接投资的意愿,帮助地区积累"走出去"的经验,并形成对外贸易与投资间的"互补效应"。

(2) 经济实力 $\ln GDP$。以2010年为基期对人均生产总值进行平减,取对数引入方程。经济实力强的地区更有能力进行对外直接投资,生产总值则是一地经济实力的直观表现。

(3) 宏观税负 $\ln TAX$。以税收收入占地区生产总值的比重来表示,取对数引入方程。较高的宏观税负抬高成本,会增加出于避税动机的对外投资和产业转移。

(4) 市场化指数 $Market\_index$。参考樊刚、王小鲁在《中国市场化指数》中的算法,计算了2010—2017年各省份市场化指数。一地市场化程度越高,其经济扭曲度就越小,也就越能对各类成本冲击做出反应和调整。

(5) 创新投入度 $\ln Ino$。以规模以上工业企业 R & D 支出占GDP的比重来表示,取对数引入方程。创新投入一方面可能耗费大量成本,削弱OFDI;另一方面也存在着获取巨大报酬、推动 OFDI 的潜力。

（6）劳动力成本 ln WAGE。以 2010 年为基期，对各省份城镇单位就业人员平均工资进行平减，取对数引入方程。劳动力成本的上升可能成为劳动密集型产业对外投资的推力。

此外，在稳健性检验中，我们对两种环境规制强度进行了指标替换，分别为：① ln ER_CI：排污费/工业增加值；② ln ER_II：环境污染治理投资额/工业增加值。

五、实证结果与分析

（一）描述性统计

表 1 为本文所有变量的描述性统计。在整体样本中，经对数化处理后的费用型环境规制强度最大值为 -1.72、最小值为 -6.15，投资型环境规制强度最大值为 0.10、最小值为 -5.06，提示了地区间环境规制异质性的存在。结合分组样本可以发现，东部地区两类环境规制的均值低于中、西部地区，而西部地区在投资型环境规制上明显高于中、东部地区。

表 1　　　　　　　　　　　描述性统计

Stats	ln OFDI	ln ER_C	ln ER_I	ln OPEN	ln GDP	ln TAX	Market_Index	ln Ino	ln WAGE	ln ER_CI	ln ER_II
合计											
Obs	240	240	240	240	240	240	240	240	240	240	240
Mean	4.79	-3.48	-2.26	2.27	10.32	2.14	6.41	-0.11	10.73	-2.62	-1.40
Median	4.75	-3.43	-2.29	2.08	10.20	2.10	6.30	-0.11	10.72	-2.66	-1.43
SD	1.43	0.73	0.79	0.91	0.43	0.29	1.90	0.59	0.27	0.65	0.75
Min	-0.58	-6.51	-5.06	0.15	9.46	1.50	2.33	-2.40	10.23	-4.89	-3.48
Max	8.97	-1.72	0.10	4.22	11.46	2.94	10.29	1.18	11.60	-1.21	0.90
东部											
Obs	88	88	88	88	88	88	88	88	88	88	88
Mean	5.96	-3.84	-2.49	3.14	10.75	2.32	8.01	0.27	10.87	-2.91	-1.57
Median	5.75	-3.85	-2.44	3.25	10.76	2.25	8.24	0.49	10.85	-2.90	-1.55
SD	1.10	0.85	0.74	0.70	0.39	0.32	1.59	0.68	0.31	0.72	0.66
Min	3.67	-6.51	-5.06	1.24	10.06	1.79	4.68	-2.40	10.33	-4.89	-3.48
Max	8.97	-2.49	-1.04	4.22	11.46	2.94	10.29	1.18	11.60	-1.62	-0.25

续表

Stats	ln OFDI	ln ER_C	ln ER_I	ln OPEN	ln GDP	ln TAX	Market_Index	ln Ino	ln WAGE	ln ER_CI	ln ER_II
中部											
Obs	64	64	64	64	64	64	64	64	64	64	64
Mean	4.16	-3.35	-2.35	1.75	10.13	1.92	6.25	-0.07	10.60	-2.57	-1.57
Median	4.21	-3.44	-2.43	1.71	10.12	1.95	6.20	-0.13	10.62	-2.60	-1.59
SD	0.74	0.59	0.62	0.45	0.11	0.21	0.78	0.24	0.18	0.55	0.62
Min	2.14	-4.20	-3.67	0.98	9.91	1.50	4.51	-0.59	10.23	-3.42	-2.86
Max	5.59	-1.72	-0.77	2.59	10.42	2.27	7.78	0.38	10.93	-1.21	-0.18
西部											
Obs	88	88	88	88	88	88	88	88	88	88	88
Mean	4.08	-3.22	-1.96	1.79	10.04	2.11	4.92	-0.52	10.68	-2.35	-1.10
Median	4.39	-3.25	-1.85	1.76	10.05	2.13	4.81	-0.50	10.71	-2.38	-0.99
SD	1.36	0.54	0.85	0.65	0.26	0.17	1.43	0.38	0.20	0.53	0.84
Min	-0.58	-4.51	-3.88	0.15	9.46	1.72	2.33	-1.45	10.28	-3.44	-3.04
Max	6.88	-2.26	0.10	3.28	10.44	2.42	8.47	0.33	11.02	-1.40	0.90

（二）基准回归

表 2 汇报了使用双向固定效应的回归结果。模型（1）到（5）中，随着控制变量逐个加入，核心解释变量费用型环境规制强度和投资型环境规制强度的系数保持为正，分别通过了 1% 和 10% 置信水平的显著性检验，表明两类经济型环境规制对 OFDI 均有正向影响，初步验证了假说 1。同时，两种环境规制相比，费用型环境规制的回归系数更大，初步验证了假说 2。相较于投资型环境规制，费用型环境规制存在长期性和连续性，更可能对企业经营成本形成持续影响。这一回归结果也与我国目前以市场化手段作为主要规制方式的情况相吻合。

控制变量中，对外开放程度保持显著，这在一定程度上佐证了对外直接投资与对外贸易之间存在互补性。税收强度和地区产值在部分模型中通过了 10% 置信水平的显著性检验，但并不稳健，这在一定程度上说明了我国 OFDI 存在一定的避税动机，也与地区总体实力存在正向关系。

表 2 总样本环境规制与对外直接投资回归结果

	（1）ln OFDI	（2）ln OFDI	（3）ln OFDI	（4）ln OFDI	（5）ln OFDI	（6）ln OFDI	（7）ln OFDI
ln ER_C	0.419*** (0.127)	0.464*** (0.132)	0.418*** (0.128)	0.401*** (0.130)	0.400*** (0.131)	0.377*** (0.131)	0.369*** (0.132)

续表

	(1) ln OFDI	(2) ln OFDI	(3) ln OFDI	(4) ln OFDI	(5) ln OFDI	(6) ln OFDI	(7) ln OFDI
ln Er_I	0.200* (0.114)	0.212* (0.115)	0.205* (0.117)	0.217* (0.116)	0.219* (0.120)	0.221* (0.119)	0.212* (0.126)
ln OPEN		0.479*** (0.179)	0.436** (0.178)	0.399** (0.188)	0.399** (0.188)	0.403** (0.188)	0.392** (0.198)
ln TAX			0.896 (0.609)	0.981* (0.589)	0.967 (0.609)	1.042* (0.624)	1.080* (0.636)
ln GDP				2.098* (1.267)	2.102* (1.264)	2.136* (1.279)	2.250 (1.412)
Market_index					0.013 (0.112)	0.033 (0.111)	0.029 (0.111)
ln Ino						−0.367 (0.388)	−0.355 (0.390)
ln WAGE							−0.394 (1.464)
_cons	6.705*** (0.430)	5.802*** (0.524)	3.804** (1.510)	−17.990 (13.064)	−18.076 (12.974)	−18.848 (13.243)	−15.873 (15.978)
Province FE	是	是	是	是	是	是	是
Year FE	是	是	是	是	是	是	是
N	240	240	240	240	240	240	240
Adj_R^2	0.834	0.839	0.840	0.841	0.841	0.840	0.840

注:括号内为 t 统计量;***、**、* 分别表示在 0.1%、1%、5% 的显著性水平上显著;各回归均使用异方差-稳健标准误。

(三) 区域异质性

为了区分国内环境规制对 OFDI 的影响在规制类型和区域上的双重异质性,我们进行了分样本回归,表 3 中汇报了各区域引入控制变量后的结果。在逐个加入控制变量的过程中,核心解释变量的显著性与表 3 中保持一致。

在东部地区,费用型环境规制对 OFDI 产生正向刺激,但显著性水平仅为 10%,而投资型环境规制未能通过显著性检验。推测是由于东部企业治污水平起点高,环境规制的强化更着重体现在污染收费的严格化和规范化上。控制变量中,除了避税动机保持显著,更高的市场化程度也推动东部企业"走出去",而创新投入、劳动力成本未表现出预期的显著影响。在中部地区,两类环境规制的回归系数为正,但均不显著。与东部地区相对,西部地区投资型环境规制对OFDI的促进作用高度显著,而费用型环境规制未通过显著性检验。西部地区的环境规制政策基本以命令控制为主,且命令-控制型环境规制的执行力度很高(王小宁、周晓唯,2014),因而更具强制力的投资型环境规制效果更为明显。西部地区的市场化程度偏低,且招商引资等经济发展需求使得地方排污费用征收弹性较大,运用市场化手段展开的费用型环境规制的效果有可能被削弱,其对对外投资的影响传导也相应弱化。因此,假说3得到了验证。

表3　　　　　　　　　　分区域回归结果

	(8) 东部	(9) 中部	(10) 西部
ln ER_C	0.291** (0.145)	0.186 (0.573)	0.539 (0.548)
ln Er_I	0.0397 (0.129)	-0.221 (0.241)	0.724*** (0.236)
ln OPEN	0.483 (0.683)	0.938* (0.534)	0.299 (0.322)
ln TAX	1.986** (0.816)	5.435** (2.002)	0.0389 (1.361)
Market_index	0.265* (0.144)	-0.523 (0.449)	-0.0450 (0.238)
ln Ino	0.0435 (0.498)	1.744* (0.980)	-0.966 (0.587)
ln WAGE	-1.497 (2.454)	-0.948 (3.267)	1.946 (2.894)
_cons	23.49 (26.72)	14.20 (35.02)	-6.574 (29.99)
Province FE	是	是	是
Year FE	是	是	是
N	88	56	88
Adj_R^2	0.829	0.644	0.828

注:括号内为t统计量;***、**、*分别表示在0.1%、1%、5%的显著性水平上显著;各回归均使用异方差-稳健标准误。

(四) 交互作用

引入费用型环境规制与投资型环境规制的交互项考察二者间的调节关系。对交互项进行中心化处理后的回归结果见表4。除东部地区以外,主效应均与未引入交互项时一致。从全国范围来看,两种环境规制的交互项显著为正,存在互为调节的交互作用。在西部地区,费用型环境规制能够作为调节项,对投资型环境规制对 OFDI 的促进关系产生正向调节。我们推测,尽管费用型规制未能通过显著性检验,但较高额的排污费征收仍能体现环境规制的执行力度,强化刚性投资带来的成本效应。中部地区环境规制对于对外投资的影响力仍不明显。而在东部地区,两类环境规制的交互项显著为负,投资型环境规制对费用型环境规制产生了负向调节作用,使得原先显著度为 10% 的费用型环境规制受到削弱后不再显著,有可能符合前文模型中 $N>0$ 且地区处理污染能力较强的情况(见图5 和图 6)。

表4　　引入环境规制交互项的回归结果

	(11) 合计	(12) 东部	(13) 中部	(14) 西部
ln ER_C	0.581 *** (0.537)	-0.008 (0.179)	0.134 (0.215)	0.493 (0.517)
ln Er_I	0.249 ** (0.121)	-0.052 (0.148)	-0.247 (0.254)	0.607 ** (0.274)
ln ER_C × ln ER_I	0.224 *** (0.086)	-0.218 * (0.119)	0.147 (0.330)	0.731 *** (0.191)
ln OPEN	0.379 ** (0.190)	0.680 (1.464)	0.801 (0.558)	0.147 (0.256)
ln TAX	1.075 * (0.609)	2.550 *** (0.796)	4.717 ** (2.263)	2.093 (1.303)
ln GDP	3.099 ** (1.430)	0.503 (3.622)	2.448 (3.000)	4.326 (2.857)
Market_index	0.040 (0.112)	0.209 * (0.117)	-0.672 * (0.373)	-0.122 (0.221)
ln Ino	-0.581 * (0.337)	0.158 (0.770)	1.175 (0.922)	-1.199 * (0.668)
ln WAGE	-0.401 (1.571)	-3.280 (2.673)	-2.089 (2.979)	-2.364 (3.192)
_cons	-26.465 (17.879)	26.524 (56.416)	-4.699 (37.405)	-19.038 (38.753)
Province FE	是	是	是	是
Year FE	是	是	是	是
N	240	88	56	88
Adj_R^2	0.846	0.842	0.554	0.777

注:括号内为 t 统计量;*** 、** 、* 分别表示在 0.1%、1%、5% 的显著性水平上显著;各回归均使用异方差-稳健标准误。

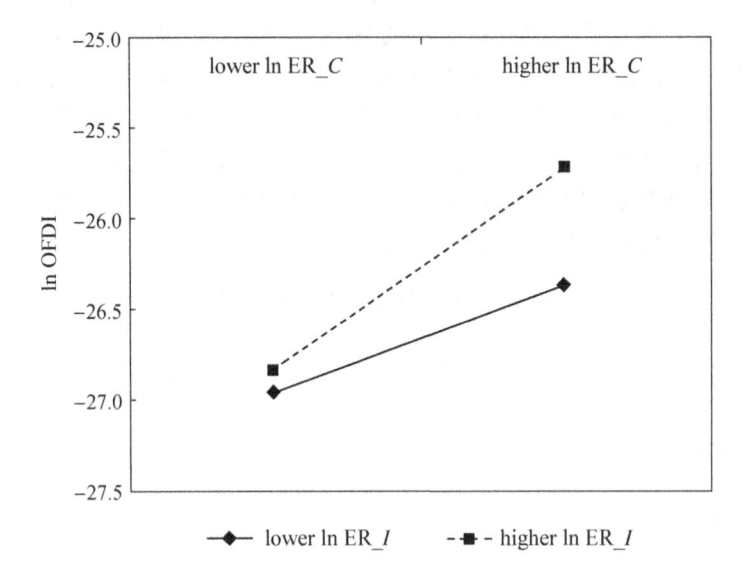

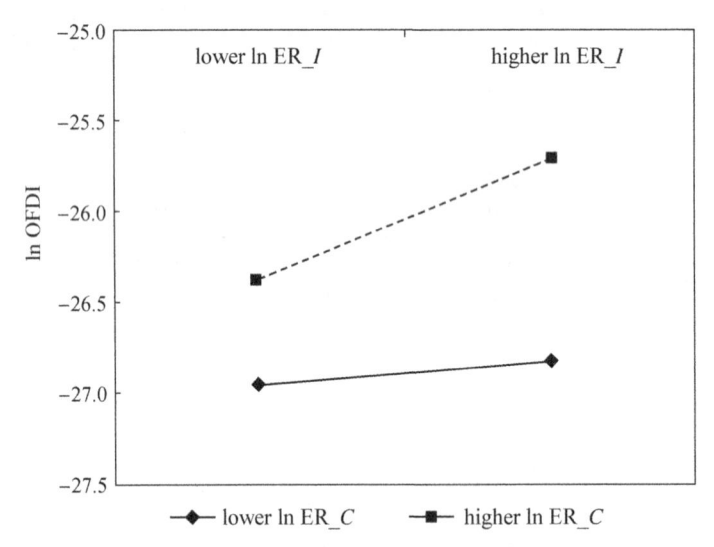

图4 全国范围内两种经济型规制强度存在交互效应

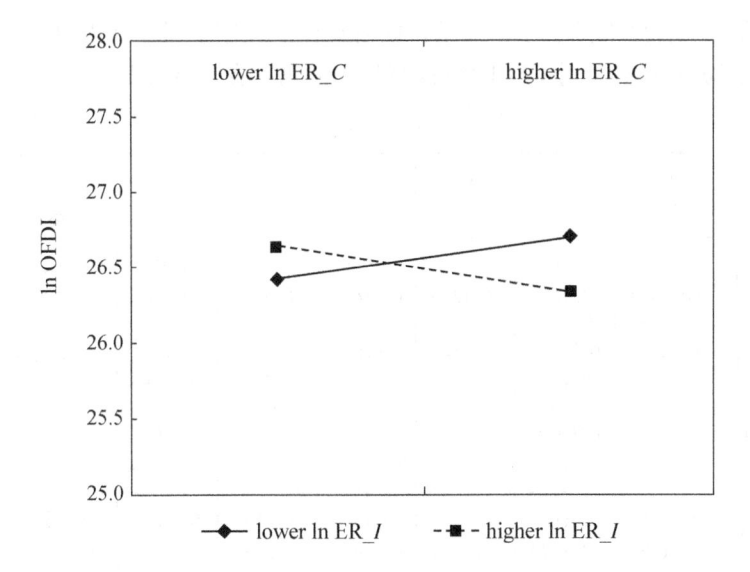

图 5　东部地区投资型环境规制强度对费用型环境规制强度与 OFDI 关系的调节作用

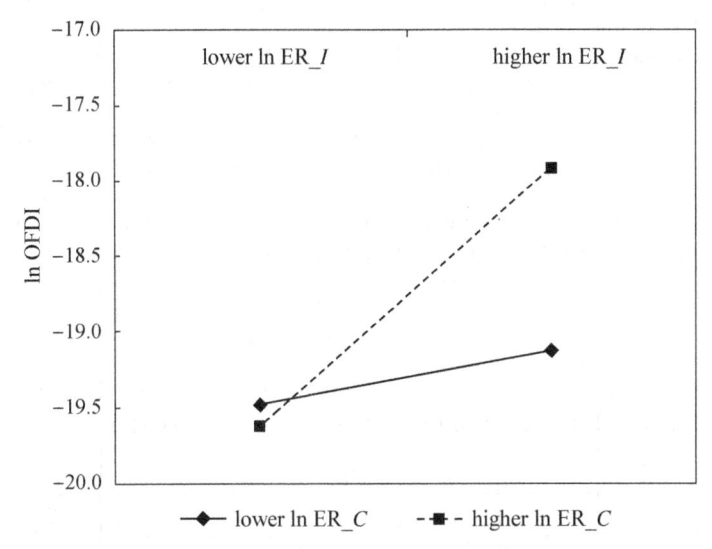

图 6　西部地区费用型环境规制强度对投资型环境规制强度与 OFDI 关系的调节作用

（五）稳健性检验

本文通过替换变量进行稳健性检验，将核心解释变量费用型环境规制强度和投资型环境规制强度分别用"排污费占工业增加值的比重"和"环境污染治理投资额占工业增加值的比重"重新表示，回归结果见表 5。在全国样本中，两类环境规制均对 OFDI 产生显著的正向影响，费用型环境规制的系数高于投资型环境规制。分区域回归和引入交互项回归的结果也与前文所述一致,这在一定程度上证明了本文结论的可靠性。控制变量中的对外开放程度、地区经济实力和税负对OFDI具有解释力,但仍存在地区差异。

表5 稳健性检验

	(15) 合计	(16) 合计	(17) 东部	(18) 东部	(19) 中部	(20) 中部	(21) 西部	(22) 西部
ln ER_CI	0.263* (0.141)	0.439*** (0.162)	0.285* (0.151)	0.096 (0.162)	0.074 (0.488)	0.075 (0.500)	0.362 (0.552)	0.262 (0.525)
ln ER_II	0.208* (0.124)	0.224* (0.120)	0.015 (0.157)	-0.041 (0.146)	-0.296 (0.246)	-0.273 (0.268)	0.732*** (0.266)	0.600** (0.265)
ln ER_CI × ln ER_II		0.295*** (0.112)		-0.322** (0.147)		0.103 (0.416)		0.867*** (0.217)
ln OPEN	0.409** (0.196)	0.360* (0.192)	0.731 (1.554)	0.787 (1.464)	0.855 (0.558)	0.829 (0.568)	0.245 (0.249)	0.089 (0.252)
ln TAX	1.265** (0.628)	1.225** (0.614)	1.912** (0.774)	2.275*** (0.770)	4.933** (2.197)	4.843** (2.349)	0.780 (1.547)	2.155 (1.318)
ln GDP	2.846** (1.362)	3.915*** (1.456)	1.962 (3.346)	0.635 (3.497)	2.542 (2.939)	2.628 (2.964)	3.633 (3.262)	5.414* (2.971)
Market_index	0.052 (0.114)	0.033 (0.113)	0.255** (0.116)	0.215* (0.120)	-0.663* (0.377)	-0.679* (0.365)	-0.033 (0.238)	-0.149 (0.227)
ln Ino	-0.483 (0.346)	-0.545 (0.338)	0.057 (0.710)	0.302 (0.783)	1.350 (0.970)	1.280 (0.963)	-0.780 (0.730)	-1.228* (0.667)
ln Wage	-0.593 (1.643)	-0.558 (1.581)	-2.274 (2.324)	-3.805 (2.734)	-1.816 (2.846)	-1.890 (2.867)	-0.125 (3.390)	-2.643 (3.058)
_cons	-21.278 (18.060)	-33.433* (18.766)	1.665 (49.015)	31.023 (55.802)	-9.353 (33.451)	-8.865 (33.322)	-31.740 (37.264)	-26.919 (38.077)
Province FE	是	是	是	是	是	是	是	是
Year FE	是	是	是	是	是	是	是	是
N	240	240	88	88	56	56	88	88
Adj_R^2	0.839	0.844	0.837	0.846	0.567	0.554	0.745	0.774

注:括号内为t统计量;***、**、*分别表示在0.1%、1%、5%的显著性水平上显著;各回归均使用异方差-稳健标准误。

六、结论与讨论

本文分析了国内环境规制对中国 OFDI 产生促进作用的可能机制,对经济型环境规制进行细分,并通过构建数理模型和实证分析论证假说,主要结论包括如下几点。

(1) 国内经济型环境规制的增强整体上会对中国 OFDI 产生促进作用,市场性质的费用型环境规制相较于强制性质的投资型环境规制对 OFDI 的影响力更强,与我国环境规制的市场化深化趋势契合;

(2) 环境规制对 OFDI 的促进作用具有明显的区域差异性,东部地区受费用型环境规制影响明显,西部地区受投资型环境规制影响显著,中部地区 OFDI 受环境规制影响则并未得到验证;

(3) 两种环境规制的并用具有互相调节的效应,在全国样本中,两种规制存在正向的交互效应,东部地区投资型环境规制强度对费用型环境规制与 OFDI 的关系产生负向调节,西部地区费用型环境规制强度对投资型环境规制与 OFDI 的关系产生正向调节。

本文还存在如下不足之处,有待进一步探究。

(1) 动态性的欠缺。本文使用较为简单的静态面板,没有将环境规制对 OFDI 在时间上的动态影响纳入考虑。而事实上,环境规制对经济行为的影响存在一定的滞后性,就企业而言,不论是治污投入的增加还是环保意识的提升,都需要一定的缓冲时间。引入动态变化是可以改进的方向之一。

(2) 环境规制的类别划分不够全面。本文的微观模型仍然立足于传统的成本-收益视角,实证对象也仅选取了与企业经营具有直接密切联系的经济型环境规制,但随着公众环保意识的增强,公众参与型或自愿型环境规制对企业行为的约束和调节作用将日益增强,应当在以后的研究中尝试纳入。此外,囿于数据的连贯性和可得性,我们对经济型环境规制的分类相对粗放,且在样本所涉及的时间区间之后,我国经济型环境规制进行了一系列改革和创新。自 2018 年 1 月 1 日起,环境保护税取代排污费,进一步规范了污染缴费的征收管理程序,增添了减免档次的划分;2021 年,江西排污权正式上线交易,排污权交易制度也在各地不断试点。新的环境规制对 OFDI 产生怎样的影响有待进一步考察。

(3) 影响路径未能分离。尽管我们分析了环境规制对 OFDI 的传导机制,但未能够在实证过程中将其分离开来。对两类环境规制的交互机制也仅做了推测,其具体的实现方式也有待深入研究。

参 考 文 献

[1] Antweiler W, Copeland B R, Taylor M S, 2001. Is free trade good for the environment? [J]. American Economic Review(4): 877-908.

[2] Böcher M, 2012. A theoretical framework for explaining the choice of instruments in environmental policy[J]. Forest Policy and Economics, 38(5): 16-22.

[3] Bu, M L, Wagner M, 2016. Racing to the bottom and racing to the top: the crucial role of firm characteristics in foreign direct investment choices[J]. Journal of International Business Studies, 47(9): 1032-1057.

[4] Chittoor R, Aulakh P S, Ray S, 2015. Accumulative and assimilative learning, institutional infrastructure, and innovation orientation of developing economy firms[J]. Global Strategy Journal, 5(2), 133-153.

[5] Copeland B R, Taylor M S, 1994. North-south trade and the environment. [J] Quarterly Journal of Economics, 109(3), 755-787.

[6] Copeland B R, Taylor M S, 2003. Trade, growth and the environment[R]. MA: National Bureau of Economic Research.

[7] Dunning J H, 1981. Explaining the international direct investment position of countries: towards a dynamic or developmental approach[J]. Weltwirtschaftliches Archiv, 119(1), 30-64.

[8] Dunning J H, 1998. Location and the multinational enterprise: a neglected factor[J]. Journal of International Business Studies, 29(1):45-66.

[9] Dunning J H, 2001. The eclectic (OLI) paradigm of international production: past, present and future[J]. International Journal of the Economics of Business, 8(2), 173-190.

[10] Gong M, Yi M, Liu H, et al, 2020. Environmental regulation, hidden economy, and China's outward foreign direct investment[J]. Chinese Journal of Population, Resources and Environment, 18(1): 35-41.

[11] Jorgenson A K, Dick C, Mahutga M C, 2007. Foreign investment dependence and the environment: an ecostructural approach[J]. Social Problems, 54(3):371-394.

[12] Konisky D M, 2007. Regulatory competition and environmental enforcement: is there a race to the bottom? [J]. American Journal of Political Science, 5(4): 853-894.

[13] Kunce M, Shogren J F, 2007. Destructive interjurisdictional competition: firm, capital and labor mobility in a model of direct emission control[J]. Ecological Economics, 60(3): 543-549.

[14] Levinson A, Taylor M S, 2008. Unmasking the pollution haven effect [J]. International Economic Review, 49(1): 223-254.

[15] Li X, Zhou Y M, 2017. Offshoring pollution while offshoring production? [J]. Strategic Management Journal, 42: 465-487.

[16] List J A, Co C Y, 2000. The effects of environmental regulations on foreign direct investment[J]. Journal of Environmental Economics and Management, 40:1-20.

[17] Piperopoulos P, Wu J, Wang C Q, 2018. Outward FDI, location choices and

innovation performance of emerging market enterprises[J]. Research Policy, 47(1): 232-240.

[18] Porter M E, van der Linde C, 1995. Toward a new conception of the environment competitiveness relationship[J]. Journal of Economic Perspectives, 9(4): 97-118.

[19] Ren F R, Guan X G, Zhang H J, et al, 2023. Comparative study on infrastructure and export trade of the host country and OFDI efficiency of China[J]. Journal of the Asia Pacific Economy, 28(3):1087-1116.

[20] Ren S Y, Hao Y, Wu H T, 2022. The role of outward foreign direct investment (OFDI) on green total factor energy efficiency: does institutional quality matters? evidence from China[J]. Resources Policy, 76.

[21] Walter I, Ugelow J L, 1979. Environmental policies in developing countries[J]. Ambio 8(2/3): 102-109.

[22] Zhou Y, Jiang J J, Ye B, et al, 2019. Green spillovers of outward foreign direct investment on home countries: evidence from China's province-level data[J]. Journal of Cleaner Production, 215:829-844.

[23] 包群,陈媛媛,宋立刚,2010.外商投资与东道国环境污染:存在倒U型曲线关系吗?[J].世界经济(1):3-17.

[24] 陈德敏,张瑞,2012.环境规制对中国全要素能源效率的影响——基于省际面板数据的实证检验[J].经济科学(04):49-65.

[25] 陈诗一,2010.节能减排与中国工业的双赢发展:2009—2049[J].经济研究,45(3):129-143.

[26] 陈岩,翟瑞瑞,2015.对外投资、转移产能过剩与结构升级[J].广东社会科学(1):5-16.

[27] 初善冰,黄安平,2012.外商直接投资对区域生态效率的影响——基于中国省际面板数据的检验[J].国际贸易问题(11):128-144.

[28] 樊刚,王小鲁,2001.中国市场化指数——各地区相对进程报告(2000)[M].北京:经济科学出版社.

[29] 傅京燕,李丽莎,2010.FDI、环境规制与污染避难所效应——基于中国省级数据的经验分析[J].公共管理学报,7(3):65-74+125-126.

[30] 傅京燕,李丽莎,2010.环境规制、要素禀赋与产业国际竞争力的实证研究——基于中国制造业的面板数据[J].管理世界(10):87-98+187.

[31] 付凌晖,2010.我国产业结构高级化与经济增长关系的实证研究[J].统计研究,27(8):79-81.

[32] 郭克莎,1999.我国工业结构升级与国有工业结构调整[J].中国工业经济(3):38-41.

[33] 黄德春,刘志彪,2006.环境规制与企业自主创新——基于波特假设的企业竞争优势构建[J].中国工业经济(3):100-106.

[34] 贾军,魏洁云,王悦,2017.环境规制对中国OFDI的绿色技术创新影响差异分析——基于异质性东道国视角[J].研究与发展管理,29(6):81-90.

[35] 江珂,2009.环境规制对中国技术创新能力影响及区域差异分析——基于中国1995—2007年省际面板数据分析[J].中国科技论坛(10):28-33.

[36] 江珂,卢现祥,2011.环境规制变量的度量方法研究[J].统计与决策(22):19-22.

[37] 蒋伏心,王竹君,白俊红,2013.环境规制对技术创新影响的双重效应——基于江苏制造业动态面板数据的实证研究[J].中国工业经济(7):44-55.

[38] 蒋冠宏,蒋殿春,2012.中国对外投资的区位选择:基于投资引力模型的面板数据检验[J].世界经济,35(9):21-40.

[39] 李杰锋,2021.中国外商直接投资的环境效应研究[M].秦皇岛:燕山大学出版社.18-37.

[40] 李梅,柳士昌,2012.对外直接投资逆向技术溢出的地区差异和门槛效应——基于中国省际面板数据的门槛回归分析[J].管理世界(1):21-32+66.

[41] 李强,王琰,2019.环境规制与经济增长质量的U型关系:理论机理与实证检验[J].江海学刊(4):102-108.

[42] 李胜兰,初善冰,申晨,2014.地方政府竞争、环境规制与区域生态效率[J].世界经济37(4):88-110.

[43] 李胜文,李新春,杨学儒,2010.中国的环境效率与环境管制——基于1986—2007年省级水平的估算[J].财经研究,36(2):59-68.

[44] 李新春,肖宵,2017.制度逃离还是创新驱动?——制度约束与民营企业的对外直接投资[J].管理世界(10):99-112+129+188.

[45] 李永友,沈坤荣,2008.我国污染控制政策的减排效果——基于省际工业污染数据的实证分析[J].管理世界(7):7-17.

[46] 刘明霞,王学军,2009.中国对外直接投资的逆向技术溢出效应研究[J].世界经济研究(9):57-62+88-89.

[47] 刘乾,钟昌标,黄远浙,2022.对外直接投资与中国工业绿色全要素生产率——基于环境规制与吸收能力视角分析[J].生态经济,38(3):79-85.

[48] 刘瑞,高峰,2016."一带一路"战略的区位路径选择与化解传统产业产能过剩[J].社会科学研究(1):45-56.

[49] 马丽梅,张晓,2014.中国雾霾污染的空间效应及经济、能源结构影响[J].中国工业经济(4):19-31.

[50] 彭星,李斌,2016.不同类型环境规制下中国工业绿色转型问题研究[J].财经研究,42(7):134-144.

[51] 秦虎,张建宇,2006.中美环境执法与经济处罚的比较分析[J].环境科学研究(2):75-81.

[52] 任胜钢,蒋婷婷,李晓磊,等,2016.中国环境规制类型对区域生态效率影响的差异化机制研究[J].经济管理,38(1):157-165.

[53] 沙文兵,2012.对外直接投资、逆向技术溢出与国内创新能力——基于中国省际面板数据的实证研究[J].世界经济研究(3):69-74+89.

[54] 沈坤荣,王东新,2011.外商直接投资的环境效应测度——基于省际面板数据的实证研究[J].审计与经济研究,26(2):89-95+103.

[55] 沈能,刘凤朝,2012.高强度的环境规制真能促进技术创新吗?——基于"波特假说"的再检验[J].中国软科学(4):49-59.

[56] 宋雯彦,韩卫辉,2021.环境规制、对外直接投资和产业结构升级——兼论异质

性环境规制的门槛效应[J].当代经济科学,43(2):109-122.

[57] 孙英杰,林春,2018.试论环境规制与中国经济增长质量提升——基于环境库兹涅茨倒U型曲线[J].上海经济研究(3):84-94.

[58] 涂正革,谌仁俊,2015.排污权交易机制在中国能否实现波特效应?[J].经济研究,50(7):160-173.

[59] 王斌,2013.环境污染治理与规制博弈研究[D].北京:首都经济贸易大学.

[60] 王红梅,2016.中国环境规制政策工具的比较与选择——基于贝叶斯模型平均(BMA)方法的实证研究[J].中国人口·资源与环境,26(9):132-138.

[61] 王杰,刘斌,2014.环境规制与企业全要素生产率——基于中国工业企业数据的经验分析[J].中国工业经济(3):44-56.

[62] 王小宁,周晓唯,2014.西部地区环境规制与技术创新——基于环境规制工具视角的分析[J].技术经济与管理研究(5):114-118.

[63] 王永钦,杜巨澜,王凯,2014.中国对外直接投资区位选择的决定因素:制度、税负和资源禀赋[J].经济研究,49(12):126-142.

[64] 温忠麟,侯杰泰,张雷,2005.调节效应与中介效应的比较和应用[J].心理学报(2):268-274.

[65] 徐圆,2014.源于社会压力的非正式性环境规制是否约束了中国的工业污染?[J].财贸研究,25(2):7-15.

[66] 衣长军,李赛,张吉鹏,2015.制度环境、吸收能力与新兴经济体OFDI逆向技术溢出效应——基于中国省际面板数据的门槛检验[J].财经研究,41(11):4-19.

[67] 尹东东,张建清,2016.我国对外直接投资逆向技术溢出效应研究——基于吸收能力视角的实证分析[J].国际贸易问题(1):109-120.

[68] 尹飞霄,朱英明,2017.环境规制对中国对外直接投资的影响——基于中国省际动态面板数据的实证分析[J].技术经济,36(09):106-113+123.

[69] 余官胜,李会粉,2013.横向、纵向抑或两者兼具——中国企业对外直接投资动机实证研究[J].财贸研究,24(5):79-85.

[70] 原毅军,刘柳,2013.环境规制与经济增长:基于经济型规制分类的研究[J].经济评论(1):27-33.

[71] 曾贤刚,2010.环境规制、外商直接投资与"污染避难所"假说——基于中国30个省份面板数据的实证研究[J].经济理论与经济管理(11):65-71.

[72] 张建,李占风,2020.对外直接投资促进了中国绿色全要素生产率增长吗——基于动态系统GMM估计和门槛模型的实证检验[J].国际贸易问题(7):159-174.

[73] 章志华,2019.环境规制促进OFDI逆向技术溢出了吗?[J].统计与信息论坛,34(12):104-109.

[74] 赵红,2007.环境规制对中国产业技术创新的影响[J].经济管理(21):57-61.

[75] 赵晋平,2017.我国企业"走出去"面临新机遇[A].樊刚,许永发,2017.中国对外直接投资——战略、机制与挑战[M].北京:中国经济出版社:187-195.

[76] 赵伟,古广东,何元庆,2006.外向FDI与中国技术进步:机理分析与尝试性实证[J].管理世界(7):53-60.

[77] 赵玉民,朱方明,贺立龙,2009.环境规制的界定、分类与演进研究[J].中国人口·资源与环境,19(6):85-90.

[78] 郑展鹏,2013. 中国对外直接投资的地区差异、影响因素及溢出效应研究[D]. 武汉:华中科技大学.

[79] 周超,刘夏,辜转,2017. 营商环境与中国对外直接投资——基于投资动机的视角[J]. 国际贸易问题(10):143-152.

[80] 朱东波,张月君,2020. 中国对外直接投资影响母国环境的理论机理与实证研究[J]. 中国人口·资源与环境,30(1):83-90.

[81] 朱平芳,张征宇,姜国麟,2011. FDI 与环境规制:基于地方分权视角的实证研究[J]. 经济研究,46(6):133-145.

FDI 会促进东道国创新能力提升吗?
——基于 60 个国家的面板数据

毕多多　聂雨瑶　范熙典[*]

【摘要】 本文基于 WB 数据库和 GII 指数,以 2013 年至 2020 年全球 60 个国家的面板数据为研究对象,从全球视角分析了 FDI 对东道国创新能力的影响,并基于收入水平、研发水平、基建水平、制度开放度和包容性水平进行异质性分析。结果显示,FDI 对东道国创新能力有正向促进作用,而只有收入水平、人力资本和研发水平、基础设施建设水平或制度开放度、包容度较高的国家,其 FDI 对本国创新能力才有显著促进作用。因此结合上述结论,我们针对中国今后的发展,提出两点建议:应提升我国对 FDI 的吸引力、破解"低端锁定",从而在全球价值链中向上攀升;应提升制度开放包容度、自主研发能力以及基础设施建设水平,以增强 FDI 对我国创新能力提升的促进作用。

【关键词】 FDI　国家创新能力　门槛效应　异质性分析

一、引　言

自 20 世纪 90 年代以来,国际风云变幻莫测,国家竞争越发多元化与复杂化。随着信息技术革命的逐步推进,信息逐渐代替资本,占据了在国家经济中的主导地位,当下科学技术成为国家与国家之间比拼的重点,国家创新能力日益受到更广泛的关注。进入 21 世纪后,随着微电子、生物工程与新材料等相关高新技术的发展,处于科技发展领先地位的国家将更有可能占据优势地位,它们可以利用先进的技术,在国际产业链中占据上游地位,在国际合作中获得更多的利益并且进一步加大研发投入,持续稳固现有地位。科学技术对国家发展尤其是经济发展的影响变得越来越深远。

同时,在全球化的大背景下,国家与国家之间的分工合作变得越来越频繁,而分工合作以及信息技术的进步,都使得各国的科技资源可以在全球范围内进行优化和配置。而随着经济全球化的推进,外商直接投资(Foreign Direct Investment,FDI)渐渐地成为国际资本的重要流动形式,在世界范围内得到了广泛的发展,在国际贸易中的地位正在稳步攀升。它是诸多发展中东道国经

---

[*] 毕多多,南京大学商学院经济学系 2020 级本科生;聂雨瑶,南京大学商学院经济学系 2020 级本科生;范熙典,南京大学商学院经济学系 2020 级本科生。

济社会发展的助推器,可以对东道国经济社会发展产生深远影响。

因此,针对 FDI 和国家创新能力之间的研究,也在日益受到学者们的关注。但是目前学者针对 FDI 与区域创新能力的研究结果各不相同,众说纷纭。有人认为 FDI 对区域创新能力有正向影响,如 Andrijauskiene 等(2019)借助欧盟成员国数据,发现欧盟成员国的 FDI 对国家创新能力有正向促进作用;有人认为 FDI 会给当地的创新能力带来负面影响,如 Lew 等(2016)发现 FDI 对本地的创新产生了"挤出效应"。而目前接受度较广的一种说法是,FDI 对于区域创新能力只有在当地的某些发展指标达到了一定标准之后,才能有显著正向影响,也就是相当于存在着一个临界的"门槛",故也称之为"门槛效应"。

与此同时,现有的文献研究又大多集中在针对某一特定国家或区域上,而在全球范围内针对不同国家进行的研究则占据少数,因此,本文借助 2013—2020 年全球 60 个国家的面板数据,研究 FDI 对国家创新能力的影响,并给出可能的影响机制。

所以,本文做出的贡献可能如下。

(1)在外商投资对于东道国的技术效应这一研究上,选取 2013—2020 年全球 60 个国家的面板数据,弥补了全球视角中以各个国家为研究对象、异质性分析较少的空白。

(2)在异质性分析上,本文基于经济水平、基础设施水平、人力资本和研发投入水平,对总样本使用聚类分析进行分类,并做出较为细致、全面的分析和机制阐述。

(3)中国作为最大的发展中国家,无论是从 FDI 的净值还是从 FDI 在经济中的比重上来看,中国都是受 FDI 影响很大的国家。随着中国产业结构不断升级、创新能力不断提升,中国正在向发达经济体和高收入国家迈进。故本文结论对于中国今后的发展有一定参考价值。

此外,由于本文涉及各类国家并进行聚类分析,针对同类型的不同发展水平的国家和地区的研究具有较为普遍的参考价值。

二、文献综述

(一)国家创新能力衡量方法

现有学者在研究 FDI 和创新能力的关系时,普遍采用专利数量或 R&D 经费内部支出等指标来衡量创新能力。

然而,这些衡量的方法存在一些共性的问题:

(1)单个研究对于衡量创新能力的指标选取较为单一,并不能从全面、多维的角度反映一个国家的整体创新能力。

(2)有关创新的指标可分为研发投入、创新研发产出和创新能力等,诸如

R&D研发投入、研发人员占比等投入类指标。只有专利数量等产出类指标难以反映真实的创新能力。

（3）在专利或研发投入的核算方面，各个国家的计算方式不同，难以使用一个全球统一的口径进行衡量和比较。

（二）FDI对东道国创新能力的影响

对外商直接投资对东道国创新能力影响的相关研究得出的结论不一，部分研究结论表明有正向效应，而部分则显示负相关。

1. FDI对区域创新能力产生正向影响

在全球视角下，Andrijauskiene等（2019）基于欧盟成员国数据，发现样本的FDI对国家创新能力有正向促进作用；Ghebrihiwet（2019）研究南非采矿部门中FDI对技术进步的促进作用，同样也得出显著的结论。

而在针对中国的相关研究中，冼国明等（2005）提出FDI对中国创新能力产生了显著的正面溢出效应；李悦等（2014）采用固定效应模型分析发现，FDI对中国创新能力具有正向效应；在企业层面，王红领等（2006）、毛其淋（2019）、郑妍妍等（2020）均认为，FDI显著地提升了中国本土企业的创新能力。

2. FDI对区域创新能力产生负向影响

在全球视角下，学者的研究大多针对特定国家，如García等（2013）实证发现西班牙制造业中FDI对本地企业创新能力产生了负向影响；Lew等（2016）发现FDI对本地的创新产生了"挤出效应"，即FDI抑制了本地创新能力的发展。

而在针对中国环境研究的学者中，蒋殿春等（2005）运用面板数据模型分析发现，FDI对于国内企业存在竞争效应，而且抑制了国内企业的创新能力；李晓钟（2008）提出，FDI对区域核心技术创新能力产生了负面影响；石大千等（2018）利用双边随机前沿模型进行测算，发现FDI对中国大中型企业创新能力有负向影响，并认为其在"溢出"和"挤出"中更偏向于"挤出"。

3. FDI对区域创新能力产生作用需要一定的条件——门槛效应

现有学者对门槛效应的实证分析，大多集中在中国本土区域或企业。如谢建国（2014）等基于中国省际面板数据进行动态面板门槛回归分析，发现只有当经济发展水平、基础设施和人力资本高于一定门槛后，FDI对东道国的技术溢出效应才显著为正；李斌（2016）等基于我国高技术产业省级面板数据构建门限模型分析，发现FDI的技术溢出存在人力资本、研发投入、经济发展三个维度的门槛效应。

而在国际视角下分各个国家的研究中，对门槛效应的测算和实证研究较少。现有文献中，Sultana等（2020）对全球FDI网络进行建模，发现知识强度是吸收能力的重要组成部分；Filippetti等（2017）提出FDI与创新能力呈正相关,并发现吸收能力强的国家,FDI对创新能力的促进效应更显著,而对于吸收能力低下的国家,FDI与创新能力之间甚至存在负相关关系。其他针对一国内部不同区域进行研究的文献的结论,也与全球范围内分不同国家的研究结论类似。

因此我们可对现有文献有关FDI和区域创新能力的研究总结如下:

(1) 从研究对象上看。针对某一国家、特定行业的研究占多数,而针对全球范围,以国家作为研究对象、国家面板数据作为变量主要数据来源的研究占少数。其中区分国家经济水平、技术基础等进行分类研究的更占少数。

(2) 从研究结论上看。由于研究对象存在较大差异,各国各地区的经济体量和发展水平均有所差异,因此有关FDI对本国创新能力影响的研究难以形成统一结论。

(3) 从研究方向上看。对FDI技术溢出的门槛效应及异质性的分析大多局限在某一区域或某一类行业内,而较少有针对全球各国的异质性分析和门槛效应解释。因此,以各国为分析对象,研究全球范围内、更普遍意义上的FDI溢出作用并给出相应异质性分析是很有必要的。

三、理论机制

(一) FDI对东道国创新水平的作用机制分析

有关FDI的溢出效应相关研究中,学者更多地关注外资流入的技术溢出效应,进而对本国经济发展具有促进作用。本文探讨的溢出作用并不局限于技术方面的溢出,而是将溢出效应拓展到更广泛的创新层面。本文研究的创新能力可体现为以下几点:① 在外部表现上,体现为知识资产、创新产品以及服务和数字资产等产出绩效型指标衡量的创新产出。② 在内涵意义上,体现为人力资本、技术水平、创新服务和产品的生产率及质量、先进的管理经验等促成创新产出的创新能力的内在体现。

学界对FDI是世界各国获取国外先进技术的重要渠道已经达成共识,国内外学者对FDI是否真正促成技术外溢进行了较为充分的研究,基本形成了通识的传导机制,即示范效应、竞争效应、人员流动和产业关联效应。本文基于此前学者对FDI技术溢出和经济效益溢出的相关理论和结论、拓展技术意义至创新意义,以及FDI在创新层面对东道国的促进和抑制作用做出详细阐述。

1. 促进作用

(1) 倒逼效应。外资企业的进入会占据本土企业所在行业的市场份额,而跨国公司子公司的产品往往是母公司在跨国公司来源国进行一定的技术和经验积累的成果,因此其产品对于东道国市场来说是一种创新产品,产品特征与本土产品存在差异,可体现为产品本身的质量差异和产品宣传方式的差异。因此,外资企业产品和服务作为一种新产品进入市场,必然会对本土企业具有一定的挤出压力。本土企业为了应对市场挑战和占据更多的市场份额,会相应开展研发活动以生产更多的新产品或在原有产品上做出创新,而这一对旧产品更新换代、不断改造升级的过程中,本土企业会战略性雇佣更多的高技术研发人员,并与相关高技术企业和设备生产商进行合作,从而使相应的生产流程不断向更高端、更规范的方式靠近。

(2) 溢出效应。经济学上将信息和知识等界定为一种具有非排他性和非竞争性的公共产品,因此当外商投资进入本国市场时,其知识、信息、经验等无形资产以公共品的形式被本土企业所共享,表现为技术、知识的一种溢出。相比本土企业从无到有进行技术研发、进行大量人才和技术设备的投入、不断试错后得出创新成果,跨国公司的创新资产溢出则能够缩短本土企业进行研发创新的投资回报周期,在一定程度上减少了本土企业的研发资金成本、人力成本和时间成本。

在人才上,若跨国公司实行人才母国战略,即母公司派研发人员赴子公司组成研发团队,则可能对雇佣劳动力展开工作经验和技术能力的培训,而后续的人员流动则形成了先进创新能力在东道国范围内的溢出。

此外,跨国公司子公司进入东道国的方式的不同,溢出效应会有所差别。FDI 进入方式一般可分为合资或独资,而张一等(2019)研究表明,FDI 的知识、技术以及管理经验的外溢效果在合资情况下较独资更加明显,即如果外资企业以和本土企业合资的方式进入市场,则能够通过合作来增加其溢出效应。

(3) 上下游产业联动效应。外资企业进入本土市场、嵌入当地产业价值链成为重要一环。因此,FDI 的流入促使作为其上下游的本土企业提高相应的基础设施建设水平和加大研发投入,以适应跨国公司的规范化要求。对于上游供应商来说,被跨国公司要求生产符合其后续生产的、较高要求的原材料或加工产品,因此,为获准成为高质量 FDI 的供应商,上游公司会加大技术投入以提高产品质量和技术层次。对于下游企业来说,利用外资产品具备一定的加工门槛和运用门槛,因此下游企业也会提高产品的技术处理水平。

2. 抑制作用

(1) 竞争效应。随着 FDI 的流入,国内行业内厂商数量增加,增加了行业内部竞争,进而抢占本土企业市场份额。此外,外资企业可能由于具有更高的国际影响力、更强大的品牌效应、更大的规模效应,因而在东道国的上下游产业中具有更高的议价权,从而获取更优质的供应商和经销商资源。同时,其通过更低的外部交易成本和生产成本实现在东道国的规模化和规范化生产,因此较低的成本保证了足够的资金流以促进企业进一步的技术升级和产品质量的提升,推动其在全球价值链中地位的攀升。这一过程中,本土企业可能由于规模经济不显著、生产成本较高、研发资金不充分、研发团队缺乏核心技术人员,使得研发创新带来的边际收益大于研发投入的初始资金,加上由此丧失的原本经济利润作为机会成本,最终丧失与外资企业竞争的能力。

跨国公司在东道国设立子公司可能会由于实行本地化人才战略而与本土企业展开对有限人才的争夺,并可能由于品牌力量和较高待遇"挖"走当地的科技人才,对本土企业搭建研发团队具有不利影响。

(2)依赖效应。依赖效应具体表现为技术依赖和路径依赖。当东道国与外资企业的知识技术距离较大时,倒逼效应并不成立,因为本土企业难以通过自主研发而与跨国公司进行市场份额和消费者心中地位的竞争。因此在这种情况下,东道国会形成对外资企业的技术依赖,以致提升自身自主创新能力的动力和能力均不足,从而难以实现产业的技术转型和在产品价值链上的提升,形成路径依赖。长期的路径依赖是导致低端锁定效应的重要因素,往往会使一国的生产率和技术进步率停滞不前。

世界各国的发展水平参差不齐,基于世界样本的 FDI 对东道国创新能力的影响难以判断。但基于上述分析,我们认为当促进作用大于抑制作用时,总体作用表现为促进;相反地,当促进作用小于抑制作用时,总体作用表现为抑制。

综上所述,我们提出以下假设:

假设 1a:FDI 对东道国的创新水平有正向促进作用。

假设 1b:FDI 对东道国的创新水平有负向抑制作用。

(二) FDI 促进创新力提升的异质性和门槛效应机制分析

根据国际贸易理论,先进国生产率最高的企业选择在东道国 FDI,通常情况下,外国 FDI 具有较东道国更优质的技术、管理、知识等资源。跨国企业利用东道国的市场、劳动力等比较优势获得利润,东道国通过利用 FDI 的资本、技术、管理经验等促进本国经济发展。

通过研究现有基于单一国家探究 FDI 影响创新力的文献,我们认为 FDI 对东道国创新能力的影响机制为发展后的示范效应、竞争效应、人员流动效应。相应的,创新能力提升门槛指标为经济发展水平(以 GNI 衡量)、R&D、人力资本水平。

1. "经济发展水平"作为 FDI 促进东道国创新力门槛的机制

此前已有较多文献论证了经济发展水平影响 FDI 技术外溢吸收的显著性(何洁,2000)。在创新力视角下,我们认为经济发展水平高将提升 FDI 知识资产、交易效率动机,经济发展水平低将提升 FDI 资源寻求、市场寻求动机。知识资产和交易效率寻求型 FDI 在创新水平、管理经验等方面通常更为先进,其动机决定了此类 FDI 将在东道国投入更多资源在创新型生产上,促进东道国人力资本提升。同时,知识和技术方面的比较优势和东道国较强的经济参与主体决定了此类FDI将在东道国进行创新竞争，从而促进东道国创新力提升。而资源寻求型、市场寻求型FDI在技术知识方面的比较优势较不明显，多为资本密集型。此类FDI进入东道国后主要利用其资本作为比较优势，技术外溢有限。此时，东道国企业的追赶目标主要为资本劣势，FDI与东道国企业并不开展创新竞争，因而东道国创新力的提升不显著。

综上，我们提出以下假设：

假设2a：东道国人力资本和R&D投入水平不同，FDI对东道国的创新水平有不同影响；

对于人力资本和R&D投入处于较高水平的东道国，FDI对东道国创新水平的促进作用较大。

2."人力资本和R&D投入"作为FDI促进东道国创新能力门槛的机制

(1) 示范效应。根据Dunning(1981)的经典FDI理论，FDI动机主要为相对于东道国所有权、区位、内部化三方面的优势，作为占有知识或技术等优势的一方，其外部性更强，即使进行严格的保密措施，东道国员工或合作方通过"干中学"、合作培训等多种方式最终会获得较为显著的知识或技术外溢。除此以外，FDI带来的先进思维方式、企业制度等也会促进东道国统一市场内企业创新能力的发挥。思维方式和知识技术的学习本身就对东道国的已有人力资本水平(如教育水平、培训体系的完整性等)和研发投入(如技术设备存量和构建知识学习的底层体系完备程度等)有一定的要求。即这一"干中学"行为本身需要东道国本土企业有一定的发展潜力，需要东道国市场内存在具备资格和学习能力的合作方，即东道国经济发展水平、R&D需要越过一定的门槛。

(2) 竞争效应。FDI并不能对东道国企业立刻造成生存压力，因为FDI占有东道国市场需要一定的时间，且其对东道国制度、文化等的适应与否将决定其是否真正具有先进生产率。因此，在FDI进入东道国的初期，东道国企业将有时间进行自主创新强化、管理优化等弥补自身较FDI比较劣势的行动。如果东道国企业具备一定的R&D能力，市场上有较充分的人力资源，那么东道国企业内部将会快速分化，创新能力弱、管理水平低的弱势企业将被淘汰出局，人才、资本向强势企业集中，形成强势东道国企业与FDI抗衡。与此同时，FDI为了维持比较优势(通常是技术或知识存量)，将与东道国企业展开创新竞争，获取技术或知识增量。这将会形成轮转式创新提升，从而有效提升东道国创新能力。如果东道国企业R&D能力明显缺乏，市场上人力资源匮乏，那么东道国企业将无法显著提升自身较FDI在技术和知识方面的竞争力，从而逐步放弃技术与知识方面的竞争，退守低端市场分支或转型为FDI产业链的一环。FDI输出知识和技术存量，东道国企业为已有知识和技术提供配套的低端服务或产业，虽然部分东道国员工或合作企业通过"干中学"获得部分技术外溢或知识外溢，但仍然为FDI企业已有存量的零散部分。只有超过

FDI的创新才能获得利润回报,想要通过零散的来自FDI的技术知识外溢来实现超过FDI的创新几无可能,因而东道国创新动力骤减,在政府不干预的情况下,市场将由FDI主导,东道国企业陷入"低端锁定"。

(3)人员流动效应。FDI通常具有劳动力比较劣势,因此通常使用东道国劳动力资源。由于其知识密集与技术密集特性,必须对东道国劳动力进行培训。如果东道国人力资源水平较低,FDI提供的管理、研发、销售等培训将显著提升东道国劳动力素质水平,为东道国企业创新提供潜在基础。然而东道国企业是否有创新动力与FDI企业创新水平密切相关,如果FDI企业不断进行知识技术革新,东道国企业追赶难度愈来愈大,东道国企业创新动力将减小,并不会提供相应的创新密集型职位给由FDI企业培训出的高素质人力资本,人员流动效应将无法促进东道国创新能力的提升。如果FDI企业创新速度减缓,知识技术增量少,东道国企业有望通过创新获得超越FDI的技术和知识水平,从而夺取市场份额以获得超额利润,那么由FDI带动的高素质劳动力将显著促进东道国创新能力的提升。如果东道国人力资本水平较高,同时其价格相对于FDI母国处于相对优势,那么FDI企业可能出于逆向技术溢出动机进入东道国,此时FDI进入将有助于东道国市场竞争,FDI和东道国企业为抢夺高水平人力资源而进行的研究环境、待遇等改善将显著提升东道国人才创新水平,进而促进东道国创新能力的提升。

综上,我们提出以下假设:

假设2b:东道国人力资本和R&D投入水平不同,FDI对东道国的创新水平有不同影响;

对于人力资本和R&D投入处于较高水平的东道国,FDI对东道国创新水平的促进作用较大。

3. "基础设施水平"作为FDI促进东道国创新能力门槛的机制

FDI促进东道国创新水平提升的程度与东道国基础设施建设水平的相关性并不明显,虽有少部分研究对此进行了计量,但是对于其作用机制鲜有具体分析。我们认为,一方面,较高的基础设施建设水平能够显著降低市场(包括FDI和东道国企业)的交易成本,减少无创新产出的重复性费用,促使市场参与主体将有限的资源更多地投入创造性生产工作中,从而促进东道国市场整体的创新。另一方面,基础设施的完善为FDI和东道国企业的竞争提供了良好的市场环境,双方竞争更集中于对FDI的比较优势(技术和知识)方面,能够为轮转式创新竞争建立较为稳定的外部条件。在当前数字经济飞速发展、信息通信技术效用显著的世界形态下,我们认为将ICT基础设施纳入衡量是必要的。ICT可以进一步降低企业内部交易成本、企业与其他市场主体的交易成本,且ICT基础设施能够给所有市场参与者提供新的创新平台或创新模式。此外,在创新研究视角下,生态可持续性也有必要纳入衡量范围。一方面,创新由人才创造,人才对于生态环境的重视程度已经明显提高;另一方面,生态可持续性正越来越引起社会各界广泛关注,FDI和东道国企业在进行生产决策时将不得不考虑长期视角下东道国国内市场的稳定性和可持续性。

综上,我们提出以下假设:

假设2c:东道国基础设施水平不同,FDI对东道国的创新水平有不同影响;

对于基础设施处于较高水平的东道国,FDI对东道国创新水平的促进作用较大。

4."制度开放度和包容度"作为FDI促进东道国创新能力门槛的机制

制度理论中,制度被定义为明文规定的政治、法律、经济等具有法律效应的制度,以及非明文规定的生活习惯、思维方式、惯例准则等。根据制度理论,跨国公司子公司在选择进入一国市场进行直接投资决策时,其行为选择会受到东道国制度环境的影响。对于制度环境开放度和包容度较高的国家来说,子公司面临的不确定性以及由制度差异引起的风险较少。而交易成本理论中,交易成本被解释为由信息搜寻成本、谈判成本、缔约成本和违约成本等非生产过程中的成本所构成,恰恰对应了上文所述由不确定性引起的风险。因此,根据交易成本理论,企业在制度较包容、可能的制度距离越小的国家中进行投资会有较小的交易成本,从而能够减少协作创新的壁垒,加强与本土企业的合作,从而带动促进本土企业创新的动力更强。相反的,对于制度规制较复杂、监管较严格、市场进入门槛较高的国家,外资倾向远离或进入后对本土企业的联系较松散、溢出作用较不明显,对东道国创新能力的促进作用减弱。

综上,我们提出以下假设:

假设2d:东道国制度开放度和包容度不同,FDI对东道国的创新水平有不同影响;

对于制度开放度和包容度较高的东道国,FDI对东道国创新水平的促进作用较大。

四、数据来源与变量选取

(一)数据说明

1. 数据来源

本文选取的解释变量和控制变量的数据全部来源于世界银行公开数据(world bank open data)的《世界发展指标》(World Development Indicators,WDI)。《世界发展指标》汇编了有关全球发展和消除贫困的相关、高质量和国际可比的统计数据。该数据库包含217个经济体和40多个国家组的1 400个时间序列指标,其中许多指标的数据可以追溯到50多年前。故该数据库具有良好的容量，同时也可以保证在统计口径上的一致。

本文选取的被解释变量以及部分用于异质性分析的变量来源于2013—2020年世界知识产权组织（World Intellectual Property Organization，WIPO）的全球创新指数（Global Innovation Index，GII）。WIPO是一个知识产权服务、政策、信息和合作的全球论坛，共有193个会员国。而全球创新指数GII便是其重要的研究成果之一。GII在2007年开始发布，由81个指标构建而成，综合了多种衡量创新能力的指标，包括制度、市场环境复杂度、人力资本和研发等多个维度，具有普遍认可度和专业可信度。

2. 数据处理

基于《世界发展指标》中选出的指标，我们先进行了合并和匹配的操作，得到初步的面板数据。之后我们又针对缺失值进行处理：针对缺失值较严重的国家，我们采取了直接删除的操作；针对缺失值不严重的国家，我们利用灰色预测GM(1,1)模型对其缺失值进行填充。同时为了数据的稳健性，我们还针对异常值进行处理：首先，利用SPSS软件对核心解释变量对应的指标进行了正态分布Shapiro-Wilk检验，确认大致符合正态分布趋势之后，再利用"3σ原则"对位于$[\mu-3\sigma,\mu+3\sigma]$的数据进行了剔除。最终得到了2013—2019年50个国家的面板数据。

（二）变量选取

1. 被解释变量

在分析完全球创新指数的各级指标构成之后，本文发现只有第七个一级指标中广泛选取了和创新产出相关的指标，故选择其作为衡量国家创新能力的指标，也就是本文所选用的被解释变量。

2. 解释变量

从现有的相关文献中，我们发现，针对某一个特定的国家或地区的研究文献更倾向于选择FDI净值或者FDI净值的对数值作为解释变量，而针对全球分国家或地区的研究文献更倾向于选择FDI占GDP的比重作为解释变量。故本文也采用FDI占GDP的比重作为核心解释变量。

3. 控制变量

参照以往文献，本文的控制变量主要有以下几个方面。第一，本文利用GDP对国家规模进行了控制，同时采用取对数的形式提高模型的稳健性。第二，本文利用城市人口占比urban_percent对国家发展水平进行了控制。第三，本文还利用了每百万人拥有互联网设备的对数值lSIS（secure internet servers per 1 million people）、互联网使用渗透率IUTI（individuals using the internet）以及移动电话普及率MCS（mobile cellular subscriptions per 100 people）对国家信息技术发展情况进行了控制。

（三）描述性统计

对于本文的主要变量，描述性统计见表1。

表1　　　　　　　　　主要变量的描述性统计

变量符号	变量名称	观测数	平均值	标准差	最小值	最大值
innovation_index	创新指数	480	33.764	11.732	8.200	72.400
FDI_of_GDP	FDI占GDP的比重	480	3.046	4.942	-37.173	32.170
logGDP	GDP的对数值	480	28.182	2.806	23.103	36.937
logSIS	每百万人拥有互联网设备对数值	480	6.371	2.764	-0.045	12.533
urban_percent	城市人口占比	480	65.612	19.094	16.947	100.000
IUTI	互联网渗透率	480	62.119	25.423	3.500	99.701
MCS	移动电话渗透率	480	120.257	23.737	61.871	210.049

从表1中可以看到，被解释变量创新指数的均值为33.764，最小值为8.200，最大值为72.400，同时也具有较大的标准差，说明该数据的离散程度很大，间接可以反映出国家之间创新指数的差距很大。同时，城市人口占比、互联网渗透率以及移动电话渗透率的标准差均在20附近，这同样可以反映出不同国家之间在发展状况、互联网接入程度方面存在较大差异，也为我们进行异质性分析做了铺垫。

（四）核心变量特征分析

1. 创新能力指数的国家分布特征

本文利用2013—2020年各国的创新能力数据，求年份平均值，并以表格形式展示（见表2）。

表2　　　　　　　　　各国创新能力的年份平均值

国家	创新指数	国家	创新指数	国家	创新指数
瑞典	62.850	立陶宛	41.200	突尼斯	32.750
芬兰	59.375	波兰	40.763	阿曼	32.063
新加坡	58.837	克罗地亚	39.775	摩洛哥	31.625
丹麦	58.125	希腊	38.763	哈萨克斯坦	31.338
以色列	54.862	罗马尼亚	38.013	肯尼亚	30.263
加拿大	54.625	泰国	37.800	印度尼西亚	29.850
冰岛	53.900	土耳其	37.388	阿尔巴尼亚	29.600
日本	53.775	乌克兰	36.763	阿塞拜疆	29.563
法国	53.637	蒙古	36.013	博茨瓦纳	29.063

续表

国家	创新指数	国家	创新指数	国家	创新指数
挪威	52.987	墨西哥	35.775	巴拉圭	28.875
奥地利	52.175	毛里求斯	35.638	卢旺达	27.925
比利时	50.850	塞尔维亚	35.613	塞内加尔	27.725
爱沙尼亚	50.788	亚美尼亚	35.150	纳米比亚	27.187
西班牙	48.500	印度	34.763	柬埔寨	27.113
意大利	46.550	乌拉圭	34.600	马里	24.650
斯洛文尼亚	46.238	格鲁吉亚	34.500	喀麦隆	24.263
葡萄牙	45.450	哥伦比亚	34.488	尼日利亚	23.688
马来西亚	44.088	巴西	34.113	巴基斯坦	23.575
拉脱维亚	43.988	巴林	33.938	阿尔及利亚	23.488
保加利亚	41.413	巴拿马	33.538	孟加拉国	23.250

从表2中可以看出，各国的创新能力存在明显的分级特征，区域异质性明显。创新能力强的国家大多集中在西方国家，而创新能力弱的国家大多集中在亚洲、非洲、拉丁美洲等地方。这种现象的产生同国家的发展状况息息相关。

而创新能力的这种区域分布，同下文中FDI占GDP比重的区域分布十分接近，这也为本文针对FDI和创新能力之间的关系进行研究提供了一定的证据。

2. FDI占GDP比重的国家分布特征

同上，本文利用2013—2020年各国FDI占GDP比重的数据，求年份平均值，并以表格形式展示（见表3）。

表3　　　各国FDI占GDP比重的年份平均值　　　单位:%

国家	FDI/GDP	国家	FDI/GDP	国家	FDI/GDP
新加坡	24.507	毛里求斯	2.925	突尼斯	1.918
柬埔寨	12.545	乌拉圭	2.848	印度	1.811
格鲁吉亚	8.663	阿曼	2.796	泰国	1.552
阿尔巴尼亚	8.348	西班牙	2.796	希腊	1.530
巴拿马	6.771	卢旺达	2.773	博兹瓦纳	1.485
塞尔维亚	6.202	芬兰	2.747	土耳其	1.483
爱沙尼亚	5.463	波兰	2.724	法国	1.398
阿塞拜疆	5.404	拉脱维亚	2.724	巴拉圭	1.363
蒙古	5.089	纳米比亚	2.716	肯尼亚	1.269
以色列	4.293	加拿大	2.710	孟加拉国	1.038
哈萨克斯坦	4.111	马里	2.535	丹麦	1.007

续表

国　家	FDI/GDP	国　家	FDI/GDP	国　家	FDI/GDP
哥伦比亚	4.024	摩洛哥	2.508	意大利	0.857
葡萄牙	3.856	罗马尼亚	2.495	巴基斯坦	0.733
巴西	3.510	斯洛文尼亚	2.462	阿尔及利亚	0.669
立陶宛	3.394	克罗地亚	2.413	尼日利亚	0.667
保加利亚	3.227	乌克兰	2.281	日本	0.556
塞内加尔	3.189	瑞典	2.165	挪威	0.0474
巴林	3.188	亚美尼亚	2.120	奥地利	-2.388
墨西哥	2.998	喀麦隆	2.018	比利时	-3.092
马来西亚	2.926	印度尼西亚	2.003	冰岛	-3.625

从表3中可以看出,除了少部分国家的FDI显示为负值以外,其余大多数国家都表现为正值,即有外资流入。同时,在有外资流入的国家中,也表现出了明显的分层特征。如中国、美国、俄罗斯等国家的FDI占GDP的比重近似在一个层级,澳大利亚、加拿大、巴西等国家的FDI占GDP的比重又近似在更高的一个层级。而这种现象的存在可能和本国的经济体量、产业结构等差异有关系。

五、实证结果与分析

(一)模型构建

对于面板数据,常见的计量模型有三种——混合OLS估计模型、固定效应模型以及随机效应模型。一般而言,混合OLS估计模型显著性最高,稳健性最差;固定效应模型显著性最低,稳健性最强;随机效应模型显著性居中,稳健性也居中。针对上述三种模型,本文利用面板数据分别进行检验,结果显示为:固定效用模型>随机效应模型>混合OLS估计模型。故本文选择固定效应模型进行计量回归。其模型设定如下:

$$\text{innovation\_index}_{i,t} = \beta_0 + \beta_1 fdi\_of\_\text{GDP}_{i,t} + \beta_2 l\text{GDP}_{i,t} + \beta_3 l\text{SIS}_{i,t} + \beta_4 \text{urban\_percent}_{i,t} + \beta_5 \text{IUTI}_{i,t} + \beta_6 \text{MCS}_{i,t} + \mu_i + \varepsilon_{i,t}$$

其中,β_0代表截距项;$\beta_i(i=1,2,\cdots,7)$代表各个解释变量的系数;μ_i代表不随时间改变的个体效应;$\varepsilon_{i,t}$为随机扰动项。

同时,考虑到本文使用的面板数据存在一定的时间趋势,本文还采用了固定时间的双向固定效应模型,同固定效应模型一同给出,其模型设定如下:

$$\text{innovation\_index}_{i,t} = \beta_0 + \beta_1 \text{FDI\_of\_GDP}_{i,t} + \beta_2 l\text{GDP}_{i,t} + \beta_3 l\text{SIS}_{i,t} + \beta_4 \text{urban\_percent}_{i,t} + \beta_5 \text{IUTI}_{i,t} + \beta_5 \text{MCS}_{i,t} + \lambda_i + \mu_i + \varepsilon_{i,t}$$

同固定效应模型相比,固定时间的双向固定效应模型中添加了λ_i这一不随个体变化的时间效应,能够控制时间趋势的影响。

(二) 基准回归

从表4中的回归结果可以看出,无论是固定效应模型还是双向固定效应模型,核心解释变量的系数恒为正,同时显著性水平恒低于1%,具有非常高的显著性。这个回归结果可以直接验证我们所做的第一个假设,即FDI对东道国的创新能力具有显著的促进作用。

观察其他的解释变量,我们发现,lGDP的系数恒为负,同时,显著性水平一直在发生变化,这可能是因为经济体量较大的国家其管理费用提高,创新支出占比减少。而lSIS的系数和显著性水平均在不断变化,说明时间趋势对lSIS项有很大的影响,如果控制时间因素,则互联网设施的普及率应当对该国的创新能力有正向影响。urban_percent这一项的系数也是恒为负值,同时显著性水平也在发生变化,更有可能的是因为该项与创新能力之间的关系并不强。而IUTI和MCS也并未像之前文献研究中的那样表现出显著性,这一点有待后续进一步研究。

表4　　　　　　　　　　　基准回归结果①

变量	(1) innovation_index	(2) innovation_index	(3) innovation_index	(4) innovation_index	(5) innovation_index	(6) innovation_index
FDI_of_GNI	15.28*** (2.579)	8.368*** (3.920)	10.86*** (2.447)	7.637*** (2.611)	11.59*** (2.701)	7.157*** (2.890)
lGDP	−35.93*** (3.675)	−11.21* (5.930)	−11.80** (5.845)	−12.15** (5.655)	−9.543* (5.680)	−13.35** (5.589)
lSIS			−0.829*** (0.286)	1.035** (0.487)	−0.545* (0.289)	0.981* (0.495)
urban_percent			−1.435*** (0.410)	−0.0498 (0.451)	−0.955* (0.525)	−0.0863 (0.508)
IUTI					−0.131** (0.0595)	0.0135 (0.0481)
MCS					0.0245 (0.0342)	0.0183 (0.0279)
个体	是	是	是	是	是	是
时间	否	是	否	是	否	是
N	480	480	480	480	480	480
R^2	0.301	0.617	0.407	0.628	0.429	0.630

注:括号内为t统计量;***、**、*分别表示在0.1%、1%、5%的显著性水平上显著;各回归均使用异方差-稳健标准误。

---

① 本文所有回归结果均使用cluster聚类,用来消除异方差和自相关性的影响。括号内报告的是标准误,同时,***、**和*分别代表$p<0.01$、$p<0.05$、$p<0.10$。

(三) 稳健性检验

本文采用替换变量的方式进行稳健性检验。针对核心解释变量,本文选取 FDI 净值以及 FDI 占国民总收入(GNI)的比重,作为稳健性检验的替换变量。稳健性检验结果见表 5。

表 5　　　　　　　　　　稳健性检验结果

变量	(1) innovation_index	(2) innovation_index	(3) innovation_index	(4) innovation_index
FDI	5.29e−11*** (1.63e−11)	5.08e−11*** (1.41e−11)		
FDI_of_GNI			11.59*** (2.890)	7.157*** (2.579)
lSIS	−0.556* (0.279)	1.016** (0.483)	−0.545* (0.289)	0.981* (0.495)
urban_percent	−0.997* (0.526)	−0.0933 (0.504)	−0.955* (0.525)	−0.0863 (0.508)
IUTI	−0.120* (0.0613)	0.0231 (0.0491)	−0.131** (0.0595)	0.0135 (0.0481)
MCS	0.0245 (0.0350)	0.0163 (0.0279)	0.0245 (0.0342)	0.0183 (0.0279)
个体	是	是	是	是
时间	否	是	否	是
N	480	480	480	480
R^2	0.430	0.634	0.429	0.630

注:括号内为 t 统计量;***、**、* 分别表示在 0.1%、1%、5% 的显著性水平上显著;各回归均使用异方差-稳健标准误。

显然,无论是固定效应模型还是双向固定效应模型,我们所采用的解释变量的系数均为正,同时均在 1% 的置信水平上通过了 t 检验,具有很高的显著性。稳健型检验通过。

(四) 异质性分析

1. 不同收入水平的国家异质性

本文根据世界银行对国家收入水平的划分标准,将面板内 60 个国家划分出高收入、中高收入、中低收入与低收入共四种收入水平。

由于在清洗数据过程中,为了保证面板数据的平衡性,对部分国家的数据进行了删除,使得本文使用的最终数据中低收入水平的国家样本过小。考虑到结果的稳健性,本文不对低收入水平的国家进行单独回归分析。其最终异质性回归结果见表6。

表6 不同收入水平的国家异质性回归结果①

变量	(1) innovation_index_hi_inc	(2) innovation_index_hi_inc	(3) innovation_index_um_inc	(4) innovation_index_um_inc	(5) innovation_index_lm_inc	(6) innovation_index_lm_inc
FDI_of_GNI	6.179 (4.648)	9.521** (3.785)	20.30* (10.38)	6.514 (13.90)	12.84*** (3.319)	4.103 (3.959)
lGDP	0.842 (14.04)	−6.762 (13.53)	6.162 (8.145)	2.443 (9.975)	−1.696 (10.54)	−5.127 (11.44)
lSIS	−1.157** (0.452)	1.617* (0.927)	−0.335 (0.439)	0.798 (0.495)	0.891 (0.540)	1.592 (1.229)
urban_percent	−1.033 (0.745)	0.122 (0.664)	1.315*** (0.456)	1.564*** (0.376)	−3.446*** (0.916)	−2.423* (1.313)
IUTI	−0.156 (0.115)	−0.0121 (0.115)	−0.441*** (0.0707)	−0.0830 (0.0775)	−0.0889 (0.0683)	−0.00410 (0.0855)
MCS	0.0762** (0.0280)	0.0207 (0.0351)	0.0264 (0.0519)	0.00332 (0.0429)	−0.0620 (0.0618)	0.00207 (0.0713)
个体	是	是	是	是	是	是
时间	否	是	否	是	否	是
N	200	200	152	152	112	112
R^2	0.409	0.675	0.541	0.715	0.558	0.673

注:括号内为 t 统计量;***、**、*分别表示在 0.1%、1%、5% 的显著性水平上显著;各回归均使用异方差-稳健标准误。

由于本文采用的面板数据具有一定的时间趋势,故相对而言,双向固定效应模型的结果比固定效应模型的结果要更令人信服一点。故在这里,本文更多关注双向固定效应模型的回归结果。

观察回归结果可知,只有在高收入国家中,FDI 对创新能力的提高作用才正向显著,而在中高收入和中低收入的国家中,FDI 对创新能力的影响均不太显著。这种异质性结果符合我们的预期。

2. 不同人力资本和研发投入的国家异质性

人力资本和研发投入是创新能力的一种很重要的体现。一个国家的人力资本和研发投入与创新能力息息相关。

而本文猜想不同水平的人力资本和研发水平,也会影响 FDI 对创新能力

---

① 这里作为被解释变量的"innovation_index_hi_inc""innovation_index_um_inc""innovation_index_lm_inc"分别代表着高收入国家、中高收入国家以及中低收入国家的创新指数。

的提升作用。如果一个国家的研发水平较强,在 FDI 的技术溢出效应的加持下,该国所吸收到的技术就越多且越强,由此又能促进创新能力的提升。

基于此,本文又选取了 GII 创新指数中的第二个一级指标,主要包含总体教育情况、高等教育情况、研发人员等从创新能力视角下的人力资本指标,以及全球合作 R&D 投资者和 QS 大学排名、研发经费等方面的研发水平指标,能够对一个国家的人力资本和研发水平进行较充分的估计。同时,本文又利用 K-Means 方法,对该指标进行了聚类,分出了高研发水平、中等研发水平和低研发水平三种类别,并且分别进行回归分析,最终结果见表7。

表 7　　　　　　　　不同研发水平的国家异质性回归结果①

变量	(1) innovation_index_hi_rd	(2) innovation_index_hi_rd	(3) innovation_index_mi_rd	(4) innovation_index_mi_rd	(5) innovation_index_low_rd	(6) innovation_index_low_rd
FDI_of_GNI	10.36*** (3.410)	12.38*** (3.134)	1.040 (4.343)	−2.015 (2.719)	33.72 (25.54)	1.331 (22.36)
lGDP	−7.376 (19.92)	−19.42 (21.12)	−1.275 (7.235)	−0.927 (9.996)	−15.89 (9.974)	−11.01 (11.51)
lSIS	−1.106* (0.571)	2.455 (1.516)	−0.0584 (0.415)	0.830 (0.554)	0.214 (0.641)	0.587 (1.059)
urban_percent	−1.522 (1.523)	−0.171 (1.218)	−0.274 (0.455)	0.113 (0.585)	−1.171 (0.834)	−0.0788 (0.806)
IUTI	−0.162 (0.146)	−0.0817 (0.144)	−0.259*** (0.0762)	0.0328 (0.0824)	−0.157 (0.104)	−0.0247 (0.0713)
MCS	0.0834* (0.0420)	0.0882 (0.0588)	0.0572* (0.0292)	0.0296 (0.0360)	−0.0910 (0.0689)	−0.0380 (0.0621)
个体	是	是	是	是	是	是
时间	否	是	否	是	否	是
N	136	136	195	195	149	149
R^2	0.443	0.681	0.422	0.624	0.533	0.711

注:括号内为 t 统计量;***、**、* 分别表示在 0.1%、1%、5% 的显著性水平上显著;各回归均使用异方差-稳健标准误。

从表 7 中的回归结果来看,无论是固定效应模型还是双向固定效应模型,只有在高人力资本和研发水平组中,FDI 对该国的创新能力有显著的正向作用。而 FDI 对中等人力资本和研发水平以及低人力资本和研发水平国家的创新能力的促进作用,无论是从经济学意义还是从统计学意义上看,都不太

---

① 同之前的变量命名,这里的因变量 "innovation_index_hi_rd" "innovation_index_mi_rd" "innovation_index_low_rd" 分别代表高研发水平、中等研发水平以及低研发水平国家的创新指数。

显著。

3. 不同基础设施建设水平的国家异质性

文献综述中,有学者指出FDI在基础设施的维度上,对创新能力的促进作用具有门槛效应,具体体现在,只有在过了这个门槛之后,FDI对创新能力的影响才能表现为显著的正向影响。故本文猜测,不同的基础设施建设水平也会影响FDI对东道国创新能力的促进作用。

同研发水平的处理一样,本文选择了GII指数中的第三个一级指标,主要包括互联网普及率、ICT渗透率等可以反映基础设施建设水平的指标,同样也采用K-Means方法聚类出三种类型——高基础设施建设水平、中等基础设施建设水平以及低基础设施建设水平。其最终回归结果见表8。

表8 不同基础设施建设水平的国家异质性回归结果①

变量	(1) innovation_index_hi_inf	(2) innovation_index_hi_inf	(3) innovation_index_mi_inf	(4) innovation_index_mi_inf	(5) innovation_index_low_inf	(6) innovation_index_low_inf
FDI_of_GNI	6.908 (4.469)	11.62*** (2.599)	15.49*** (3.473)	7.401** (2.767)	3.330 (32.25)	−38.10 (24.69)
lGDP	−15.42 (16.06)	−28.04* (15.19)	10.86 (7.783)	7.833 (8.744)	−20.77* (10.21)	−11.12 (9.306)
lSIS	−0.197 (0.599)	2.329** (1.091)	−0.0851 (0.263)	0.953** (0.362)	−0.172 (0.476)	2.129** (0.913)
urban_percent	−3.447** (1.401)	−0.376 (1.646)	0.225 (0.624)	0.568 (0.592)	−1.723** (0.692)	−0.676 (0.689)
IUTI	−0.198 (0.128)	−0.0503 (0.109)	−0.353*** (0.0790)	−0.0748 (0.0791)	−0.0406 (0.0870)	0.0304 (0.0673)
MCS	0.0358 (0.0265)	0.0214 (0.0404)	0.103** (0.0402)	0.0427 (0.0400)	−0.0696 (0.0831)	−0.0726 (0.0982)
个体	是	是	是	是	是	是
时间	否	是	否	是	否	是
N	173	173	206	206	101	101
R^2	0.430	0.676	0.505	0.669	0.648	0.776

注:括号内为t统计量;***、**、*分别表示在0.1%、1%、5%的显著性水平上显著;各回归均使用异方差-稳健标准误。

---

① 这里的作为被解释变量的"Innovation_index_hi_inf"、"innovation_index_mi_inf"和"innovation_index_low_inf"分别代表了高基础设施建设水平、中等基础设施建设水平和低基础设施建设水平国家的创新指数。

由表8中的回归结果可知,在高基础设施建设水平和中等基础设施建设水平的国家中,FDI均能显著地促进东道国的创新能力提升;而在低基础设施建设水平的国家中,FDI对东道国的影响不仅不显著,而且有可能带来负面影响。这符合我们的预期。

4. 不同制度开放性和包容度水平的国家异质性

FDI的引入和东道国的政策、制度等因素也相关。最显著的例子便是2017—2019年中美爆发贸易战的实践,双方都针对与对方的贸易往来制定了相应的制度进行限制,带来的直接结果便是当年中美之间的FDI有明显的下降。

本文采用GII的第一个一级指标,来衡量国家制度的开放性和包容度。同样采用KMeans方法聚类出三种制度水平。其最终回归结果见表9。

表9　不同制度开放性和包容度水平的国家异质性回归结果①

变　量	(1) innovation_index_hi_gii1	(2) innovation_index_hi_gii1	(3) innovation_index_mi_gii1	(4) innovation_index_mi_gii1	(5) innovation_index_low_gii1	(6) innovation_index_low_gii1
FDI_of_GNI	9.818* (5.332)	10.66** (4.388)	28.79 (20.35)	7.614 (19.19)	-8.622 (44.55)	21.88 (39.19)
lGDP	-6.765 (19.41)	-45.30** (18.39)	-6.896 (8.632)	-5.489 (9.262)	-3.818 (10.69)	-6.023 (12.84)
lSIS	-0.664 (0.693)	3.996** (1.457)	0.0494 (0.416)	1.163** (0.547)	0.399 (0.446)	0.864 (1.123)
urban_percent	-2.083 (1.651)	-0.617 (1.290)	0.281 (0.556)	0.841 (0.525)	-3.329*** (0.627)	-1.890 (1.185)
IUTI	-0.329* (0.178)	-0.114 (0.124)	-0.338*** (0.0957)	-0.00325 (0.0848)	-0.0321 (0.0763)	0.0302 (0.0887)
MCS	0.0141 (0.0641)	0.0178 (0.0455)	0.0678 (0.0406)	0.0216 (0.0341)	0.00395 (0.0373)	0.0327 (0.0335)
个体	是	是	是	是	是	是
时间	否	是	否	是	否	是
N	130	130	221	221	129	129
R^2	0.422	0.714	0.519	0.715	0.606	0.715

注:括号内为 t 统计量;***、**、*分别表示在0.1%、1%、5%的显著性水平上显著;各回归均使用异方差-稳健标准误。

---

① 这里作为被解释变量的"Innovation_index_hi_gii1""innovation_index_mi_gii1"和"innovation_index_low_gii1"分别代表高制度水平、中等制度水平和低制度水平国家的创新指数。

同之前的异质性分析类似,只有在制度开放度和包容度达到较高水平的情况下,FDI的投入才能对创新能力提升有显著的影响。由此验证了我们的假设。

六、结论与建议

(一) 主要结论

本文基于WB数据库和GII指数,以2013—2020年全球60个国家的面板数据为研究对象,从全球视角分析了FDI对东道国创新能力的影响,并基于收入水平、研发水平、基建水平、制度开放度和包容度水平进行异质性分析,得出以下结论:

(1) 对于包含各类国家的样本总体,FDI对东道国的创新能力具有显著的促进作用。

(2) 对于收入水平不同的国家,FDI对东道国创新能力的影响不同。只有在高收入国家中,FDI对创新能力的提高作用才正向显著,而在中高收入和中低收入的国家中,FDI对创新能力的影响均不显著。

(3) 对于人力资本和研发水平不同的国家,FDI对东道国创新能力的影响不同。只有在高人力资本和研发水平组中,FDI对该国的创新能力才有显著的正向作用。而在人力资本和研发水平上处于中等水平和低等水平的国家,FDI对该国创新能力的影响不显著。

(4) 对于基础设施水平不同的国家,FDI对东道国创新能力的影响不同。在高基础设施建设水平和中等基础设施建设水平的国家中,FDI均能显著地促进东道国创新能力的提升,而在低基础设施建设水平国家中,FDI对东道国的影响不显著且可能为负。

(5) 对于制度开放度和包容度水平不同的国家,FDI对东道国创新能力的影响不同。只有在高制度吸引力水平的情况下,FDI的投入才能对东道国创新能力的提升有显著的影响。

(二) 不足与展望

本文研究的不足在于,一方面,在数据的处理上,由于数据中部分关键指标的缺失值较多,我们不得不删除部分国家样本以保证面板数据的稳健性。如此处理可能会影响样本数据的随机性,进而影响结论。另一方面,我们目前仅仅对FDI影响国家创新能力的机制进行了文字建模,并未使用数据进行机制检验来增强文字说明的说服力。

但是本文还是具有良好的前瞻性,这是因为,对于FDI技术溢出的门槛效应,国内的研究大多局限于对中国省级面板数据或中国制造业与服务业的考察,而缺乏对全球各国门槛效应的研究。因此,本文希望基于已有的研究成果进一步探索国际视角下各国 FDI 对本土企业技术研发能力的门槛效应。

(三) 政策建议

基于以上的研究结论,本文给出的政策建议如下:

(1) 提升我国对 FDI 的吸引力,是破解"低端锁定",在全球价值链中向上攀升的一种方法。当下的中国作为"世界工厂",拥有规模宏大的制造业,在全球价值链中占有一席之地。但是由于当今我国很多制造业都是"廉价劳动力 + 外国先进技术"的模式,我国制造业处于全球价值链中的下游,并且具有"低端锁定"的风险。而引入 FDI,并借助 FDI 的技术溢出效应,提升我国的技术创新能力,是实现我国在全球价值链中攀升的一种途径。

(2) 提升制度开放度和包容度、自主研发能力以及基础设施建设水平,以增强 FDI 对我国创新能力提升的促进作用。基于本文各类异质性分析可以看出,只有在较高水准的制度开放度和包容度、研发能力以及基础设施建设水平的情况下,FDI 才能对创新能力有着较为明显的促进作用。也就是说,FDI 对技术的促进作用,需要结合较高水平的制度、研发以及基础设施建设。故提升该部分水平,对于扩大 FDI 对创新能力的促进作用,进一步提升我国创新实力有重要作用。

参 考 文 献

[1] Filippetti A, Frenz M, Ietto-Gillies G, 2017. The impact of internationalization on innovation at countries' level: the role of absorptive capacity [J]. Cambridge Journal of Economics,41(2):413 – 439.

[2] García F, Jin B, Salomon R, 2013. Does inward foreign direct investment improve the innovative performance of local firms? [J]. Research Policy,42(1):231 – 244.

[3] Ghebrihiwet N, 2019. FDI technology spillovers in the mining industry: lessons from South Africa's mining sector[J]. Resources Policy,62(C):463 – 471.

[4] Lew Y K, Liu Y X, 2016. The contribution of inward FDI to Chinese regional innovation: the moderating effect of absorptive capacity on knowledge spillover[J]. European Journal of International Management,10(3):284 – 313.

[5] Meda A, Daiva D, 2019. Inward foreign direct investment and national innovative capacity[J]. Engineering Economics, 30(3):339 – 348.

[6] Sultana N, Turkina E, 2020. Foreign direct investment, technological advancement, and absorptive capacity: a network analysis[J]. International Business Review, 29(2).

[7] 陈星宇,2020. FDI 技术溢出受地区吸收能力的影响及其替代指标的门槛效应分析[D]. 上海:上海财经大学.

[8] 蒋殿春,夏良科,2005. 外商直接投资对中国高技术产业技术创新作用的经验分析[J]. 世界经济(8):5 – 12 + 82.

[9] 李斌,李倩,祁源,2016. FDI 技术溢出对高技术产业技术进步的门槛效应研

究——基于吸收能力与金融发展视角的门限模型检验[J].国际商务(对外经济贸易大学学报)(3):74-84.

[10] 李丹,2021.FDI技术溢出对河南省技术创新的影响分析[J].现代商贸工业,42(19):17-18.

[11] 李晓钟,张小蒂,2008.外商直接投资对我国技术创新能力影响及地区差异分析[J].中国工业经济(9):77-87.

[12] 李悦,冯宗宪,霍源源,2014.不同来源地FDI对中国创新效应的影响——新制度经济学视角的研究[J].科技进步与对策,31(19):40-45.

[13] 梁云,郑亚琴,2015.FDI、技术创新与全要素生产率——基于省际面板数据的实证分析[J].经济问题探索(9):9-14.

[14] 鲁桐,党印,2014.公司治理与技术创新:分行业比较[J].经济研究,49(6):115-128.

[15] 陆大道,2002.关于"点-轴"空间结构系统的形成机理分析[J].地理科学(1):1-6.

[16] 路玮孝,2021.产业数字化转型对跨国公司FDI影响及机制研究[J].亚太经济(4):82-92.

[17] 路优,2022.外资进入是否提升了中国企业全球价值链位置[D].杭州:浙江工商大学.

[18] 毛其淋,2019.外资进入自由化如何影响了中国本土企业创新?[J].金融研究(1):72-90.

[19] 石大千,杨咏文,2018.FDI与企业创新:溢出还是挤出?[J].世界经济研究(9):120-134+137.

[20] 孙绪晓,2022.生产性服务业FDI对制造业全要素生产率的影响[J].商业经济(3):57-60.

[21] 王红领,李稻葵,冯俊新,2006.FDI与自主研发:基于行业数据的经验研究[J].经济研究(2):44-56.

[22] 冼国明,严兵,2005.FDI对中国创新能力的溢出效应[J].世界经济(10):18-25+80.

[23] 谢建国,吴国锋,2014.FDI技术溢出的门槛效应——基于1992—2012年中国省际面板数据的研究[J].世界经济研究(11):74-79+89.

[24] 余姗,樊秀峰,2014.自主研发、外资进入与价值链升级[J].广东财经大学学报,29(3):55-63.

[25] 詹晓宁,欧阳永福,2018.数字经济下全球投资的新趋势与中国利用外资的新战略[J].管理世界,34(3):78-86.

[26] 张一,柳春,魏昀妍,等,2019.制度距离如何影响FDI进入模式选择——来自工业企业的证据[J].国际经贸探索,35(8):67-83.

[27] 郑妍妍,李磊,2020.FDI与中国企业创新能力:量变还是质变?[J].南开学报(哲学社会科学版)(4):53-64.

家庭社会经济地位与义务教育阶段的学业成就
——基于CEPS基线数据的实证研究

张 悦[*]

【摘要】 尽管中国政府已实施强制性的义务教育计划,但家庭背景的差异对于教育公平性仍存在较大影响。本文基于科尔曼和布迪厄的社会资本和文化资本理论,使用CEPS2013—2014基线数据进行实证分析,研究家庭社会经济地位对义务教育阶段青少年学业成就的影响。研究结果表明,家庭文化资本对青少年学业成就呈现正向影响且影响程度最大,文化资本有较强的代际继承性;家庭社会资本对学业成就呈显著正向影响,其中亲子关系为主要影响;家庭经济资本对学业成就的影响不十分显著。

【关键词】 家庭社会经济地位 学业成就 教育公平

一、引　言

教育作为实现社会流动的重要途径,对个人发展起着关键作用,也是国家积累人力资本的重要途径。中国教育事业的发展不仅因为政府财政性教育经费支出规模的持续扩大,更得益于中国家庭对子代教育的高度重视和大量投入。根据《中国经济生活大调查》,2020年,中国家庭的现金性教育支出已高达32.44%,在家庭所有支出行为中位列第一,且呈现不断上升的趋势。

随着2021年双减政策的全面落实,减轻义务教育阶段学生作业负担和校外培训负担的措施得到了严格的执行,教培行业受到整改,中小学教育由校外补习回归至校内和家庭,家庭课外补习的经济压力得到缓解,义务教育阶段的教育公平获得一定程度的保障。但教育的代际传递效应则会在现实条件中因不同社会经济地位的教育资源、教育投入差异而加剧教育不平等。

教育的公平性一方面来自制度安排,即缓冲甚至抑制受教育者家庭社会经济地位差异对受教育机会带来的影响;另一方面,则来自受教育者家庭参与教育的机会和能力(李忠路、邱泽奇,2016)。而教育的成果多表现为同辈之间的学业竞争成果,即学业成绩。家庭投资理论认为,家庭社会经济地位高的青少年拥有较多的发展资本,如财务资本、父母与孩子的相处时间等,因而其

---

[*] 南京大学商学院经济学系2019级本科生。

在学业上得以积极发展,而家庭社会经济地位低的青少年发展资本较少,其发展受到阻碍(Conger & Donnellan,2007)。

家庭社会经济地位(Socio Economic Status,SES)是个人或者一个群体在社会中依据其所拥有的社会资源而被界定的社会位置(Bradley & Corwyn,2002),家庭经济资本、社会资本和文化资本是其重要的构成因素。科尔曼和布迪厄都为构建能全面、清晰地衡量家庭环境的模式做出了卓越贡献。在过去的研究中,经济资本多以家庭的经济收入表示,社会资本多以家庭中父母的职业和父母的教育参与度(parental involvement)表示,文化资本多以父母的受教育程度表示。

尽管中国政府已实施强制性的义务教育计划,但家庭背景的差异对于教育公平性仍存在较大影响。家庭经济资本和社会资本上的优势有助于人们对优势教育资源的选择,进而影响人们的学业成就(方长春、风笑天,2008);同时,文化资本有着非常强的代际传递作用(李春玲,2005),家庭文化资本上的优势可以潜移默化地增强子代对学业成就的追求动机,并且这些家庭能够通过文化资本的积累,令其子代在日常生活中将教育体制中的标准内化,从而在学业成就的获得中表现得更为轻松。义务教育保障教育起点的公平,而在当前中国教育体制中,学业成就仍是主要选拔标准,受教育者所能够获得的教育水平与其在各教育阶段的学业成就高度相关,教育过程和结果的公平性可能因家庭社会经济地位而受到影响。

二、文献综述

教育公平是学界关注的热门话题,也是和谐社会所追求的目标。拉鲁在其著作《不平等的童年》(*Unequal Childhood*)中使用定性研究说明了不同阶层家庭教育投入的差异导致子女在发展上的不平等。其研究指出,中产阶级的"协调培养"(concerted cultivation)将家庭文化优势传递给子代,使子代在入学时已经熟悉了学校内的社会安排,并保持对学业成就的追求(Lamont & Lareau,1988)。

最早关于家庭社会经济地位与学业成绩关系的研究是 1966 年的"科尔曼报告",即《教育机会的平等性报告》(*Equality of Educational Opportunity*)。约翰·霍普金斯大学的社会学教授科尔曼率领其团队对美国 4 000 所学校的 64 万名学生及相关的教师及校长进行调查,对美国不同地区和不同种族学生所在学校的教育条件及学生的学习成就进行对比(易进、郑丹,2009)。"科尔曼报告"提出,教育机会均等不仅局限于投入的平等,还应关注家庭背景对其学业成就的影响(杨文杰、范国睿,2019)。其将学业成就引入教育机会均等的范畴,并指出父母的社会经济地位对于学生学业成绩具有较大的影响。

"科尔曼报告"发表后,学术界关于家庭社会经济地位与学业成绩关系的研究不断增加。一项元分析(meta analysis)发现,社会经济地位对学术成就的影响约为5%,并且此影响随着年龄的增长而减弱(White,1982)。Teachman利用美国1972年高中调查数据进行实证研究,探究家庭背景对子代受教育状况的影响。该研究指出,家庭收入、父母的职业和父母的受教育程度影响子女高中教育资源的获得,并进一步影响子女在高中阶段的学业成绩。其中,家庭背景导致的教育资源的不均对于男性子代的影响更强烈,并且该影响通过结构清晰的路径间接传播。而对于女性子代,教育资源则以教育激励的形式更直接地影响其学业成绩(Teachman,1987)。Redford则使用1988年国民教育纵向研究(National Education Longitudinal Study,NELS)的数据定量检验了拉鲁"协调培养"的理论有效性。该研究表明,中高阶层家庭强调儿童的结构化活动,强调在家庭中的语言发展和推理,并且积极参与学校教育,从而使子女获得更高的学业成就(Redford,2009)。

中国学者对家庭社会经济地位对教育公平的影响也进行了多层次的研究。李春玲通过实证研究1940—2000年家庭背景对教育获得的影响,得出结论——教育机会平等化的走向趋势被割裂为两个截然相反的发展阶段。第一个阶段的特征是教育机会猛增及教育机会分配平等化快速推进;第二阶段则是教育机会供量与教育机会不平等共增长,家庭背景及制度因素对教育获得的影响力不断上升。

基于中国的研究表明,家庭经济、文化、社会资本与子女的学业成就有很强的相关性,城乡间家庭资本存在的较大差距是形成城乡家庭子女学业成就差异的重要因素(蒋国河、闫广芬,2006)。中国家庭进行的教育投资提高了子女人力资本水平,父母用于子女教育的资金投入和时间投入对学生成绩均有显著正向影响(张雪、张磊,2017)。家庭教育投资中,除现金性的显性教育支出外,家庭也会通过放弃潜在收入并增加子女陪护时间的方式进行隐性教育投资(王伟同、周洪成、张妍彦,2021)。家庭社会经济效应可以分为直接效应和间接效应。直接效应体现为作为家庭背景指标的父代受教育程度、职业地位、经济收入等会对子代受教育年限产生显著性影响。间接效应则体现为家庭背景依托各种资本形态,如权力资本、文化资本、社会资本等会对子代受教育年限产生影响(肖日葵,2016)。家庭通过其社会经济资源为子女提供有差异的教育机会,进而影响子女的学业表现。家庭通过家长的教育参与和行为支持,培养子女的学习态度和学习习惯,从而对其学业成就产生影响(李忠路、邱泽奇,2016)。

通过文献回顾,我们发现已有的文献多基于家庭教育直接投资进行分析,或侧重于子女的教育资源(如受教育程度等)所受家庭背景的影响,并且均为正向结论,即如果家庭社会经济地位较高,其子代的教育资源相对更为丰富,学业成就也相对较高。本文基于对科尔曼和布迪厄对家庭社会经济资本观念的理论分析,利用义务教育阶段学生学业成绩进行实证研究,分析中国教育公平的实现程度。

三、理论分析

资本的概念(Coleman,1988)或许最能体现心理学家目前对家庭社会经济地位的理解。资本(资源、资产)已经成为思考社会经济地位的一种首选方式,因为获得经济资本(物质资源)、人力资本(非物质资源,如教育等)和社会资本(通过社会联系实现的资源)很容易与直接影响福祉的过程联系起来(Bradley & Corwyn,2002)。

家庭环境对教育不平等的代际影响的理论模型中,布劳-邓肯的地位成就模型成为研究个体地位获得的范式。在《美国职业结构》(*The American Occupational Structure*)中,布劳和邓肯建立了社会分层基础模型,用两个核心概念——先赋性因素和自致性因素作为自变量,将个体在社会流动中获得的社会地位作为因变量,建立了一个因果模型,即用父亲的职业地位和受教育程度预测子代的教育成就,然后用这3个变量解释子代的职业成就,最终用子代的教育成就和职业成就推导子代的社会经济地位(周怡,2009;任春荣,2010)。在模型中,如果父子两代之间的职业地位关系主要通过子代受教育程度来间接传递,那么影响代际流动的因素即"自致性因素";若主要通过父代职业地位来直接传递,则为"先赋性因素"。

布迪厄(Bourdieu,1986)最早将"社会资本"概念引入社会学研究,对于他而言,社会资本是"实际或潜在资源的集合,这些资源与制度化的持久关系网络有关——换句话说,与一个群体的成员有关"。个人社会资本的多寡取决于其网络规模的大小和网络成员靠自己权利所占有资源的多少,拥有较多社会资本的人能够更方便地获取各种利益。布迪厄强调了包括社会资本在内的各种资本的代际传递作用,认为社会资本、经济资本与文化资本一起在子代的教育获得中扮演了重要角色。

科尔曼随后发展了社会资本的概念,他指出,布劳-邓肯社会经济背景的测量只是抓住了家庭资本的形成和传递的一种维度,其他维度如社会在传递过程中同样施加了独立的影响(Coleman,1988)。科尔曼认为,家庭环境或家庭资本包括至少三种形式,即物质资本、人力资本、社会资本。社会资本是根据其功能定义的,它不是一个单一的实体,而是有许多种,彼此之间有两个共同之处:它们都由社会结构的某些方面组成,而且促进了某一结构中行动者——无论是个人还是集体行动者的行动。和其他形式的资本一样,社会资本也是生产性的,使某些目的的实现成为可能,而在缺少它的时候,这些目的的不会实现。与物质资本和人力资本一样,社会资本也不是某些活动的完全替代物,而只是与某些活动具体联系在一起。有些具体的社会资本形式在促进某些活动的同时可能无用甚至有害于其他活动(Coleman,1988)。

科尔曼认为,在教育中发挥中介作用的社会资本表现为一种结构上的"社会闭合"(social closure),当父母与子女之间、父母与社区其他成年人之间的社会交流充分、社会网络封闭性高时,子女就会得到较丰富的社会资本。父母对子女的关注和时间、精力投入是社会资本的重要表现形式,而家长与其他孩子家长、老师之间的代际闭合则可以形成一种支持性社群(functional community),有利于各种有关孩子学习与生活信息的交流和传递,从而可以监督、鼓励和促进学生更加努力、有效地学习(赵延东、洪岩璧,2012)。

法国社会学家布迪厄区分了经济资本、文化资本、社会资本这三种形式的资本。在其文化资本论中,布迪厄利用经济学隐喻来揭示现实社会中各不同阶层之间的不平等关系。所谓文化资本,布迪厄的定义是"借助不同的教育行动传递的文化物品"。在一定条件下,这些文化资本可以转化为经济资本,并可以通过教育证书的形式予以制度化。文化资本有三种形态,一是内化于身体的形态,体现在人们根深蒂固的性情倾向和外在体态上;二是实物的形态,主要体现在书籍、图片、词典、仪器等文化物品之中;三是制度化的形态,主要体现在教育学历上。通过以上三种形态可以发现,文化资本的积累是一个长久而艰苦的过程,不同社会经济地位家庭的教育机会显然是不均等的。正如布迪厄所指出的,"在剔除了经济位置和社会出身的因素的影响后,那些来自更有文化教养的家庭的学生,不仅有更高的学术成功率,而且在几乎所有领域中,都表现出了与其他家庭出身的学生不同的文化消费和文化表现的类型"(Bourdieu & Wacquant,1998)。

本文基于对科尔曼和布迪厄的理论,将家庭社会经济地位区分为三种形式,即家庭经济资本、家庭社会资本和家庭文化资本。家庭经济资本以家庭收入水平和家庭资产(如电脑等)衡量,家庭社会资本以父母职业、亲子间关系和父母投入的教育精力(如检查作业、参与家长会等)衡量,家庭文化资本以父母受教育程度、家庭书本存量衡量。

四、数据选取与变量设定

(一)数据选取

本文采用全国教育追踪调查(CEPS)2013—2014年基线追踪数据,对家庭经济资本、社会资本和文化资本对初中生的学业成绩影响进行分析。CEPS以2013—2014学年为基线,以初中一年级(七年级)和初中三年级(九年级)两个同期群为调查起点,从全国随机抽取了28个县级单位(县、区、市)作为调查点,在入选的县级单位随机抽取112所学校、438个班级进行调查,共约2万名学生。

(二) 变量设定

因变量为学生 2013 年语文、数学、英语三科平均成绩(score)。主要解释变量为家庭经济资本、家庭社会资本和家庭文化资本。囿于数据可获得性,本文中家庭经济资本包括家庭的目前经济条件、房屋房间数以及电脑和网络拥有情况;家庭社会资本包括父母职业水平、孩子与父母间关系的亲密程度、父母检查和指导作业频次;家庭文化资本包括父母受教育水平、家庭书本量和父母阅读习惯。控制变量为学生性别、相对年龄、身体健康情况、每天睡眠时长、学生所在年级、是否独生子女(见表1和表2)。

表 1　　　　　　　　　主要变量的定义

变 量	变量描述
因变量	
score	学生语文、数学、英语三科平均成绩
解释变量	
financial	家庭经济条件:定序变量,由困难到富裕分为 0~5 不同等级
room	家庭房屋的总房间数
computer_net	电脑和网络情况:0——两者均无,1——有电脑无网络,2——两者均有
occupation	父母最高职业水平:定序变量,由低阶层到高阶层分成 0~9 不同等级
relation	学生与父母亲密程度:1——不亲近,2——一般,3——很亲近
guide	父母每星期检查、指导作业频次:1——从未,2——1~2天,3——3~4天,4——几乎每天
education	父母最高教育年限
books	家庭书本量(不包括杂志和课本):定序变量,由很少到很多分成 0~5 不同等级
reading	家长每天阅读时间:定序变量,由从不到两小时以上分为 0~4 不同等级
控制变量	
sex	学生性别:虚拟变量,0——女性,1——男性
age	学生相对年龄:分年级标准化年龄
health	整体健康状况:定序变量,由很不好到很好分成 0~5 不同等级
sleep	睡眠时长(小时)
grade 9	年级:虚拟变量,0——七年级(初中一年级),1——九年级(初中三年级)
only	是否独生子女:虚拟变量,0——非独生,1——独生

表 2　　　　　　　　主要变量描述性统计

变 量	Obs	Mean	Std. Dev.	Min	Max
score	18 634	70.104	8.626	16.892	97.977
financial	18 411	2.987	0.557	1	5
room	17 918	4.271	3.303	0	99

续表

变量	Obs	Mean	Std. Dev.	Min	Max
computer_net	18 953	1.296	0.91	0	2
occupation	19 158	4.569	2.424	0	9
relation	19 034	2.641	0.47	1	3
guide	18 770	2.208	1.03	1	4
education	18 977	10.887	3.174	0	19
books	19 116	3.156	1.21	1	5
sex	18 900	0.506	0.5	0	1
age	18 716	−0.005	0.996	−5.719	7.022
health	19 008	4.051	0.898	1	5
sleep	18 497	7.991	1.621	0	41.333
grade 9	19 158	0.472	0.499	0	1
only	19 158	0.438	0.496	1	2

五、实证分析与结果

本文首先使用采用卡方检验和 F 检验等描述性统计方法，分析不同家庭经济条件、父母职业和父母教育年限的学生成绩的差异状况；其次，采用普通 OLS 回归分析不同家庭社会经济地位对青少年学业成绩的影响效应，并用夏普里值（Shapley）分解技术分析家庭经济资本、社会资本和文化资本对青少年学业成绩差异的影响作用大小；最后，对回归分析进行稳健性检验。

（一）家庭社会经济地位对学业成绩影响的描述

由表3可知，父母最高受教育水平对于青少年学业成绩的影响更为显著，父母受大学及以上教育的学生的平均分高于父母仅受初中教育的学生近2分。而不同家庭经济水平和不同父母最高职业地位的青少年，其平均学业成绩的差异并不十分明显。表3中的结果初步说明，父母受教育水平对于学业成绩的影响更为重要。

表3   不同家庭状况青少年学业成绩比较

家庭经济水平	困难	中等	富裕	F 检验
score（平均分）	69.530	70.351	70.021	$F = 8.52^{***}$
父母最高职业地位	工人	中产	上层	F 检验
score（平均分）	70.065	71.811	70.404	$F = 22.60^{***}$

续表

家庭经济水平	困难	中等	富裕	F 检验
父母最高受教育水平	初中	高中	大学及以上	F 检验
score(平均分)	69.475	70.112	71.373	F = 65.17***

注：

(1) 工人阶层职业：普通工人和农民；中产阶层职业：一般技术人员、专业技术人员；上层职业：政府/公司领导。

(2) $^*p<0.05, ^{**}p<0.01, ^{***}p<0.001$。

（二）基本回归结果

表4　　　　　　家庭社会经济地位对学业成绩的影响

变量	(1) score	(2) score	(3) score	(4) score	(5) score
County FE	Y	Y	Y	Y	Y
Other Control	Y	Y	Y	Y	Y
financial	-0.004 04 (-0.03)	0.378*** (2.69)			-0.132 (-0.91)
room		-0.033 0 (-1.60)			-0.054 2** (-2.33)
computer_net		-0.251*** (-2.77)			-0.528*** (-5.55)
occupation	0.073 3** (2.25)		0.204*** (6.83)		0.065 2* (1.92)
relation			1.529*** (10.56)		1.390*** (9.12)
guide			-0.849*** (-12.71)		-1.005*** (-14.12)
education	0.269*** (9.90)			0.254*** (9.60)	0.272*** (9.37)
books				0.522*** (8.02)	0.662*** (9.46)
reading				-0.021 1 (-0.26)	0.084 7 (0.99)
_cons	60.85*** (68.25)	65.43*** (76.78)	62.45*** (78.04)	60.32*** (71.97)	59.87*** (59.88)
N	16 490	15 667	16 854	16 137	14 671
R^2	0.085	0.077	0.092	0.088	0.105

注：括号内为 t 统计量；***、**、* 分别表示在 0.1%、1%、5% 的显著性水平上显著；各回归均使用异方差-稳健标准误。

表 4 中给出了 OLS 的回归结果。其中,(1)列仅以家庭经济条件、父母职业水平和父母受教育水平进行回归并控制其他变量,结果显示,父母的职业水平和受教育水平均对青少年的学业成绩有显著正向影响,而家庭经济水平对学业成绩的影响则不显著。

(2)列、(3)列、(4)列分别以家庭经济资本、家庭社会资本和家庭文化资本进行回归,结果显示,此 3 项家庭资本均分别对青少年的学业成绩产生显著影响。经济资本中家庭电脑和网络拥有情况以及父母检查指导作业频次对学业成绩呈现负影响,与理论分析中家庭社会经济地位正向影响学业成就的结论不符,回归结果可能存在偏误,如家庭中有电脑和网络的青少年可能会将更多时间用于上网娱乐,而父母检查指导作业的高频次可能由于青少年学业成绩的不理想。

(5)列将所有解释变量放入回归,结果显示,家庭经济资本对青少年学业成绩产生负面影响,但影响系数较小,且最为直接反映家庭经济条件的变量 financial 系数并不显著,与表 1 中的分析结论大致相符。家庭社会资本中,父母职业水平和亲子关系对青少年学业成绩呈现正向影响,父母检查指导作业频次对学业成绩呈现负向影响,其中可能存在偏误。家庭文化资本对青少年学业水平产生正向影响,与表 1 中的分析结论大致相符。

表 5 中通过夏普里分解技术对家庭经济资本、社会资本、文化资本对青少年学业成绩作用的大小进行比较,结果表明,社会资本和文化资本对青少年平均成绩的解释率较高,而经济资本的解释率仅为 2.23%。而剔除可能存在偏误的变量 guide(父母检查指导作业频次)后,分指标比较结果中解释率最高的是文化资本中的 education(父母最高受教育年限)和 books(家庭书本量),说明家庭文化资本对青少年学业成绩的影响更为重要,与表 3 中的直观分析相一致。

表 5　　家庭社会经济地位对学业成绩影响的夏普里分解

	变 量	夏普里值	占 比
总体比较	经济资本	0.002 17	2.23%
	社会资本	0.018 97	19.52%
	文化资本	0.016 71	17.20%
分指标比较	financial	0.000 25	0.25%
	room	0.000 55	0.57%
	computer_net	0.001 37	1.41%
	occupation	0.001 03	1.06%
	relation	0.005 45	5.61%
	guide	0.012 49	12.85%
	education	0.007 77	8.00%
	books	0.008 41	8.66%
	reading	0.000 53	0.54%

(三) 稳健性检验

稳健性检验采用替换被解释变量的方法,并将可能存在偏误的解释变量剔除、替换后重新进行回归。被解释变量替换为接受抽样调查学生的认知能力测试分数(cog3pl),家庭电脑和网络拥有情况(computer_net)替换为住房水平(house,定序变量,由差到好分成1~7不同等级),父母检查指导作业频次(guide)替换为父母对作业考试和学校表现的严厉程度(hard)。

表6中显示了回归结果。其中,(1)列为剔除存在偏误的解释变量后的结果,家庭经济资本、社会资本和文化资本均有显著的正向影响。(2)列为替换偏误的解释变量后的结果,替换后的变量系数均为正,说明家庭经济条件和父母对教育的关注程度能够正向影响青少年的学业成绩。

表6 家庭社会经济地位对青少年认知能力的影响

变量	(1) cog3pl	(2) cog3pl
financial	0.288 ** (2.22)	0.198 (1.49)
room	−0.032 5 (−1.62)	−0.027 8 (−1.34)
house		0.458 *** (7.13)
occupation	0.094 3 *** (3.02)	0.077 4 ** (2.43)
relation	0.491 *** (3.50)	0.508 *** (3.52)
hard		0.075 8 (0.56)
education	0.290 *** (10.54)	0.259 *** (9.14)
books	0.724 *** (11.39)	0.668 *** (10.27)
reading	0.202 *** (2.60)	0.174 ** (2.19)
_cons	−4.52 *** (−5.15)	−6.34 *** (−6.63)
N	15 401	14 927
R^2	0.202	0.203

注:括号内为 t 统计量;***、**、* 分别表示在0.1%、1%、5%的显著性水平上显著;各回归均使用异方差-稳健标准误。

六、结论和讨论

本文采用 CEPS 基线数据,基于家庭社会经济地位理论,研究家庭经济资本、家庭社会资本和家庭文化资本对青少年学业成就的影响效应和作用大小,并得出相关结论。

(1)家庭文化资本对青少年学业成就的影响最为重要,并且极为显著。父母受教育程度和家庭的文化氛围正向影响了青少年的学业成就。文化资本有较强的代际继承性,能够在家庭中通过潜移默化的方式影响义务教育阶段学生的学业习惯和成就动机,从而影响青少年学业成就。

此外需要说明的是,如果学校教育在教学内容设定和知识的传授与评价过程中没有阶层上的倾向性,那么家庭文化资本差异对青少年学业成绩的影响在制度设置及其实施过程中是最难克服的,或者说,这种影响是现代学校教育难以回避的。

(2)家庭社会资本对青少年学业成就的影响较为重要,同时也是显著的。社会资本对学业成就产生影响的部分是亲子间的关系亲密度和父母对子女学业的重视程度,父母的职业水平对学业成绩产生的直接影响则较为有限。这样的结论在一定程度上契合科尔曼的"社会闭合"概念,父母与子女之间的社会交流充分时,子女有更强烈的动机、更丰富的信息去获得更好的学业发展。家庭中父母和子女间的交流和亲密关系的建立是家庭社会资本的重要组成部分,并且此方面可以通过家庭成员的后天努力进行弥补,需要父母提高对子女教育的重视程度以促进青少年追求更高的学业成就。

(3)家庭经济资本对青少年学业成就的影响不十分显著。此结论的得出,一方面,可能归结于现代家庭对教育的重视和精力投入,削弱了家庭经济资本对学业成就的直接影响,或者说,由于家庭普遍对子女教育投入时间和金钱,家庭经济能够对子女学业成绩产生的影响已经充分展现,不同家庭经济条件对子女学业成绩的影响并无显著的区别;另一方面,可能囿于数据的可获得性,家庭经济条件仅能够以相对模糊的家庭状况判断而非更为详细的测量,导致结果与真实情况存在差异。

作为家庭社会经济地位的重要构成部分,家庭经济资本、社会资本、文化资本相互之间存在关联,本文的研究未明确区分三者间互相影响的程度,此方面需要后续更进一步的研究。

推进教育公平、促进教育均衡发展是义务教育制度设置的目标之一,而家庭社会经济地位对义务教育阶段学业成就带来的影响,则提醒我们这一制度设置及其实施过程中可能遭到的现实干预。从国际比较来看,我国教育财政经费用于高等教育的比重高、用于义务教育的比重低。为保障义务教育的过程公平和结果公平,政府部门应加大资本获得能力较弱地区(如农村等)的公共教育投入,重视基础教育的普及工作,弥补家庭条件较差的青少年在发展环境上的差异,以提高国民的受教育年限,普遍增加国民文化资本的拥有量,使下一代在教育机会获得以及就业方面受上代影响的差距相对较小。同时,父母应充分认识到家庭关系和父母参与对子女教育的重要作用,强化自身在家庭教育中的主体责任,积极参与子女教育生产过程。

参 考 文 献

[1] Bourdieu P, Wacquant L J D, 1992. An invitation to reflexive sociology[M]. Chicago: University of Chicago press.

[2] Bourdieu P, 2011. The forms of capital(1986)[J]. Cultural Theory: An Anthology (1): 81-93.

[3] Bradley R H, Corwyn R F, 2002. Socioeconomic status and child development[J]. Annual Review of Psychology, 53(1): 371-399.

[4] Coleman J S, 1988. Social capital in the creation of human capital[J]. American Journal of Sociology, 94: 95-120.

[5] Conger R, Donnellan M, 2007. An interactionist perspective on the socioeconomic context of human development[J]. Annual Review of Psychology(58): 175-99.

[6] Lamont M, Lareau A, 1988. Cultural capital: allusions, gaps and glissandos in recent theoretical developments[J]. Sociological Theory, 6(2): 53-68.

[7] Plagens G K, 2011. Social capital and education: implications for student and school performance[J]. Education and Culture, 27(1): 40-64.

[8] Redford J, Johnson J A and Honnold J, 2009. Parenting practices, cultural capital and educational outcomes: the effects of concerted cultivation on academic achievement[J]. Race, Gender & Class(16): 25-44.

[9] Sewell W H, Shah V P, 1967. Socioeconomic status, intelligence, and the attainment of higher education[J]. Sociology of Education, 40(1): 1-23.

[10] Teachman J D, 1987. Family background, educational resources, and educational attainment[J]. American Sociological Review, 52(4): 548-557.

[11] White K R, 1982. The relation between socioeconomic status and academic achievement[J]. Psychological Bulletin, 91(3): 461.

[12] 方长春,风笑天,2008.家庭背景与学业成就——义务教育中的阶层差异研究[J].浙江社会科学(8):47-55+126-127.

[13] 郭丛斌,闵维方,2006.家庭经济和文化资本对子女教育机会获得的影响[J].高等教育研究(11):24-31.

[14] 胡鹏辉,余富强,2019.中学生体育锻炼影响因素研究——基于CEPS(2014—2015)数据的多层模型[J].体育科学,39(1):76-84.

[15] 蒋国河,闫广芬,2006.城乡家庭资本与子女的学业成就[J].教育科学,22(4):26-30.

[16] 李波,2018.父母参与对子女发展的影响——基于学业成绩和非认知能力的视角[J].教育与经济(3):54-64.

[17] 李春玲,2003.社会政治变迁与教育机会不平等——家庭背景及制度因素对教育获得的影响(1940—2001)[J].中国社会科学(3):86-98+207.

[18] 李佳丽,何瑞珠,2019.家庭教育时间投入、经济投入和青少年发展:社会资本、文化资本和影子教育阐释[J].中国青年研究(8):97-105.

[19] 李忠路,邱泽奇,2016.家庭背景如何影响儿童学业成就?——义务教育阶段家庭社会经济地位影响差异分析[J].社会学研究(4):121-144+244-245.

[20] 梁文艳,叶晓梅,李涛,2018.父母参与如何影响流动儿童认知能力——基于CEPS基线数据的实证研究[J].教育学报,14(1):80-94.

[21] 乔娜,张景焕,刘桂荣,等,2013.家庭社会经济地位、父母参与对初中生学业成绩的影响:教师支持的调节作用[J].心理发展与教育,29(5):507-514.

[22] 王伟同,周洪成,张妍彦,2021.看不见的家庭教育投资:子女升学压力与母亲收入损失[J].经济研究,56(9):73-89.

[23] 肖日葵,2016.家庭背景、文化资本与教育获得[J].教育学术月刊(2):12-20+41.

[24] 杨文杰,范国睿,2019.教育机会均等研究的问题、因素与方法:《科尔曼报告》以来相关研究的分析[J].教育学报,15(2):115-128.

[25] 易进,郑丹,2009."科尔曼报告"对我国教育公平监测的启示[J].教育科学研究(7):11-14.

[26] 张文宏,2003.社会资本:理论争辩与经验研究[J].社会学研究(4):23-35.

[27] 张雪,张磊,2017.课外教育支出与学生的教育成果——基于CFPS微观数据的实证研究[J].经济科学(4):94-108.

[28] 周红云,2003.社会资本:布迪厄,科尔曼和帕特南的比较[J].经济社会体制比较(4):45-53.

[29] 周怡,2009.布劳—邓肯模型之后:改造抑或挑战[J].社会学研究(6):206-225+246.

[30] 朱伟珏,2005."资本"的一种非经济学解读——布迪厄"文化资本"概念[J].社会科学(6):117-123.

教育投资、人力资本结构优化与区域产业升级

——基于人力资本异质性的实证研究

王晨旭[*]

【摘要】 文章将教育投资下的人力资本结构特征引入内生性增长模型,用向量夹角法测度了不同类人力资本区域间的存量与结构差异,并借助面板双向固定效应模型实证分析了2000—2019年人力资本结构优化对区域产业升级的促进作用。发现人力资本存量差异和深化程度会影响区域经济结构转型:西部地区人力资本异质化程度高于中部;异质型人力资本是东部产业结构升级的核心驱动力,但在中、西部作用有限,同质型人力资本促进经济增长和区域产业升级具有普遍性;异质化程度不同的人力资本推动产业升级不仅存在机制差异,还存在区域和发展阶段异质性;我国中、西部地区可能存在轻微的经济增长落后于产业结构高级化的现象。

【关键词】 教育投资　向量夹角法　人力资本异质化　产业结构升级　面板双向固定效应

一、引　言

2020年是"两个一百年"奋斗目标的交汇之年,我国全面建成小康社会,并基本实现工业化目标。在新的历史时期,"十四五"规划提出开启全面建设社会主义现代化建设的新征程,发展数字经济,深入实施区域重大战略和区域协调发展战略,并在2035年基本实现新型工业化、信息化、城镇化和农业现代化。而推动产业转型升级和发挥数字经济新优势,离不开人力资本这一经济增长新动能。根据经济高质量发展的内涵和要求,只要将人作为实施主体,减少资本投入与资源消耗,提高人力资本水平,就能创造新的比较优势和竞争优势。可见,人力资本已成为经济高质量发展的核心动力与实然象征(何菊莲等,2021)。作为人力资本积累的主要途径,教育投资在促进人力资本存量增加过程中发挥着关键作用。在人才强国、创新驱动、"双一流"建设等国家战略下,中国教育体系的育人功能和社会化功能日臻成熟,成为中国经济增长的重要推动力。虽然新世纪以来,我国人力资本水平有了显著提升,但其布局结构、层次结构等方面依旧存在优化空间,这事关我国"转方式、调结构"战略的

---

[*] 南京大学商学院经济学系2020级本科生。

实施,也成为影响区域经济高质量发展的一大因素。

因此,在我国区域经济转型升级过程中,需要探究教育投资、人力资本结构优化和产业结构高级化三者间的作用机制,注重区域人力资本存量、结构与区域经济发展的协调度。然而已有研究中,对教育人力资本存量测度方法较为单一,多使用"受教育年限"这一"一刀切"方法,缺乏对教育体系和人力资本的内部层次结构的深入剖析和细致研究,对不同类型人力资本推动区域经济增长和产业结构升级的不同特点也鲜有讨论。

本文可能的边际贡献在于:① 分析视角的转换,从教育投资促进人力资本异质化这一事实出发,将人力资本分解为同质型人力资本和异质型人力资本,以探究人力资本结构优化问题;② 理论框架的拓展,将人力资本结构因素纳入经济增长模型,分析人力资本异质化程度加深对经济增长和区域产业升级的影响;③ 测度方法的创新,分解两个独立的向量空间,使用向量夹角法分别测度同质型和异质型人力资本,改进产业结构高级化的测度方法;④ 实证研究的跟进,使用 2000 年来的 30 省面板数据,结合地区异质性,分组检验不同类人力资本对区域产业升级和经济增长的个性化特征。

二、文献综述

(一) 人力资本促进经济增长的要素和效率功能

经整理汇总,人力资本促进经济增长主要有三种机制。

(1) 卢卡斯机制。其实质是人力资本作为独立于物质资本和劳动力的直接生产要素参与生产,从而促进经济增长(Mankiw et al., 1992)。其公式为:

$$Y = AK^\alpha L^\beta H^\gamma$$

(2) 尼尔森-菲尔普斯机制。在该机制下,不再把人力资本看作一种简单的要素投入,而是看作影响生产力变化的要素。具体而言,把技术水平总量的变化看作人力资本的函数,人力资本通过推动技术进步间接促进经济增长。其公式为:

$$Y = A(H)K^\alpha L^\beta$$

其中,技术进步又可以分解为技术创新和技术赶超,技术创新取决于区域内人力资本水平,技术赶超则取决于本区域和最发达地区人力资本水平(A^*)的差异(Benhabib & Spiegel,1994)。其公式为:

$$A = gH + mH\frac{A^* - A}{A}$$

随着数字经济逐渐成为引领产业变革的增长极,人力资本推动技术进步的机制也进一步丰富为"数字化思维"在各个领域的应用(俞伯阳等,2021)。

(3) 联合作用机制。该机制整合了前两者,综合考虑人力资本的要素和效率功能(Papageorgiou,1999;杨建芳等,2006),将生产函数表达为:

$$Y = A(H)K^\alpha L^\beta H^\gamma$$

(二) 异质型人力资本的内涵与特征

异质型人力资本概念是基于人力资本的价值本质而提出的。它被定义为一种在特定阶段具有边际报酬递增的生产力形态,能够在生产中形成更加优越的生产函数,促进生产过程中要素组合的改善,与之相对的,是具有边际报酬递减特征的同质型人力资本(丁栋虹、刘志彪,1999)。从产生方式进行定义,异质型人力资本是学习者在具有某种特殊天赋和心理状态的前提下,通过接受教育和在干中学形成的(廖泉文,2002)。如果以"稀缺"来界定异质程度,又可以将企业家人力资本、创新型人力资本等具有技术知识和创新才能的高级人力资本统称为异质型人力资本(李雪艳等,2012)。在微观层面,更高的教育程度能使劳动力获得异质性技能,从而在劳动力市场上降低搜寻成本,提升岗位人职匹配和企业创新绩效(胡凤玲等,2014);在宏观层面,异质型人力资本越丰富的地区,创新能力越强,专业化水平越高,越有利于尖端技术的实现和地区的优势生产(罗勇等,2013),知识的密集也将带来创新型产业的集聚(范剑勇,2006)。通过对异质型人力资本作用的经济增长机制和显著性的研究,可以发现异质型人力资本存在技术溢出效应(高远东等,2012)。相关研究还在对异质型人力资本功能性划分的基础上,实证检验了东、中、西部三种不同的异质型人力资本促进经济增长的作用机制(邓俊荣等,2017)。

综上,人力资本在异质化过程中,通过要素参与、效率提升对技术进步和经济增长产生积极影响。已有文献较少从教育投资和受教育程度出发,对人力资本异质性进行系统测度与区域比较,同时将区域经济增长和产业结构升级结合的实证研究也鲜有出现。

三、机制分析与研究假设

(一) 基本设定

基于异质型人力资本的内涵与特征,本文认定,人力资本深化的过程反映出其异质性的增强,人力资本异质化就是人力资本结构优化的具体表现。

为充分考虑教育投资在人力资本异质化中发挥的作用,本文按受教育程度由低到高对人力资本异质性进行划分,可进一步具体为基础型、技能型和创新型三类人力资本,其劳动生产率、向下兼容性和创新能力都随着人力资本高级化而呈现出递增趋势:第一类人力资本对应初等教育(文盲半文盲、小学教育),此时教育内容浅显,劳动者无法获得实用技能且难以培养学习能力,只能从事低附加值的基础工作;第二类人力资本对应中等教育(初中、高中、中专),该阶段教育出现文、理、技分科培养,重视学习能力的提高,可实现实用技能的初步积累,但依旧缺乏创新训练;第三类人力资本与高等教育(大专、本科、研究生教育)挂钩,多样的科类结构及其社会化功能使得人力资本充分体现出异质性和溢出效应,在高等教育中获得的探索、创新能力,也使得该教育阶段的劳动者能更好地通过在职培训和"干中学"实现人力资本持续积累和边际报酬递增。

本文将基础型、技能型等未接受高等教育的人力资本划分为同质型人力资本;将受过高等教育的创新型人力资本划分为异质型人力资本。同质型人力资本由于不具备边际报酬递增性,主要通过卢卡斯机制,借助要素功能促进经济增长;异质型人力资本则主要通过尼尔森-菲尔普斯机制,在技术创新与技术赶超中发挥异质性优势。随着经济增长与产业升级,新条件下的区域产业结构出现发展动能转换,并通过发展战略调整和改革教育体制等方式,促进新一轮教育投资和人力资本深化,具体的机制分析见图1。

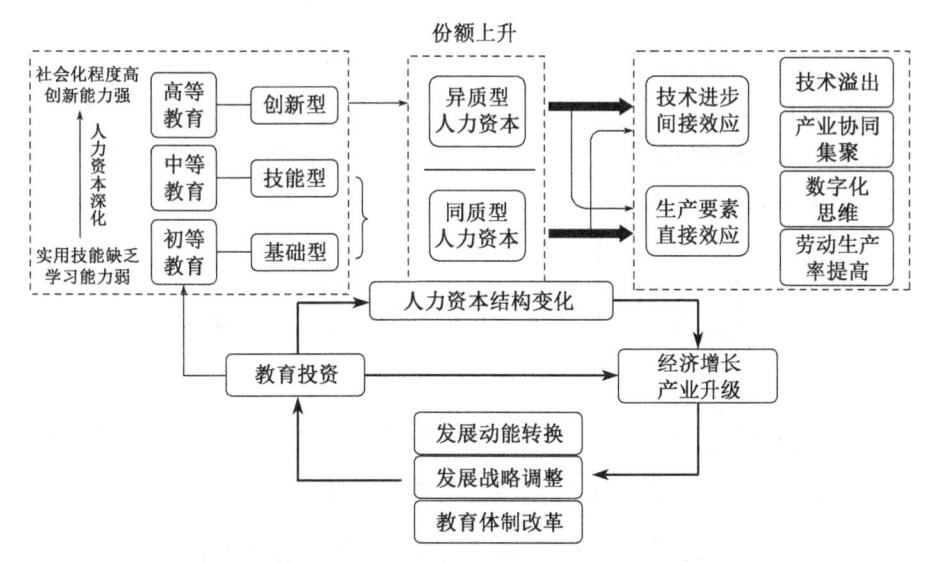

图1 教育投资、人力资本结构优化和区域产业升级机制分析

(二)研究框架

本文借鉴人力资本促进经济增长的联合作用机制,将异质型人力资本引入内生增长模型,研究人力资本结构优化对经济增长带来的影响。为简化框架,本文忽略要素折旧,并省略时间项 t。

假定在生产环节,同质型人力资本 H_0 和异质型人力资本 H_1 共同参与经济增长。考虑二者的边际特性,有 $\frac{\partial^2 Y}{\partial H_1^2} > 0, \frac{\partial^2 Y}{\partial H_0^2} < 0$,且 $\frac{\partial Y}{\partial H_1} > \frac{\partial Y}{\partial H_0}$。

$$Y = AK^{\alpha}((1-\vartheta_0)H_0)^{\beta}((1-\vartheta_1)H_1)^{\gamma}L^{\lambda} \tag{1}$$

其中,Y、A、K、L 分别为总产出、技术水平、物质资本和有效劳动力,α、β、γ、λ 分别为物质资本、同质型人力资本、异质型人力资本和有效劳动力的产出弹性,技术进步满足希克斯中性,ϑ_0、ϑ_1 是受教育的时间比例,反映人力资本的教育投资程度。技术进步的微分方程满足如下条件:

$$\dot{A} = (\vartheta_0 H_0)^{\eta}(\vartheta_1 H_1)^{\varepsilon} A^{\varphi} \tag{2}$$

式中,η、ε 表示两类人力资本对技术进步的贡献度;φ 为外生的技术进步参数。将(2)式对 A 积分,并代入(1)式,整理得:

$$Y = (1-\vartheta_0)^{\beta}(1-\vartheta_1)^{\gamma}\left(\frac{1}{\varphi+1}\vartheta_0^{\eta}\vartheta_1^{\varepsilon}\right)^{-\frac{1}{\varphi}} K^{\alpha} H_0^{\beta-\frac{\eta}{\varphi}} H_1^{\gamma-\frac{\varepsilon}{\varphi}} L^{\lambda} \tag{3}$$

对(3)式对数微分,则有:

$$\frac{\dot{Y}}{Y} = \alpha\frac{\dot{K}}{K} + \left(\beta - \frac{\eta}{\varphi}\right)\frac{\dot{H_0}}{H_0} + \left(\gamma - \frac{\varepsilon}{\varphi}\right)\frac{\dot{H_1}}{H_1} + \lambda\frac{\dot{L}}{L} \tag{4}$$

式中,$\frac{\dot{Y}}{Y}$、$\frac{\dot{K}}{K}$、$\frac{\dot{H_0}}{H_0}$、$\frac{\dot{H_1}}{H_1}$、$\frac{\dot{L}}{L}$ 分别为产出增长率、物质资本增长率、两类人力资本增长率和劳动力增长率。为进一步分解人力资本结构,探究异质型人力资本对经济增长的贡献,将两类人力资本增长率在各自等于总人力资本增长水平处展开,计算可得:

$$\frac{\dot{H_0}}{H_0} = \frac{\Delta H}{H} + \frac{\frac{\partial Y}{\partial H_0}}{\frac{\partial Y}{\partial H}} \times \Delta\left(\frac{H_0}{H}\right), \frac{\dot{H_1}}{H_1} = \frac{\Delta H}{H} + \frac{\frac{\partial Y}{\partial H_1}}{\frac{\partial Y}{\partial H}} \times \Delta\left(\frac{H_1}{H}\right) \tag{5}$$

式中,$\Delta\left(\frac{H_0}{H}\right)$、$\Delta\left(\frac{H_1}{H}\right)$ 表示两类人力资本份额的变化,它们的共同变化推动人力资本结构的转变。将(5)式代入(4)式,整理可得:

$$\frac{\dot{Y}}{Y} = \alpha\frac{\dot{K}}{K} + \lambda\frac{\dot{L}}{L} + \left(\beta + \gamma - \frac{\eta + \varepsilon}{\varphi}\right)\frac{\Delta H}{H} + M\Delta\left(\frac{H_1}{H}\right) \tag{6}$$

可以发现,人力资本的总量变动以及异质型人力资本的相对变动均对经济增长产生影响,人力资本对经济增长的总边际效应为 $\beta + \gamma - \frac{\eta+\varepsilon}{\varphi}$,异质型人力资本的边际贡献则由 $M = \left(\gamma - \frac{\varepsilon}{\varphi}\right)\frac{\frac{\partial Y}{\partial H_1}}{\frac{\partial Y}{\partial H}} - \left(\beta - \frac{\eta}{\varphi}\right)\frac{\frac{\partial Y}{\partial H_0}}{\frac{\partial Y}{\partial H}}$ 决定。

参考 Acemoglu 和 Guerrieri(2008)的做法,进一步考虑人力资本对产业结构转型的影响,假定一个经济体含有两个生产部门 $Y = F(Y_1, Y_2)$,并且资本和

劳动力市场出清,计价物为最终产品,分别用 p_1、p_2 表征,在竞争性市场下,则满足以下关系式:

$$\frac{p_1}{p_2} = \frac{\frac{\partial F(Y_1, Y_2)}{\partial Y_1}}{\frac{\partial F(Y_1, Y_2)}{\partial Y_2}}, w = p\frac{\partial Y}{\partial L}, s = p\frac{\partial Y}{\partial H} \tag{7}$$

其中,w、s 分别表示工资率和人力资本回报率。给定要素供给路径,如果要素价格和配置方式能够保证两部门工资率和人力资本回报率相同,则认定不同生产部门间均衡发展,不存在产业结构转型。基于此,进一步定义人力资本份额为:

$$\mu = \frac{sH}{pY} \tag{8}$$

在该背景下,对生产部门的生产函数求微分,可得:

$$\frac{\dot{Y}}{Y} = \frac{\dot{A}}{A} + \frac{\dot{K}}{K} + \mu\frac{\dot{H}}{H} + (1-\mu)\frac{\dot{L}}{L} \tag{9}$$

在两部门比较中,如果出现 $\dot{H}/H > \dot{L}/L$,则存在人力资本异质化程度加深;如果出现 $\mu_1 \neq \mu_2$,则存在两部门人力资本结构差异。

(三)研究假设

假设1:人力资本比物质资本更能够促进经济增长和结构升级。由(6)式可知,只要 $\beta + \gamma - \frac{\eta + \varepsilon}{\varphi} > \alpha$,人力资本回报率大于物质资本回报率,就可验证此假设。

假设2:异质型人力资本份额的上升能带来更快的经济增长和结构升级。由于异质型人力资本的边际报酬递增性,因而有:

$$\frac{\frac{\partial Y}{\partial H_1}}{\frac{\partial Y}{\partial H}} > 1, 0 < \frac{\frac{\partial Y}{\partial H_0}}{\frac{\partial Y}{\partial H}} < 1 \tag{10}$$

因此,对异质型人力资本的边际贡献进行放缩,可以得到:

$$M > \left(\gamma - \beta - \frac{\eta + \varepsilon}{\varphi}\right)\frac{\frac{\partial Y}{\partial H_1}}{\frac{\partial Y}{\partial H}} \tag{11}$$

由于 η、ε、φ 外生给定,$\Delta\left(\frac{H_1}{H}\right)$ 的边际效应取决于 $\gamma - \beta$,具体表达为:

$$\gamma - \beta = \frac{1}{Y}\left(\frac{\partial Y}{\partial H_1} \times H_1 - \frac{\partial Y}{\partial H_0} \times H_0\right) \tag{12}$$

当 $\frac{H_1}{H}$ 上升(即 $\frac{H_0}{H}$ 下降)时,$\frac{\partial Y}{\partial H_1}$、$\frac{\partial Y}{\partial H_0}$ 均增大。只要 $\frac{\partial Y}{\partial H_1} \times H_1 - \frac{\partial Y}{\partial H_0} \times H_0 > 0$,异质型人力资本的份额上升就会带来经济增长的加速,人力资本结构的优化也会促进产业结构的升级。

假设3:如果地区间存在人力资本要素差异,且产业部门存在人力资本深化,即使物质资本和技术进步是平衡的,区域产业也将出现结构变化。

采用反证法进行论证,若 $\dot{Y}_1/Y_1 = \dot{Y}_2/Y_2$,结合(7)式对要素价格的界定,产业均衡增长意味着:

$$\frac{\dot{p}_1}{p_1} = \frac{\dot{p}_2}{p_2} = 0 \tag{13}$$

将人力资本劳动比定义为 $h(t) \equiv \frac{H}{L}$,有人均生产函数 $g(h) \equiv \frac{G(K,H,L)}{L}$ (G 代表不含希克斯中性技术项的生产函数)。结合(7)式中的人力资本回报率和工资率,部门间的均衡回报率和均衡工资分别为:

$$s = p_1 A_1 K_1 g'_1(h_1) = p_2 A_2 K_2 g'_2(h_2) \tag{14}$$

$$w = p_1 A_1 K_1 (g_1(h_1) - g'_1(h_1) h_1) = p_2 A_2 K_2 (g_2(h_2) - g'_2(h_2) h_2) \tag{15}$$

将人力资本回报率对时间求导,和(13)式联立,则有:

$$\frac{\dot{A}_1}{A_1} + \frac{\dot{K}_1}{K_1} + \delta_{g'_1}\frac{\dot{h}_1}{h_1} = \frac{\dot{A}_2}{A_2} + \frac{\dot{K}_2}{K_2} + \delta_{g'_2}\frac{\dot{h}_2}{h_2} \tag{16}$$

其中,$\delta_{g'_1} = \frac{g''_1(h_1) h_1}{g'_1(h_1)}$,$\delta_{g'_2} = \frac{g''_2(h_2) h_2}{g'_2(h_2)}$。因为 $\frac{\dot{A}_1}{A_1} = \frac{\dot{A}_2}{A_2}$、$\frac{\dot{K}_1}{K_1} = \frac{\dot{K}_2}{K_2}$,所以有:

$$\delta_{g'_1}\frac{\dot{h}_1}{h_1} = \delta_{g'_2}\frac{\dot{h}_2}{h_2} \tag{17}$$

将工资对时间求导,再次和(13)式联立,最终得到:

$$\frac{\dot{A}_1}{A_1} + \frac{\dot{K}_1}{K_1} - \frac{\mu_1}{1-\mu_1}\delta_{g'_1}\frac{\dot{h}_1}{h_1} = \frac{\dot{A}_2}{A_2} + \frac{\dot{K}_2}{K_2} - \frac{\mu_2}{1-\mu_2}\delta_{g'_2}\frac{\dot{h}_2}{h_2} \tag{18}$$

因为技术进步和物质资本积累都是平衡的,而 $\mu_1 \neq \mu_2$,故(18)式两边不可能相等,推导出矛盾,假设3得证。

四、计量模型与变量说明

(一)计量模型构建

基于研究目的和研究假设,本文构建如下基准回归模型:

$$\log OIS_{it} = c + \beta_1 \log H_{1it} + \beta_2 \log H_{0it} + \beta_X X_{it} + \xi_t + \eta_i + \varepsilon_{it}$$

其中,核心解释变量 H_{1it}、H_{0it} 分别表示 t 时间 i 地区的异质型人力资本和同质型人力资本;X_{it} 为一组控制变量;c 为截距项;β 为回归系数;ξ_t 为时间固定效应;η_i 为地区固定效应;ε_{it} 为随机扰动项。

(二) 变量测度与说明

首先是人力资本异质化测度。人力资本异质性的深化,既反映了人力资本结构的优化过程,也体现出低级人力资本向高级人力资本的逐步演进。基于机制分析不难发现,人力资本由同质型向异质型的深化过程与产业结构由低级到高级的转型过程十分相似。因此,本文借鉴过往对产业结构升级(刘志彪,2002;付凌晖,2010)的分析手段,使用向量夹角法对人力资本结构异质化进行系统度量。

第一步,构建人力资本空间向量,按就业人口受教育程度将同质型人力资本划分为文盲半文盲、小学、初中、高中(含中专)四类;异质型人力资本划分为大专、本科、研究生三类。不同于以往研究,本文创新性地以高等教育为界来划分两个独立的向量空间,分别测度两类人力资本的总量和各学历层次占比,一是确保两个人力资本空间向量内部比重之和总为1;二是消除两类人力资本之间存在的消长关系,避免了多重共线性问题;三是能够缩小不同类别学历层次之间占比的差异,有效降低了两类人力资本的离散程度。

以同质型人力资本为例,用四类人力资本比重构建四维人力资本空间向量,则有:

$$\boldsymbol{X}_0 = (x_{0,1}, x_{0,2}, x_{0,3}, x_{0,4})$$

第二步,选取基本单位向量组 $\boldsymbol{X}_1 = (1,0,0,0)$、$\boldsymbol{X}_2 = (0,1,0,0)$、$\boldsymbol{X}_3 = (0,0,1,0)$、$\boldsymbol{X}_4 = (0,0,0,1)$ 作为基准向量,分别计算其与人力资本空间向量的夹角 $\theta_j (j=1,2,3,4)$,则有:

$$\theta_j = \arccos \left\{ \frac{\sum_{i=1}^{4}(x_{j,i} \times x_{0,i})}{\left(\sum_{i=1}^{4} x_{j,i}^2\right)^{\frac{1}{2}} \left(\sum_{i=1}^{4} x_{0,i}^2\right)^{\frac{1}{2}}} \right\}$$

其中,$x_{j,i}$ 表示基本单位向量组 $\boldsymbol{X}_j (j=1,2,3,4)$ 的第 i 个分量。

第三步,确定同质型人力资本 H_0 的计算公式如下[①]:

$$H_0 = \sum_{i=1}^{4} \sum_{j=1}^{i} \theta_j$$

同理,异质型人力资本可通过相同方法测度。

---

① 该计算公式等价于采用变异系数法确定夹角权重,即夹角比重随着学历层次的提升而下降。

由于反余弦函数存在单调递减性,在人力资本受教育水平逐级提升的过程中,当低层次学历占比下降时,与之对应的夹角相对变大;当其被赋予更大权重时,夹角的加权求和数值就将随之变大,表明该类型人力资本的深化。

相较于受教育年限法等其他测量人力资本的方法,该指数具备如下优良性质:① 科学性:引入反余弦函数,摆脱了一般测度方法的线性特征,使得其能够更真实地反映教育投资收益随着学历的提高而产生的变化;② 整体性:综合考量了各学历层次的人力资本相对变化对人力资本结构深化的影响,因此能够从整个教育体系来刻画人力资本异质化水平;③ 灵活性:能够建立相互独立的向量空间,在无量纲差异下同时测度同质型和异质型人力资本,有较强的包容性。

结合本文研究内容,我们对东、中、西部[①]两类人力资本指数的变化趋势进行展示。由图2可知,2000—2019年,各地区同质型人力资本指数存在明显的上升趋势、清晰的区域差异和较为一致的增减变动。上升趋势明显体现出随着时间发展,全国范围内均存在同质型人力资本的深化现象,证明国家初等、中等教育体系正在不断完善;清晰的区域差异反映出我国东、中、西部地区间在初等、中等教育资源禀赋方面的显著不同,是各地区经济发展水平差异的一大表现;较为一致的增减变动意味着区域间初等、中等教育遵循相似的发展战略,从侧面反映出初等、中等教育的时空同质性。

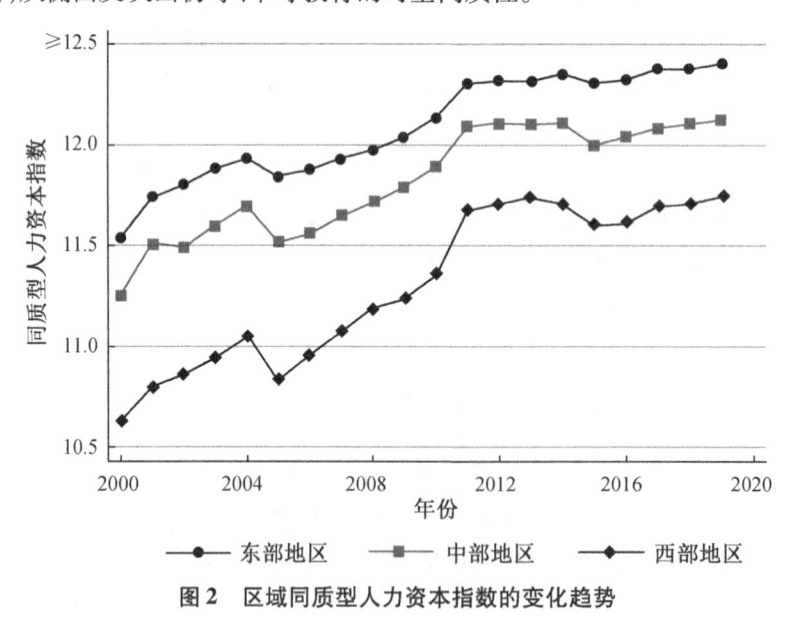

图2 区域同质型人力资本指数的变化趋势

[①] 本文中的东、中、西部区域划分遵循区域经济研究的一般划分标准,东部地区包含北京、天津、河北、辽宁、上海、江苏、浙江、福建、山东、广东、海南;中部地区包含山西、吉林、黑龙江、安徽、江西、河南、湖北、湖南;西部地区包含广西、四川、贵州、云南、陕西、甘肃、宁夏、青海、新疆。

由图3可知,自2000年以来,全国范围内异质型人力资本也存在明显的上升趋势,但相较于同质型人力资本,异质型人力资本的区域差异和变化幅度显得更为复杂:东部地区的异质型人力资本发展较为迅速,其异质化程度明显高于中、西部地区,这与新世纪以来东部地区的率先发展和高等教育的大力投入密不可分。而在中、西部地区,异质型人力资本指数的上升过程则显得十分"胶着",西部地区的异质化程度甚至整体略占上风,这体现出西部地区人力资本发展存在的潜力。本文对这一"出人意料"的现象进行深入分析,除了未考虑西藏自治区这一统计因素外,主要有如下原因:

(1)高等教育方面。西部地区不乏重庆、西安、成都、昆明等高等教育重镇和西工大、西交大、四川大学等高水平大学,在全国城市高等院校数量排名前十中,西部地区占据三席,与中部地区平分秋色。

(2)发展战略方面。中部地区过去20年整体处于工业化中期阶段,更侧重于交通基础设施建设、传统工业的转型升级和资源的合理利用,主要通过吸引农村剩余劳动力、发挥人口红利余温来满足人力资本需求。西部地区由于地广人稀,工业基础薄弱,加上其在生态保护、高原育种、地质勘探、文史民俗等方面的特色,对人力资本异质化的需求更高。

(3)与东部地区协同关系方面。中部地区毗邻东部沿海,产业耦合度高,可有效利用东部地区异质型人力资本开展产业链上下游分工。西部地区深居内陆,资源禀赋特殊,文化体系独立,难以与东、中部地区形成全面的跨区域协作,因此,对西部地区的扶持需要更直接的人才援助和更深入的智力扶持。

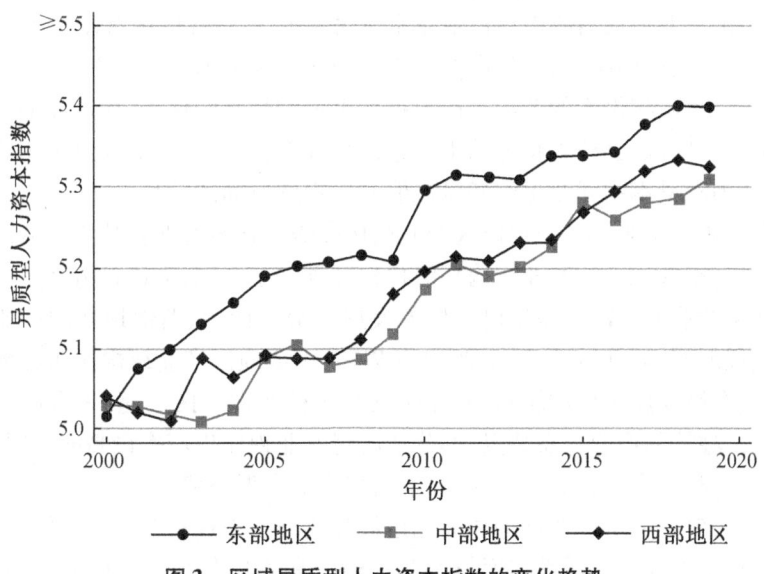

图3 区域异质型人力资本指数的变化趋势

接下来是产业结构高级化测度。参考世界各发达国家产业结构升级过程不难看出,工业化时期产业结构高级化主要体现在工业尤其是制造业的迅速发展上,到工业化后期,随着经济结构"软化"和制造业服务化趋势的出现,人们对产品服务性的相对需求激增,第三产业比重的增加更能刻画产业结构高级化程度,于是,相关研究开始用第三产业比重来度量产业结构高级化(简新华、叶林,2011)。然而,我国不同地区处于工业化发展的不同阶段,这种方法并不能全面表现我国自2000年来产业结构高级化演进的过程。产业间份额的转变并不是产业结构高度化的本质,只有一个国家或地区的劳动生产率较高的产业所占的份额较大,才能表明该国家或地区的产业结构高级化程度较高(刘伟等,2008)。产业结构高级化也应表达为:要素和资源存量从劳动生产率较低的产业部门向劳动生产率较高的产业部门转移,要素和资源增量也被配置到劳动生产率较高的产业部门,导致劳动生产率较高的产业部门份额不断提升,使得整个经济体的劳动生产率稳步提高。

概括下来,产业结构高级化实际包括两个方面含义,一是比例关系的演进;二是劳动生产率的提高。本文借鉴刘伟等(2008)的测度方法,构造的产业结构高级化指数包含量(比例关系)与质(劳动生产率)两个部分的内涵。其公式如下:

$$OIS = \sum_{i=1}^{3} S_{it} \times F_{it}$$

其中,S_{it}代表t时间i产业增加值占GDP的比重;F_{it}表示t时间i产业的劳动生产率,由产业增加值除以该产业就业人数获取。经济体中劳动生产率较高的产业所占的份额越大,它的产业结构高级化指标数值就会越大。

但是,不同年份间的劳动生产率存在由量纲带来的偏误,而产业的份额则没有量纲。所以,必须先将劳动生产率进行标准化处理,本文通过采用均值化方法,在消除量纲的同时保留变量取值差异程度方面的信息。

本文展示了东、中、西部地区产业结构高级化指数的变化趋势。从图4中可以看出,东部地区的产业结构高级化程度领先于全国,无论是劳动生产率还是创新型产业的份额都呈现出良好的发展态势。而中、西部地区的产业结构高级化程度同样"纠缠不清"。2012年以前,中部地区产业结构比西部地区高级,但其升级速度出现放缓趋势,并在近5年被西部地区赶超,一方面是由于西部地区独特的产业分布特点,部分地区将农业视作生产率最高的部门;另一方面,也反映出中、西部地区的差异不断缩小的发展态势。

此外,对比分析产业结构高级化指数和两类人力资本指数可以发现,人力资本的存量差异和异质性程度与产业结构的高级化存在某种相关性,初步检验了假设3的合理性。

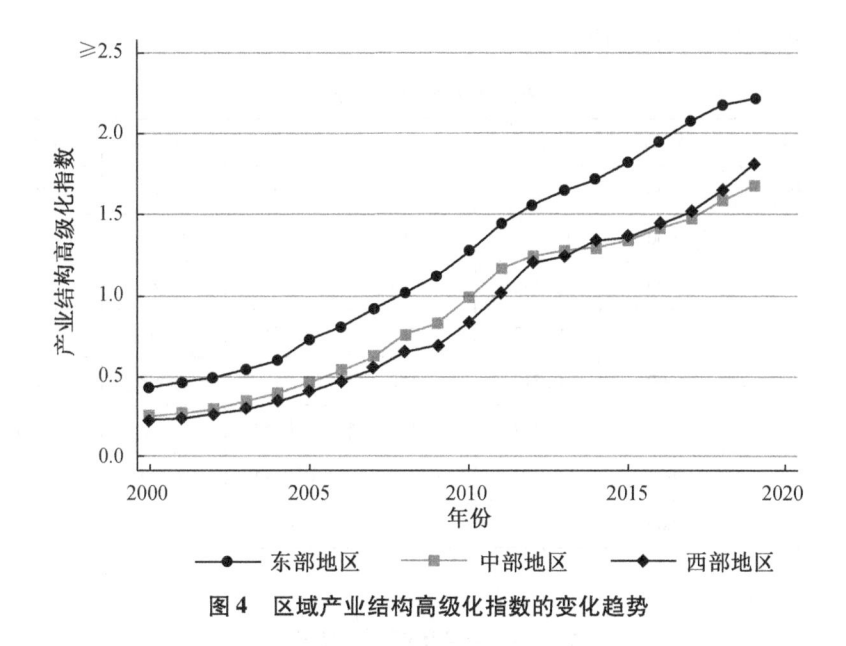

图 4 区域产业结构高级化指数的变化趋势

(三) 控制变量和描述性统计

本文在上述两个核心解释变量和被解释变量的基础上,在模型中加入如下控制变量,具体包括以下几个方面:

(1) 交通基础设施投入强度(infr):用单位行政区域面积上的运输线路里程数衡量。该指标一方面反映出国家物质资本投入力度;另一方面也衡量了地区交通发展水平,这将直接影响产业结构高级化和区域经济发展。

(2) 城市化水平(urb):各省份城市人口占总人口的比重。城市人口增加意味着农村剩余劳动力的转化和工业水平的提高,也意味着区域经济增长和产业活动集聚。

(3) 政府干预程度(gov):地方政府一般公共预算支出占地区 GDP 的比重。政府的区域发展定位、产业政策及其基础上的经济活动会对特定产业起扶持或抑制作用。

(4) 经济开放度(open):各地区进出口总额占地区 GDP 的比值。它反映了地区融入全球市场的程度及其在全球化背景下的发展定位,可能会影响产业结构升级。

此外,稳健性检验中,本文还使用了创新投入强度(inn)这一变量,通过地区 R & D 投入比地区 GDP 来反映地区研发投入水平。

本文所有数据均来源于《中国统计年鉴》《中国劳动与就业统计年鉴》《中国教育统计年鉴》和 CSMAR 国泰安数据库。

为避免局部异常值对实证结果的影响,本文对连续变量进行 1% 的缩尾处理,描述性统计见表1①。

表1　　　　　　　　描述性统计分析结果

变量	样本量	平均值	标准差	最小值	中位数	最大值
OIS	600	1.027	0.654	0.195	0.907	2.957
h_0	600	11.75	0.564	10.37	11.82	13.03
h_1	600	5.192	0.142	4.914	5.181	5.579
infr	600	0.737	0.487	0.0411	0.642	2.071
urb	600	0.512	0.152	0.247	0.498	0.891
gov	600	0.214	0.102	0.0842	0.195	0.650
open	600	0.312	0.369	0.0314	0.137	1.596
inn	600	0.014	0.011	0.002	0.01	0.061

五、实证结果及分析

(一) 相关性分析

表2为各变量的相关系数矩阵,通过相关性分析可发现,产业结构高级化指数与两类人力资本指数及其他控制变量均存在显著的正相关关系,其中异质型人力资本指数与产业结构高级化相关性最高。

表2　　　　　　　　变量的相关系数矩阵

变量	ln OIS	ln h_0	ln h_1	ln infr	ln urb	ln open	ln gov
ln OIS	1						
ln h_0	0.7027*	1					
ln h_1	0.7929*	0.5580*	1				
ln infr	0.4361*	0.5734*	0.4323*	1			
ln urb	0.7737*	0.7876*	0.7108*	0.5114*	1		
ln open	0.3265*	0.5185*	0.2946*	0.4470*	0.6683*	1	
ln gov	0.4087*	-0.0237	0.4132*	-0.2822*	0.0502	-0.4407*	1

注:* 表示 $p<0.01$。

---

① 由于实证模型中对各个变量进行了对数处理,为避免小于1的变量在取对数后变为负值,本文将比值类数据调整为百分数形式,并将其余变量进行等比例调整以确保准确性。

(二)基准回归结果

本文首先基于计量模型,采用面板固定效应对数据进行回归,且所有回归均通过 Hausman 检验。由于样本的异方差特性,本文中的回归分析均采用聚类稳健标准误以控制预测值的波动性。在基准回归中,通过逐渐加入控制变量,观察回归系数变化以增强可信度,回归结果见表3。

表3　　　　　　　　　　基准回归结果

变量	(1) ln OIS	(2) ln OIS	(3) ln OIS	(4) ln OIS	(5) ln OIS
$\ln h_0$	12.654*** (1.344)	7.459*** (1.153)	4.967*** (1.124)	4.710*** (1.033)	3.807*** (1.230)
$\ln h_1$	11.255*** (1.397)	7.026*** (1.196)	6.027*** (1.467)	5.687*** (1.398)	4.479*** (1.129)
ln infr		0.637*** (0.050)	0.477*** (0.070)	0.493*** (0.072)	0.415*** (0.063)
ln urb			1.021*** (0.274)	1.074*** (0.263)	1.033*** (0.266)
ln open				−0.066** (0.027)	−0.055 (0.052)
ln gov					0.375** (0.139)
_cons	−155.390*** (7.714)	−94.779*** (7.637)	−74.262*** (10.234)	−70.394*** (4.492)	−57.132*** (9.226)
Year FE	是	是	是	是	是
Pronvince FE	是	是	是	是	是
N	600.000	600.000	600.000	600.000	600.000
Adj_R^2	0.847	0.908	0.920	0.917	0.925

注:括号内为 t 统计量;***、**、* 分别表示在 0.1%、1%、5%的显著性水平上显著;各回归均使用异方差-稳健标准误。

首先考察两类人力资本对产业结构高级化的作用,估计结果显示,两类人力资本自始至终在1%的置信水平上显著。最初,同质型人力资本的回归系数大于异质型人力资本,但随着控制变量的逐步加入,两类人力资本的回归系数均迅速下降且异质型人力资本的回归系数很快大于同质型人力资本,说明基于高等教育的异质型人力资本对产业结构的升级有更显著的作用。这初步验证了假设2,认为异质型人力资本的份额上升可以带来经济增长的加速和产业结构的高级化。

此外,交通基础设施、政府干预程度和城市化程度对整体产业结构的升级也都存在显著的正向作用,且回归系数均远小于人力资本。由于当下公共部门的物质资本积累偏向基础设施,同时政府通过扩大财政支出规模来进行物质资本投资活动(沈坤荣、赵倩,2020),可以认为交通基础设施和政府干预程度可以表征物质资本对经济增长的促进作用;而随着农村剩余劳动力逐渐向城市转移,参与工业化进程,可以认为城市化水平的提升是劳动力推动经济增长的具体表现。因此,初步认为假设1成立,人力资本比物质资本更能拉动经济增长。

值得一提的是,经济开放度对产业结构高级化的回归系数轻微为负,且在加入政府干预程度后变得不显著。鉴于经济开放度与政府干预程度的相关系数为负,本文认为,可能是由于随着政府参与经济活动的强度增大,地方经济的自由度受损,从而导致进出口贸易额减少;而政府的投资活动显著拉动了产业结构升级,与之负相关的经济开放度就对产业结构表现出轻微的抑制作用。

(三)地区异质性分析

接着,为进一步检验研究假设,本文将样本按区域进行分组回归,以探究实证结果的区域异质性。回归结果见表4。

表4　　　　　　　　　地区异质性回归结果

变量	东部地区 (1) ln OIS	中部地区 (2) ln OIS	西部地区 (3) ln OIS
$\ln h_0$	2.830* (1.448)	6.512*** (1.470)	3.760** (1.400)
$\ln h_1$	6.072*** (1.106)	5.663** (2.199)	-1.149 (1.158)
ln infr	0.504*** (0.069)	0.394*** (0.108)	0.405*** (0.116)
ln urb	0.158 (0.486)	0.851* (0.400)	1.998*** (0.292)
ln open	-0.311*** (0.064)	-0.176* (0.078)	0.065 (0.047)
ln gov	0.588*** (0.150)	0.258 (0.182)	0.044 (0.213)
_cons	-56.724*** (10.221)	-82.331*** (10.571)	-24.094** (9.570)
Year FE	是	是	是

续表

变量	东部地区 (1) lnOIS	中部地区 (2) lnOIS	西部地区 (3) lnOIS
Province FE	是	是	是
N	220	180	200
Adj_R^2	0.934	0.931	0.959

注:括号内为 t 统计量;***、**、* 分别表示在0.1%、1%、5%的显著性水平上显著;各回归均使用异方差-稳健标准误。

整体上,区域间不同类型人力资本对产业结构升级呈现出完全不同的特征,人力资本指数上升得越快、异质化程度越高的地区,人力资本对产业升级的解释力就越强,产业非均衡发展的程度也就越高。

在东部地区,异质型人力资本对产业结构的升级作用依旧在1%的置信水平上显著为正,且回归系数远大于包括同质型人力资本在内的其他变量,这继续支持了假设1和假设2。说明在东部发达地区,高等教育投资获得的人力资本积累确实对产业结构的升级起到了关键作用,异质型人力资本在智力化、资本化、效率化的制造业和服务业中充分发挥出其学习和创新才能,推动了高新技术的孵化落地和产业的转型升级。

在中部地区,两类人力资本对产业升级的作用依旧显著为正,但同质型人力资本的回归系数略大于异质型人力资本。说明在中部地区,初等、中等教育投资获得的人力资本对产业结构高级化的推动作用更强。结合过去20年中部地区的工业化发展战略,本文认为这一结果是合理的。作为整体处于工业化中后期的中部地区,其核心任务是淘汰落后产能、推动传统工业转型,这更需要人力资本发挥要素功能而非效率功能。再结合本文对人力资本指数的测度,中部地区的经济结构和发展环境对异质型人力资本的培育作用同样有限,这进一步证明异质型人力资本和产业升级的互动机制尚未充分运转。但异质型人力资本对中部地区结构升级的促进作用绝不可忽视,大量事实证明,中部地区在航天、医药、新能源等领域均有长足进步,这与异质型人力资本的效率功能密不可分。

而在西部地区,同质型人力资本在5%的置信水平上显著为正,且回归系数大于其余控制变量,表明西部地区基础教育的发展为产业结构的升级带来明显的积极作用。但是异质型人力资本的作用并不显著,甚至出现负向关系,拒绝了假设2。这可能是因为西部地区基础设施的薄弱和物质资本的匮乏,异质型人力资本难以迅速实现知识传导与技术溢出,进而作用到产业结构的整体升级方面。同时,结合本文对产业结构高级化的测度,西部地区的产业结构高级化相较于经济发展可能存在超前现象:许多欠发达地区虽然尚未建立系统的工业体系,但可以凭借高原农业、特色旅游业等劳动生产率更高的第

一、第三产业的发展来推动经济结构高级化。此外,由于过去20年西部地区整体处于经济发展初级阶段,推动其产业结构高级化的还有持续的基础教育投资、扎实的基础设施建设和稳健的城市化进程。在未来,异质型人力资本的积累势必会对西部地区独特的产业结构发展贡献强大动能。

基于上述分析,本文对假设2进行修正,即异质型人力资本与同质型人力资本作用于产业结构升级存在机制差异、区域差异和阶段差异。在经济发展初级阶段和工业化时期,基础教育投资下的同质型人力资本是经济增长和产业结构转型的重要驱动力;进入后工业化和知识经济时代,异质型人力资本更能够推动产业结构高级化和经济高质量发展。同时,我国中、西部地区可能存在轻微的经济增长落后于产业结构高级化的现象。

(四) 稳健性检验

本文主要采用变量替换法进行稳健性检验。首先,使用人均GDP替换产业结构高级化指数。假设2指出,异质型人力资本份额的提升更能够促进经济增长和产业结构升级,上文已经对产业结构升级进行了分析。选取人均GDP是为了直接验证异质型人力资本对经济增长的作用,以增强实证结果的可信度和全面性。逐步回归结果与分地区回归结果见表5、表6。

表5　　　　　　　　　　稳健性检验一

变量	(1) ln y	(2) ln y	(3) ln y	(4) ln y	(5) ln y
$\ln h_0$	14.044 *** (1.349)	8.444 *** (1.218)	4.668 *** (1.065)	4.349 *** (0.993)	3.427 *** (1.044)
$\ln h_1$	13.713 *** (1.383)	9.155 *** (1.082)	7.641 *** (1.283)	7.220 *** (1.223)	5.985 *** (0.972)
ln infr		0.687 *** (0.046)	0.444 *** (0.059)	0.464 *** (0.064)	0.384 *** (0.059)
ln urb			1.548 *** (0.251)	1.613 *** (0.243)	1.571 *** (0.253)
ln open				-0.081 * (0.043)	-0.071 * (0.037)
ln gov					0.383 *** (0.099)
_cons	-179.510 *** (7.702)	-114.178 *** (8.116)	-83.085 *** (9.418)	-78.293 *** (8.594)	-64.735 *** (7.307)
Year FE	是	是	是	是	是
Province FE	是	是	是	是	是

续表

变 量	(1) $\ln y$	(2) $\ln y$	(3) $\ln y$	(4) $\ln y$	(5) $\ln y$
N	600	600	600	600	600
Adj_R^2	0.877	0.932	0.954	0.955	0.958

注:括号内为 t 统计量;***、**、* 分别表示在 0.1%、1%、5%的显著性水平上显著;各回归均使用异方差-稳健标准误。

表6　　　　　　　　　　　稳健性检验二

变 量	东部地区 (1) $\ln y$	中部地区 (2) $\ln y$	西部地区 (3) $\ln y$
$\ln h_0$	5.778 *** (1.505)	5.459 *** (1.146)	2.751 *** (0.644)
$\ln h_1$	6.140 *** (1.155)	7.868 *** (1.456)	0.804 (0.681)
$\ln infr$	0.495 *** (0.096)	0.440 *** (0.090)	0.284 *** (0.072)
$\ln urb$	0.509 (0.464)	1.310 *** (0.320)	2.656 *** (0.116)
$\ln open$	-0.304 *** (0.052)	-0.124 (0.073)	0.014 (0.035)
$\ln gov$	0.502 ** (0.161)	0.285 (0.182)	0.078 (0.141)
$\_cons$	-78.015 *** (8.457)	-89.766 *** (10.416)	-30.301 *** (7.399)
Year FE	是	是	是
Province FE	是	是	是
N	220	180	200
Adj_R^2	0.960	0.969	0.982

注:括号内为 t 统计量;***、**、* 分别表示在 0.1%、1%、5%的显著性水平上显著;各回归均使用异方差-稳健标准误。

稳健性检验显示,异质型人力资本对经济增长的贡献度大于其他控制变量,支持了假设1;异质型人力资本在中部地区对经济增长的作用大于同质型人力资本,在西部地区呈现不显著的正向关系,结合上文对于中西部地区经济增长落后于产业结构高级化的分析,稳健性检验符合预期,支持了修正后的假设2;人力资本的存量差异和深化程度解释了区域间产业结构的高级化速度和发展差异,进一步支持了假设3。

接着,进一步替换控制变量。上文中,经济开放度对区域产业结构升级的促进作用并不理想,参考相关文献,中国经济"走出去"存在技术进步效应(赵伟等,2006),本文使用创新投入强度来替换经济开放度,并将时间跨度延长至2020年,回归结果见表7。

表7 稳健性检验三

变量	全国 (1) ln y	东部地区 (2) ln y	中部地区 (3) ln y	西部地区 (4) ln y
$\ln h_0$	3.970*** (1.011)	5.627*** (0.986)	6.070*** (1.222)	3.247*** (0.518)
$\ln h_1$	6.347*** (1.203)	6.933*** (0.749)	8.470*** (1.815)	0.302 (0.729)
ln infr	0.372*** (0.057)	0.363*** (0.055)	0.425*** (0.096)	0.307*** (0.069)
ln urb	1.337*** (0.250)	0.424** (0.182)	1.185*** (0.187)	2.508*** (0.178)
ln gov	0.288** (0.117)	0.519*** (0.090)	0.284 (0.157)	0.062 (0.127)
ln inn	0.152* (0.077)	0.176** (0.071)	-0.023 (0.163)	0.052 (0.118)
_cons	-69.813*** (8.751)	-82.281*** (7.445)	-97.589*** (15.430)	-30.092*** (6.014)
Year FE	是	是	是	是
Province FE	是	是	是	是
N	630	231	189	210
Adj_R^2	0.960	0.947	0.970	0.983

注:括号内为 t 统计量;***、**、* 分别表示在0.1%、1%、5%的显著性水平上显著;各回归均使用异方差-稳健标准误。

替换控制变量并延长时间跨度后,创新投入强度对区域经济增长有更显著的正向作用,回归结果与上文结论保持一致,证实了基准回归和异质性分析的稳健性。

本文所有回归中变量的方差膨胀因子(VIF)均小于10,表明不存在明显的多重共线性问题,且所有调整后的确定系数均接近1,反映出整体回归结果具备良好的拟合优度。

六、结论与政策建议

本文从教育投资背景下的人力资本异质性出发,在内生增长模型下引入人力资本结构变量,提出了关于人力资本结构优化推动经济增长和产业升级的三个假设,通过向量夹角法对人力资本异质性进行系统测度与区域比较,并运用面板双向固定效应模型,实证分析了自2000年来人力资本异质性对区域产业升级和经济增长的个性化特征。得出如下结论:① 人力资本存量差异和深化程度会影响区域经济结构转型,不同类人力资本作用产业结构升级存在区域差异,异质型人力资本份额的提升在东部地区能显著拉动经济增长和产业升级,在中部地区作用显著但贡献小于同质型人力资本,在西部地区无明显作用。② 在经济发展初级阶段和工业化时期,基础教育投资下的同质型人力资本是经济增长和产业转型的重要驱动力;后工业化和知识经济时期,异质型人力资本更能推动产业结构高级化和经济高质量发展。③ 由于发展战略和协同关系的差异,西部地区人力资本异质性高于中部地区,中部地区发展动力不足。④ 我国中、西部地区经济增长阶段可能滞后于产业结构高级化阶段。

为提升教育投资收益,构建与区域经济高质量发展相适应的教育体系,挖掘百年奋斗新征程下的人力资本价值特点与开发策略,为我国区域产业升级和经济高质量发展提供有效的人力资本结构优化路径,基于以上结论,本文提出以下政策建议:

第一,提高教育投资在国民经济中的占比,将发展重心从物质资本积累逐渐向人力资本积累转变。重视基础教育对学习能力和综合素质的培养;加强对不同层次高等教育育人能力的评估,实现职业教育、本科教育和研究生教育的均衡发展和创新效率的稳步提升,避免"过度教育"现象发生。

第二,加大对中部地区高等教育发展的重视,实现人力资本结构优化和传统产业转型过渡两手抓,营造良好的人才发展环境,提升中部地区吸引人才、留住人才的能力,谨防"中部塌陷"对中国经济"稳增长"的阻碍。在保持西部地区高等教育和基础设施投资力度的同时,巩固西部地区基础教育体系,扩大基础教育的覆盖面,避免出现"教育不公平"现象。

参 考 文 献

[1] Acemoglu D, Guerrieri V, 2008. Capital deepening and non-balanced economic growth [J]. Journal of Political Economy, 116(3): 467-498.

[2] Benhabib J, Spiegel M M, 1994. The role of human capital in economic development evidence from aggregate cross-country data[J]. Journal of Monetary Economics, 34(2):143-173.

[3] Mankiw N G, Romer D, Weil D N, 1990. A contribution to the empirics of economic growth[J]. The Quarterly Journal of Economic, 107(5):407-437.

[4] Papageorgiou C, 1999. Human capital as a facilitator of innovation and imitation in economic growth: further evidence from cross country regressions[R]. Louisiana State University Working Paper No. 98 – 16.

[5] 邓俊荣,龙蓉蓉,2017.异质型人力资本对区域经济增长作用机制研究[J].科研管理,38(12):6.

[6] 丁栋虹,刘志彪,1999.从人力资本到异质型人力资本[J].生产力研究(3):3.

[7] 范剑勇,2006.产业集聚与地区间劳动生产率差异[J].经济研究,41(11):10.

[8] 付凌晖,2010.我国产业结构高级化与经济增长关系的实证研究[J].统计研究,27(8):3.

[9] 高远东,花拥军,2012.异质型人力资本对经济增长作用的空间计量实证分析[J].经济科学(1):39 – 50.

[10] 何菊莲,陈郡,梅烨,2021.基于经济高质量发展理念的我国高等教育人力资本水平测评[J].教育与经济,37(6):9.

[11] 胡凤玲,张敏,2014.人力资本异质性与企业创新绩效——调节效应与中介效应分析[J].财贸研究,25(6):8.

[12] 简新华,叶林,2011.改革开放以来中国产业结构演进和优化的实证分析[J].当代财经(1):10.

[13] 李雪艳,赵吟佳,钱雪亚,2012.人力资本异质性、结构与经济增长[J].商业经济与管理(5):7.

[14] 廖泉文,宋培林,2002.论异质型人力资本的形成机理[J].中国人才(3):2.

[15] 刘伟,张辉,黄泽华,2008.中国产业结构高度与工业化进程和地区差异的考察[J].经济学动态(11):5.

[16] 刘志彪,安同良,2002.中国产业结构演变与经济增长[J].南京社会科学(1):4.

[17] 罗勇,王亚,范祚军,2013.异质型人力资本、地区专业化与收入差距——基于新经济地理学视角[J].中国工业经济(2):13.

[18] 沈坤荣,赵倩,2020.中国经济高质量发展的能力基础、能力结构及其推进机制[J].经济理论与经济管理(4):9.

[19] 杨建芳,龚六堂,张庆华,2006.人力资本形成及其对经济增长的影响——一个包含教育和健康投入的内生增长模型及其检验[J].管理世界(5):10.

[20] 俞伯阳,丛屹,2021.数字经济,人力资本红利与产业结构高级化[J].财经理论与实践.

[21] 赵伟,古广东,何元庆,2006.外向FDI与中国技术进步:机理分析与尝试性实证[J].管理世界(7):8.

方言距离与流动劳动力人口社会融合
——基于五维社会融合指标的线性与非线性模式

刘葳洋　徐悦笛*

【摘要】 本文从理论和实证两个方面考察了方言距离对流动劳动力人口社会融合程度的影响。在理论上,本文运用认同效应和互补效应解释了方言距离对经济融合、社会关系融合、制度融合、心理和文化融合、社区融合五个不同社会融合层面的线性(负相关)与非线性(U型)影响模式。在实证上,本文基于CMDS 2017数据,运用主成分分析法构建了五维社会融合指标,证实了方言距离显著抑制流动劳动力人口经济融合,而对社会关系融合、制度融合、心理和文化融合、社区融合先抑制后促进的U型模式,在解决样本选择、测量误差、内生性问题后结果依然稳健。最后,本文进一步分析了方言距离作用对不同群体的异质性。

【关键词】 方言距离　社会融合　U型曲线　认同效应　互补效应

一、引　言

国家统计局发布的《中华人民共和国2021年国民经济和社会发展统计公报》显示,截至2021年年末,全国人户分离的人口为5.04亿人,其中流动人口为3.85亿人,占全国总人口的比重分别为35.7%和27.3%。在北京、上海、广州的当地常住居民中,外来人口占比分别为38.1%、41.5%、46.2%。

劳动力流动是经济发展和转型的典型特征。党的十八大报告将流动人口的社会融合状况作为考察中国城镇化质量的一项主要内容。改革开放加速了工业化与城市化进程,市场对劳动力资源的需求不断增加,出现了大量的人口迁移。流动人口的社会福利难以得到保障,住房、教育成为难题,社会歧视与不平等滋生了一系列社会问题,不利于经济的长远发展。2019年,中国第一部以流动人口社会融合评估为主题的年度报告《流动人口社会融合蓝皮书》发布。在流动人口日益成为城市新增人口主力的新背景下,研究流动劳动力人口的社会融合问题,是响应党中央对加强人口发展战略研究要求的应有之义。

---

* 刘葳洋,南京大学商学院经济学系2019级本科生;徐悦笛,南京大学商学院经济学系2019级本科生。

长期以来,教育、健康等人力资本要素对经济社会发展的影响被普遍研究,但对作为人力资本要素之一的语言的经济属性缺乏关注。国家语言文字委员会2010年发布的"普通话普及调查"显示,河北、江苏、广西的普通话普及率已达70%,但分别只有24.5%、16.5%和8.5%的民众在家中使用普通话,可见方言在口语和社会交际中依然占有重要地位。

方言是文化知识、价值观念、道德伦理、风俗习惯等方面的综合反映,而方言距离则表现为上述内容的差异,反映了流动人口社会融入的可能性。首先,掌握本地方言往往被视为一项技能,有利于获得更好的工作岗位,同时还能提高工作的稳定性;其次,语言作为沟通媒介,关乎社会关系的建立,语言的互通是交往的基础,讲本地话有利于减少沟通成本,加强认同感,扩展社会关系;最后,语言本身作为文化,往往与风俗习惯、思想观念等方面的心理和文化融合息息相关。通过以上论述,似乎较大的方言距离使得流动人口难以融入流入城市的劳动力市场,难以适应流入城市的生活方式和社会交往,难以接受流入城市的文化价值理念,难以获得流入城市当地人认同和自我身份认同。但事实果真如此吗?方言距离的增大对流动人口的社会融合仅仅表现为抑制作用吗?跨越较大文化差异具有较远方言距离的流动人口社会融合之路是天然的不利吗?本文希望针对这个问题进行考察,深入探究方言距离对流动劳动力人口社会融合的影响,进而更好地理解流动人口的社会融合问题,对维护社会稳定、激发城市发展活力和提升人民群众幸福感提供些许参考。

本文接下来将分为以下几个部分:第二部分是文献综述,第三部分为研究设计,第四部分为基准回归与稳健性检验,第五部分为异质性分析,最后为研究结论与政策性建议。

二、文献综述

通过对国内外社会融合相关理论和影响因素的研究进行梳理,可以发现流入地语言在社会融合中的重要性。

(一) 流动人口的社会融合

社会融合起源于西方国家移民问题。融合论最开始由Park和Burgess (1921)提出,他们将融合定义为个体或群体通过共享历史和经验,相互获得对方的记忆、情感、态度,互相渗透的过程。而多元文化论则认为移民将其不同文化背景、社会经历和价值观念重新塑造其生活的地点,有助于建构多元化的社会和经济秩序(Kallen,1956)。总体而言,西方的社会融合理论更倾向于用文化融合、社会认同来解释国际移民的迁移。

与西方移民相对应的是我国城乡二元结构内的人口流动问题。在社会融合的界定及测度方面,任远和邬民乐(2006)认为社会融合是多维度概念,是个体与个体之间、不同群体之间、不同文化之间互相配合与适应的过程;周皓(2012)在此基础上提出经济融合、文化适应、社会适应、结构融合、身份认同五维度。在影响社会融合的各种因素方面,杨菊华(2015)认为户籍类型、社区因素、家庭特征和主观感受都会对社会融合产生影响;薛艳(2016)基于分层线性模型设定,将影响因素分为个体和群体两层。对社会融合的研究涉及社会学、心理学、政治学等学科领域,诸如心理和文化等难以衡量的因素也逐渐被考虑进来。在此基础上,本研究关注流动人口所讲的语言特征及方言距离对其社会融合程度的影响。

(二) 方言对社会融合的影响

从语言经济学的视角来看,语言除了作为一个交流沟通的工具之外,也具有显著的文化属性,是一种重要的人力资本——能够有效地促进不同族群间的身份认同(刘国辉,2020),降低信息搜寻成本(Pendakur,2002),影响劳动力个体的社会资本积累(叶静怡,2010)。

早在20世纪,Chiswick和Miller(1995)就检验了移民的语言能力对其收入的影响,发现移民的目的地语言能力对其收入有显著的正面影响。这一研究结论在中国同样适用:Chen等(2014)研究流入上海的劳动力在当地使用上海方言对收入的影响,也得出同样的结论。在国内学者的研究中,韩清林(2006)指出移民使用当地语言有利于劳动力就业结构的转变;褚荣伟等(2014)发现越是接受本地文化价值观、本地话越流利的农民工,对城市认同水平也越高。由此可见,本地语言通过工作机会、收入的获得影响社会融合,同时增进社会认同,促进文化融合。

学者对同一问题的研究结论也大相径庭:李秦和孟岭生(2014)发现劳动力倾向于流动到同一方言区和普通话普及率更高的地区,语言障碍阻碍劳动力流动;刘毓芸等(2015)认为方言距离与劳动力流动呈倒"U"型,劳动力流动的概率在同一方言大区内随着方言距离的增加而增大,但在不同方言大区之间随着方言距离的增加而减小。二者分别借助普通话普及率以及方言距离进行研究,说明方言的作用需要不断探究与分析。

已有研究更多关注语言对经济收入的影响,从而探究本地语言与社会经济融合的关系。同时,大多数文章更多偏重于理论研究,对方言距离与社会融合进行探讨的实证文章数量十分有限。基于此,本文通过引入流动劳动力人口流入地与流出地的方言距离,来探讨方言距离对社会融合影响的因果关系。在本文中,我们将方言距离作为变量,研究其对社会融合的影响。相较于已有研究,本文可能的贡献在于:① 以方言文化为切入点,探究了方言距离对流动劳动力人口社会融合的影响;② 运用主成分分析法构建了衡量社会融合程度的五维指标体系,替代单一变量,考察了方言距离对不同层次社会融合的影响;③ 运用方言距离的认同效应和互补效应解释了方言距离呈现线性(负相关)和非线性("U"型)模式的作用机制;④ 研究了方言距离对不同流出地性质、不同年龄群体社会融合作用的差异。

三、研究设计

(一)理论模型和研究假说

语言具有两个方向的作用,在对方言距离的研究上,这一结论依然适用。一方面,与认同论所强调的一致(Pendakur & Pendakur,2002;McPherson et al.,2001),共同的语言是实现身份认同和相互信任的基石,语言是最显性、最快速的身份认同标志(高翔、龙小宁,2016),是促进外来者融入群体并与群体实现有效互动的核心元素(樊中元,2011)。与此同时,不同方言作为不同文化的表征,较远的方言距离意味着较大的文化冲击,不论是从外来者的主动融合还是原有群体的主动接受角度,都是负面的影响。因此,方言距离的增大对流动人口在流入地的身份认同有着负面影响,不利于流动劳动力人口的社会融合,本文称其为方言距离的认同效应。

另一方面,与互补论所强调的一致(Hong & Page,2001;Brunow et al.,2012),不同方言意味着思想和技能上的多样性,容易形成某种互补,使个体表现出与群体的异质性,而这种异质性容易赢得群体更多的关注。因此,方言距离的增大对流动劳动力人口在流入地表现出来的异质性有着正面影响,有利于个体赢得社会关注和社会对少数个体的关爱,进而有利于流动劳动力人口的社会融合。与此同时,这种互补还体现在积极投入诸如制度(医保、社保融入当地)、社会关系(当地亲人、朋友数量)等层面的社会融合为不同方言流动劳动力人口带来的便利与好处,这些收益促使了流动劳动力人口主动选择融入当地社会。

本文将上述效应称为方言距离的互补效应。综合来看,方言距离对社会融合的影响取决于认同效应和互补效应的大小。下面,我们借鉴刘毓芸等(2015)、王海霞和王钦池(2020)的相关研究,构建数学模型进行进一步论述。

设 d 为流动劳动力人口流入地和流出地之间的方言距离,Z 为其他能够影响流动劳动力人口社会融入的因素。方言距离的认同效应和互补效应分别为 $f(d)$ 和 $g(d)$,要求满足 d 的一阶导数 $f(d)<0$、$g(d)>0$,d 的二阶导数 $f_{dd}>0$、$g_{dd}<0$。其现实含义是,方言距离越大,认同效应对社会融合的负面影响越大,且边际效应递减;方言距离越大,互补效应对社会融合的正面影响越大,且边际效应递减。

具体地,$f(d)$ 和 $g(d)$ 的关系分为以下三种情况:

(1) $|f(d)|$ 恒大于 $|g(d)|$,即认同效应的负效应随着距离增大而增大的

速度始终高于互补效应的正效应随着距离增大而增大的速度,最终表现为流动劳动力人口社会融合程度随着方言距离增大而降低。为便于理解,我们可以假设此时 $f(d)$ 和 $g(d)$ 的具体形式为 $f(d) = -\log\alpha(d+1)$, $g(d) = \log\beta(d+1)$,且 $1 < \alpha < \beta$。

(2) $|f(d)|$ 恒小于 $|g(d)|$,即认同效应的负效应随着距离增大而增大的速度始终低于互补效应的正效应随着距离增大而增大的速度,最终表现为流动劳动力人口社会融合程度随着方言距离增大而提高。我们可以假设此时 $f(d)$ 和 $g(d)$ 的具体形式为 $f(d) = -\log\alpha(d+1)$、$g(d) = \log\beta(d+1)$,且 $1 < \beta < \alpha$。

(3) $|f(d)|$ 和 $|g(d)|$ 的比较大小关系随着方言距离的变动而变动。为便于理解,我们具体假设 $f(d)$ 和 $g(d)$ 满足上述要求的形式如下:

$$f(d) = -d^{\alpha} \tag{1}$$

$$g(d) = d^{\beta} \tag{2}$$

其中,α 和 β 均为参数,并满足 $0 < \alpha < 1$、$0 < \beta < 1$。据此,流动劳动力人口在流入地的社会融合程度函数可写为:

$$R(d,Z) = -d^{\alpha} + d^{\beta} + r(Z) + x \tag{3}$$

其中,$R(d,Z)$ 为社会融合程度;$r(Z)$ 为其他因素的贡献;x 为常数。对(3)式求一阶和二阶偏导可得:

$$R_d = -\alpha d^{\alpha-1} + \beta d^{\beta-1} \tag{4}$$

$$R_{dd} = -\alpha(\alpha-1)d^{\alpha-2} + \beta(\beta-1)d^{\beta-2} \tag{5}$$

得到,当 $d = d^* = (\alpha/\beta)^{1/\beta-\alpha}$ 时,$R_d = 0$。

当 $\alpha > \beta$ 时,$R_{dd} < 0$,R_d 单调递减;当 $d < d^*$ 时,$R(d,Z)$ 单调递增;当 $d > d^*$ 时,$R(d,Z)$ 单调递减。即当方言距离较小时,互补效应占主导地位;当方言距离较大时,认同效应占主导地位,方言距离与流动人口社会融合程度呈倒"U"型曲线关系。

当 $\alpha < \beta$ 时,$R_{dd} > 0$,R_d 单调递增;当 $d < d^*$ 时,$R(d,Z)$ 单调递减;当 $d > d^*$ 时,$R(d,Z)$ 单调递增。即当方言距离较小时,认同效应占主导地位;当方言距离较大时,互补效应占主导地位,方言距离与流动劳动力人口社会融合程度呈"U"型曲线关系。

综上,方言距离对流动劳动力人口社会融合程度的影响在理论上可能存在四种形态,即负相关、正相关、倒"U"型和"U"型。但事实上,该影响呈现负相关和"U"型的可能性更大,并且针对不同层面的社会融合,其表现可能存在差异。

在经济融合方面,语言差异会阻碍劳动力市场整合(Bartz & Fuchs-Schündeln),阻碍农民工进入高收入行业(马双、赵文博,2019),学者们从交易成本、就业机会、生产效率等方面论述了语言隔阂在劳动力市场上的负面影响，因此方言距离认同效应的负效应在经济融合层面的作用应当始终大于互补效应的正效应，导致方言距离与流动劳动力人口经济融合呈现负相关。

在社会关系融合、制度融合等方面，方言距离增大的过程中互补效应逐渐比认同效应更加凸显，主要是由于随着方言距离的增大，主动在当地寻求更广泛的社会关系以及更深入的制度接轨，能够带来比认同效应的边际损失更显著的边际收益，而这正推动了方言距离较大的流动劳动力人口主动实现社会融合。

在心理和文化融合、社区融合等方面，当方言距离从很小增加到比较小时，认同效应的负效应相对显著增大，而互补效应的正效应相对缓慢增大；当方言距离从比较小增加到比较大时，认同效应的负效应相对缓慢增大，而互补效应的正效应相对显著增大。使用现实中的例子可以帮助我们直观地理解这一点：当一个人同时面对一个口音与自己相同和一个口音与自己略有不同的人时，他对口音不同的人的认同感会显著低于口音相同的人，但口音略有不同的人给他带来的异质性感受比较小；而当他面对两个口音都与自己不同但其中一个比另一个口音更加不同时，他对两个人认同感都不高，认同感差异比较小，但口音更加不同的人带来的异质性感受比较大。这些对应的就是 $\alpha < \beta$ 的情况，方言距离与流动劳动力人口社会融合程度呈"U"型曲线关系（见图1）。

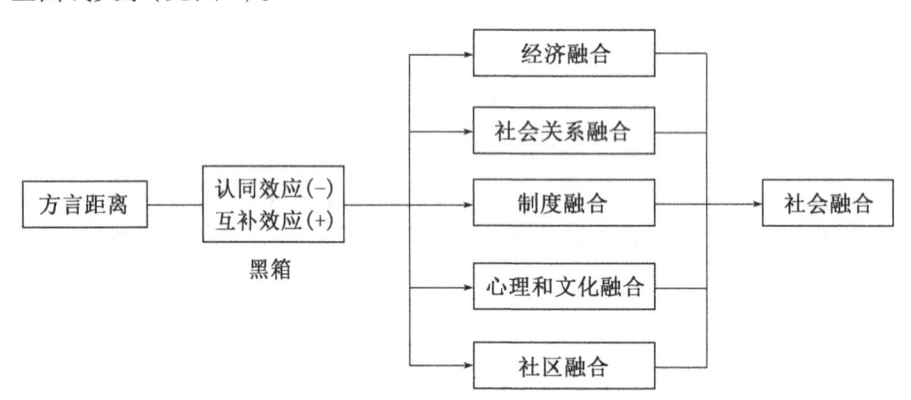

图1 方言距离对社会融合的影响机制

基于上述分析，本文提出以下假设：

H1：方言距离与流动劳动力人口社会融合同时存在负相关关系和"U"型曲线关系，因不同层面的社会融合而有所不同。

H2：在经济融合层面，方言距离与流动劳动力人口社会融入呈现负相关关系。

H3：在社会关系融合、制度融合、心理和文化融合、社区融合等层面，方言距离与流动劳动力人口社会融合呈现"U"型曲线关系。

为验证上述假设,本文构建如下模型来检验方言距离的影响:

$$R_i = \beta_0 + \beta_1 \text{distance}_i + \delta Z_i + \varepsilon_i \tag{6}$$

$$R_i = \beta_0 + \beta_1 \text{distance}_i + \beta_2 \text{distance}_i^2 + \delta Z_i + \varepsilon_i \tag{7}$$

其中,R_i 为衡量社会融合程度的指标,(6)式和(7)式分别引入一次项和二次项检验方言距离和流动劳动力人口社会融合的线性(负相关)和非线性("U"型曲线)关系特征;Z_i 是控制变量向量;δ 是对应的估计系数向量;ε_i 是误差项。β_1 和 β_2 是本文最关心的估计系数。

(二)数据来源

本文使用的研究数据来自国家卫生健康委 2017 年度的中国流动人口动态监测调查(China Migrants Dynamic Survey 2017,下文简称 CMDS 2017)。CMDS2017 覆盖全国 31 个省(自治区、直辖市),调查对象为在流入地区居住 1 个月以上、非本区(县、市)户口的 15 周岁及以上人口,全部样本量为 169 989 个。本文按国际一般通用标准,将 15~64 岁人口视为劳动力人口。在对不适龄人口以及个人月收入和家庭月收入为负的样本进行剔除后,共获得 166 071 个有效样本。

方言距离数据为笔者在刘毓芸等(2015)测算方法的基础上进行改进,使用 Python 程序运算得到。基础数据中,县级行政区方言数据来自《汉语方言大词典》(1991 年)和《中国语言地图集》(2012 年),县级常住人口数据来自第六次中国人口普查(2010 年)。

(三)变量选取

1. 社会融合指标

本文的被解释变量为采用主成分分析法合成的 5 项社会融合一级指标,分别为经济融合指标、社会关系融合指标、制度融合指标、心理和文化融合指标以及社区融合指标。下面对 5 项一级指标的测度方法进行论述。

参考欧盟移民整合指数(migrant integration policy index)以及黄匡时、嘎日达(2010)对农民工城市融合个体指数指标体系的构建,本文从 CMDS 2017 数据中集中整理出 30 个涉及社会融合问题的指标,并将其分为经济融合、社会关系融合、心理和文化融合、制度融合以及社区融合 5 个维度。表 1 展示了这 30 个指标的具体含义。由于各变量衡量方式略有差别,本文按照 1~5 分别代表融合度从低到高的方式,对 30 个指标重新进行了五级变量的赋值,统一了衡量方式。例如,对回答"有""没有"的问题分别赋值为 1、5,对三级变量分别赋值为 1、3、5。

表1　社会融合五维评价体系

主要维度	编号	评价指标	主要维度	编号	评价指标
经济融合	a1	工作状态(是否有工作)	心理和文化融合	d1	是否有被本地人看不起的困难
	a2	周工作时长状态（是否为40小时）		d2	是否有生活不习惯的困难
	a3	住房状态(买房或租房)		d3	是否同意"我喜欢我现在居住的地方"
	a4	生意困难情况		d4	是否同意"我关注我现在居住地方的变化"
	a5	寻找稳定工作困难情况		d5	是否同意"我很愿意融入本地人中"
	a6	住房困难情况		d6	是否同意"我觉得本地人愿意接受我为其中一员"
	a7	收入低下困难情况		d7	是否同意"我感觉本地人看不起外地人"
社会关系融合	b1	本地亲人数量		d8	是否同意"按照老家风俗习惯办事对我比较重要"
	b2	本地主要交友状态		d9	是否同意"我的卫生习惯与本地人存在较大差别"
制度融合	c1	医保状态(是否本地办理)		d10	是否同意"我觉得我已经是本地人了"
	c2	社保状态(是否本地缴纳)	社区融合	e1	参与本地工会情况
	c3	暂住证状态(是否本地办理)		e2	参与本地志愿者协会情况
	c4	在本地落户意向		e3	参与单位/社区/村务建议、治理情况
	c5	继续留在本地意向		e4	参与政府部门建议、治理情况
	c6	居民健康档案状态（是否本地建立）		e5	参与志愿服务情况

考虑到被解释变量过多无法挖掘方言距离对流动劳动力人口社会融合整体的效应,同时各维度下的指标具有一定相似性,本文采用主成分分析方法,分别寻找各维度下的重要指标。限于篇幅,这里以经济融合维度为例,说明主成分分析的过程。

首先,我们对经济融合维度下的7个指标进行了相关系数的Bartlett球形检验以及KMO检验。表2展示了Bartlett球形检验以及KMO检验的结果,其中Bartlett检验值达593 202.2($p<0.001$),KMO检验值为0.61,大于0.5,表明适合进行主成分分析。

表 2　　　　　　　　　　经济维度指标的相关系数检验

Bartlett 球形检验	
卡方	*p*-value
593 202.2	0

Kaiser-Meyer-Olkin factor adequacy								
整体 MSA	0.61							
成分 MSA	0.51	0.51	0.46	0.81	0.79	0.68	0.70	

接着,采用方差极大化方法对指标负荷进行正交旋转,结果见图2。前三个主成分的特征值大于1,累计方差贡献率达到77.3%,可以作为经济融合7个指标的主成分。表3展示了各变量对前三个主成分的负荷值,其中,a4、a5、a6、a7 对 Comp1 的负荷值最高,比较好地代表了 Comp1,从具体含义来看,这4个指标都指向经济困难的存在性问题,因此可将 Comp1 命名为"经济困难";a1、a2 对 Comp2 的负荷值最高,比较好地代表了 Comp2,从具体含义来看,这两个指标都指向流动人口劳动力市场融合问题,因此可将 Comp2 命名为"劳动力市场融合";a3 对 Comp3 的负荷值最高,比较好地代表了 Comp3,从具体含义来看,这个指标指向住房融合问题,因此可将 Comp3 命名为"住房融合"。通过以上分析能够清晰地看到,各主成分能够充分体现各指标的特征,并且具有一定的现实含义,表明本文运用主成分分析方法对指标进行压缩是合理的。

表 3　　　　　　　各个变量对前三个主成分的负荷值

变量	Comp1 经济困难	Comp2 劳动力市场融合	Comp3 住房融合
a1	0.053	0.686	0.136
a2	0.044	0.687	0.141
a3	0.135	−0.192	0.882
a4	0.440	−0.082	−0.197
a5	0.468	0.086	−0.211
a6	0.521	−0.077	0.272
a7	0.542	−0.009	−0.164

进一步地,合成的各主成分数量依然较大,它们可以作为衡量五个维度融合程度的二级指标,用于较为细致地对各个维度下具体问题进行分析。但由于篇幅所限,本文不在二级指标下做细致探讨,因此,我们继续对二级指标进行合成,形成各维度下唯一衡量社会融合的指标。我们以新的主成分因子的方差贡献率为权数,将 Comp1、Comp2、Comp3 合成为经济融合维度下的唯一衡量指标,并命名为"经济融合指数"。

图 2 碎石图

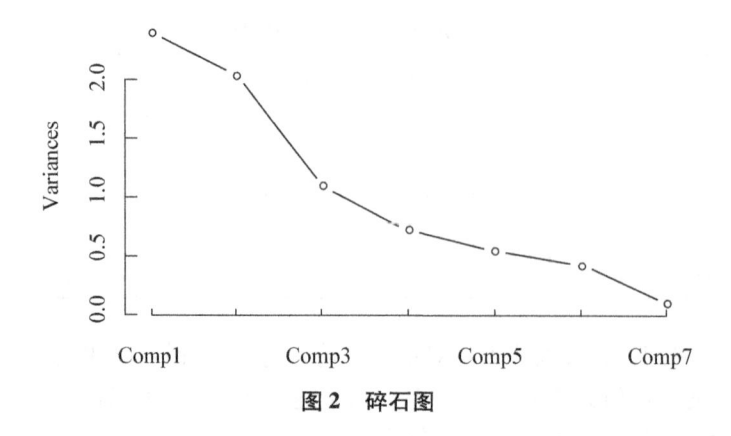

类似地,我们对 5 个维度的各个变量进行同样操作,得到五个维度各自的唯一衡量指标,作为衡量劳动力人口社会融合程度的一级指标,也即本文的被解释变量。

2. 方言距离

本文的核心解释变量为方言距离。由于样本中包含大量少数民族地区样本,此处方言定义为广义上的方言,即除包括汉语方言外,还包括非汉语少数民族语言。基于《汉语方言大词典》和《中国语言地图集》中的语言分区,本文将广义的方言由粗到细划分为"语系—语族—方言大区—方言区/语支—方言片/语种"五个层次,将中国各地方言划分为共计 6 个语系(如汉藏语系、印缅语系等),12 个语族(如汉语、藏语等),21 个方言大区(如官话、粤语等),42 个方言区/语支(如东北官话、中原官话等),131 个方言片/语种(如吉沈片、哈阜片等)。由于一个县一般只有一个方言片/语种,因此本文采用方言片/语种作为基本的方言单元。

本文在刘毓芸等(2015)方法的基础上进行改进,以地级市和省直辖县级市为分析单位,首先,赋值得到县与县之间的方言距离,再用人口加权得到地级市/省直辖县级市之间的方言距离。具体赋值规则如下:当两个县属于同一方言片/语种时,方言距离为 0;属于同一方言区/语支的不同方言片/语种时,方言距离为 1;属于同一方言大区的不同方言区/语支时,方言距离为 2;属于同一语族的不同方言大区时,方言距离为 3;属于同一语系的不同语族时,方言距离为 4;属于不同语系时,方言距离为 5。然后,采用 2010 年第六次中国人口普查各县人口的占比,利用(8)式加权得到两地级市/省直辖县级市之间的方言距离。

$$d(a,b) = \sum_{i=1}^{I} \sum_{j=1}^{J} S_{Ai} \times S_{Bj} \times d_{ij} \qquad (8)$$

其中,S_{Ai} 为 A 市中任意县 i 的人口比例;S_{Bj} 为 B 市中任意县 j 的人口比例;d_{ij} 为县 i 和县 j 间的方言距离。采用这一方法,本文最终度量得到了中国 293 个地级市以及18个省直辖县级市的方言距离,方言距离取值介于0~5之间。

进一步地,我们将样本中个体居住地的地级市/省直辖县级市视为流入地,将户口所在地的地级市/省直辖县级市视为流出地,匹配得到样本中个体流入地与流出地之间的方言距离,作为核心被解释变量。

3. 控制变量

本文选取了包含个人特征、家庭特征以及地区特征的控制变量。其中个人特征层面包括性别、年龄、民族、受教育程度、户口性质、政治面貌、婚姻状况、个人月收入对数、健康状况、此次流动年限、距第一次流动年限、流动城市数、职业类型、单位类型、就业性质等;家庭特征层面包括家庭月收入对数、家庭月支出对数等;在地区特征层面,考虑到本文研究重点与方言相关,因此采用流入地方言类型而非其他地理区域作为地区控制变量,同时引入流入地性质和流出地性质为地区控制变量。

4. 描述性统计

变量的含义及描述性统计见表4。所有变量观测数均为166 071个,受篇幅所限,表4中未列出。在被解释变量方面,从平均值来看,流动劳动力人口在经济以及心理和文化层面的社会融合程度较高,而在制度和社区融合层面表现得较差;从离散程度来看,经济融合的离散性较大,而其他方面离散性差异不大。在核心解释变量方面,方言距离均值为1.65,即样本中个体流动平均跨越了不同方言片,并且方言距离标准差较大,即不同个体跨越范围具有较大差异。在控制变量方面,各类样本分布较为平均,确保本文的研究对象覆盖了具有不同特征的个体,这得益于 CMDS 2017 科学的抽样调查方式,也正是这一科学的样本,为本文研究结论的普适性提供了重要保障。

表4　　　　　　　　　　变量的含义及描述性统计

标准差	变量符号	变量名称	变量含义	均值
被解释变量				
R_{eco}	经济融合指数		4.672	1.127
R_{soc}	社会关系融合指数		2.099	0.724
R_{reg}	制度融合指数	前文已做详细论述	1.433	0.795
R_{psy}	心理和文化融合指数		4.366	0.531
R_{com}	社区融合指数		1.096	0.592
核心解释变量				
distance	方言距离	流入地和流出地方言距离,由(8)式计算	1.65	1.21
控制变量				
gender	性别	虚拟变量,男性为0,女性为1	0.484	0.5
age	年龄	年龄	36.185	10.157

续表

标准差	变量符号	变量名称	变量含义	均值
nation	民族	虚拟变量,少数民族为0,汉族为1	0.906	0.291
educ	受教育程度	受教育年限	10.16	3.389
hukou	户口性质	虚拟变量,非农业户口为0,农业户口为1	0.783	0.412
comuist	政治面貌	虚拟变量,非党员为0,党员为1	0.048	0.213
health	健康状况	分级变量,由1—4表示健康状况从低到高	3.805	0.455
marriage	婚姻状况	虚拟变量,非已婚为0,已婚为1	0.816	0.387
ln(indinc)	个人月收入对数	个人月收入加一后取对数	3 641.27	3 817.18
mlyear	此次流动年限	初次流动至该流入地至2017/5时长	6.27	6.008
firstmly	距第一次流动年限	第一次流动离开户籍地至2017/5时长	11.034	7.687
mlcity	流动城市数	历来作为流动人口流动的城市数	1.982	1.898
ln(faminc)	家庭月收入对数	家庭月收入加1后取对数	7 169.34	5 718.56
ln(famsp)	家庭月支出对数	家庭月支出取对数	3 710.98	2 973.89
currentrur	流入地性质	虚拟变量,非农村为0,农村为1	0.267	0.443
origrur	流出地性质	虚拟变量,非农村为0,农村为1	0.774	0.418
job	职业类型	虚拟变量,分为单位负责人、专业技术人员、公务办事人员、商业服务业人员、农林牧渔业生产人员、生产运输人员、自由职业、无职业等类别		
danwei	单位类型	虚拟变量,分为国有或大型企业、民营或个体企业、外资或合资企业、无固定单位、无职业等类别		
jiuye	就业性质	虚拟变量,分为有固定雇主的雇员、无固定雇主的雇员、雇主、自营劳动者、无职业等类别		
languarea	流入地方言类型	虚拟变量,分为官话、吴、粤、少数民族等17类		

四、基准回归与稳健性检验

(一) 基准回归

表5报告了基本的回归结果。为了更好地证明本文提出的假设,我们对5项衡量社会融合程度的指标都分别进行了只引入一次项以及引入一次项和二次项的回归,分别标注为奇数列和偶数列。与假设H1一致,方言距离与流动劳动力人口社会融合同时存在负相关关系和"U"型曲线关系,因不同层面的社会融合而有所不同。

表5 基准回归结果

变量	R_{eco} (1)	R_{eco} (2)	R_{soc} (3)	R_{soc} (4)	R_{reg} (5)	R_{reg} (6)	R_{psy} (7)	R_{psy} (8)	R_{com} (9)	R_{com} (10)
distance	-0.006*** (0.002)	-0.0001 (0.007)	0.019*** (0.001)	-0.033*** (0.005)	-0.028*** (0.002)	-0.120*** (0.006)	-0.039*** (0.001)	-0.094*** (0.004)	-0.003* (0.001)	-0.029*** (0.005)
distance²		-0.002 (0.002)		0.016*** (0.001)		0.028*** (0.002)		0.017*** (0.001)		0.008*** (0.001)
gender	0.041*** (0.004)	0.041*** (0.004)	-0.003 (0.003)	-0.004 (0.003)	0.033*** (0.004)	0.033*** (0.004)	0.0004 (0.003)	0.0001 (0.003)	-0.016*** (0.003)	-0.017*** (0.003)
age	0.005*** (0.0003)	0.005*** (0.0003)	-0.008*** (0.0002)	-0.008*** (0.0002)	0.002*** (0.0002)	0.002*** (0.0002)	0.002*** (0.0002)	0.002*** (0.0002)	0.001*** (0.0002)	0.001*** (0.0002)
nation	0.041*** (0.007)	0.042*** (0.007)	-0.053*** (0.005)	-0.055*** (0.005)	0.025*** (0.006)	0.022*** (0.006)	-0.009* (0.005)	-0.011** (0.005)	-0.022*** (0.005)	-0.023*** (0.005)
educ	0.019*** (0.001)	0.019*** (0.001)	-0.026*** (0.001)	-0.026*** (0.001)	0.045*** (0.001)	0.045*** (0.001)	0.019*** (0.001)	0.019*** (0.001)	0.020*** (0.001)	0.019*** (0.001)
hukou	-0.087*** (0.006)	-0.087*** (0.006)	0.043*** (0.004)	0.044*** (0.004)	-0.139*** (0.005)	-0.137*** (0.005)	-0.065*** (0.004)	-0.064*** (0.004)	-0.026*** (0.005)	-0.025*** (0.005)
comuist	0.031*** (0.009)	0.031*** (0.009)	-0.019*** (0.007)	-0.019*** (0.007)	0.039*** (0.008)	0.040*** (0.008)	0.022*** (0.006)	0.023*** (0.006)	0.242*** (0.010)	0.242*** (0.010)
health	0.202*** (0.005)	0.202*** (0.005)	0.01 (0.003)	0.011 (0.003)	-0.014*** (0.004)	-0.013*** (0.004)	0.111*** (0.003)	0.112*** (0.003)	0.012*** (0.003)	0.012*** (0.003)
marriage	-0.087*** (0.006)	-0.087*** (0.006)	0.902*** (0.005)	0.900*** (0.005)	0.056*** (0.005)	0.053*** (0.005)	0.017*** (0.004)	0.016*** (0.004)	-0.020*** (0.004)	-0.021*** (0.004)
ln(indinc)	0.166*** (0.002)	0.166*** (0.002)	-0.047*** (0.002)	-0.046*** (0.002)	0.013*** (0.002)	0.014*** (0.002)	0.012*** (0.002)	0.012*** (0.002)	0.009*** (0.001)	0.009*** (0.001)
mlyear	0.002*** (0.0005)	0.002*** (0.0005)	0.005*** (0.0003)	0.005*** (0.0003)	0.008*** (0.0004)	0.008*** (0.0004)	0.004*** (0.0003)	0.004*** (0.0003)	0.004*** (0.0003)	0.004*** (0.0003)

续表

变量	R_{eco} (1)	R_{eco} (2)	R_{soc} (3)	R_{soc} (4)	R_{reg} (5)	R_{reg} (6)	R_{psy} (7)	R_{psy} (8)	R_{com} (9)	R_{com} (10)
firstmly	-0.008 *** (0.000 4)	-0.008 *** (0.000 4)	0.008 *** (0.000 3)	0.008 *** (0.000 3)	0.004 *** (0.000 3)	0.004 *** (0.000 3)	0.000 3 (0.000 3)	0.000 3 (0.000 3)	0.001 *** (0.000 2)	0.001 *** (0.000 2)
mlcity	-0.012 *** (0.001)	-0.012 *** (0.001)	0.002 (0.001)	0.002 *** (0.001)	-0.010 *** (0.001)	-0.009 *** (0.001)	-0.012 *** (0.001)	-0.012 *** (0.001)	-0.000 4 (0.001)	-0.000 4 (0.001)
ln(famsp)	-0.110 *** (0.004)	-0.110 *** (0.004)	0.192 *** (0.003)	0.192 *** (0.003)	0.067 *** (0.003)	0.067 *** (0.003)	-0.005 * (0.003)	-0.005 * (0.003)	0.008 *** (0.003)	0.008 *** (0.003)
ln(faminc)	0.147 *** (0.005)	0.147 *** (0.005)	0.083 *** (0.003)	0.084 *** (0.003)	0.013 *** (0.003)	0.014 *** (0.003)	0.026 *** (0.003)	0.027 *** (0.003)	0.003 (0.002)	0.004 * (0.002)
currentrur	-0.010 ** (0.005)	-0.010 ** (0.005)	0.071 *** (0.003)	0.071 *** (0.003)	-0.110 *** (0.004)	-0.110 *** (0.004)	-0.045 *** (0.003)	-0.045 *** (0.003)	-0.051 *** (0.003)	-0.050 *** (0.003)
origrur	-0.073 *** (0.006)	-0.073 *** (0.006)	0.068 *** (0.004)	0.068 *** (0.004)	-0.070 *** (0.005)	-0.071 *** (0.005)	-0.004 (0.004)	-0.004 (0.004)	-0.024 *** (0.004)	-0.024 *** (0.004)
Constant	2.705 *** (0.050)	2.702 *** (0.050)	-0.347 *** (0.035)	-0.323 *** (0.035)	1.228 *** (0.041)	1.271 *** (0.041)	3.625 *** (0.032)	3.651 *** (0.032)	0.954 *** (0.032)	0.966 *** (0.033)
职业类型	Yes	Yes	Yes	Yes	Yes	Yes	Yes	Yes	Yes	Yes
单位类型	Yes	Yes	Yes	Yes	Yes	Yes	Yes	Yes	Yes	Yes
就业性质	Yes	Yes	Yes	Yes	Yes	Yes	Yes	Yes	Yes	Yes
方言大区	Yes	Yes	Yes	Yes	Yes	Yes	Yes	Yes	Yes	Yes
拐点		-0.025		1.031		2.143		2.765		1.813
MEM		-0.007		0.020		-0.028		-0.040		-0.003
样本量	166 071	166 071	166 071	166 071	166 071	166 071	166 071	166 071	166 071	166 071
调整 R^2	0.469	0.469	0.423	0.424	0.274	0.276	0.079	0.08	0.148	0.149

注:***、**、* 分别表示在 1%、5%、10% 的显著性水平上显著;括号中为异方差稳健标准误。

其中,方言距离对流动劳动力人口的经济融合主要表现为认同效应,方言距离的增大会降低经济融合指数。而方言距离对流动劳动力人口社会关系融合、制度融合、心理和文化融合、社区融合影响呈现"U"型曲线形态,当方言距离较小时,认同效应占主导地位,方言距离增大会降低融合程度;当方言距离较大时,互补效应占主导地位,方言距离增大会提高融合程度。

具体来看,(1)列方言距离估计系数为-0.006,在1%的显著性水平上显著,而(2)列引入方言距离的二次项后,无论一次项或二次项均不显著,即方言距离对流动劳动力人口经济融合起到显著抑制作用,方言距离每增加1,流动劳动力人口经济融合指数降低0.006。(3)列至(10)列的偶数列中,方言距离一次项和二次项估计系数均通过了1%的显著性检验,证明有必要将二次项引入模型。从二次项的系数来看,均为开口向上的抛物线,说明在这4项衡量指标下,流动劳动力人口社会融合程度随着方言距离的增大先减小后增大,呈现"U"型曲线形态。

所有呈"U"型曲线影响的社会融合指数中,方言距离的作用发生改变的拐点均介于0~5之间,也就是说,在方言距离能够取到取值范围内,这一作用的改变均会发生,"U"型曲线作用具备现实含义。考察拐点的具体数值,均介于1~3之间,也就是这种作用的转变发生在跨越方言片而未跨越方言大区的范围内,并且在社会关系融合以及社区融合中,这一拐点到来得更早,互补效应更早地代替认同效应,成为为主导效应。我们使用样本均值处的边际效应MEM来展示在流动劳动力人口的平均方言距离下这一影响的大小。除社会关系融合外,其余3项指标的MEM均为负值,也就是说,方言距离平均表现为认同效应的抑制作用,而方言距离对社会关系融合的影响则平均表现为互补效应的促进作用。MEM值与只引入一次项的回归结果中一次项系数的正负和大小均表现一致,进一步证明了结论的有效性。

(二)稳健性检验

1. 剔除样本

本文所衡量的方言距离是样本个体户籍地与现居住地的方言距离,并非事实上每个个体使用的原方言与现方言的距离,因此可能存在一定的测量误差。为尽可能减小这种误差,我们识别了户籍地或现居住地方言与事实上个体使用方言最可能存在不同的样本。这主要包括以下两类:第一类是户籍地或现居住地为新疆生产建设兵团的样本。由于新疆生产建设兵团最初主要由全国各地前往支持建设,全国各地方言在此集聚,因此在兵团内部,个体使用的方言更加可能是普通话或者家庭原方言,而并非这些地区所属的少数民族语言。在这种情况下,无论对流出个体或流入个体,用地区所属语言区测定方言距离都是不合适的,因此我们选择将这部分样本进行剔除。第二类是户籍地为少数民族语言区的汉族样本。少数民族语言使用的民族性特征要高于地域性特征,因此对于汉族个体,其很可能原方言并不使用少数民族语言,我们将这部分样本进行剔除。但我们不对现居住地为少数民族语言区的汉族样本进行剔除,原因是这部分样本既处在大部分使用少数民族语言的大环境中,其所面对的方言距离确实为原方言到该少数民族语言的距离。

表 6 展示了剔除样本回归的结果,各项估计系数在 1% 的显著性水平上稳健。方言距离抑制经济融合,而对社会关系融合、制度融合、心理和文化融合、社区融合呈现"U"型曲线影响的基本结论保持稳健。其中,经济融合层面的方言距离估计系数与基准回归基本吻合,其余 4 个"U"型曲线的拐点和边际效应方面,剔除样本后估计结果符号与基准回归保持一致,大小在合理范围内有微弱差异,进一步证明了基本结论的稳健性。

2. 核心解释变量替换

本文测量方言距离时采用的是以"语系—语族—方言大区—方言区/语支—方言片/语种"为基准的 0—1—2—3—4—5 层次划分,其隐含假设是每个层级上的不同语言区之间的差异是一致的,但事实上,这一差异通常并不一致。北方官话区的语言内部差异较小,即便是不同方言片或方言区,其沟通度依然较强,但南方方言之间差异较大,哪怕是同一方言区内,不同方言片之间的沟通度可能也很低,这就造成了核心解释变量的测量误差。

因此,本文综合郑锦全(1994)和吴丹丽(2020)基于语言学视角对方言沟通度的测算,重新测量方言距离。较为遗憾的是,目前语言学界尚未形成单一标准的完整覆盖全部汉语方言以及少数民族语言的沟通度数据,因此,我们将上述两位学者的测度结果运用近似匹配等方法合并,形成了介于 0~1 之间的方言沟通度,并以"1——沟通度"作为方言距离的替换。表 7 展示了替换方言距离回归的结果,其中(3)至(5)列方言距离估计系数在 1% 的显著性水平上通过了检验,(1)列在 10% 的显著性水平上通过了检验,结论均与基准回归一致。(2)列社会关系融合指数方言距离二次项的估计系数在 1% 的显著性水平上通过了检验,证明其"U"型曲线影响的特征稳健,但一次项系数并不显著,即不能否定拐点在原点的假设。分析原因我们认为,替换使用的方言距离是在方言区的层面上衡量的,也就是说,方言区内不同方言片间的方言距离被忽视,造成了方言区内流动的样本方言距离的低估。而基准回归中社会关系融合指数的拐点是最小的,与原点十分接近,这种低估造成的误差导致了一次项系数的不显著。基于此,本文的基本结论依然稳健。

表6 剔除样本回归结果

变量	剔除新疆生产建设兵团样本					剔除少数民族语言区汉族样本				
	R_{eco} (1)	R_{soc} (2)	R_{reg} (3)	R_{psy} (4)	R_{com} (5)	R_{eco} (6)	R_{soc} (7)	R_{reg} (8)	R_{psy} (9)	R_{com} (10)
distance	-0.007*** (0.002)	-0.024*** (0.005)	-0.112*** (0.006)	-0.084*** (0.004)	-0.019*** (0.005)	-0.008*** (0.002)	-0.036*** (0.005)	-0.125*** (0.006)	-0.096*** (0.004)	-0.030*** (0.005)
distance²		0.013*** (0.001)	0.025*** (0.002)	0.013*** (0.001)	0.004*** (0.001)		0.017*** (0.001)	0.030*** (0.002)	0.017*** (0.001)	0.008*** (0.001)
控制变量	Yes	Yes	Yes	Yes	Yes	Yes	Yes	Yes	Yes	Yes
拐点		0.923	2.24	3.231	2.375		1.059	2.083	2.824	1.875
MEM		0.018	-0.031	-0.042	-0.006		0.020	-0.025	-0.040	-0.003
样本量	164 057	164 057	164 057	164 057	164 057	163 185	163 185	163 185	163 185	163 185
调整 R^2	0.469	0.426	0.277	0.081	0.146	0.469	0.423	0.277	0.08	0.147

注:***、**、*分别表示在1%、5%、10%的显著性水平上显著;括号中为异方差稳健标准误。

表 7　　　　　　　　　　　替换方言距离回归结果

变　量	替换方言距离				
	R_{eco} (1)	R_{soc} (2)	R_{reg} (3)	R_{psy} (4)	R_{com} (5)
distance	−0.019* (0.011)	−0.005 (0.020)	−0.541*** (0.023)	−0.397*** (0.018)	−0.059*** (0.02)
distance²		0.112*** (0.030)	0.743*** (0.032)	0.391*** (0.024)	0.089*** (0.029)
控制变量	Yes	Yes	Yes	Yes	Yes
拐点		0.022	0.364	0.508	0.331
MEM		0.029	−0.430	−0.280	−0.032
样本量	166 071	166 071	166 071	166 071	166 071
调整 R^2	0.469	0.423	0.275	0.078	0.148

注：***、**、* 分别表示在1%、5%、10%的显著性水平上显著；括号中为异方差稳健标准误。

3. 工具变量检验

方言距离本身是一个客观衡量指标，引起内生性问题的矛盾并不突出，但遗漏变量偏差等问题的可能性依然存在。个人性格如开放度、包容度、对陌生事物接受度等都会影响其社会融合，但这一影响因素难以衡量。与此同时，个人性格可能与方言距离有关联，性格更加包容开放的人可能更倾向于向方言距离更远的地区流动，因为他们更愿意也更能够接受更大的文化冲击，并与之相融合。这就造成了样本中方言距离大的那部分样本本身社会融合能力就比较强，导致我们观察到的"U"型曲线的上升部分并不准确。因此，本文采用坡度距离作为方言距离的工具变量，进行进一步的稳健性检验。

坡度是衡量地形条件的重要指标，而地形条件是导致方言分割、形成方言距离的重要自然因素。一般而言，地形差异大的两地，在历史进程中会由于交通不便等因素沟通较少，进而形成相对封闭的小区域，产生各自的文化集聚，也就形成了不同的方言。因此采用坡度距离作为方言距离的工具变量具备相关性的要求。与此同时，坡度作为自然条件是天然形成的，除了通过影响方言距离而影响社会融合，没有其他的途径满足外生性的要求。基于此，我们利用封志明等(2007、2014)测量的坡度数据，计算了样本个体流入地与流出地之间的坡度距离作为方言距离的工具变量。

表8展示了工具变量第一阶段和第二阶段的回归结果。无论一次项或二次项，坡度距离都与方言距离在1%的显著性水平上正相关，弱工具变量检验的F统计量远高于10，否定了弱工具变量的原假设。第二阶段的回归结果与本文的基本结论保持一致，并且均通过了1%的显著性检验，足以证明结论的稳健性。

表 8　　　　　　　　　　　工具变量回归结果

变量	distance (1)	distance² (2)	R_{eco} (3)	R_{soc} (4)	R_{reg} (5)	R_{psy} (6)	R_{com} (7)
podu	0.164*** (0.001)						
podu²		0.027*** (0.001)					
distance			−0.040*** (0.008)	−1.209*** (0.088)	−0.492*** (0.067)	−1.016*** (0.073)	−0.170*** (0.055)
distance²			0.408*** (0.030)	0.140*** (0.023)	0.325*** (0.025)	0.054*** (0.019)	
控制变量	Yes	Yes	Yes	Yes	Yes	Yes	Yes
样本量	166 071	166 071	166 071	166 071	166 071	166 071	166 071
调整 R^2	0.438	0.488	0.468	0.076	0.253	−0.325	0.142
F 统计量	2 647.146***	3 229.062***					

注：***、**、* 分别表示在1%、5%、10%的显著性水平上显著；括号中为异方差稳健标准误。

五、异质性分析

（一）流出地性质不同引起的方言距离影响差异

个体特征的差异导致方言距离的认同效应和互补效应的力量大小不一致，最终表现为方言距离作用的直线（曲线）形态不一致。流出地是城市还是农村对方言距离的两重效应有着不同的影响。一方面，流出地为城市的群体在当地建立强大社会关系网络和当地制度保障的收益，相对于流出地为农村的群体更小，方言距离互补效应的正效应更弱。换句话说，流出地为农村的群体积极融入当地社会，运用家庭、朋友、制度保障自己在与家乡方言距离较远的异乡"改变命运"的变化较流出地为城市的群体更为显著。这一差别在社会关系融合、制度融合方面体现得更为明显，也意味着在这两个层面上，流出地为城市的群体方言距离影响的"U"型曲线拐点要晚于流出地为农村的群体。另一方面，流出地为城市的群体成长环境和思想通常更为开放，对不同方言地区的异质性文化接受度更高，表现为方言距离认同效应的负效应较弱；而流出地为农村的群体传统思想和习俗保留得更多，流入地异质性文化的冲击更为突出，表现为方言距离认同效应的负效应较强。这一差别在心理和文化融合、社区融合方面体现得更为明显，也意味着在这两个层面上，流出地为城

表9 流出地性质分组回归结果

变量	R_{eco} (1)	R_{eco} (2)	R_{soc} (3)	R_{soc} (4)	R_{reg} (5)	R_{reg} (6)	R_{psy} (7)	R_{psy} (8)	R_{com} (9)	R_{com} (10)
distance	-0.005*** (0.003)	-0.011*** (0.004)	-0.035*** (0.005)	-0.024*** (0.009)	-0.130*** (0.006)	-0.106*** (0.012)	-0.098*** (0.004)	-0.083*** (0.008)	-0.022*** (0.005)	-0.053*** (0.011)
distance²			0.018*** (0.002)	0.009*** (0.003)	0.031*** (0.002)	0.022*** (0.003)	0.017*** (0.001)	0.015*** (0.002)	0.006*** (0.001)	0.015*** (0.003)
控制变量	Yes	Yes	Yes	Yes	Yes	Yes	Yes	Yes	Yes	Yes
拐点			0.972	1.333	2.097	2.409	2.882	2.767	1.833	1.767
MEM			0.025	0.005	-0.027	-0.035	-0.042	-0.035	-0.002	-0.005
样本量	128 586	37 485	128 586	37 485	128 586	37 485	128 586	37 485	128 586	37 485
调整 R^2	0.46	0.494	0.404	0.462	0.234	0.307	0.072	0.08	0.118	0.182

注：***、**、* 分别表示在1%、5%、10%的显著性水平上显著；括号中为异方差稳健标准误。

市的群体方言距离影响的"U"型曲线拐点要早于流出地为农村的群体。

表9展示了分别对流出地为农村的个体以及流出地为城市的个体的分组回归结果,其中奇数列为农村样本,偶数列为城市样本。估计系数除(1)列为在5%的显著性水平上显著外,均通过了1%的显著性检验。直观来看,方言距离在农村和城市样本中的影响确实不同,并且符合上述的理论分析结果。此外,我们还发现,方言距离对经济融合的抑制作用对流出地为城市的样本要大于流出地为农村的样本。为检验组间差异确实存在,我们进行了费舍尔组合检验,通过重复100次抽样的Bootstrap证实了各系数差异均通过了1%的显著性检验。

(二) 年龄不同引起的方言距离影响差异

流利掌握普通话的能力能够帮助流动劳动力人口克服方言距离差异,更好地融入当地社会,削弱方言距离带来的认同效应,因此普通话能力的差异将可能导致方言距离对流动劳动力人口社会融合程度的差异,并且这种差异应当在劳动力市场和社区交往中表现得更为显著。由于本文适用的数据集中没有与普通话能力直接相关的问题,我们采用年龄作为划分普通话能力的分组标准。1956年国务院发布《关于推广普通话的指示》后,普通话才开始在全国范围内推广。而这一政策在1980年前后才真正被很好地执行起来,直至2001年《中华人民共和国国家通用语言文字法》正式施行,确立了普通话"国家通用语言"的法定地位,普通话得以最大程度的普及。参考钱文荣和李宝值(2013)的做法,将1980年之前出生的流动人口归为第一代流动人口,将1980年及以后出生的流动人口归为第二代流动人口,两代流动人口中的差异除普通话能力外,还包括思想观念等,但都表现为第二代流动人口方言距离的认同效应更弱,以此为标准进行分组回归具备合理性。

表10展示了分组回归结果,其中奇数列为1980年之前出生的样本,偶数列为1980年之后出生的样本。估计系数除(2)列为在5%的显著性水平上显著外,其余均通过了1%的显著性检验。方言距离对1980年后出生的流动劳动力人口经济融合的抑制作用小于对1980年前出生的流动劳动力人口。并且除心理和文化融合层面外,方言距离对1980年后出生的样本的影响均表现为拐点的前移,对应的是认同效应的削弱。这一差异同样在1%的显著性水平上通过了费舍尔组合检验。

表10　年龄分组回归结果

变量	R_{eco} (1)	R_{eco} (2)	R_{soc} (3)	R_{soc} (4)	R_{reg} (5)	R_{reg} (6)	R_{pay} (7)	R_{pay} (8)	R_{com} (9)	R_{com} (10)
distance	-0.010*** (0.003)	-0.006*** (0.003)	-0.025*** (0.007)	-0.033*** (0.006)	-0.129*** (0.008)	-0.114*** (0.007)	-0.098*** (0.006)	-0.090*** (0.005)	-0.026*** (0.007)	-0.031*** (0.006)
$I(distance2)$			0.012*** -0.002	0.018*** -0.002	0.029*** -0.002	0.028*** -0.002	0.018*** -0.002	0.015*** -0.001	0.007*** -0.002	0.009*** -0.002
控制变量	Yes	Yes	Yes	Yes	Yes	Yes	Yes	Yes	Yes	Yes
拐点			1.042	0.917	2.224	2.036	2.722	3	1.857	1.722
MEM			0.015	0.026	-0.033	-0.022	-0.039	-0.041	-0.003	-0.002
样本量	67 742	98 329	67 742	98 329	67 742	98 329	67 742	98 329	67 742	98 329
调整 R^2	0.454	0.480	0.329	0.486	0.197	0.323	0.073	0.088	0.126	0.160

注：***、**、* 分别表示在1%、5%、10%的显著性水平上显著；括号中为异方差稳健标准误。

六、研究结论与政策性建议

在我国实现第二个百年奋斗目标的伟大征程上,流动人口的社会融合对维护社会稳定、促进社会结构转型、激发城市发展活力和提升人民群众幸福感具有重要意义。本文从方言距离的视角切入,考察了流入地与流出地的方言距离对流动劳动力人口社会融合的影响。理论上,本文引入了方言距离的认同效应和互补效应两个概念,解释了方言距离对不同维度的社会融合产生线性(负相关)和非线性("U"型)影响的作用机制。实证上,本文基于CMDS 2017数据,运用主成分分析法构建了衡量流动劳动力人口社会融合程度的五维指标体系,并基于广义方言的定义重新测算了涵盖中国汉语及非汉语地区的地级市/省直辖县级市两两之间的方言距离,运用上述两项指标检验了方言距离对流动劳动力人口社会融合的线性和非线性模式。

本文实证发现:① 方言距离抑制流动劳动力人口的经济融合,呈现出线性模式,当其他条件不变时,方言距离每增加1,经济融合指数降低0.007;② 方言距离先抑制后促进流动劳动力人口的社会关系融合、制度融合、心理和文化融合以及社区融合,呈现出非线性("U"型)模式,作用拐点均发生在跨越方言片而未跨越方言大区处,其中,社会关系融合以及社区融合发生的拐点早于制度融合以及心理和文化融合;③ 在非线性("U"型)模式中,方言距离的平均边际效应表现为促进社会关系融合,抑制制度融合、心理和文化融合以及社区融合;④ 流出地性质不同引起方言距离影响的差异,对于流出地为农村的群体,方言距离对社会关系融合以及制度融合作用拐点的发生早于流出地为城市的群体,方言距离对心理和文化融合以及社区融合作用的拐点发生晚于流出地为城市的群体;⑤ 年龄不同引起方言距离影响的差异,方言距离对经济融合的抑制作用对1980年前出生的人口更为明显,相应的社会关系融合、制度融合以及社区融合作用发生的拐点也晚于1980年后出生的人口。

基于以上研究结论,我们提出了关于社会融合方言方面的建议。第一,加强对方言以及当地文化的宣传,开展面向流动人口的相关活动,增进其对地域文化的理解;第二,倡导推广普通话,削弱方言距离的隔阂,如在本地电视台节目中加入普通话字幕;第三,打破劳动力市场歧视,弘扬公平竞争的良好氛围,树立正确语言观,提高城市的开放度与包容度;第四,出台相应规章文件,落实流动人口制度保障,提升制度融合水平,重点关注近方言距离流动人口的制度融合水平;第五,社区组织敞开大门,鼓励流动人口积极参与社区治理、志愿服务,提升社区融合水平;第六,树立正确的语言观念,提高本地市民接受外地语言的程度,强化语言的沟通属性,塑造共建共治共享的融合型社会治理格局。

参 考 文 献

[1] Adserà A, Pytliková M, 2015. The role of language in shaping international migration[J]. Economic Journal, 125(586): F49 – F81.

[2] Bartz K, Fuchs-Schündeln N, 2012. The role of borders, languages, and currencies as obstacles to labor market integration[J]. European Economic Review, 56(6): 1148 – 1163.

[3] Brunow S, Brenzel H, 2012. The effect of a culturally diverse labour supply on regional income in the EU[J]. Empirica, 39(4): 461 – 485.

[4] Chen Z, Lu M, Xu L, 2014. Returns to dialect: identity exposure through language in the Chinese labor market[J]. China Economic Review, 30: 27 – 43.

[5] Cotter W, Horesh U, 2015. Social integration and dialect divergence in coastal palestine[J]. Journal of Sociolinguistics: 1 – 24.

[6] Falck O, Heblich S, Lameli A, et al, 2012. Dialects, cultural identity, and economic exchange[J]. Journal of Urban Economics, 72: 225 – 239.

[7] Hong L, Page S E, 2001. Problem solving by heterogeneous agents[J]. Journal of Economic Theory, 97(1): 123 – 163.

[8] Kallen H M, 1956. Cultural pluralism and the american idea: an essay in social philosophy[J]. philadelphia: University of Pennsylvania Press.

[9] Kearns A, Whitley E, 2015. Getting there? The effects of functional factors, time and place on the social integration of migrants[J]. Journal of Ethnic and Migration Studies, 41(13): 2105 – 2129.

[10] Mayr K, Böheim R, Horvath T, 2013. Birthplace diversity of the workforce and productivity spill-overs in firms[C]. VfS Annual Conference 2013 (Duesseldorf): Competition Policy and Regulation in a Global Economic Order 79890, Verein für Socialpolitik/ German Economic Association.

[11] Mcpherson M, Smith-Lovin L, Cook J M, 2001. Birds of a feather: homophily in social networks[J]. Annual Review of Sociology, 27: 415 – 444.

[12] Park R E, Burgess E W, 1970. Introduction to the science of sociology: including an index to basic sociological concepts[M]. Chicago: University of Chicago Press.

[13] Pendakur K, Pendakur R, 2010. Language as both human capital and ethnicity[J]. International Migration Review, 36(1): 147 – 177.

[14] 曹志耘,2008.汉语方言地图集[M].北京:商务印书馆.

[15] 褚荣伟,熊易寒,邹怡,2014.农民工社会认同的决定因素研究:基于上海的实证分析[J].社会,34(4):24.

[16] 樊中元,2011.农民工语言认同的实证研究[J].社会科学家(10):4.

[17] 封志明,唐焰,杨艳昭,等,2007.中国地形起伏度及其与人口分布的相关性[J].地理学报,62(10):10.

[18] 封志明,杨艳昭,游珍,等,2014.基于分县尺度的中国人口分布适宜度研究[J].地理学报,69(6):723 – 737.

[19] 高翔,龙小宁,2016.省级行政区划造成的文化分割会影响区域经济吗?[J].经

济学(季刊),15(1):28.

[20] 韩清林,2006.语言的强势同化规律与强势语言的先进生产力作用[J].语言文字应用(1):8.

[21] 黄匡时,嘎日达,2010."农民工城市融合度"评价指标体系研究——对欧盟社会融合指标和移民整合指数的借鉴[J].西部论坛,20(5):10.

[22] 金江,尹菲菲,张莉,2017.方言能力与流动人口的借贷机会——基于CLDS的经验研究[J].南方经济(9):18.

[23] 雷昊,王善高,姜海,2020.语言能力对劳动者收入的影响效应研究——基于外语、普通话和方言的实证分析[J].西北人口,41(6):10.

[24] 李秦,孟岭生,2014.方言、普通话与中国劳动力区域流动[J].经济学报(4):17.

[25] 刘毓芸,徐现祥,肖泽凯,2015.劳动力跨方言流动的倒U型模式[J].经济研究,50(10):14.

[26] 卢盛峰,陈悦,2019.语言的力量:讲本地话增进了流动人口的社会融合吗?[J].经济科学(4):11.

[27] 鲁永刚,张凯,2019.地理距离、方言文化与劳动力空间流动[J].统计研究,36(3):88-99.

[28] 马双,赵文博,2019.方言多样性与流动人口收入——基于CHFS的实证研究[J].经济学(季刊)(1):22.

[29] 钱文荣,李宝值,2013.初衷达成度、公平感知度对农民工留城意愿的影响及其代际差异——基于长江三角洲16城市的调研数据[J].管理世界(9):13.

[30] 任远,邬民乐,2006.城市流动人口的社会融合:文献述评[J].人口研究,30(3):8.

[31] 唐曼萍,李后建,2019.普通话技能的农户减贫效应研究——基于西部民族地区经济社会的调查[J].中国经济问题(2):15.

[32] 王海霞,王钦池,2020.方言能力如何影响流动人口收入?——基于中国劳动力动态调查数据[J].人口与发展,26(2):13.

[33] 吴丹丽,2020.基于词汇语音距离的汉语方言计算分析[D].天津:天津师范大学.

[34] 许宝华,宫田一郎,1999.汉语方言大词典[M].北京:中华书局.

[35] 薛艳,2016.基于分层线性模型的流动人口社会融合影响因素研究[J].人口与经济(3):11.

[36] 杨菊华,2015.中国流动人口的社会融入研究[J].中国社会科学(2):19.

[37] 叶静怡,周晔馨,2010.社会资本转换与农民工收入——来自北京农民工调查的证据[J].管理世界(10):13.

[38] 张卫国,2008.作为人力资本、公共产品和制度的语言:语言经济学的一个基本分析框架[J].经济研究(2):11.

[39] 张卫国,李晓文,2021.语言能力与择地就业质量——基于普通话的工资效应及其地域差异的考察[J].宏观质量研究,9(5):13.

[40] 张文宏,雷开春,2008.城市新移民社会融合的结构、现状与影响因素分析[J].社会学研究(5):25.

[41] 郑锦全,1994.汉语方言沟通度的计算[J].中国语文(1):9.

[42] 周皓,2012.流动人口社会融合的测量及理论思考[J].人口研究,36(3):11.

饮酒行为背后的经济动机

——基于 CHNS 数据的实证分析

吴津琪[*]

【摘要】 酒精的危害早已被各类医学研究证明,但近年来,中国的饮酒率仍然居高不下。除了自古以来酒文化氛围的影响,饮酒行为的背后是否还有其经济动机?本文在总结前人研究经验的基础上,采用中国健康和营养调查(CHNS)的非平衡面板数据,应用混合 OLS 与固定效应模型进行回归分析,验证了饮酒对收入的正向关系;并对样本饮酒量进行了大致估算后,再次应用回归分析考察了饮酒量与收入之间的倒"U"型关系,其结果在混合 OLS 回归下显著,在固定效应模型回归下不显著。上述结论均通过了替换解释变量的稳健性检验。此外,本文还依据地区与性别分出北方男性、北方女性、南方男性、南方女性等 4 个子样本并再次进行混合 OLS 回归,发现饮酒量与收入的倒"U"型关系在北方男性群体中十分显著,在北方女性中较为显著,而在南方男性与南方女性中均不显著,并猜测是饮酒的社交功能差异导致的结果。最后,本文总结了上述结论并分析了研究的不足,提出了进一步的研究方向与可能。

【关键词】 饮酒　饮酒量　收入　面板数据　实证分析

一、引　　言

在中国,酒是餐桌上必不可少的饮品,饮酒之风自古盛行至今。早在几千年前,中华大地上的人们就已经掌握了人工酿酒的技术,一切关于酒的习俗文化传统由此诞生。在古代诗歌里,酒是诗人们运用得最得心应手的意象之一:无论是"劝君更尽一杯酒"的离别饯行,还是"莫使金樽空对月"的狂欢畅饮,酒的丰富文化意蕴都滋养着古往今来一代代人的成长。

但是,从当代科学的视角来看,饮酒的危害可能远远超过人们的想象。酒精能够大大增加心脑血管疾病、神经精神疾病、糖尿病以及癌症等的患病风险,且已被世界卫生组织列为 1 类致癌物。随着与酒精相关的医学研究不断深入,"适度饮酒"也已被证明是个谎言,饮酒的安全剂量应当为 0。此外,酒精对神经系统的作用致使酒后自残、交通事故、人际暴力等行为的增加,也带来了更严重的个人与社会安全问题。Griswold et al. (2018)基于 1990—2016

---

[*] 吴津琪,南京大学商学院经济学系 2019 级本科生。

年全球饮酒数据分析得到的统计结论表明,以致死人数和致病伤残调整寿命年数(Disability Adjusted Life Year,DALY)为标准,饮酒行为位列健康风险行为的第七位,且在控制老龄化带来的影响外,饮酒的致死风险在15—49岁的人群中更是位列第一。

然而,近年来,我国居民的饮酒率仍然不断上升。根据国内的相关调查测算,2016年,我国15岁以上饮酒率高达55.9%,年人均饮酒量高达12.7升纯酒精,其中男性的数据均明显高于女性。据世界卫生组织测算,2016年,我国年人均饮酒量为7.2升纯酒精,较之全球的年人均饮酒量6.4升高12.5%。既然酒精对人们的生命健康有百害而无一利,为什么我国居民的饮酒情况仍然如此普遍呢?除了传统文化氛围的影响外,饮酒行为的背后或许还有其经济动机,更具体地表述,饮酒可能会对人们的收入产生影响。本文将对此展开研究。

本文可能的边际贡献在于:第一,使用最新的CHNS面板数据,丰富了饮酒对收入影响的国内相关研究;第二,国内文献中首次系统研究了饮酒量与收入之间的倒"U"型关系,且结论通过了稳健性检验;第三,对饮酒量与收入的关系根据地区、性别等分人群进行了异质性分析,获得了更丰富、准确的研究结论;第四,在总结本文结论的基础上,提出了进一步研究的方向与可能。

本文其他部分的安排如下:第二部分是对国内外相关文献研究的回顾;第三部分是研究模型的设定,以及研究数据的处理;第四部分是具体实证结果的展示与分析;第五部分是稳健性检验与异质性分析;第六部分是总结文章的结论与不足,并提出延伸性思考。

二、文献综述

国外对饮酒和收入关系的研究较为丰富,并且大部分文献都证明了饮酒对收入有正向作用。如Berger & Leigh(1988)利用美国1972—1973年的数据考虑了样本选择的偏差,证明了饮酒者能够比非饮酒者获得更高的收入,这是经济学家研究饮酒和收入关系的首次尝试。

但是对饮酒对收入正向作用的具体途径,经济学家们通过研究得出了不同的结论。最普遍的结论是,饮酒与收入之间存在倒"U"型关系。在一定范围内饮酒对收入有正向作用,但超出这一范围之后,饮酒量的增加会使收入下降,即存在"适量"饮酒的情况。French & Zarkin(1995)调查了美国4个工地雇工的相关情况,发现每天饮1.5~2.5杯酒的雇工能够比不饮酒或过量饮酒的雇工挣得更高的工资。Heien(1996)通过对微观数据的估计,也得到了适量饮酒者能拥有更高收入的相似结论。Hamilton & Hamilton(1997)研究了加拿大男性的数据,发现适量饮酒者的收入高于不饮酒者或过量饮酒者,并且过量饮酒者的教育回报更低。Barrett(2000)对澳大利亚1989—1990年的国民健康调查数据应用多项式 Logit 模型回归后发现,适量饮酒能够带来显著的收入增加,并将其原因归结为适量饮酒有益健康。Lee(2003)分析了澳大利亚双胞胎登记处的数据,也发现适量饮酒能够改善健康状况,从而提高饮酒者的收入。

然而,也有一些研究表明,虽然饮酒能使收入增加,但饮酒量与收入之间并不存在倒"U"型关系,大量饮酒并不会减弱甚至还可能增强饮酒对收入的正向作用。Kenkel & Ribar(1994)通过工具变量法对美国青年面板数据进行估计后发现,大量饮酒和过度饮酒分别使美国青年的收入增长 12% 和 30%。Zarkin 等(1998)则发现饮酒能使收入增长 7% 左右,且这一作用在一个相当大的饮酒量范围内都适用,因此难以证明饮酒与收入之间存在倒"U"型关系。Auld(2005)对 1991 年加拿大常规社会调查数据应用极大似然估计后发现,适量饮酒者的收入比不饮酒者高 10%,而大量饮酒者能比不饮酒者高 12%。

另外,还有非常少量的文献表明饮酒对收入具有负向影响,如 Mullahy & Sindella(1993)认为饮酒会降低劳动力的市场供给从而降低收入。

目前为止,国内对饮酒与收入关系的研究还非常少。尹志超、甘犁(2010)以家庭其他成员饮酒比例作为工具变量,主要利用有限信息极大似然估计法研究了 1989—2006 年的 CHNS 数据,饮酒者的个人收入比不饮酒者高 7.43%,且可能通过饮酒改善社会交往等功能提高工资收入。张西贝(2014)同样使用了 CHNS 数据,但应用了混合 OLS 和随机效应模型研究饮酒对居民及其配偶收入的影响,发现经常饮酒可以通过巩固人际交往以显著地提高收入,并在一定情况下也能提高配偶的收入。

综上所述,饮酒对收入具有正向影响,且很有可能呈现倒"U"型的影响路径。鉴于国内的相关文献仍然较少,且尚未有对饮酒量与收入倒"U"型关系的研究。因此,本文将尝试采用一定的方法从最新的 CHNS 数据中提取出饮酒量变量,并建立适当的回归模型来分析饮酒量与收入的关系。

三、模型设定与数据处理

(一) 模型设定

本文的模型建立在 Mincer 收入模型(1974)的基础上,通过引入与问题相关的解释变量来实现。基本的 Mincer 模型如下:

$$\ln \text{Income}_i = \beta_0 + \beta_1 \text{educ}_i + \beta_2 \text{exper}_i + \beta_3 \text{exper}_i^2 + u_i$$

本文首先验证饮酒是否会对收入产生影响,在 Mincer 收入模型中加入饮酒哑变量 drink_i(饮酒取 1,不饮酒取 0),同时加入其他控制变量,记为 X_i,则有:

$$\ln \text{Income}_i = \beta_0 + \beta_1 \text{educ}_i + \beta_2 \text{exper}_i + \beta_3 \text{exper}_i^2 + \beta_4 \text{drink}_i + \sum \gamma_i X_i + u_i$$

其次,研究饮酒量与收入之间存在的关系,猜想二者之间很可能呈倒"U"型关系,因此加入饮酒量变量alcohol_i与其二次方变量alcohol_i^2,同样加入其他控制变量,则有:

$$\ln \text{Income}_i = \beta_0 + \beta_1 \text{educ}_i + \beta_2 \text{exper}_i + \beta_3 \text{exper}_i^2 + \beta_4 \text{alcohol}_i + \beta_5 \text{alcohol}_i^2 + \sum \gamma_i X_i + u_i$$

(二) 数据处理

本文所采用的数据为1989—2015年中国健康和营养调查数据(China Health and Nutrition Survey,CHNS),由中国疾病预防控制中心营养与食品安全所和美国北卡罗来纳大学人口中心每隔几年合作调查得到。其数据样本由多阶段随机聚类方法从地理、经济发展等指标相差较大的12个省市①中筛取,囊括约7 200个家庭共3万余人,并跟踪调查人口学资料、工作收入、烟酒茶饮食习惯等,于1989年、1991年、1993年、1997年、2000年、2004年、2006年、2009年、2011年、2015年等共进行10次,因此构成了信息丰富的面板数据。但跟踪调查过程中会由于某些因素导致旧样本跟丢与新样本加入,因此其面板并不平衡。根据其特征,本文将采用混合OLS与固定效应模型进行回归分析并相互参照。

首先是对收入变量ln Income的处理。CHNS问卷记录了受访者从事农、林、渔、商等各类行业的总收入,并以消费物价指数予以调整。因此,本文采用的是CHNS直接提供的调整至2015年CPI水平的数据。

其次是对饮酒哑变量drink和饮酒量变量alcohol的处理。CHNS问卷中有关于过去一年是否饮酒的问题,可据此直接生成饮酒哑变量drink。而对于饮酒量alcohol,CHNS问卷关于饮酒行为的问题中,分别记录了受访者平均每周饮用啤酒(beer)、葡萄酒(wine)和白酒(liquor)的情况,其中啤酒记录单位为600毫升/瓶,葡萄酒与白酒的记录单位均为两(50 g)。为了得到总的饮酒量以便于分析,本文根据我国各类酒的酒精含量范围,粗略计算了三种饮酒情况中分别摄入的酒精量,并予以加总。其方法如下:取啤酒的酒精含量为3%,其酒精量计算公式为"饮用瓶数×600毫升/瓶×3%";取葡萄酒的酒精含量为12%,并令一两葡萄酒的体积近似为50毫升,其酒精量计算公式为"饮用两数×50毫升/两×12%";白酒酒精含量取50%,酒精浓度高,因此一两白酒的体积应近似为55毫升,其酒精量计算公式为"饮用两数×55毫升/

---

① CHNS官网介绍有15个省市,但其中3个省份在2015年以后才加入调查,且官网目前只提供至2015年的数据,因此本文真正采用的数据仅囊括12个省市。并且在这12个省市中,只有9个省市有1989—2015年的全部调查数据,另外3个省市在2011年及以后才加入调查。

两×50%"。

然后是对 Mincer 模型中的其他解释变量的处理。对于受教育年限 educ，CHNS 问卷得到的回答是 x 年小学、x 年初中、x 年中专、x 年高中、x 年大学等选项(如3年小学,2年高中等),因此,将 x 年小学处理为 x 年受教育年限,x 年初中处理为 $x+6$ 年,x 年中专或高中处理为 $x+9$ 年,x 年大专或大学处理为 $x+12$ 年。对于工作年限则参考张西贝(2014)在论文中的计算方法,假定个体在学校毕业后便开始积累工作经验,因此工作年限为当前年龄减去受教育年限再减去入学年龄①，同时假定入学年龄为6岁,即:

$$\text{exper}_i = \text{age}_i - \text{educ}_i - 6$$

最后是对一些控制变量的处理。本文选择的控制变量有年份哑变量、职业哑变量、性别哑变量 male、城乡哑变量 urban、地区哑变量 north 等。前四者都由 CHNS 中的变量直接得到；而地区哑变量 north 则是考虑到我国南北地区的经济发展水平、饮酒文化习惯等差异,因此依秦岭—淮河一线将涉及的省份分为南、北两个地区。

以下为本文所采用的变量的定义与描述性统计(见表1和表2)。

表1 变量的定义

变量	定义
ln Income	个人收入的对数(CPI 指数调整后)
drink	=1 饮酒；=0 不饮酒
alcohol	平均每周饮用酒精饮料中的酒精总摄入量
alcohol2	酒精摄入量的平方项
educ	受教育年限
exper	工作年限
exper2	工作年限的平方项
male	=1 男性；=0 女性
urban	=1 城市；=0 乡村
north	=1 北方；=0 南方
i.year	年份哑变量
i.job	职业哑变量

---

① 因此,为避免完全多重共线性,年龄变量 age 将不作为控制变量参与后续回归分析。

表2　　　　　　　　　　　变量的描述性统计

变　量	N	mean	sd	min	max	p25	p50	p75
ln Income	80,988	8.818	1.303	0.361	15.33	8.058	8.885	9.747
drink	72 544	0.360	0.480	0.000	1	0	0	1
alcohol	21 535	250.8	337.5	0.000	3 185	54	126	310
alcohol2	21 535	176 764	537 396	0.000	1.014e+07	2 916	15 876	96 100
educ	75 737	7.470	4.258	0.000	18	5	9	11
exper	58 152	27.25	14.55	0.000	85	16	26	37
exper2	58 152	954.1	917.9	0.000	7 225	256	676	1 369
male	78 378	0.500	0.500	0.000	1	0	1	1
urban	78 378	0.329	0.470	0.000	1	0	0	1
north	82 604	0.391	0.488	0.000	1	0	0	1

四、实证结果分析

（一）相关性分析

表3中，为本文所采用的变量的相关系数矩阵。第1列为收入对数与其他变量之间的相关系数，均在1%的显著性水平上显著，说明本文的被解释变量与解释变量、控制变量均有显著的相关关系。其中，ln Income 与 drink 的相关系数为正，说明饮酒能使收入得到提高，这与文献综述的结论相同；ln Income 与 alcohol2 的相关系数为负，说明饮酒量与收入之间存在倒"U"型关系，也初步印证了本文的猜想。接下来，本文将对变量进行回归分析，从而得到更准确的结论。

表3　　　　　　　　　　　变量的相关性分析

变　量	ln Income	educ	exper	exper2	drink	alcohol	alcohol2	male	urban	north
ln Income	1									
educ	0.382***	1								
exper	-0.032***	-0.554***	1							
exper2	-0.082***	-0.560***	0.958***	1						
drink	0.073***	0.125***	0.019***	-0.00400	1					
alcohol	-0.054***	-0.092***	0.158***	0.136***	0.00800	1				
alcohol2	-0.045***	-0.070***	0.111***	0.096***	0.00500	0.904***	1			
male	0.110***	0.194***	-0.00200	-0.00500	0.535***	0.171***	0.100***	1		
urban	0.235***	0.345***	-0.163***	-0.174***	0.007*	-0.105***	-0.081***	0.00500	1	
north	0.016***	0.107***	-0.047***	-0.061***	0.020***	-0.020***	-0.029***	0.010***	0.007*	1

注：括号内为 t 统计量；***、**、* 分别表示在0.1%、1%、5%的显著性水平上显著；各回归均使用异方差-稳健标准误。

（二）饮酒行为对收入的影响

表 4　饮酒对收入影响的混合 OLS 与固定效应回归

ln Income	(1) OLS1	(2) OLS2	(3) OLS3	(4) OLS4	(5) FE1	(6) FE2
educ	0.160*** (0.001)	0.151*** (0.002)	0.151*** (0.002)	0.029*** (0.002)	0.082*** (0.004)	0.087*** (0.024)
exper	0.060*** (0.001)	0.060*** (0.001)	0.060*** (0.001)	0.040*** (0.001)	0.126*** (0.003)	0.119*** (0.024)
exper2	−0.001*** (0.000)	−0.001*** (0.000)	−0.001*** (0.000)	−0.001*** (0.000)	−0.001*** (0.000)	−0.001*** (0.000)
drink	0.019* (0.010)	0.018 (0.012)	0.024** (0.010)	0.080*** (0.009)	0.046*** (0.015)	0.031** (0.014)
male		0.011 (0.012)				
urban		0.197*** (0.012)	0.196*** (0.012)	−0.091*** (0.010)		
north		−0.093*** (0.010)	−0.093*** (0.010)	−0.115*** (0.009)		
Constant	6.590*** (0.024)	6.649*** (0.024)	6.651*** (0.024)	8.128*** (0.033)	5.540*** (0.050)	6.119*** (0.585)
Year FE				YES	YES	YES
Job FE				YES	YES	YES
Observations	52 175	52 175	52 175	51 643	52 175	51 643
调整 R^2	0.221	0.226	0.226	0.475	0.243	0.286
Number of IDind					19 007	18 950

注：括号内为 t 统计量；***、**、* 分别表示在 0.1%、1%、5% 的显著性水平上显著；各回归均使用异方差-稳健标准误。

表 4 中 (1) ~ (4) 列为在 Mincer 模型中加入饮酒哑变量 drink，并逐步加入控制变量进行混合 OLS 回归所得到的结果。其中，(1) 列的回归仅加入 drink 哑变量，回归系数为正，但仅在 10% 的显著性水平上显著。在 (2) 列中，加入控制变量 male、urban 与 north，发现 drink 与 male 的回归系数都不显著。结合表 3 相关性分析中 drink 与 male 的相关系数显著达 0.5 以上，猜测二者之间有较强的线性关系并影响了回归的结果，因此删去 male 变量再次进行回归，得到 (3) 列结果。在 (3) 列中，加入控制变量 male 与 urban 后，drink 的回归系数显著性水平达到了 5%，调整 R^2 与 (2) 列相同且高于 (1) 列。(4) 列的

回归控制了年份与职业固定效应,drink 的回归系数为 0.8,在 1% 的显著性水平上显著,调整 R^2 也大大提高,说明回归结果更加准确。因此,混合 OLS 的结果表明饮酒能使收入提高约 8% 左右。

表 4 中(5)~(6)列为以受访者个人 ID 为个体固定效应、受访时间 year 为时间固定效应进行的面板数据回归所得到的结果。由于固定效应模型无法估计不随时间改变的自变量的系数,因此 male、urban、north 等控制变量被删去。(5)列为仅控制个体固定效应的回归结果,(6)列为双向固定效应以及加入职业固定效应后的回归结果,其中 drink 的回归系数均显著。但(6)列的 drink 估计系数为 0.031,明显小于(4)列的 0.080,考虑是个体效应的异质性解释所引起的差异;(6)列的调整 R^2 同样明显小于(4)列,说明模型的解释程度不如 OLS 更充分。

综上所述,饮酒能使收入提高 3.1%~8%。

(三) 饮酒量与收入的关系

表 5 所示为饮酒量与收入关系的混合 OLS 与固定效应回归结果。由于在回归过程中发现饮酒量系数过小,因此将变量 alcohol 进行缩小 1‰处理,alcohol2 相应进行缩小 0.01‰处理。

(1)列为在 Mincer 模型中加入饮酒量及其平方变量进行 OLS 回归,饮酒量变量 alcohol 的估计系数在 1% 的显著性水平上显著,但其平方变量 alcohol2 的系数并不显著。(2)列为加入控制变量与年份固定效应、职业固定效应的 OLS 回归,调整 R^2 明显提高,alcohol 回归系数大于 0 且在 5% 的显著性水平上显著,alcohol2 回归系数小于 0 但仅在 10% 的显著性水平上显著,说明有可能但不能非常确定存在倒"U"型关系。

(3)列为加入饮酒量及其平方变量的个体固定效应面板数据回归,(4)列在(3)列的基础上加入了时间固定效应与职业固定效应。两列的结果都显示饮酒量及其平方变量的回归系数并不显著,尤其是在(4)列中加入时间与职业固定效应后,educ 与 exper 的回归系数竟然也变得不显著,说明模型可能存在多重共线性、遗漏变量偏差或其他内生性问题,也可能与 CHNS 面板数据本身的不平衡特征有关,因此不具备太大的参考价值。这里受到数据的限制,暂时不做进一步的研究。

综上所述,饮酒量与收入之间的倒"U"型关系可能存在但并不十分明确。本文将在接下来的分析中进行进一步探讨。

表5　　　饮酒量与收入关系的混合 OLS 与固定效应回归

变量	(1) OLS1	(2) OLS2	(3) FE1	(4) FE2
educ	0.150*** (0.003)	0.031*** (0.003)	0.094*** (0.009)	0.046 (0.047)
exper	0.051*** (0.003)	0.035*** (0.002)	0.128*** (0.005)	0.066 (0.047)
exper2	-0.001*** (0.000)	-0.001*** (0.000)	-0.001*** (0.000)	-0.001*** (0.000)
alcohol/103	-0.241*** (0.067)	0.136** (0.060)	0.082 (0.083)	0.132 (0.081)
alcohol2/106	0.071 (0.045)	-0.070* (0.041)	-0.033 (0.055)	-0.052 (0.053)
male		-0.058** (0.023)		
urban		-0.050*** (0.018)		
north		-0.021 (0.015)		
Constant	7.037*** (0.050)	8.294*** (0.061)	5.447*** (0.111)	7.372*** (1.235)
Year FE		YES		YES
Job FE		YES		YES
Observations	16 780	16 621	16 780	16 621
调整 R^2	0.181	0.446	0.228	0.269
Number of ID			8 181	8 155

注：括号内为 t 统计量；***、**、* 分别表示在 0.1%、1%、5% 的显著性水平上显著；各回归均使用异方差-稳健标准误。

五、稳健性检验与异质性分析

（一）稳健性检验

CHNS 关于饮酒的问卷中还有一个饮酒频率的问题,其回答为"几乎每天喝酒"等 5 个选项。因此,本文据此生成相应哑变量,令它们代替饮酒哑变量 drink 作为核心解释变量再次进行回归,以作为稳健性检验佐证饮酒对收入的正向作用。而对于饮酒量与收入关系的检验,由于前述数据处理中提到 CHNS 问卷有啤酒、葡萄酒、白酒的三个饮酒量问题,且白酒饮用的人数较前两者更多一些,因此直接采用问卷调查的白酒饮酒量结果 liquor 代替 alcohol 进行二次项回归。注意,由于这里采用直接的调查结果,意味着 liquor 的单位为两,而非处理后得到的酒精体积毫升。同时,为避免回归系数过小,将 liquor 进行缩小 1% 处理,其平方项缩小 0.1‰ 处理(见表 6)。

表6　　　　　　　　　　　新解释变量的定义

变量	定义
freq1	几乎每天喝酒
freq2	每周喝酒 3~4 次
freq3	每周喝酒 1~2 次
freq4	每月喝酒 1~2 次
freq5①	几乎不喝酒
liquor	饮用的白酒量(两)
liquor2	饮用白酒量的平方

回归结果如表 7 所示。(1)列的 OLS 回归中,"几乎每天喝酒""每周喝酒 3~4 次""每周喝酒 1~2 次"的回归系数均为正且显著,因此结果仍然说明饮酒对收入具有正向影响,且在 CHNS 问卷调查的饮酒频率范围内,这种影响均存在。(3)列的 OLS 回归中,liquor 的估计系数在 1% 的显著性水平上显著,liquor2 的估计系数在 5% 的显著性水平上显著且小于 0,表明了白酒饮酒量与收入之间存在倒"U"型关系,同时在更好的显著性水平上有力地佐证了饮酒量与收入之间的倒"U"型关系。

在(2)列、(4)列的固定效应回归中,所有饮酒频率哑变量和 liquor 及其二次项的回归系数均不显著,且教育年限 educ 的回归系数也不显著,进一步证明应当是模型本身存在的内生性或数据不平衡性导致了问题,因此参考价值有限,在后续分析中不再进行使用。

表7　　　　　　　　　　　稳健性检验

变量	(1) 1OLS	(2) 1FE	(3) 2OLS	(4) 2FE
educ	0.028 *** (0.003)	0.061 (0.043)	0.029 *** (0.004)	0.042 (0.054)

---

① 为避免完全多重共线性而在后续回归中删去该变量。

续表

变 量	(1) 1OLS	(2) 1FE	(3) 2OLS	(4) 2FE
exper	0.037 *** (0.002)	0.087 ** (0.042)	0.036 *** (0.003)	0.071 (0.053)
exper2	−0.001 *** (0.000)	−0.001 *** (0.000)	−0.001 *** (0.000)	−0.001 *** (0.000)
freq1	0.092 *** (0.024)	−0.001 (0.041)		
freq2	0.059 ** (0.026)	−0.011 (0.040)		
freq3	0.047 ** (0.023)	−0.004 (0.037)		
freq4	−0.003 (0.023)	−0.020 (0.036)		
male	−0.062 *** (0.020)		−0.093 *** (0.031)	
urban	−0.035 ** (0.016)		−0.029 (0.021)	
north	−0.021 (0.014)		−0.009 (0.018)	
liquor/10^2			0.590 *** (0.186)	0.385 (0.247)
liquor2/10^4			−0.807 ** (0.339)	−0.457 (0.437)
Constant	8.165 *** (0.054)	6.910 *** (1.063)	8.274 *** (0.074)	7.236 *** (1.481)
Year FE	YES	YES	YES	YES
Job FE	YES	YES	YES	YES
Observations	20 139	20 139	12 850	12 850
调整 R^2	0.471	0.290	0.440	0.255
Number of ID		9 203		6 349

注:括号内为 t 统计量;***、**、* 分别表示在0.1%、1%、5%的显著性水平上显著;各回归均使用异方差-稳健标准误。

(二) 异质性分析

在前面的相关性分析与加入 drink 哑变量的回归分析中,发现 drink 与 male 之间可能有比较强的线性关联,因此本文将样本分为男、女两个子样本分别进行分析。同时,在饮酒量与收入关系的回归中,地区哑变量 north 的回归系数不够显著,因此本文又考虑将样本分为南、北两个子样本分别进行分析。综上,本文将样本一共分为了北方地区男性、北方地区女性、南方地区男性、南方地区女性 4 个子样本,以进一步探讨饮酒量与收入之间的关系。①

回归结果如表 8 所示。(1) 列为北方男性子样本的回归结果,其中 alcohol 系数在 1% 的显著性水平上显著,alcohol2 系数在 5% 的显著性水平上显著且小于 0,验证了北方男性群体饮酒量与收入的倒"U"型关系。(2) 列为北方女性子样本的回归结果,alcohol 与 alcohol2 系数均仅在 10% 的显著性水平上显著,因此北方女性的饮酒量与收入可能存在倒"U"型关系。(3) 列、(4) 列分别为南方男性和南方女性子样本的回归结果,alcohol 与 alcohol2 系数均不显著,说明难以确认南方群体的饮酒量与收入之间的确切关系。

表 8 饮酒量与收入关系的分样本 OLS 回归

VARIABLES	(1) male&north	(2) female&north	(3) male&south	(4) female&south
educ	0.027*** (0.005)	0.012 (0.014)	0.038*** (0.004)	0.036*** (0.011)
exper	0.037*** (0.004)	0.063*** (0.010)	0.032*** (0.003)	0.034*** (0.007)
exper2	-0.001*** (0.000)	-0.001*** (0.000)	-0.000*** (0.000)	-0.000*** (0.000)
alcohol/10³	0.355*** (0.120)	0.778* (0.410)	0.033 (0.071)	-0.131 (0.383)
alcohol2/10⁶	-0.204** (0.090)	-0.551* (0.308)	-0.006 (0.043)	0.015 (0.371)
urban	-0.048 (0.030)	0.076 (0.093)	-0.057** (0.024)	-0.044 (0.073)
Constant	8.169*** (0.101)	8.190*** (0.255)	8.219*** (0.083)	8.350*** (0.215)
Year FE	YES	YES	YES	YES

---

① 由于前述饮酒哑变量回归的结果已足够显著,本文在这里不继续对饮酒行为进行子样本分类研究。

续表

VARIABLES	(1) male&north	(2) female&north	(3) male&south	(4) female&south
Job FE	YES	YES	YES	YES
Observations	5 926	678	8 782	1 235
Adjusted R^2	0.419	0.478	0.458	0.467

注:括号内为 t 统计量;***、**、* 分别表示在 0.1%、1%、5% 的显著性水平上显著;各回归均使用异方差-稳健标准误。

本文对上述结果做出的解释与猜测是,就现实中的一般情况而言,男性饮酒现象较之女性更为普遍,饮酒量也更大,因此男性的数据更丰富、详尽,能够表现的特征也更多。同时,考虑到南方经济较之北方更加发达、商业更加繁荣,以及北方人较南方人更重人情等因素,北方人饮酒的社会交往功能会更强,也因此与收入的关系更为明显。

六、结论与不足

本文利用 CHNS 非平衡面板数据,通过混合 OLS 与固定效应回归,验证了饮酒行为对收入存在正向影响,其对收入的提高作用大约在 3.1% ~ 8%。在此基础上,进一步研究了饮酒量与收入之间的确切关系,发现二者之间很可能存在倒"U"型关系,即在一定饮酒量范围内,收入随着饮酒量的增加而增加,但超出范围后,收入将随着饮酒量的增加而减少,且这种关系通过了替换解释变量的稳健性检验。在分样本考察的情况下,发现北方男性群体饮酒量

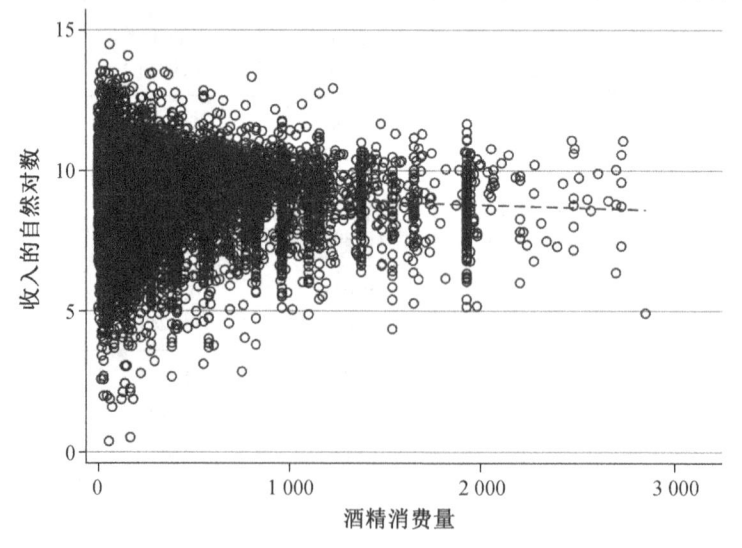

图 1　总体样本的饮酒量与收入散点图

与收入的倒"U"型关系十分显著,北方女性群体饮酒量与收入的倒"U"型关系较为显著,而南方男性与南方女性群体的这种特征并不显著,本文猜测这是南北经济文化差异导致的结果。

因此,经过一系列的分析我们初步了解到,从宏观统计学的角度来看,饮酒行为的背后确实存在其经济动机。但宏观结果不代表个体,不同群体的饮酒动机与行为特征还有待进一步的调查。同时,饮酒量对收入的影响机制也需要进一步的研究。

另外,本文的分析也仍然存在不精确之处。如图1所示,可以发现,饮酒量的计算方式可能过于笼统,导致统一饮酒量水平上的收入出现明显的垂直特征。实际上,不同地区间同一酒种的酒精含量可能存在差异,更具异质性的计算方式能使结果更加精准。另外,本文采用的数据集中在较低饮酒量范围内,且在更高饮酒量(如2 000毫升以上)范围内的样本偏少,导致回归结果并不能十分明确。这些问题都有待进一步的研究进行解决。

参 考 文 献

[1] Auld M C, 2005. Smoking, drinking, and income[J]. Journal of Human Resources, 40(2): 505–518.

[2] Barrett G F, 2002. The effect of alcohol consumption on earnings[J]. Economic Record, 78(240): 79–96.

[3] Berger M C, Leigh J P, 1988. The effect of alcohol use on wages[J]. Applied Economics, 20(10).

[4] French M T, Zarkin G A, 1995. Is moderate alcohol use related to wages? Evidence from four worksites[J]. Journal of Health Economics, 14(3).

[5] Griswold M G, Fullman N, Hawley C, et al, 2018. Alcohol use and burden for 195 countries and territories, 1990 – 2016: a systematic analysis for the global burden of disease study 2016[J]. The Lancet, 392(10152): 1015–1035.

[6] Hamilton V, Hamilton B H, 1997. Alcohol and earnings: does drinking yield a wage premium? [J]. Canadian Journal of Economics, 30: 135–151.

[7] Heien D M, 1996. Do drinkers earn less? [J]. Southern Economic Journal, 63(1): 60–68.

[8] Kenkel D S, Ribar D C, 1994. Alcohol consumption and young adults' socioeconomic status[J]. Brookings Papers on Economic Activity, 3: 119–175.

[9] Lee Y L, 2003. Wage effects of drinking in australia[J]. Australian Economic Review, 36(3).

[10] Mincer J, 1974, Schooling, experience, and earnings [M]. Cambridge: NBER.

[11] Mullahy J, Sindelar J L, 1991. Alcoholism, work, and income over the life cycle [J]. NBER Working Papers, 11(3): 494–520.

[12] Saffer H, Dhaval D, 2005. The effect of alcohol consumption on the earnings of older workers[J]. Advances in Health Economics and Health Services Research, 16.

[13] Zarkin G A, French M T, Mroz T, et al, 1998. Alcohol use and wages: new results from the national household survey on drug abuse[J]. Journal of Health Economics, 17: 53-68.

[14] 陈强,2010. 高级计量经济学及 Stata 应用[M]. 北京:高等教育出版社.

[15] 行伟波,田坤,石光,2021. 饮酒消费,致病风险与健康成本[J]. 世界经济,44(5):178-202.

[16] 黄富林,周素华,司向,等,2020. 中国居民饮酒行为和控制有害饮酒的公共卫生应对[J]. 中国慢性病预防与控制,28(11):861-865.

[17] 朴玮,赵丽云,房红芸,等,2021. 中国 18 岁及以上成人饮酒行为现况[J]. 中国食物与营养,27(10):15-19.

[18] 尹志超,甘犁,2010. 香烟、美酒和收入[J]. 经济研究,45(10):90-100+160.

[19] 张西贝,2014. 吸烟、饮酒对居民及其配偶收入的影响[D]. 成都:西南财经大学.

宋代榷茶制度的新制度经济学分析

——兼论国家垄断专营的动机、影响与启示

陈文龙[*]

【摘要】 在中国历史上众多禁榷制度中,宋代茶叶专卖制度的厘定十分系统而细致,具有其典型性。本文运用新制度经济学分析框架,依托史实,结合新古典经济学和博弈论的分析方法,首先从国家性质与统治者租金最大化的视角,阐明榷茶制度的目的与动机;接着运用委托代理模型与新古典经济学的方法,分析榷茶制度的方法选择及其经济绩效;进一步在制度变迁的理论框架下,运用进化博弈模型,说明以榷茶制度为代表的低效制度在中国历史上长期存在的原因。最后,本文基于上述分析成果,总结宋代榷茶制度的历史经验,针对我国社会主义市场经济体制改革提出合理建议。

【关键词】 榷茶 国家垄断 新制度经济学 博弈论 制度变迁

一、引　言

禁榷制度是中国古代的重要经济政策,意指政府对某些商品禁止或严格限制民间私自贸易,而由政府专卖,借以扩大财政收入的一种方法。傅筑夫曾简明扼要地提出:"禁榷制度,就是官营工商业。"禁榷制度可追溯到春秋时期齐国的"官山海",甚至更早,并且长期伴随着封建政权的更替,成为封建统治者重要的财政政策和经济政策。在中国历史上,盐、铁、茶、酒等诸多产品都曾被纳入过专卖的范围。这些商品不仅需求价格弹性小,生活中可替代性差,是百姓日常生活所必需,而且在生产、流通的某一个或某几个环节易于控制。

在中国历史上的众多禁榷制度中,宋代的茶叶专卖制度的厘定十分系统而细致,具有其典型性。自北宋开始,各级统治者根据国家财政的需要与社会经济发展的现状,对茶叶的专卖手段不断调整,茶叶专卖制度处于不断演变的过程中。其演变的本质,在于通过各种路径实现统治者的租金最大化;其演变的关键,是制度变迁的成本与收益对比;其演变的趋势,是由直接专卖制到间接专卖制,从传统的官产、官运、官卖、官府独利到官督、商运、商销、官商共利的方向转变,市场的作用越来越大;其演变的结果,是茶利成为宋朝政府的重

---

[*] 南京大学商学院经济学系 2019 级本科生。

要财政收入来源。总之,茶叶专卖的制度设计复杂且精密,专卖收入数额巨大,从重要性来说,在宋代诸多专卖品中,茶为最重要的专卖品之一。

因此,针对宋代榷茶制度进行新制度经济学框架下的分析具有相当的研究价值。首先,关于中国传统社会的一些重大议题,如"专制主义中央集权的经济基础""中国的封建社会为何长期延续"等,都可以从宋代榷茶制度及其演变中获得线索,通过这种以小见大的考查方式能够深化对这些重大历史问题的理解。其次,在宋代榷茶制度不断演化的过程中,政府经历了由完全排斥市场主体到逐步发挥市场作用的过程,并在政府和市场交互的制度设计方面进行了反复迭代。这一过程对我国当前全面深化社会主义市场经济体制改革、激发各类市场主体活力、建立现代财税金融体制具有一定的借鉴意义。

本文第二部分是文献综述,这部分对民国以来研究宋代榷茶制度的主要代表性文献进行回顾,总结现有研究成果及其在经济学特别是新制度经济学方面的研究不足。第三部分是史实呈现与特征分析,这部分对宋代榷茶制度演进过程的基本史实进行简要阐述,并总结其制度特征。第四部分至第七部分在提炼史实的基础上,运用新制度经济学、新古典经济学和博弈论的方法分析榷茶制度的目的、方法、影响及锁定。第八部分是结论与启示,这部分基于全文分析成果总结宋代榷茶制度的历史经验,针对我国正在进行的社会主义市场经济体制改革提出合理建议,做到以史为鉴、学以致用(见图1)。

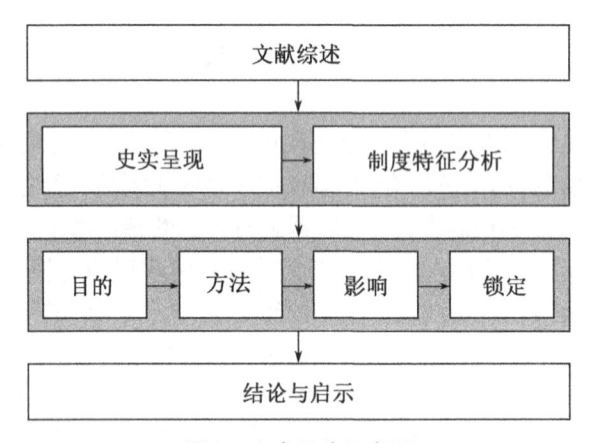

图1 文章思路示意图

二、文献综述

学术界很早就对宋代榷茶制度进行了研究。早在民国时期,吴觉农和范和钧(1937)所著《中国茶叶问题》一书就针对中国古代自唐代以前直至明清时期的茶政进行了梳理,并指出宋代茶政具有其典型性。华山(1957)在其《从茶叶经济看宋代社会》一文中对宋代茶业经济做了专门考察,并以《宋会要辑稿》为依据,对宋代茶法的内容进行了较为细致的分析。华山在考察两宋茶法的基础上,将茶法、茶叶经济和社会矛盾三者联系起来,并从社会矛盾的角度对宋代茶叶经济进行了分析,认为宋代茶法演变体现了宋代社会四组复杂的阶级关系,一是封建统治者与商人之间的矛盾和斗争;二是商人阶级自身之间的矛盾和斗争;三是剥削者与直接生产者之间的矛盾和斗争;四是园户之间的矛盾和斗争。

改革开放以后,针对宋代榷茶制度的研究不断丰富,视角也更加多元。朱重圣所著的《北宋茶之生产与经营》一书具有较大影响力,他从社会经济史的角度系统论述了北宋茶叶产地的分布、茶叶的种类及产量、茶叶的运销管理机构和运销制度,如朱重圣将宋茶法分为官卖法与通商法两类。他认为:"官卖法属直接经营,亦即专卖制度,又包括禁榷、入中、贴射、三说、三分与四分、见钱、长短引、合同场等;通商法属间接经营,准民自相贩易,仅征茶租与商税而已。"林文勋、黄纯艳等人合著的《中国古代专卖制度与商品经济》一书,则将唐宋时期发生的专卖制度转变作为论述重点,并将专卖制度在商品经济作用下由直接专卖制向间接专卖制转变作为全书的一个核心观点。王子龙和郑志强(2009)则详细分析了宋代茶叶专卖管理制度及其演变,指出在中国历史上,宋代的茶叶专卖制度的厘定最为细致,统治者根据国家财政的需要与社会经济发展的现状,一直处在对茶叶专卖制度的不断调整过程中,并针对不同部门采取不同政策。此后,吴树国(2011)进一步拓展了宋代茶专卖理论,他指出专卖税是北宋财政和茶法改革的实质,并认为"从整体上看,中国古代的盐、茶、酒等专卖制度都有一个从直接专卖到间接专卖,再到专卖税的过程"。

宋代榷茶制度曾经历多次变迁,而北宋蔡京茶法改革被称为宋代影响最大的一次茶法改革,因此,近年来,蔡京茶法改革是该研究领域的热点话题。漆侠先生在《宋代经济史》一书中对蔡京茶法改革的内容做了详细的阐述,认为"综合了宋初以来的征榷法和通商法,在管理制度上大做文章,使其更加严密和更加完备",是非常值得注意的制度。黄纯艳(2002)概括指出,蔡京茶法改革的实质是政府在专卖活动中更多地发挥商人的作用,即"蔡京茶法使宋朝茶法从前期以官府垄断收购的交引法转变为商购商销以引榷茶的合同场法。合同场茶法与钞引盐制的共同特点都是在政府的专卖活动中更多地发挥商人的作用,这也顺应了宋代财政结构变化、商品经济发展和中央集权加强的要求"。而李晓(2008)将蔡京茶法改革与茶引法称为"专卖经营许可证制度",指出朝廷获得的收入是"以费代利",既免除了统购制度的缺陷,又能与统购制度一样控制茶叶流通从买到销的一切环节,因而得到了统治者的欣赏和采用。吴树国(2010)也给予了蔡京茶法改革高度评价,指出"贴射法"的再造与突破是蔡京茶法改革的制度渊源,不仅转变了政府在专卖领域的职能,恢复了市场对价格的配置作用,还通过向商人征收专卖引钱实现了税收公平,具有历史进步性。

在国家垄断专卖这一问题上,也有学者从经济学视角,特别是新制度经济学视角进行了分析。其中,以食盐业最为典型,杨德才和蒋涵晨(2012)运用新制度经济学理论,以明朝"开中法"这一食盐专卖制度为例,从国家性质与垄断利润角度解释了专卖制度实行的动因,并探讨了其结构性问题。而更早针对"专卖"问题进行的制度分析可以追溯到马寅初,他在20世纪40年代就把政府专卖总结为具有经营性和寓税于价两个特征。后来学者又针对这一话题进行了深入研究,进一步将专卖分为直接专卖和间接专卖两种形式。胡安源曾对中国古代专卖制度及其性质进行总结,认为专卖制度本质上是一种与国家行政权力相结合的垄断经营制度,根本性质是国家垄断,这主要体现在凡是列入专卖的产品都是由国家设立的专门机构进行严格管理和垄断经营,其他任何单位或个人都不许涉足,否则将会受到处罚。由此可见,中国古代专卖制度的本质是通过国家垄断,达到经济、政治和社会意义上的多种目的,与国家的性质密不可分。

目前,国内对茶叶垄断专营制度的研究仍然存在不足。对官府专卖制度特别是茶叶专卖制度的研究,学界大多是基于历史学或法律制度的角度进行的,较少有基于经济学理论框架的分析,尤其是基于新制度经济学范式的研究。张五常曾提出,新制度经济学在它诞生之初就是以解释经济现象为己任的。因此,本文主要基于新制度经济学的分析方法,结合博弈论和新古典经济学的分析工具,试解释宋代榷茶制度背后的动机、方法和影响,并探讨其对当下的启示。

三、史实呈现与特征分析

(一)史实概述

总体而言,宋代榷茶制度存在着较大的地区间差异,并且表现出复杂多变的特点。《群书考索》后集卷五十六《财赋门》曾对宋代茶法进行了高度概括与评价:"国家百年,茶法之变,不知其几。始尝榷管矣,又尝行射帖矣,又尝罢射帖而行交引矣,又尝正三分法矣……"可以说,宋代的榷茶制度在横向和纵向都发生了许多改变,大致经历了宋初至嘉祐三年、嘉祐四年至崇宁元年、崇宁元年至南宋末期三个阶段,并在不同阶段分别采取了禁榷、通商、集禁榷通商于一体的"茶引法"等几种形式,体现出宋代的制度具有因时制宜的特点,执政者根据实际需求变通政策,从而不断降低交易费用并提高制度效率。

表1中清楚地说明了宋代茶法经历了由禁榷法向茶引法的转变,茶利经历了由高到低再到不断升高的过程,即从宋代初到嘉祐通商茶利自高而低,自政和改茶法国家茶利又自低而高。国家茶利自高而低是禁榷法的结

果,而蔡京茶法改革又促使茶利向高处发展。在禁榷法下,茶利多数被豪商巨贾所吞噬;而在茶法改革之后,国家获得更多的茶利,到南宋甚至更超过北宋初年。

表1　　　　　　　　　两宋300年东南茶利的变化①

年　代	所行茶法	茶利钱(贯)	茶利指数
宋太祖乾德二年至宋太宗太平兴国元年(964—976)	禁榷法	400万贯	100
宋真宗大中祥符六、七年间(1013—1014)	禁榷法	300万贯	75
宋真宗天禧末年(1021)	禁榷法	150万贯(引钱)	37.5
宋仁宗嘉祐二、三年(1057—1058)	禁榷法	1 904 093贯(内445 024贯茶税钱)	27.4
宋仁宗嘉祐四年(1059)后	通商法	1 175 104贯(内806 032贯茶税钱)	29.4
宋徽宗大观三年(1109)	禁榷法	184万余贯	46
宋徽宗政和二年(1112)	茶引法	400余万贯	100
宋高宗绍兴元年(1131)后	茶引法	240万贯	60
宋高宗绍兴二十四年(1154)	茶引法	269万贯	67.2
宋高宗绍兴二十五年(1155)	茶引法	270万贯	67.5
宋孝宗淳熙元年(1174)	茶引法	420万贯	105

(二) 宋代茶法变动的部分关键阶段

由于宋代茶法变动频繁,下文将重点针对几个关键阶段进行叙述。

北宋初期,茶叶专卖实行严格禁榷,即全过程由政府垄断经营。开宝八年(975)专门管理茶叶的机构榷货务应运而生,"江南平,榷署虽存,止掌茶货"(《宗史》卷一八六《食货》下八)。宋初对茶叶的专卖,基本是通过13个"山场"和6个"榷货务"来进行的(《宋史》卷一八三《食货》下五)。山场是淮南产茶区的管理机关,兼有管理生产和管理贸易两种职能,一方面管理园户生产,同时也买卖茶货。在此基础上,官府垄断茶叶生产,园户出产的所有茶叶,除作为租税交纳者外,其余也要由官府收购。民输茶于官后,官府组织人力搬运至榷货务或官茶场。"凡民茶折税外,匿不送官及私贩鬻者没入之,计其直论罪。园户辄毁败茶树者,计所出茶论如法。"(《宋史》卷一八三《食货》下五)从该记载可以看出,从事茶叶贩卖的商人必须凭借官府给予的领茶凭证,到指定场所领取茶叶进行贩卖(见图2)。

---

① 漆侠.宋代经济史[M].北京:中华书局,2009:815 - 816。表中数据由漆侠根据《包拯集》卷八《论茶法》《梦溪笔谈》卷一二、《文定集》卷二、《朝野杂记》甲集卷一四、《两朝圣政》卷三、《宋会要辑稿·食货》整理和计算。

```
园户 → 官府 ---> 商人
        ↓         ↓
        → →  →  消费者
```

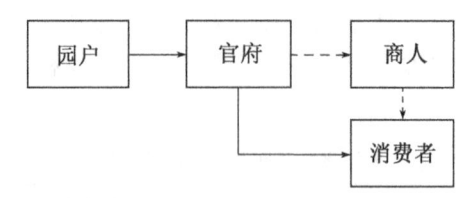

图2　北宋前期茶叶流通过程示意①

然而,严格的禁榷制度大大挫伤了茶农和茶贩的积极性,同时导致私贩盛行。由表2可知,自宋初开始施行的严格的禁榷制度使买茶额不升反降,甚至是大大减少。《宋史》中有记载:"园户困于征取,官司并缘侵扰,因陷罪戾至破产逃匿者,岁比有之。又茶法屡变,岁课日削。"(《宋史》卷一八四《食货》下六)从表2中的数据可知,各路减产额总计甚至达一半以上。不仅如此,全过程的垄断致使效率低下,交易成本居高不下。张洎曾分析,官府垄断收购各地茶叶集中于榷务山场发卖,纲运途中"风涛没溺,官吏奸偷,陷夫茶纲,比岁常有",而在买茶场和卖茶榷务山场又"堆贮仓场",以致"大半陈腐,积年之后又多至焚烧"(张洎《乞罢榷山行故法奏》)。除销售效率低下、货物损耗率居高不下之外,政府还要额外支出仓库费、运输费、管理费、官员工资等大量经营成本。在全面禁榷制度下,尽管统治者主观上想依靠垄断从而最大限度地攫取茶利的租金,但现实中因为官僚体系带来的交易摩擦和高昂的交易成本,物力和财力产生巨大浪费。

表2　禁榷法前后买茶额对比②

地　区	买茶原额 /斤	至和中实买数 /斤	差额 /斤
淮南路	8 650 000	4 220 000	-4 430 000
江南路	10 270 000	3 750 000	-6 520 000
荆湖路	2 470 000	2 060 000	-410 000
两浙路	1 279 000	230 000	-1 049 000
福建路	393 000	790 000	397 000
总计	23 062 000	11 050 000	-12 012 000

与此同时,在沿边地区,北宋曾实行入中制度,又称折中。在战争时期,朝廷利用商人转运钱粮于西北,商人将货物沿边州或京师,朝廷于异地将茶、盐等付给参与运输的商人作为报酬。入中法与禁榷法不同,禁榷法以充裕地方为主,入中法则以实京师、转饷沿边为主。通过茶商入中,国家获取所需金帛

---

① 李晓,1989.论宋代茶法[J].烟台大学学报(哲学社会科学版)(2):79-85.
② 表中数据来自:华山,1957.从茶叶经济看宋代社会(上)[J].文史哲(2):26-37.

和粮草,国家则以茶为酬值,准许茶商在指定地点贩易茶叶获取收益。但因为战争频繁,朝廷作为报酬支付的茶引发生了愈演愈烈的"虚估"与"加抬"现象,使得大量茶引大批滞留于流通领域,从而使"券之滞积,虽二三年茶不足以偿"(《文献通考·征榷考·榷茶》),引起了茶引的贬值,最终影响了入中制度的正常运行。

因此,北宋茶政在此后经历多次改革,试图缓和榷茶制度造成的多重矛盾。具体而言,"交引榷茶""贴射通商"两种办法流行行使,"交引法""贴射法""见钱法"等多种制度更替再三,但也都是政府和市场之间合作的失败尝试,无法避免各自的缺陷和弊端。以十三场茶的"贴射法"为例。这是北宋朝廷对榷茶制度典型的不彻底改良。所谓"贴射法",即允许商人直接到江南出茶各州军的山场去买茶,"买卖本息并计其数,罢官给本钱,使商人与园户自相交易,一切定为中估,而官收其息。……然必辇茶入官,随商人所指而予之,给券为验,以防私售,故有贴射之名"(《文献通考·征榷考·榷茶》)。"贴射法"诞生之初,主要是朝廷想通过允许商人与园户直接交易的办法促进茶叶的销售,从而解决茶叶停积问题。在"贴射法"下,官府不再给园户本钱,而坐收息钱,此法还简减了官府榷茶事务,增加茶商的经营自由,有利于茶叶贸易;但是,"贴射法"使政府有关财政部门觉得减茶价后损直亏课,减少了收入获利。同时,丰厚的好茶又都被豪商大贾抢先占有,最后只有品质欠佳的茶叶归于官场。因此,风靡一时的"贴射法"很快被废止,北宋政府继续对茶法进行了多次改革。

蔡京茶法改革是北宋最后一次,也是宋代影响最大的一次茶法改革。因此,后文的分析也以它为重点。大体而言,蔡京茶法改革经历了三个阶段,一是崇宁元年茶法恢复和改进了官府垄断收购的制度;二是崇宁四年改行通过垄断茶引印卖权实行专卖的卖引法;三是政和二年创立了系统而严密的"以引榷茶"的政和二年茶法。这次改革因政府印造和发卖茶引时皆备有合同底簿,京师茶务及各州县合同场依据合同底簿勘验和回收茶引,故一般又将政和二年茶法称为合同场法。其中,以第三次的"以引榷茶"的合同场法最为典型,影响也最为深远。

合同场法是蔡京第三次茶法改革的重要成果,属于委托专卖制的性质,吸收了榷茶制和通商法中有利于官府的长处,且管理制度更加严密和完备。一方面,该茶法加强了对茶叶生产的监督与控制,园户必须将茶叶产量、质量详细记录在册,不得私下自行出售。另一方面,茶法也优化了政府对流通领域的控制,商人贩茶须向官府领取茶引,茶引上明确规定茶叶的购处、购量和销处、销期,商人的行为受到官府严格监控。于是,合同场法把茶叶的生产和销售完全纳入政府榷茶制的管辖,同时又给予园户和商人一定的自主权,从而调动了他们的积极性。总之,合同场法既不直接切断商人与园户的联系,又加强了对两者的控制,形成了一套比较完善的管理制度,且这一制度也为后世所沿用。

黄纯艳（2003）基于大量史实分析得出，自政和二年蔡京推行合同场法后，"不仅徽钦两朝未有改动，而且其以引榷茶的基本模式为南宋所继承"。

蔡京茶法改革时期，朝廷还曾立了所谓的"比较之法"，将征收商税的多少作为考察地方官吏的标准，收入多少和官员赏罚直接挂钩。在崇宁时期，茶法就有相应的赏罚举措，"以卖茶增羡的缘故，四年六月二十四日朝请郎、直秘阁、同管勾成都府等路茶事孙鼇抃除直龙图阁"①。茶盐增羡成了官员升迁的快速通道，甚至出现了"一岁之内，率当五六迁，人皆指目"②的非常情况。政和五年六月六日，有一道针对合同场监官增亏比较的诏令，其具体内容呈现于表3中。政和茶法规定，诸路产茶州军各置合同场，以每岁产茶及40万斤以上之地，差文武官各一员监场，即合同场监官，而在政和茶法下，合同场监官官员的考核、升迁均与茶盐增羡多少直接挂钩，且设立了明确的定量奖惩机制。但是，这一机制也造成了严重后果，导致地方官员压迫剥削百姓达到了新的高度，地方官吏往往使用强迫摊派等方法招引商人来本地高价卖茶，如陕西甚至达到每斤五六千文。

表3　　　　　　　　　　　政和五年合同场"比较法"③

增数额	奖 赏	减数额	惩 罚
增100万斤以上	转一官	减30万斤以上	降一官
增50万~100万斤	减三年磨勘	减20万~30万斤	展三年
增10万~50万斤	减二年磨勘	减10万~20万斤	展二年
增1万~10万斤	减一年磨勘	减0.1万~10万斤	展一年
增0万~1万斤	不赏	减0万~0.1万斤	不罚

而后，南宋茶法基本承袭了政和茶法的基本内容，即官不买茶，只是以引榷茶。"茶法自政和以来，官不置场收买，亦不定价，止许茶商赴官买引，就园户从便交易，依引内合贩之数，赴合同场秤发，至今不易，公私便之。"（《宋会要·食货类·茶门》）这句话精准地点出了南宋茶法的特点。至南宋，中央虽然继续垄断茶引的印造，但卖引的权力已经从中央下放到各路州县，因此商人可以就近买引贩茶，免除长途跋涉。同时，南宋改变政和茶法长引可以到外路、短引只限于本路的规定，允许短引在江南各路任便兴贩，既有利于政府管理，也更有利于商人贩茶。特别是南宋发行的四贯例小引，使本小财薄的小商也能买茶兴贩。由此可见，南宋茶法在整合茶法改革的基础上进一步放松了

---

① 张呈忠. 招诱商贩与抑配编民——蔡京茶盐新法的地方运作方式研究[J]. 中国经济史研究，2021(5).

② 同①.

③ 同①。数据由张呈忠据徐松辑《宋会要辑稿》食货25之8相关内容整理。

针对流通的限制,同时允许更大范围的商贩从事茶叶销售,市场的作用得到进一步凸显。

(三) 宋代榷茶制度特征分析

尽管宋代茶叶专卖制度的发展曲折波动,但从整个演变过程来考察,我们仍然可以归纳出几个一以贯之的显著特征。

一是从专卖动机与结果来看,专卖收入在财政中的地位有所提高。实际上,自先秦至唐朝以前,政府财政几乎完全依赖土地的租税或关市,尽管自西汉武帝开始也曾推行专卖制度,但商税专卖之人仍"不领于天下之经费"(《史记·平准书》)而不列入国家财政预算。但自唐朝安史之乱以后,特别是宋代,专卖收入对财政的贡献日益加大,也成了各届政府解救财政危机的重要手段。如汪圣铎先生所说,宋代专卖收入已接近两税收入,在财政结构中与两税并驾齐驱,构成宋代财政的两大支柱。[1] 而宋人在谈到专卖的财政作用时,也都突出强调其重要地位,如"国家养兵之费全借茶盐之利"(《宋会要·食货类·茶门》),"国家养兵,全在茶盐以助军费"等。由此可见,宋代专卖收入在财政中的地位大大加强。

二是从专卖手段与方法来看,宋代榷茶制度的形式从直接交易向间接转变,市场的作用不断增强。具体而言,禁榷制度可分为直接专卖和间接专卖两种,直接专卖是指国家控制了商品从生产一直到零售的全部过程,不允许私人涉足;而间接专卖则是指国家将部分环节放开给私人经营。从形式上看,垄断收购和"以引榷茶"尽管都属于禁榷制度,但存在巨大差异,前者是直接进行官买官卖的交易,后者是间接的商买商卖形式。而从两宋茶法演变史实可以看出,专卖制会随着商品经济的发展而不断改革,其改革主线正是不断引入间接交易的市场主体,在严格的禁榷难以开展的情况下,允许商人越来越多地参与专卖活动。而政府要增加禁榷收入,也愈发依靠"与商贾共利,取少而致多"(欧阳修《通进司上书》)的道路。

四、目的:国家垄断与统治者租金最大化

想要理解宋代榷茶制度的深层逻辑,首先需要明确朝廷实行榷茶制度的目的与动机。针对这一问题,学界已从多个具体角度展开了细致分析,如增加财税收入、增强中央控制、稳固边境国防等。但从经济学特别是新制度经济学的视角来看,专卖首先是国家凭借其权力对某些特殊商品经营的垄断行为,其经济行为的主体是国家。与此同时,各项制度的供给者和产权的界定者也是国家,正如诺思曾指出,"理解制度结构的两个主要基石是国家理论和产权理

---

[1] 汪圣铎.两宋财政史[M].北京:中华书局,1995:243.

论。因为是国家界定产权结构,因而国家理论是根本性的"。因此,探讨茶叶专卖制度的目的首先应当回归国家的实质问题。

诺思的国家理论为我们分析封建社会专卖制度环境下国家角色的实质问题提供了思路和框架。诺思指出,国家具有双重目标,一是通过制定社会规则为统治者的租金最大化提供一个产权结构;二是在第一个目标的框架内通过减少交易费用促进社会产出最大化从而增加国家税收。诺思还进一步指出,国家的双重目标具有地位高下之分,通常而言,追求垄断租金的最大化才是统治者的首要目标,其次才是追求社会产出的最大化从而增加国家的税收。也就是说,国家在进行各种产权界定、制度设计和制度安排活动时,并非总是为了增加社会福利,有时政府也会使用强制力来实现国家的自身利益,即国家会成为"掠夺之手"。

图3生动展现了这一过程,统治者需要在双重目标的实现之间寻求一个平衡,如图示中的E点。而在某些社会,特别是中国古代的封建君主专制社会,由于政治体制、历史文化传统和经济发展水平等因素,统治者缺乏足够的外部约束,因而导致国家在进行产权界定和制度设计时往往更偏向于满足自身的利益而非增加社会福利。即统治者更偏向于选择图示中的E'点而非E点,也就意味着更高的统治者租金和更大的社会福利损失。正如《盐铁论·本议》中指出的:"今郡国有盐、铁、酒榷,均输,与民争利。散敦厚之朴,成贪鄙之化。"(《盐铁论·本议》)统治者之所以要大力推行并不断完善专卖制度,可以说其根本原因就是为了"与民争利",即追求统治者垄断租金最大化的第一重目标。

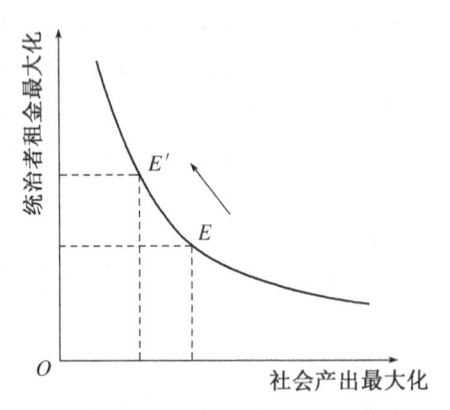

图3 统治者的双重目标及其选择[①]

---

① 原图参考:杨德才.新制度经济学[M].北京:中国人民大学出版社.2015:130.本文根据分析的实际情况进行了调整和修改。

因此,从获取垄断租金的主观愿望来看,无论是采用严格禁榷还是引入通商,统治者的目的都是获得更高的财政收入,即统治者租金最大化。即便政府不断引入市场主体,但其根本目的仍然是谋求自身受益而非让利于民,根据沈括的统计,禁榷时和通商后宋政府茶利收入的比较如表4所示。从表4中可以看出,名义上宋政府为了"照顾"茶户而大大缩减了茶息,但茶税收入同时大大增加,最终宋政府的茶利收入不减反增,如果考虑到因为管理环节简化而节省的大笔行政开支,国家所获得的实际利益更要远高于这一数字。与此同时,政府的专卖政策还具有更好的隐蔽性,这样的制度安排让政府在宣布"照顾百姓"的同时通过更加迂回的手段获取了相较于以往更高的垄断租金收入。正如杨德才和蒋涵晨(2012)指出的,这一制度安排的隐蔽性"充分满足了统治阶级攫取民众财富与保证政权稳定性的双重目标"。

表4 不同制度下宋政府茶利收入比较[①]

	禁榷时/贯	通商后/贯	差额/贯
茶息 (通商后称茶租)	649 069	369 072	-279 997
茶税	445 024	806 032	361 008
总计	1 094 093	1 175 104	81 011

从获取垄断租金的客观条件来看,茶叶专卖也具有其天生优势。第一,茶在宋代几乎成了人们生活的必需品,需求价格弹性很小。由于收入是由价格和数量双重因素共同决定的函数,因此只有针对需求价格弹性不敏感的商品征税,才能有效避免因价格上升导致的消费量急剧减小,从而增加统治者通过垄断专卖获取的收入,即"垄断租"。第二,茶叶的产地相对集中,且制备流程相对简单,为政府实行控制创造了有利条件。政府在衡量制度利弊的过程中,不仅要考虑一项制度获得的收益,还要将制度本身的实施成本和由此增加的交易费用纳入考量范围,而茶叶的供应链条相对集中,使得政府可以采用相对较低的成本实现其收入目标。在这一过程中,茶叶产地的集中性为政府创造了极为有利的条件。根据华山由《宋史》《宋会要》等书籍所做的统计,从宋政府向各地的买茶额中可以大略看出各地茶叶的产量情况。从表5中可以看出,产茶最多的是四川成都府路和利州路,其次是江南东西路,几大核心产区占据了全国大量的茶叶生产份额,这一客观现实情况为政府获取垄断租金创造了有利条件。

---

① 数据来自:华山,1957.从茶叶经济看宋代社会(上)[J].文史哲;2;华山根据沈括《梦溪笔谈》卷十二有关数据整理,据沈括论,两项数据都取最中一年的数目。

表 5 各地茶叶生产情况比较①

地　区	买茶额("祖额")
成都府路、利州路	21 020 000 斤
江南东西路	10 270 000 斤
淮南路	8 650 000 斤
荆湖南北路	2 470 000 斤
两浙路	1 279 000 斤
福建路	393 000 斤

最后,需要补充阐明的是,在宋代茶法改革后期,尽管商人角色更加重要,但探其本质仍然是统治者凭借其支配地位取得自身租金的最大化。这是因为,专卖权力(即对某些特殊商品经营的垄断)的拥有者仍然是国家,尽管少数盐商凭借专卖经营获得了一定的市场势力,在引地内垄断盐价、垄断卖盐,但商人的权力仍然是国家授权的结果,其地位高低和利益分配比重仍然严重倚赖国家的授权。并且,商人所获利润的一大部分最终仍然要以"引"的形式上交给国家。包伟民在《宋代地方财政史》中从财政角度出发谈到了宋代茶利的构成,认为它包括"垄断的批发利润、向商人征取的茶特许专卖税和将茶叶视同一般商品的商税",而其中的"茶特许专卖税"即卖引的过程正是澄清问题的关键。在当时的历史背景下,卖引是国家把专卖权部分让渡给商人的表现形式,而引价的性质,则充分且有力地体现了国家实现其统治者租金最大化的根本目的。

五、方法:博弈论与委托代理难题

在官府完全垄断茶叶专卖的情况下,由于中央朝廷的治理能力和管理范围的限制,势必要引入地方政府官员作为被委托方,如北宋初期为茶叶专卖设置专门机构 13 个"山场"和 6 个"榷货务",由机构官员代理中央朝廷进行茶叶管理和买卖,从而构成信息不对称条件下的委托-代理模型。

首先考虑政府实行"官搬官卖"的直接专卖制度。在此将茶叶专卖的管理过程抽象为这样博弈的过程:存在中央统治机构(朝廷)和机构官员两个博弈方,博弈方 1 表示中央统治机构(朝廷),是委托方;博弈方 2 表示机构官员,是代理方(被委托方),博弈方 1 和博弈方 2 的行为会影响各自的利益。

---

① 数据来自:华山.从茶叶经济看宋代社会(上)[J].文史哲,1957:2;华山根据《宋史》《宋会要》等有关数据整理,据华山说明,表格中数据所列所谓买茶额是法令上规定的标准收买量(宋朝人叫它"祖额"),在实际收买时往往与此额有很大不同。并且各地茶园有盛衰,产量会发生波动,所以不能简单将其看作生产的绝对数量,但它多少能反映各地产茶的一般情况。

但由于信息不对称,中央统治机构无法直接控制代理方的行为,也很难对代理方的工作过程进行行之有效的监督。首先由朝廷决定是否委托机构官员实施茶叶专卖制度,接着机构官员依据自身效用函数选择是否采取最大的努力实现茶叶的高效售卖,并最终导致茶叶畅销或滞销的不同结局。各项参数及其内涵如表6所示。

表6　　　　　　直接专卖制度下委托—代理模型中的参数含义

参　数	含　义
p_1	茶专卖机构官员积极工作从而实现茶叶畅销的概率
p_2	茶专卖机构官员实施懒政、庸政情况下茶叶畅销的概率,$p_2 < p_1$
E	茶专卖机构官员积极工作付出的努力和心智成本
S	茶专卖机构官员实施懒政、庸政付出的努力和心智成本
$R(E)$	茶叶畅销情况下朝廷的茶利收入
$w(E)$	茶叶畅销情况下朝廷支付给机构和官员的报酬
$R(S)$	茶叶滞销情况下朝廷的茶利收入,$R(S) < R(E)$
$w(S)$	茶叶滞销情况下朝廷支付给机构和官员的报酬,$w(S) < w(E)$

图4表示了直接专卖制度下的委托-代理模型扩展形。一方面,由朝廷决定是否设立专门机构并委托其代理实施榷茶制度。如果选择不委托,则这一制度无法得到有效实施,各方得益均为0,即无法获得垄断国家茶叶经营所得的超额收益。如果朝廷选择委托,则机构官员成为代理人,他们依据自身的效用函数进行决策。如果选择积极的策略,则意味着需要付出极大的努力和心智成本,经营从茶叶生产、运输到销售的全过程,并有 p_1 的概率实现茶叶运销的成功。需要注意的是,由于市场存在信息不对称,且茶叶生产销售均存在一定的偶然因素,因此 $0 < p_1 < 1$。另一方面,机构官员也可以消极应对工作,在工作中偷懒,甚至可以选择利用职务之便为自己谋求私利。在这种情况下,茶叶运销会受到不同程度的阻碍,因此畅销概率为 p_2。朝廷无法监督机构官员的工作全过程,因此会根据不同的结果支付不同的报酬,即存在一定的激励机制。

地方政府茶叶分支机构官员的激励相容约束为:

$$p_1[w(E) - E] + (1 - p_1)[w(S) - E] > p_2[w(E) - S] + (1 - p_2)[w(S) - S]$$

化简可得:

$$w(E) - w(S) > \frac{E - S}{p_1 - p_2}$$

只有满足上述激励相容约束条件,即只有机构官员采用不同行为并导致不同结果的报酬差额 $w(E) - w(S)$ 大于一定阈值,这一制度才能实现有效运

```
            ①
       委托    不委托
         ②       [0, 0]
     认真    偷懒
```

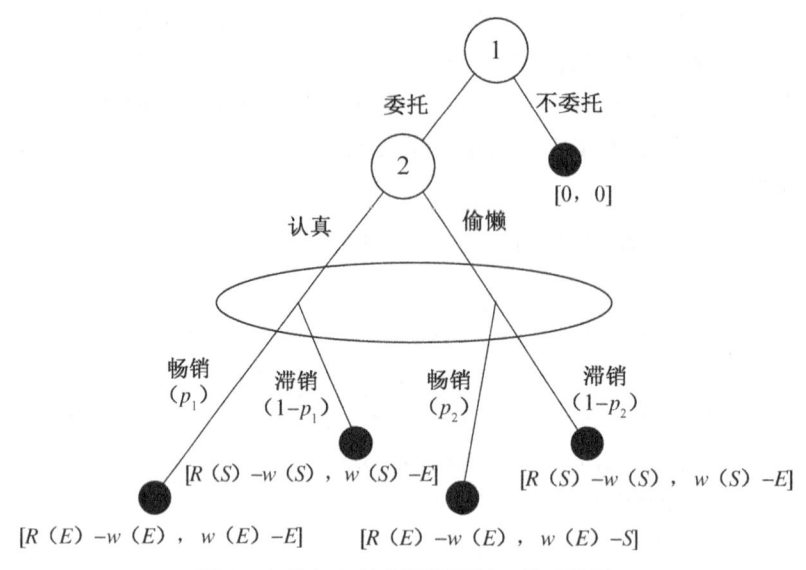

图4 直接专卖制度下的委托—代理模型

畅销 (p_1)：$[R(S)-w(S), w(S)-E]$
滞销 $(1-p_1)$：$[R(E)-w(E), w(E)-E]$
畅销 (p_2)：$[R(S)-w(S), w(S)-E]$
滞销 $(1-p_2)$：$[R(E)-w(E), w(E)-S]$

转,并给中央统治机构带来足够的收益。

但在现实中,这一激励相容约束条件难以满足,因此地方执行官员会选择以消极态度对待茶叶的运输与销售,最终造成茶叶滞销并导致制度失败。特别是茶叶保质期限短、保质要求高、易潮易腐等诸多特点,导致官府经营效率极低且损耗极大。其具体原因可分为以下两点：

一是市场供需信息不对称造成的专卖效率低下。由于政府官员掌握市场生产销售信息的难度和所付出的心智成本极大,导致不等式右侧分式中分子 $E-S$ 的提升难以带来分母 p_1-p_2 的明显改善,从而使得激励相容约束条件无法满足。正如1974年诺贝尔经济学奖得主哈耶克(1945)所指出的,社会经济计算所依赖的知识和信息从来没有以中心化的形式存在,而是以分散甚至时常矛盾的形式为各自独立社会成员所掌握,因此社会经济最重要的问题是如何确保充分利用每个社会成员所掌握的信息。而在政府排斥市场的条件下,正是由于这种信息的高度不对称,才导致如国家垄断专卖等各项制度常常走向失败。

二是官员治理信息不对称造成的激励机制缺位。作为理性个体,官员追求的是自身效用最大化,所以在激励机制缺位的情况下,个体通常不会选择增进集体利益的行为,而是会选择"搭便车",即不付成本而坐享他人之利,也就表现为"庸政""懒政""惰政"。由于北宋初期激励机制设置不完善,导致官员个人的效用函数之差 $w(E)-w(S)$ 没有明显差异,且朝廷无法做出及时有效的监督,最终使茶叶运输和销售的效率极为低下。与此同时,也是由于有效的监督机制缺位,在宋朝实施榷茶制度的过程中还发生了严重的贪污受贿和剥夺与占用公众利益的情况,进一步扩大了社会福利的损失。

与"官搬官卖"的直接专卖制度不同,茶法改革的关键在于引入市场主体并改变了委托代理结构,从而大大提高了制度效率。将改革后的茶叶专卖制度抽象为这样博弈的过程:存在中央统治机构(朝廷)、机构官员、民间商人三个博弈方,博弈方1表示中央统治机构(朝廷),是委托方;博弈方2表示机构官员,是代理方;博弈方3表示参与茶叶运输和销售的民间商人,向机构官员购买茶引并从事茶叶的运输和销售。博弈方1、博弈方2和博弈方3的行为均会影响各自的利益。在机构官员认真执政且茶叶畅销的情况下,各方收益都能达到最高水平,朝廷茶利收入为R_H,官员报酬为w_H,商人利润为r_H。在机构官员认真执政但茶叶滞销的情况下,尽管茶叶滞销使得政府和商人都发生了一定的利益损失,但政府仍然获得了茶引销售收入,因此朝廷有茶利收入为$R_M<R_H$,官员可获得报酬为$w_M<w_H$,商人利润为$r_L<r_H$。在机构官员偷懒的情况下,由于商人必须"以引售茶",因此会发生茶叶流转不畅,茶叶滞销,政府、官员和商人都发生了较大的利益损失,得益分别为R_L、w_L、r_L。因此,各项参数关系如下:朝廷在不同结果下获得茶利$R_L<R_M<R_H$;官员在不同努力程度下获得报酬$w_L<w_M<w_H$;商人获得贩茶利润$r_L<r_H$。图5表示了引入市场主体后的委托—代理模型扩展形。

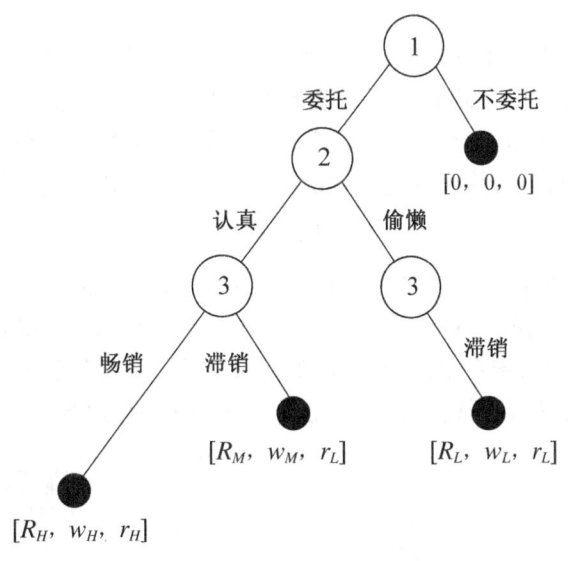

图5 引入市场主体后"以引榷茶"的委托—代理模型

由博弈论扩展形可以得出,新的制度设计改变了各个博弈方的收益结构,因此朝廷倾向于通过委托获取榷茶的垄断收益,官员倾向于通过促进茶引销售改善自身的效用函数并以此谋求晋升,商人也倾向于通过不断获取市场信息以促进茶叶的运销。这是因为改良后的制度有效降低了交易成本,并通过引入市场力量缓解了信息不对称问题,促进了茶叶的种植、运输、销售和资源配置。

从历史事实来看,蔡京茶法改革的确取得了一定成效。经过制度改良,北宋政府基本上从茶叶经营中走了出来,专事茶叶的管理。由于从具体经营转为卖引和征商税,其管理的职能大大减轻,且茶叶的生产、运输、销售都得到了促进。在"以引榷茶"的专卖模式下,商人只要在榷货务请引,政府专卖收入就已经实现。不仅如此,茶叶流通效率得到极大提升,政府所获茶利相较于茶法改革之前也获得了巨大的提升。政和六年,茶叶专卖收益总计高达1 000万缗,大大超越以往。同时,茶的产量也大大提升了,仅政和六年就增加了1 200余斤。

六、影响:国家垄断与社会福利净损失

尽管频繁的茶法改革在一定程度上降低了交易费用且优化了制度效率,但依然无法弥补茶专卖制度给社会总产出和社会福利造成的损失。由于茶法改革前后可以大致分为国家直接专卖和间接专卖两种不同的专卖制度类型,因此,本文针对茶专卖的后果也主要围绕这两种不同的制度进行分析,运用新古典经济学理论来论证茶专卖这一国家垄断制度对社会总体福利造成的损失。

在此,首先考察不存在政府依靠国家权力垄断茶叶经营的理想化场景,如图6所示,以便和存在政府专卖的情形进行对比。如果政府不对茶叶销售进行干预,市场的价格就会由茶叶生产者和消费者共同决定。在这一情况下,茶叶在生产和销售环节均存在竞争,因此社会中茶叶的价格满足如下关系:

$$P^e = \text{MR} = \text{MC}(Q)$$

由于竞争的存在,茶叶销售价格、边际收益和边际成本均相等,市场的均衡价格为P^e,市场的均衡产量为Q^e,社会的所有资源都可以得到合理的利用,此时消费者剩余为图6中标记为CS的阴影区域,生产者剩余为图6中标记为PS的阴影区域,社会福利达到最大化,即图6中标记的CS + PS。

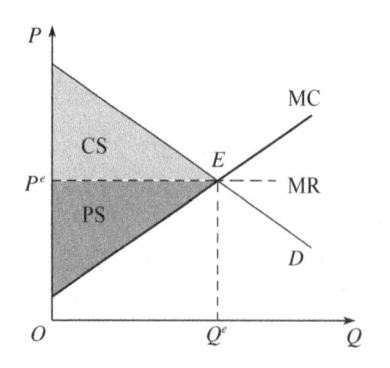

图6 自由竞争市场的均衡和社会福利 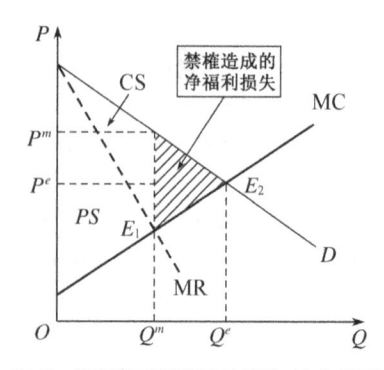   图7 "官搬官卖"的均衡和社会福利

(一)"官搬官卖"的一般均衡和社会福利分析

在第一种情况下,政府实行"官搬官卖"的直接专卖制度,政府控制从生产到销售的全部过程,掌握了销售价格,并且可以从收购、运输、销售等各个环节截留专卖收入。此时的市场均衡和社会福利情况如图7所示。

图7中,D 表示消费者对茶叶的需求曲线,由 $R = P \times Q(P)$ 可得 MR 为倾斜向下的茶叶产销边际收益曲线,且 MR 曲线在需求曲线下方。MC 曲线表示茶叶产销的边际成本曲线。在不存在国家垄断的情况下,均衡点为 E_2,产量为 Q^e,价格为 P^e。而在宋政府实施严格的茶叶垄断制度以后,均衡状态发生了变化。由于政府凭借国家权力进行垄断,茶叶在生产和销售环节只能由政府及其代理人进行,因此社会中茶叶的价格满足如下关系:

$$\mathrm{MR}^m = \mathrm{MC}(Q^m)$$

政府对价格具有控制权,因此其可以以自身效用函数最大化为生产目标,即选择使得茶叶销售边际收益等于边际成本时的产量 Q^m。此时市场均衡点为 E_1 而非自由竞争情况下的 E_2,市场价格为 P^m 而非自由竞争情况下的 P^e。相较于不存在政府专卖的情况,$P^m > P^e$、$Q^m < Q^e$,说明茶叶的销售价格提高,且茶叶产量减小,部分社会资源处于闲置状态而没有得到合理有效的配置。此时消费者剩余为图7中标记为 CS 的阴影区域,生产者剩余为图7中标记为 PS 的阴影区域,社会福利没有达到最大化,由于禁榷制度造成的社会福利净损失即图7中标记的斜线阴影区域。由此可见,政府专卖的结果是较高的价格和较低的产量,它往往使消费者受损而从事茶叶销售的政府大为受益。如果把所有主体当作一个整体来考察,则意味着福利净损失。

而宋政府收购和卖出茶叶的价格情况,也证明茶专卖制度确实大大提高了茶叶价格,并由此产生了福利(剩余)的转移。表7统计了南宋孝宗时期政府的买茶价格和卖茶价格,通过典型茶场买茶价格和卖茶价格的比较可以看出两者之间的差额是非常可观的,尽管其中一部分差价需要补偿运费的支出,但宋封建国家凭借收购和出卖之间的差价获得了高额的茶利,而其代价正是消费者的福利损失和社会的福利净损失。前文依据新古典经济学框架所得出的结论与这一历史事实相符合,说明同其他垄断制度一样,国家凭借其权力进行的榷茶制度等强制性市场垄断会对消费者福利造成实质上的消极影响,并产生资源配置扭曲。

表7　　　　　　　宋政府茶叶收购与出卖价格对比①

场　名	买茶价格 （每斤）	卖茶价格 （每斤）	差额 （每斤）
寿州霍山场	散茶上号34文1分	88文2分	54文1分
霍山场	散茶下号22文	63文	41文
舒州太湖场	散茶上号38文5分	88文2分	49文7分
蕲州洗马场	散茶上号38文5分	84文	45文5分
建昌军	散茶12文	35文	23文
杭州	散茶13文	30文	17文
建州	的乳190文	361文	171文
建州	头金135文	500文（海州）	365文
		500文（真州）	365文

（二）"以引榷茶"的一般均衡和社会福利分析

在第二种情况下,政府实行"以引榷茶"的间接专卖制度,通过向茶商销售"茶引"的方式,政府仍然可以在收购和运输环节上采用相对迂回且更加隐蔽的方式截留茶利。

此时的市场均衡情况如图8所示。图中,S_1表示征收茶引费之前的茶叶供给曲线;S_2表示征收茶引费之后的供给曲线;D表示消费者对茶叶的需求曲线。初始状态下茶叶的均衡价格为P。由于茶引费用的存在,增加了茶商人卖茶的成本,因此卖家只有在市场价格上升到P'时才愿意出售Q单位商品,因为只有如此才能弥补成本的增加。因此,向卖家征收茶引费用使茶叶的供给曲线由S_1向上移动到S_2,移动幅度正是政府对茶叶销售征收茶引的引价,市场均衡价格相应地由P上升到P'。

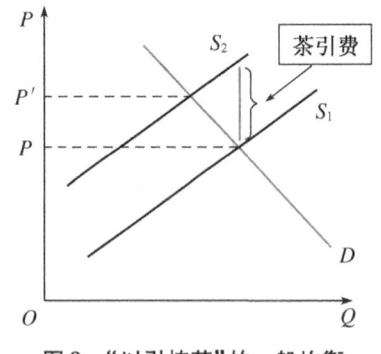

图8　"以引榷茶"的一般均衡

---

① 表中数据来自:漆侠.宋代经济史[M].北京:中华书局,2009:777.

此时的社会福利情况如图9所示,三角形或矩形 A 至 F 的面积表示不同的福利情况。没有专卖制度时,消费者剩余 $CS = A + B + C$,生产者剩余 $PS = D + E + F$,政府收入 $= 0$,总剩余(社会福利)$= CS + PS = A + B + C + D + E + F$。由于茶引的存在,消费者剩余 $CS = A$,生产者剩余 $PS = F$,政府凭借引价取得的收入为 $B + D$,总剩余 $TS = A + B + D + F$,因此茶叶专卖制度使总剩余(社会福利)减少 $C + E$,即市场扭曲引起总剩余减少的部分。进一步分析,茶引的存在不仅减少了茶叶生产者和销售者得到的价格,还同时增加了买家支付的价格。由于茶叶需求缺乏弹性,消费者难以退出市场,因此消费者会承担更多的价格上涨和更大的福利损失。

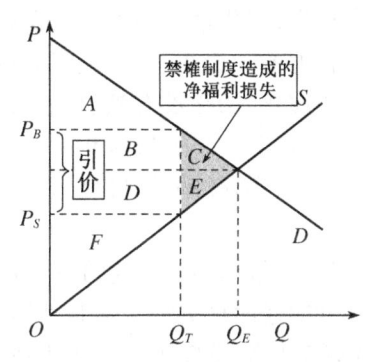

图9 "以引榷茶"的社会福利分析

(三)"官搬官卖"和"以引榷茶"的共通之处

总之,无论采用何种方式都产生了相似的结果,即茶叶价格上涨,茶叶产量减少,一部分剩余从生产者和消费者转移到了实施茶榷制度的政府,且整个社会面临福利净损失,资源没有得到最有效的配置,社会生产力受到限制,社会福利最大化无法实现。也就是说,统治者获取租金并实现租金最大化目标以牺牲社会福利为代价,百姓在这一制度安排下面临重大的福利损失。阿西莫格鲁、罗宾逊等经济学家将这样的制度概括为"攫取性制度"(extractive institutions)。其经济制度主要服务于从民众那里获取收入和财富从而使统治者获益,具体表现为没有市场机制,贸易收益得不到利用,资源配置扭曲等,而攫取性制度抑或包容性制度也是决定国家成败的基本原因。

探其根本,造成这一影响的原因在于禁榷制度极大地妨碍了商品贸易的正常发展,从而造成资源无法得到合理的配置,使得资源配置扭曲和福利的转移与损失。如姜锡东指出,中国古代的禁榷制度"妨碍商贩的自由竞争,只顾政府自身的利益,利用自身的权威对货品进行经营,不让个人参与,由官方定价来获取大量的经济效益。成为商业成长路的绊脚石"。尽管商人也被允许参与到商品的买卖活动中,但私人并没有享受到充分的权利和自由,更无法得到明确界定的产权和公平的交易制度环境。同时,由于禁榷制度严重影响了茶农和商人的产权及正常利润,没有利益的驱动,民间商业资本的热情就无从谈起,也就无法发挥其在资源配置中的重要作用。进一步地说,政府的垄断经营更是导致中国古代的民间资本无法直接同商业联系到一起,使得我国的民间商业资本与产业资本无法顺利转化,生产和流通过程之间产生了割裂,最终导致的结果就是前文所分析的消费者、生产者和整个社会均面临巨大的福利损失。

七、锁定:制度变迁的难题

基于前文的论述可以得出,宋代榷茶制度在资源配置和社会生产力方面具有较低的效率且造成了很大的社会福利损失。尽管如此,禁榷制度却在中国社会持久延续且不断经历演化,始终没有被更高效的制度所替代。在这一部分,本文基于宋代榷茶制度长期延续的基本事实,试探寻禁榷制度这类低效制度长期存在的原因,即为什么"有效率的制度经常不被安排,无效率的制度通常难以被废除"。

在新制度经济学的框架下,依据制度变迁的主体划分,制度变迁可分为强制性制度变迁和诱致性制度变迁两种类型。强制性制度变迁是一种"自上而下"的制度变迁方式。从唐朝开始兴起并在宋朝达到一个高潮的榷茶制度,其产生就是由统治者凭借其国家权力进行强制施行的强制性制度变迁;但在宋代榷茶制度中后期,统治者依然坚持这种低效率的制度而非选择供给一种新的制度,抵触再次进行制度的改变。这是因为在这种强制性制度变迁的过程中,国家和政府是制度变迁的供给主体,统治者可以根据其自身的效用函数和成本收益分析强制推行一种新制度安排,当新制度不符合统治者效用函数最大化或变迁收益小于变迁成本时,强制性制度变迁也就无法发生。与强制性制度变迁的方式不同,诱致性制度变迁是一种"自下而上"的制度变迁方式,是指"现行制度安排的变更或替代,或者是新制度安排的创造,它由个人或一群人,在响应获利机会时自发倡导、组织和实行",其改革的主体通常来自基层,需要承担制度变迁所造成的成本和潜在的巨大风险,而在宋代历史上同样也没能通过诱致性制度变迁实现对低效率的榷茶制度的改变。

接下来,本文将从强制性制度变迁和诱致性制度变迁的角度,分析榷茶制度的锁定原因及其面临的制度变迁难题。本文第四部分已从国家性质的角度分析了统治者的最终目的是追求统治者租金最大化而非社会福利最大化,因此,从统治者个人的角度而言,并没有充足的动机和理由发起强制性制度变迁。相反地,统治者由于有限理性和路径依赖,更倾向于维持乃至改进和强化原有的低效制度,从而满足自身的效用函数最大化目标。

而诱致性制度变迁同样难以发生的关键原因之一在于制度变迁主体的缺失。诱致性制度变迁产生的必要条件之一是产生初级行动团体,也就是变迁主体。这类个人或团体不仅要对潜在的获利机会做出响应,还要承担制度变迁所造成的成本和潜在的巨大风险,因此革新成本和革新风险都会成为制度变迁过程中的巨大障碍。而在中国古代封建社会,制度变迁对于变革发起者个人的成本和风险都非常大,甚至是"无限大",即个人乃至家族的生命安全无法得到保障,尽管社会总收益可能大于制度变迁的各项成本,但个人在进行成本收益比较时往往是预期收益小于预期成本,因此常常出现制度变迁的主体缺失。

由于这一低水平均衡是在长期演化中逐步形成的,并且通常个体都是有限理性而非完全理性的,所以本文将通过有限理性下的进化博弈模型来详细说明为什么无效率的制度通常难以被废除。

首先,基于上述分析构建博弈模型并绘制得益矩阵。由于中国的超大规模性、诱致性制度变迁中的初级行动团体通常由多人而非一人构成。博弈方1为可能的初级行动团体中的一名成员,博弈方2可以看作初级行动团体中的任意一名其他成员。① 如果所有成员都选择接受现有的低效率制度,社会福利为 ΣL,假设利益相关者共有 n 个,则旧制度给每个人带来的收益为 $(\Sigma L)/n$。② 如果所有成员共同采取制度变迁的行为,社会整体的福利情况增加至 ΣW,假设利益相关者共有 n 个,则每个人可以享受到新制度所带来的收益的期望为 $(\theta \cdot \Sigma W)/n$,其中 θ 为考虑成功概率后的系数且 $0 < \theta < 1$,由于新制度可以带来社会福利的整体改善,所以 $\Sigma W > \Sigma L$。③ 如果仅有少部分成员选择推动制度变迁而其他成员选择"搭便车",那么制度变革通常无法成功,且革新派会遭到严重的后果,记为 $-C$,而其他人的福利情况为 $(\Sigma M)/(n-1)$,且统治者会因此吸取教训并部分改善民众的福利情况,但仍然不可能发生根本性的制度变迁,即 $\Sigma W > \Sigma M > \Sigma L$。不同情况下不同博弈方的得益情况可以表示为表8中所示的矩阵。

表8　　　　　　　　　推动制度变迁的得益矩阵

博弈方1＼博弈方2	推动变迁	维持现状
推动变迁	$\left(\theta \times \dfrac{1}{n}\Sigma W, \theta \times \dfrac{1}{n}\Sigma W\right)$	$\left(-C, \dfrac{1}{n-1}\Sigma M\right)$
维持现状	$\left(\dfrac{1}{n-1}\Sigma M, -C\right)$	$\left(\dfrac{1}{n}\Sigma L, \dfrac{1}{n}\Sigma L\right)$

进一步假设在社会中有比例为 x 的博弈方采用推动制度变迁的积极策略,比例为 $(1-x)$ 的博弈方采用维持现状的消极策略。那么,采用两种策略博弈方的期望得益分别为:

$$u1 = x \times \left(\theta \times \dfrac{1}{n}\Sigma W\right) + (1-x) \times (-C)$$

$$u2 = x \times \left(\frac{1}{n-1}\Sigma M\right) + (1-x) \times \left(\frac{1}{n}\Sigma L\right)$$

由期望公式可得群体平均期望得益为：

$$\bar{u} = x \times u1 + (1-x) \times u2$$

根据上述得益可得到复制动态方程，即：

$$\frac{\mathrm{d}x}{\mathrm{d}t} = F(x) = x(1-x)\left[x\left(\theta \times \frac{1}{n}\Sigma W - \frac{1}{n-1}\Sigma M\right) + (1-x)\left(-C - \frac{1}{n}\Sigma L\right)\right]$$

根据上述复制动态方程 F 可知，最多有三个稳定状态，即

$$x^* = 0$$

$$x^* = 1$$

$$x^* = \frac{C + \frac{1}{n}\Sigma L}{\frac{\theta}{n}\Sigma W + C - \frac{1}{n-1}\Sigma M + \frac{1}{n}\Sigma L}, 记作 \lambda_0$$

（1）情况一，若

$$\frac{\theta}{n}\Sigma W + C - \frac{1}{n-1}\Sigma M + \frac{1}{n}\Sigma L < 0$$

即

$$\frac{\theta}{n}\Sigma W < -C + \left(\frac{1}{n-1}\Sigma M - \frac{1}{n}\Sigma L\right)$$

仅有一个进化稳定策略 $x^* = 0$。不等式左边表示推动制度变革的期望收益，不等式右边表示制度变革失败个人所付出的成本加上一个常数。也就是说，从长期来看，由于推动变迁的失败风险极大且后果严重，一个社会最终所有人都会采取维持原有榷茶制度的消极策略而非积极推动茶法的彻底变革。

（2）情况二，若

$$\frac{\theta}{n}\Sigma W + C - \frac{1}{n-1}\Sigma M + \frac{1}{n}\Sigma L > 0 \text{ 且 } \lambda_0 = \frac{C + \frac{1}{n}\Sigma L}{\frac{\theta}{n}\Sigma W + C - \frac{1}{n-1}\Sigma M + \frac{1}{n}\Sigma L} > 1$$

即

$$\frac{1}{n-1}\Sigma M - \frac{1}{n}\Sigma L - C < \theta \times \frac{1}{n}\Sigma W < \frac{1}{n-1}\Sigma M,$$

此时仍然仅有一个进化稳定策略 $x^* = 0$。不等式中间项仍表示推动制度变革的期望收益，不等式右边可以看作由于其他群体选择消极策略（或"搭便车"策略）从而给变革者带来的制度变迁阻碍。也就是说，随着商品经济发展，尽管人们发现废除禁榷制度后可以获得相较于情况一而言更大的收益，即

采用积极变法的收益期望 EU 有所提高,但如果由于新制度的外部性等原因使得个人的收益期望仍未达到阈值,从长期来看,一个社会最终所有人都会采取维持旧制度的消极策略。

(3) 情况三,若

$$\frac{\theta}{n}\Sigma W + C - \frac{1}{n-1}\Sigma M + \frac{1}{n}\Sigma L > 0$$

且 $0 < x^* = \dfrac{C + \dfrac{1}{n}\Sigma L}{\dfrac{\theta}{n}\Sigma W + C - \dfrac{1}{n-1}\Sigma M + \dfrac{1}{n}\Sigma L} = \lambda_0 < 1$

即

$$\theta \times \frac{1}{n}\Sigma W > \frac{1}{n-1}\Sigma M - \frac{1}{n}\Sigma L - C,$$

$$且\ \theta \times \frac{1}{n}\Sigma W > \frac{1}{n-1}\Sigma M$$

此时有两个进化稳定策略,即 $x^* = 0$、$x^* = 1$。也就是说,如果采用积极变革策略冒险得到的收益期望同时大于变革失败带来的成本和"搭便车"现象造成的变法阻碍,从长期来看,一个社会中利益相关方希望推动制度变迁的比例 $x = 0$ 或 $x = 1$,而最终结果依赖于初始状态 λ_0。如果初始状态下人们由于追求潜在利润而普遍拥有强烈的变革愿望,即 $x > \lambda_0$,最终 x 的结果趋向于 1,制度变迁有可能因为自下而上的推动力量而实现。当然,在中国历史上曾发生过这样的实例,由于压迫过于严重而人们追求潜在利益的渴望非常强烈,发生了自下而上的彻底制度变革,甚至是革命。然而在一般情况下,现实常常是社会在初始阶段就有 $x < \lambda_0$,最终 x 的结果趋向于 0,制度变迁依然无法实现,在这其中有很多非正式制度潜移默化造成的影响,导致人们更偏向于选择保守而非冒险激进,于是整个社会陷入低水平下的制度锁定(见图 10)。

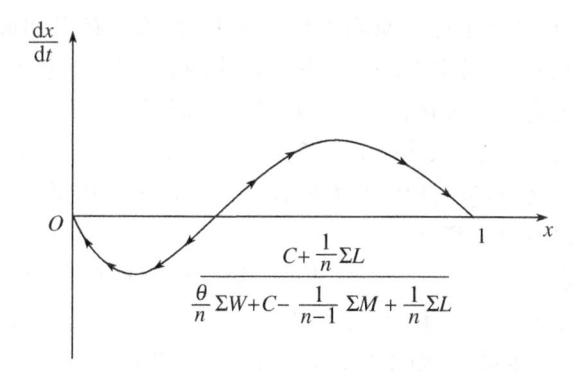

图 10 制度变迁过程的进化博弈模型相位图

综上所述,在一定的制度安排、制度结构和制度环境下,无论是强制性制度变迁还是诱致性制度变迁都难以发生,使得以宋代榷茶制度为代表的各类低效率制度通常难以被废除。

八、结论与启示

自北宋起,统治者根据国家财政的实际需要与社会经济的发展状况,对茶叶专卖手段不断调整,使茶叶专卖制度处于不断演变的过程中。本文通过新制度经济学分析,从理论上阐明了宋代榷茶制度的实施动机、演化过程与经济绩效,然后结合博弈论分析该制度长期存在的原因,并得出以下结论:

一是茶法演变的本质在于通过各种路径实现统治者的租金最大化。根据诺思的国家性质理论,从获取垄断租金的主观愿望来看,无论是采用严格禁榷还是引入通商,统治者的目的都是获得更高的财政收入,并最终实现统治者租金最大化。自唐朝安史之乱以后,特别是在宋代,专卖收入对财政贡献日益加大,也成了各届政府解救财政危机的重要手段。即便政府不断引入市场主体,但其根本目的仍然是谋求自身受益而非让利于民。

二是茶法演变的关键是制度变迁的成本与收益对比。其演变的趋势是由直接专卖制到间接专卖制,从传统的官产、官运、官卖、官府独利到官督、商运、商销、官商共利的方向转变,市场的作用越来越大。相较于"官搬官卖"的直接专卖制度,茶法改革的关键在于引入市场主体并改变了委托代理结构,从而大大提高了制度效率。在这一过程中,政府经历了由完全排斥市场主体到逐步发挥市场作用的过程,并在政府和市场交互的制度设计方面进行了反复迭代。

三是茶法演变的结果是茶利成为宋朝政府的重要财政收入来源,但也造成了严重的社会福利损失。无论是采用直接专卖还是间接专卖制度,都会导致茶叶价格上涨和茶叶产量减少,社会剩余从生产者和消费者转移到了实施茶榷制度的政府,且整个社会面临福利净损失,资源没有得到最有效的配置,社会生产力受到限制,社会福利最大化无法实现。也就是说,宋朝政府获取统治者租金并实现租金最大化目标是以牺牲社会福利为代价的。

基于以上三点结论,宋代榷茶制度发展过程中的经验教训,对于我国当前全面深化社会主义市场经济体制改革、激发各类市场主体活力、建立现代财税金融体制具有以下启示意义:

一是坚持以人民为中心的发展思想,构建包容性制度体系。中国古代各类垄断专卖制度大多出于统治者租金最大化而非社会总产出最大化的目标,逐步演化为"攫取性制度"而非"包容性制度",因此造成了社会资源配置效率低下和福利净损失,使百姓蒙受了重大损失。因此,在新中国成立以及我国发展进入"新时代"以后,更要坚持以人民为中心的发展思想,打破部分利益集团的垄断,坚持发展为了人民、发展成果由人民共享,进而实现全体人民共同富裕。

二是在改革中推动构建高水平社会主义市场经济体制,激发市场主体活力。在宋代榷茶制度环境下,正是由于市场主体被排除在外,导致交易费用攀升并造成了社会效率低下。无数历史事实表明,只有充分发挥市场在资源配置中的决定性作用,才能实现资源有效配置并激发社会生产潜能。因此在改革过程中,必须坚持社会主义市场经济的改革方向,加快转变政府职能,特别是更加注重对民营企业的产权界定和产权保护,从而实现有效市场和有为政府的有机结合,激发各类市场主体的活力,进一步解放和发展社会生产力。

三是坚持全面深化改革,持续推动制度的自我完善和发展。在发展过程中,为了避免现有制度陷入低水平、低效率下的自我"锁定",必须通过自上而下和自下而上相结合的制度变迁来实现持续的制度革新,勇于破除体制机制障碍,从而更好地促进资源有效配置并解放生产力。而我国的经济体制改革,在本质上正是社会主义制度的自我完善和发展,而非对原有经济体制的细枝末节的修补。历史经验表明,只有主动求变,对束缚生产力发展的经济体制进行深刻的改革,才能与时俱进,抓住机遇,应对挑战,于变局中打开新局。

参 考 文 献

[1] Hayek F A, 1945. The use of knowledge in society[J]. The American Economic Review, 35(4): 519-530.

[2] Kreps D M, Milgrom P, Roberts J, et al, 1993. Rational cooperation in the finitely repeated prisoners' dilemma[J]. Journal of Economic Theory, 27(2):245-252.

[3] 傅筑夫,1981. 中国封建社会经济史[M]. 北京:人民出版社.

[4] 胡安源,2016. 专卖视野下中国烟草产业发展研究[D]. 济南:山东大学.

[5] 华山,1957. 从茶叶经济看宋代社会(上)[J]. 文史哲(2):26-37.

[6] 华山,1957. 从茶叶经济看宋代社会(下)[J]. 文史哲(3):24-33.

[7] 黄纯艳,1997. 近十年来的国内唐宋专卖史研究[J]. 中国史研究动态(7):9.

[8] 黄纯艳,2002. 论北宋蔡京经济改革[J]. 上海师范大学学报:哲学社会科学版,31(5):8.

[9] 黄纯艳,2003. 论蔡京茶法改革——兼论宋代茶法演变的基本规律[J]. 中国经济史研究(1):10.

[10] 姜锡东,2002. 宋代商人和商业资本[M]. 北京:中华书局.

[11] 李晓,1989. 论宋代茶法[J]. 烟台大学学报(哲学社会科学版)(2):79-85.

[12] 李晓,2008. 宋代茶业经济研究[M]. 北京:中国政法大学出版社.

[13] 林文勋,黄纯艳,2003. 中国古代专卖制度与商品经济[M]. 昆明:云南大学出版社.

[14] 马寅初,2001. 财政学与中国财政:理论与现实[M]. 北京:商务印书馆.

[15] 诺思,1994. 经济史的结构与变迁[M]. 上海:上海三联书店.

[16] 漆侠,2009. 宋代经济史[M]. 北京:中华书局.

［17］施莱费尔,维什尼,赵红军,2004.掠夺之手:政府病及其治疗[M].北京:中信出版社.
［18］王子龙,郑志强,2009.宋代茶叶专卖管理制度及其演变[J].江西财经大学学报(3):16-21.
［19］吴觉农,范和钧,1937.中国茶业问题[M].北京:商务印书馆.
［20］吴树国,2010.北宋蔡京茶法改革新论[J].史学集刊(6):54-60.
［21］吴树国,2011.中国古代专卖研究理论的考察——以北宋政和茶法改革性质为例[J].学术月刊,43(5):123-129.
［22］谢识予,2001.有限理性条件下的进化博弈理论[J].上海财经大学学报,3(5):3-9.
［23］杨德才,2015.新制度经济学[M].北京:中国人民大学出版社.
［24］杨德才,2019.心智成本、有限理性与中国封建王朝周期性兴衰——基于新制度经济学视角的分析[J].江苏行政学院学报(2):53-62.
［25］杨德才,蒋涵晨,2012.中国古代食盐专卖的新制度经济学分析——以明朝"开中法"之动因与结构,演化与锁定为例[J].上海财经大学学报,14(2):11-18.
［26］杨德才,靳振忠,蒋辛未,2016.制度效率、制度僵化与王朝周期性兴衰——基于新制度经济学理论的分析[J].上海财经大学学报,18(5):27-39.
［27］张呈忠,2021.招诱商贩与抑配编民——蔡京茶盐新法的地方运作方式研究[J].中国经济史研究(5):24-33.
［28］张建国,1997.略论北宋的专卖法制[J].法学研究(2):16.
［29］张五常,2015.新制度经济学的来龙去脉[J].交大法学(3):8-19.
［30］赵施迪,杨德才,方慧敏,2017.中国封建王朝包容性制度向攫取性制度渐变之原因——王朝兴衰的新制度经济学分析[J].江海学刊(3):150-158.
［31］钟祥财,2005.论中国历史上反对"与民争利"的思想[J].社会科学(3):96-104.
［32］朱重圣,1985.北宋茶之生产与经营[M].台北:台湾学生书局.

小农制经济、经济周期与经济重心南移
——基于新制度经济学和 DSGE 的分析视角

杨冰云[*]

【摘要】 经济重心南移是我国历史发展的一个重大事件,具有划时代的历史意义和影响。学术界对经济重心南移的原因有着不同的看法。本文认为,经济重心南移是南北方生产制的制度变迁的结果。小农制经济的脆弱性传导到宏观经济层面,引发我国古代历史上三次经济周期的巨大波动,延长了衰退萧条的时间;北方居民的外部潜在利润增加,诱致性制度变迁发生。由于路径依赖,制度变迁过程不可逆转,直到制度均衡。经济重心南移也是一个制度耦合的过程,实现了生产要素的再优化配置,提高经济系统抵御经济周期波动的能力,封建地主制度完成自我修复。本文的研究对于我国现代宏观经济管理、区域协调发展有着一定的借鉴意义,也有助于理解制度对经济发展的重大影响。

【关键词】 经济重心南移　经济周期　动态随机一般均衡(DSGE)　诱致性制度变迁　路径依赖

一、引　　言

在远古时期,黄河中下游地区有着适合人类生活和生产的优越自然条件,经过先民的辛勤开垦,产生了原始农业。自新石器时期以来,逐渐形成了我国古代北方的主要农业区,先后孕育了夏、商、周奴隶制王朝,开创了历史的新纪元。北方地区人口稠密,农业经济发达,第一个经济重心形成于黄河中下游地区,这是大多数学者认可的历史事实。经济重心在长时期内是稳定的,但随着社会生产力的发展和经济、政治、文化的演变,生产资源会流向更适宜的区域,经济重心将扩大甚至迁移。

我国古代历史上的经济重心大致经历了由西向东、由北向南的迁移历程,最终在东南地区聚集成一个新的经济重心,取代了黄河中下游的经济核心地位。经济重心南移有着划时代的历史意义和深远的历史影响,展现了古代经济发展的地理脉络,直接带动了南方文化的发展,对当今中国的经济发展和改革产生了深刻影响。在现代,经济重心南移的史实引起了越来越多的关注,大量学者集中探讨了经济重心何时南移、为何南移等问题。关于完成经济重心南移

---

[*] 南京大学商学院产业经济学系 2019 级本科生。

的时代判断[陈正祥(1983)、张步天(1988)、万绳楠等(1997)、魏明孔(1999)],学术界普遍认为唐朝后期至宋朝,以安史之乱为界,完成了经济重心南移。本文也认为,唐宋时期南方经济发展超过北方,南方成为全国的经济命脉。

在经济重心南移原因的探讨上,学术界众说纷纭。总结起来,主要观点有:北方战乱频繁,北民南移;南北自然环境和气候变迁,北方自然环境恶化;农业经济的发展规律,江南地区的农业更优越;北方生产关系落后等等。这些因素确实都促进了南方地区的开发。但学术界的研究往往是对历史事实本身的分析,没有形成一个逻辑闭环,对经济重心南移的解释显得不够充分。第一,封建地主制度在中国持续了上千年,这一制度对古代中国的经济发展产生了巨大影响,决定着经济历史的走向,但学术界几乎没有从制度视角系统分析经济重心南移的原因。第二,南方地区的开发、经济重心南移是一个长期的历史过程,从两汉到唐宋,经历了1 000多年,存在着明显的路径依赖,我们必须从时间维度来思考问题,而不是用某些短期事件来做出解释。第三,回顾历史,我们可以发现,北方战乱、北民南移、南方开发,这些现象与经济周期密切相关,我们如何理解经济周期与经济重心南移的关系,学术界尚未做出解释。第四,经济重心南移是众多因素作用的结果,我们如何把这些因素纳入同一个分析框架,并形成一个统一的分析体系,目前学术界尚未给出答案。

基于上述思考,本文尝试从制度变迁的视角,给出一个解释经济重心南移的思路框架(见图1)。

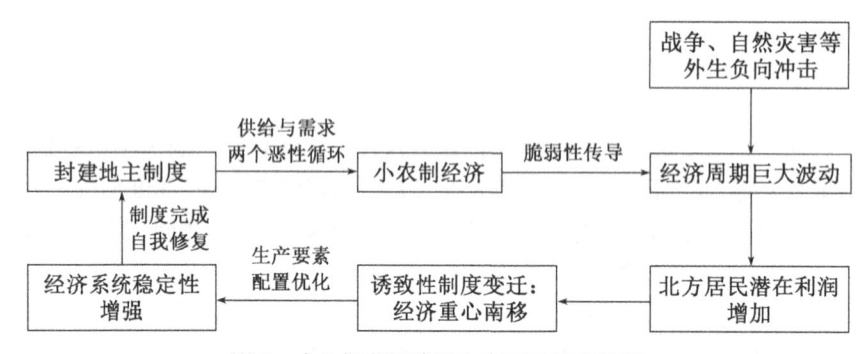

图1 本文解释经济重心南移的思路框架

本文接下来的安排如下:第二部分是文献综述,这部分回顾了研究古代经济重心南移的主要文献,总结已有的研究成果和不足;第三部分是史实呈现,这部分梳理了封建地主制度和小农制经济的发展,秦汉三国、魏晋南北朝、唐宋元三次经济周期以及南方地区经济开发的历程;第四部分是小农制经济对经济周期的影响,这部分用现代宏观经济学主流分析方法动态随机一般均衡(DSGE)来研究小农制经济对经济周期的影响,并给出脆弱性的传导机制;第五部分是经济重心南移的解释,这部分从新制度经济学的视角,用制度变迁、路径依赖、制度耦合理论来解释经济重心南移;第六部分是结论与启示。

二、文献综述

很多学者从不同视角分析了经济重心南移的原因,接下来分别梳理这些主流观点。

观点一,北方战乱频繁,生产遭到严重破坏,北民南迁促进了南方开发。张步天(1988)在其著作《中国历史地理》中指出,安史之乱是经济地理分布明显变化的分野,由于战乱破坏、北方藩镇割据以及西线吐蕃动乱促使经济重心南移。还有学者强调,宋辽金元时期,北方人口大批南移的浪潮再度出现,南方农业经济持续发展,我国经济重心发生历史性转移,而且南北农业的差距不断增大。侯家驹(2008)在其专著《中国经济史》中阐述了南方崛起的核心原因,第一个原因是北方多战乱;第二个原因是北方人迁往南方,包括一些士族豪强,有助于南方开发。但越来越多的学者对此观点提出疑问。陈正祥(1983)在其著作《中国文化地理》中提出,永嘉之乱、安史之乱和靖康之难只是促成经济南移的一部分原因,而并非全部原因。吴存浩(1998)对春秋至南北朝时期北方多次战乱没有动摇北方的经济中心地位,以及安史之乱平息后北方的中心地位没有恢复的原因提出疑问。王大建和刘德增(1999)批驳了北方人大量南下促使南方经济崛起的观点,"移往南方的北方流民有相当一部分人成为军人,并未从事农业生产。部分依然从事农业生产的南下北人,因惯于旱地作业,在南方水乡一时无用武之地,不但未能促进生产的发展,反而对当地的生产造成了破坏"。北方战乱和北民南迁促进了南方开发,但并不足以解释经济重心为何南移。

观点二,地理自然环境的差异与变化。董咸明(1985)论述了自然生产力对唐代经济重心南移的重要影响,指出社会生产力与自然生产力的统一,是决定经济重心的根本原因。南方虽然有很高的自然生产力,但社会生产力是落后的。随着北方居民大规模南迁,南方的社会生产力和潜力巨大的自然生产力逐渐取得统一,经济迅速发展。倪根金(1988)论述了气候对古代北方农业经济的影响,认为气候变迁是造成经济重心逐渐南移的重要推力。郭育庆(1989)指出,隋唐时期黄河流域森林遭到大面积破坏,南北地理环境的巨大差异使南北经济呈现出不同的发展态势,直接影响着经济重心南移。彭克明(1995)认为,北方地区是土质疏松的黄土高原和平坦的黄淮海平原,降水充沛且雨热同期,有利于抛荒轮作;随着农业生产水平的提高,人们改造和利用自然环境的能力大为提高,南方的水热条件一经开发就比北方更有利于农业生产。郑学檬(1996)在其著作《中国古代经济重心南移和唐宋江南经济研究》中详细分析了唐宋时期南北方气候、水文、植被、土壤等自然环境状况,发现北方环境恶化,对土地和森林等资源的开发利用已接近饱和,北方自然资源不足以支撑人口的持续增长。地理自然环境的变化是经济重心南移的原因之一,但这样的解释把经济重心南移完全归结为外生因素的影响,缺乏深刻性和科学性。

观点三,农业经济的发展规律。吴存浩(1998)认为,经济重心南移的原因只能从农业经济本身的发展规律中去寻找,应该讨论南北方农业类型的发展水平和潜力。日本学者西嶋定生(1984)在其著作《中国经济史研究》中指出,中国王朝的政治中心和文化中心都在北方,原因之一是华北农业比江淮农业优越;唐宋时期完成水稻农耕的改革后,江南水田农业才逐渐超过北方,确立了江南在中国农业中的核心地位。郑学檬(1996)在其专著中指出,江南地区精耕农业的快速发展是经济重心南移的基本前提条件。韩茂莉(2013)从农业技术发展的视角,阐述了北方移民在参与南方农业活动的同时,还成为水稻插秧与稻麦复种两项技术的携带者与推广者,结束了江南地区火耕水耨的粗放农业,南方土地利用率大幅度提高,这决定了经济重心的地域与时间进程。

观点四,北方生产关系落后。傅筑夫(1981)在其著作《中国古代经济史概论》中提出,整个元朝一代,不仅是社会经济的大倒退时期,而且是整个历史文化的大倒退时期。田昌五等(1996)论述了宋辽西夏金元时期,北方奴隶制和农奴制的经济成分显著增加,导致北方经济衰败。

学术界对经济重心南移的解释大致可以归纳为上述四个观点。正如本文引言部分所说,学术界的研究往往是对历史事实本身的分析,没有形成一个逻辑闭环。上述四个观点在一定程度上确实能解释南方开发和经济重心南移的原因,但是这些观点又难以自圆其说,对经济重心南移的解释显得不够充分,缺乏深刻性。经济重心南移的本质是一个经济现象,需要用经济学的思维和方法去研究这个问题,但目前已有的文献大多注重对史实的考察,忽视了经济理论分析。本文尝试从经济学视角给出一个全新的分析框架。

三、史实呈现

(一) 封建地主制度与小农制经济

西周时代是典型的封建制度时期,即封建领主制度,这是一种以井田制为基础的农奴剥削制,领主以劳役地租形态来获取剥削。农奴对领主有人身依附关系,农奴的土地(份地)是领主根据一定的分配制度授予农奴的,农奴必须依附于土地,并且无偿为领主耕作公田,从而获得份地的报酬。"雨我公田,遂及我私"(《诗经·小雅·大田》)、"我疆我理,南东其亩"(《诗经·小雅·信南山》)、"以我覃耜,俶载南亩。播厥百谷,既庭且硕,曾孙是若"(《诗经·小雅·大田》),农奴在法律上占有土地和生产资料,通过土地的授受,确立了领主与农奴上下隶属的封建关系。东周时期,领主制经济面临的矛盾不断激化,例如,农奴的劳动生产率极低,公田经营困难;领主阶级本身人数增多,采地越来越小,收入也随之减少,但开支越来越大,剥削欲望上升;领主之间的战争导致土地转移,封君与封臣关系弱化。随着众多矛盾的爆发,井田制瓦解,农奴剥削制也消亡。公元前594年,鲁国实行"初税亩"改革,以实物地租代替劳役地租,"初税亩者,非公之去公田而履亩"(《春秋谷梁传·宣公十五年》),标志着土地制度发生变化。《汉书·食货志》记载,"秦……用商鞅之法,改帝王之制,除井田,民得卖买",秦国的商鞅变法标志着井田制的彻底崩溃,土地私有制度由此而生。

在制度变迁后,地主制经济代替了领主制经济。以土地自由买卖为基础的土地私有制度确立,财富所有者通过土地买卖来获得土地,并成为地主阶级,将土地作为生息资本。土地成了地主的私有财产,地主不再把土地分配给农民;农民与地主的关系是租佃关系而非依附关系。农民支付租金,地租形态由劳役地租变为商品形态的实物地租或货币地租。傅筑夫称这种制度为"变态的封建制度","战国以后两千多年的社会,就是这样一种变态的封建社会"。

在封建地主制度中,土地被商品化。一方面,原来世袭有大量领地的封建领主为获得收入以应急需,不得不把土地分批分期卖出。另一方面,土地是一种稳定的保值增值资产,贵族和富商把手中的大量热钱投资到土地上,土地兼并和霸占随之产生,"(览)贪侈奢纵,前后请夺人宅三百八十一所,田百一十八顷。起立第宅十有六区"(《后汉书·宦者列传·候览传》),贫富差距两极分化,出现了"富者田连阡陌,贫者无立锥之地"(《汉书·食货志》)的现象。地方豪强侵占百姓田地的事例也是屡见不鲜,"帝以肃宁诸县地四百余顷赐寿宁侯张鹤龄,其家人因侵民地三倍,且殴民至死,下巡抚高铨勘报。铨言可耕者无几,请仍赋民,不许"(《明史·周经传》)。不仅豪门贵族和富商等财富聚集者在争购兼并土地,即使一般的农民也在缩衣节食、积攒财富来购买土地,一部分农民开始有了剥削别人劳动的手段。在土地商品化和土地兼并侵占不断加剧的封建地主制度中,社会贫富差距巨大,社会矛盾尖锐。正如傅筑夫所说:"土地兼并问题从战国时开始的第一天起,就注定了这是一个永远无法解决的问题。时间经历了两千多年,在每一个朝代中,都是不停止地日益向矛盾的顶点发展,而无任何有效的抑制办法,并且在每一个历史时期,都是当时社会动乱的总根源,历朝的统治者面对这种致命的威胁,总是一筹莫展。"

不同于领主制经济,地主经济的存在并不以农民经济的存在为条件,地主不担心农民经济受到破坏而影响到自己。此外,由于土地兼并,社会中出现大量失业的剩余劳动力,地主可以用很苛刻的条件从中招募雇工,给雇工的报酬只需要达到"制度工资"水平即可,"农民递互增租划佃,故有租重之患"(《陆九渊集》)。所以地主对农民的剥削比领主对农奴的剥削更加残酷,农民处于绝对化贫困的状态。"今京畿之内,每田一亩,官税五升,而私家收租殆有亩至一石者,是二十倍于官税也。降及中等,租犹半之。"①(《资治通鉴》)农民在丰收年份的亩收是一石五六斗,但私租有一石,占农民全部收入的七成以上,由此可见地主对农民剥削的残酷性,以及农民的普遍绝对化贫困。

封建地主制度对于古代中国的社会经济发展历程产生了巨大的影响。首先,社会虽然积累了大量的货币财富,但这些财富基本通过土地买卖而分散消失了,既没有发展工业也没有发展农业。其次,广大农民绝对贫困,缺乏购买力,社会需求严重不足,国内市场严重萎缩,商品经济的发展受到较大抑制。最后,地主对农民有着无上限的剥削欲望,农民获得的劳动报酬甚至低于"制度工资"水平,无法满足农民最基本的生存需要,农民必须经营一些家庭副业来补贴家用,如纺织业等。地主制经济中土地兼并是土地所有权的集中,经营规模并没有扩大,反而趋向于农户各自分散经营。在这样的背景下出现了小农业与小手工业紧密结合的、自给自足的、男耕女织的小农制经济,傅筑夫对此总结道:"小农制经济是土地兼并的必然结果,是随着土地私有制度的确立而确立的。战国以后,土地制度没有再发生过任何质的变化,土地私有成了社会经济的不变基础,小农制经济遂成了社会经济结构的基本核心。"

(二) 经济周期与南方地区的开发

小农制经济是封建地主制度的产物,它始终是进行一种小规模的、封闭的、自给自足的简单再生产,本身非常脆弱,正如马克思所说:"对小农民来说,只要死一头母牛,他就不能按原有的规模来重新开始他的再生产。"②小农制经济减弱了劳动的社会化程度,排斥社会大生产和资本积累,排斥协作分工和科学,抑制社会对自然的改造和支配。小农制经济作为古代中国封建地主制度的基本核心,其自身的脆弱性必然会传导到整个宏观经济层面。

小农制经济生产工具贫乏,不能主动改造自然,也没有足够的力量对抗自然,只能由自然任意摆布。就像马克思描述的那样,只要死了一头牛,小农的生产就会停滞。在大量自然灾害、饥荒、瘟疫和战乱的侵袭下,社会生产几乎破裂,经济发展停滞甚至严重倒退,多年经济发展积累的成果功亏一篑,这在宏观经济上就呈现出衰退和萧条的状况。

古代中国自然灾害频繁发生,水、旱、虫、蝗、冰雹等自然灾害在各代的历史上均有记录,天灾频繁,饥荒也随之而来。《史记》记载:"岁在金,穰;水,毁;木,饥;火,旱。……六岁穰,六岁旱,十二岁一大饥。"《淮南子》中记载"三岁而一饥,六岁而一衰,十二岁而一康",《盐铁论》中也记载"六岁一饥,十二岁一荒"。李约瑟曾说:"中国每六年有一次农业失收,每十二年有一次大饥荒。在过去的二千二百多年间,中国共计有一千六百多次大水灾,一千三百多

---

① 《陆贽集》卷二十二,《中书奏议》"均节赋税恤百姓六条:其六论兼并之家私敛重于公税"。
② 资本论.第三卷.北京:人民出版社,2004:678.

次大旱灾,很多时候旱灾及水灾在不同地区同时出现。"①在脆弱的小农制经济中,农民分散封闭经营,缺乏大规模社会集体协作,生产技术落后。没有组织的个人主义小农民在自然灾害面前不堪一击。事实上,正是由于封建地主制度的存在,地主对农民进行敲骨吸髓的剥削,农民绝对化贫困,人力资本得不到积累和提升,生产资料得不到改善,无法通过"干中学"促进经济增长;绝大多数农民只能勉强维持生存,不可能有更多的精力和资源来建设与改造生产环境。因此,面对自然灾害只能依靠统治者,例如,修筑水利工程,发动群众和士兵抗洪、除虫等。统治者发挥积极作用,在一定程度上有利于社会生产的恢复,可以促使宏观经济走向复苏。

战争对社会经济的冲击更加直接,其破坏力往往远大于天灾,一场大型战争能让一切文明在瞬间灰飞烟灭。在古代中国历史中,一直是战乱多于和平。每经历一次大战乱,以小农制经济为核心基础的社会经济就遭受一次毁灭性的破坏,打断了社会经济的正常发展,原本繁荣的宏观经济进入衰退和萧条。天灾与战争经常是联系在一起的。在天灾频繁发生后,民不聊生,社会矛盾激化,战争一触即发;战火蔓延后,大量农田粮食被毁,饥荒随之而来。这种现象往往出现在朝代末年。新朝代建立初期,统治者会施行休养生息政策,宏观经济又趋向复苏。由此可见,在封建地主制度下,每隔一段时期在天灾和战争的冲击下,宏观经济进入衰退和萧条阶段;随着社会逐渐稳定,经济趋向复苏,在合适的制度安排下经济走向繁荣。如此循环往复波动,在漫长的历史中呈现出明显的"经济周期"变化趋势,即繁荣—衰退—萧条—复苏。这种经济周期的波动与封建地主制度下脆弱的小农制经济密切相关。

在古代中国历史上,出现了若干次大动乱和大破坏,对经济周期产生了重大影响。随着经济周期的长期大幅度波动,北方地区的生产遭到严重破坏,原本落后的南方地区逐渐得到开发。

1. 秦汉三国经济周期:三次大动乱

第一次大动乱是秦朝末年(公元前210年前后),各地豪强争权夺利,战火摧毁了大部分经济区,社会一片萧条,"汉兴,接秦之敝,诸侯并起,民失作业,而大饥馑。凡米石五千,人相食,死者过半"(《汉书·食货志》)。在战火中,灾荒也随之而来,始皇三年"岁大饥",始皇十二年"天下大旱",始皇十七年"民大饥"。(《史记·秦始皇本纪》)汉初实行休养生息政策,经济有所复苏,"孝惠、高后之时,海内得离战国之苦,君臣俱欲无为,……而天下晏然,刑罚罕用,民务稼穑,衣食滋殖"(《汉书·高后纪》)。到"文景之治"时期,国民经济开始全面回升;汉武帝时期天下太平,达到繁荣阶段;汉昭帝在位时,"百姓充实,四夷宾服"(《汉书·霍光金日磾传》),"田野益辟,颇有蓄积"(《汉书·食货志》)。

第二次大动乱是西汉后期(公元前20年前后),大量土地兼并导致贫富

---

① 1974年5月29日香港《大公报》转载4月25日李约瑟在香港中文大学的讲演。

两极分化,"强宗豪右田宅逾制,以强凌弱,以众暴寡"(《汉书·百官公卿表》),社会矛盾尖锐,官逼民反,农民揭竿而起。王莽执政期间,发动对外侵略战争,边疆地区一片萧条,渺无人烟。同时,西汉末年天灾频繁,"平帝元始二年秋,蝗,遍天下"(《汉书·五行志》),战火天灾交加,宏观经济再次陷入衰退和萧条。直到东汉明帝期间,社会才逐渐恢复稳定,"是岁(永平十二年,公元69年),天下安平,人无徭役,岁比登稔,百姓殷富,粟斛三十,牛羊被野"(《汉书·显宗孝明帝纪》)。

第三次大动乱是东汉末年(公元180年左右),军阀割据混战,黄巾军起义、董卓之乱、李傕与郭汜交战、群雄相争。汉献帝在位31年,大小战争发生97次,平均每年3次多。《后汉书·董卓列传》记载:"初,帝入关,三辅户口尚数十万,自傕汜相攻,天子东归后,长安城空四十余日,强者四散,羸者相食,二三年间,关中无复人迹。"战乱使百姓的日常生产活动受到毁灭性打击。祸不单行,灾荒连年不断发生,"旱蝗少谷,百姓相食"(《后汉书·吕布列传》),"是时(兴平元年,公元194年)谷一斛五十万,豆麦一斛二十万,人相食啖,白骨委积"(《后汉书·孝献帝纪》)。由此可见当时社会萧条,如同人间炼狱。三国鼎立时期,蜀汉、孙吴、曹魏各据一方发展经济,社会发展相对稳定。秦汉三国时期,大约每200年出现一次巨大的经济波动,如图2所示。

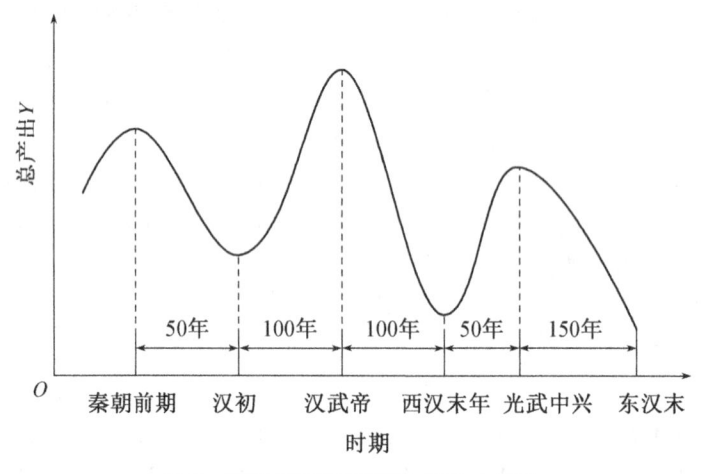

图2 秦汉三国经济周期:三次大动乱

在本次经济周期中,南方地区得到初次大规模开发。

东汉末年,长达半世纪的军阀混战使人口锐减,曹操时期"是时天下户口减耗,十裁一在"(《三国志·魏书八·张绣列传》),大量土地荒废,中原地区的经济发展受到重创。江南地区原本是火耕水耨的落后区域,但是经过东汉末年的大动乱后,北方地区大量居民和士族豪强向南方迁徙,南方地区初次得到大规模的开发。东汉后期,北方地区发生了大规模的人口迁徙,人口主要流向包括:由关中区域向南到汉水与长江中游的荆襄(今湖北)一带和益州(今四川)一带,各有 10 万多户;由中原流向东北地带的幽州与冀州(今河北),约有百万户,再渡海投奔辽东(泛指辽河以东地区);从中原流入江淮、徐州彭城一带(今苏、鲁交界区域),这是流民集结的中心,然后到达长江下游的江南地区,这是当时人数最多的一部分流民(侯家驹,2008)。《汉书·地理志》记载平帝元始二年(公元2年),全国有12 233 062 户、59 594 978 口;《后汉书·郡国志》记载顺帝永和五年(公元 140 年),全国有 9 698 630 户、4 915 220 口。后汉总人口虽然比前汉少1 000多万人,但南部户口的绝对数大幅度超过前汉。例如,在江南地区,前汉七郡国人口仅 250 多万,后汉八郡则增加到 620 多万(李剑农,1957)。在岭南地区,五郡在后汉共有 1 114 444 人,比前汉的 5 540 891 人约增 1 倍;在长江流域,广陵郡在后汉有 410 190 人,而在前汉仅有 140 721 人,南郡在后汉有 747 604 人,在前汉则为 718 540 人,江夏郡在后汉有 265 464 人,在前汉则为 219 218 人(侯家驹,2008)。这表明汉末南方地区人口大量增加。

三国鼎立时期,为了巩固自己的政权,并确保有足够的力量来抵御强敌,各国在自己的领域内安定民生、富国强兵。吴国据守江东,蜀汉也拥有西南部分地区,促进了南方的大规模开发。据不完全统计(姚大中,1981),吴国原先占有扬州 6 郡和荆州 7 郡,后来吴国的南方郡数增加到 31 个,向今天的浙江、福建、两广地区推进;蜀国占有益州和凉州的一部分,共 13 郡,随后增加到 22 郡,将今天的云南、贵州一带纳入其统治范围。吴国和蜀国在南方地区的统辖范围不断拓宽。尽管三国鼎立时期仍处于国家分裂阶段,战争时有发生,但相对于东汉末的军阀混乱来说,社会生产逐渐恢复正常。

战乱导致人口锐减、劳动力缺乏,南方地区的农业仍然无法实现规模经济。为获取规模经济带来的外部利润,大量节约劳动力的新技术被发明出来并开始推广使用。这一时期出现了马磨,同时水力运用于手工业生产——水排。杜诗于光武帝建武七年(31 年)任南阳太守,"造作水排,铸为农器,用力少,见功多,百姓便之"(《后汉书·杜诗列传》)。"居京都,城内有地,可以为园,患无水以灌之,乃作翻车,令童儿转之,而灌水自覆,更入更出,其巧百倍于常。"(《三国志·魏书二十九·杜夔传》)。两汉三国时期很多技术与水力有关,水利灌溉在南方地区快速发展,江南使用"陂池"等人工贮水池、人造湖以及运河,设立水闸门来调节水量,用于防洪和灌溉。南方地区尤其是江南一带,水资源丰富、土地肥沃、气候适宜,水利灌溉事业快速发展,劳动力与土地产生新的结合,出现大规模农业农场经营——屯田,土地资源利用率大大提高。这些大农场主要在江南,经营者一般是士族豪门,众多农民和流民依托其下。在孙吴的助长下,江南地区不断开辟大农场,如《三国志·吴书九·吕蒙列传》记载,吕蒙破曹军立功受赏,"即拜庐江太守,所得人马皆分与之,别赐寻阳屯田六百人,官属三十人","(蒙卒)蒙子霸袭爵,与守冢三百家,复田五十顷"。《三国志·吴书十·蒋钦列传》记载,蒋钦"病卒,权素服举哀,以芜湖民二百户、田二百顷,给钦妻子"。孙吴凭借政府力量支持人力与土地结合,鼓励吴国将领经营大农场,南方地区尤其是江南一带得到初步大开发。

2. 魏晋南北朝经济周期:大动乱、大萧条、大倒退

经过约半个世纪后,到西晋初年,随着国家的统一,整个国民经济也开始复苏。"太康元年(公元280年),既平孙皓,纳百万而罄三吴之资,接千年而总西蜀之用,韬干戈于府库,破舟船于江壑,……农祥晨正,平秩东作,荷锸赢粮,有同云布。……世属升平,物流仓府……"(《晋书·食货志》)"天下书同文,车同轨,牛马被野,余粮委亩,故于时有'天下无穷人'之谚。……吏奉其法,民乐其生矣。"(《晋书·孝愍帝纪》)但是这种"天下无穷人"的太平盛世仅仅持续了短暂的三十多年,国家又进入了大动乱时期。以晋室"八王之乱"为开端,随后少数民族匈奴、鲜卑、氐、羯、羌等纷纷进入中原,并在北方地区建立少数民族政权。十六国政权中有十五个政权定都北方,各政权之间互相争战,见表1。

表1　十六国时期(304—439年)各政权定都情况

政权	时期	定都地点	民族
前赵	304—329年	初都左国城(今山西吕梁东北),后都平阳(今山西临汾西南),再都长安(今陕西西安西北)	匈奴
后赵	319—351年	初都襄国(今河北邢台),后迁都邺(今河北临漳西南)	羯
前秦	352—394年	长安(今陕西西安西北)	氐
后秦	384—417年	长安(今陕西西安西北)	羌
西秦	385—400年	苑川(今甘肃榆中北)	鲜卑
	409—431年	枹罕(今甘肃临夏市)	
前燕	337—370年	初都龙城(今辽宁朝阳),后都蓟(今北京城西南隅),后迁都邺(今河北临漳西南)	鲜卑
后燕	384—407年	中山(今河北定州)	鲜卑
北燕	407—436年	龙城(今辽宁朝阳)	汉
南燕	398—410年	广固(今山东青州西北)	鲜卑
前凉	317—376年	姑臧(今甘肃武威)	汉
后凉	386—403年	姑臧(今甘肃武威)	氐
南凉	397—414年	乐都(今青海西宁附近)	鲜卑
北凉	397—439年	张掖(今甘肃张掖西北)	匈奴
西凉	400—421年	敦煌(今甘肃敦煌西),后迁都酒泉(今属甘肃)	汉
成汉	304—347年	成都(今属四川)	巴氐
夏	407—431年	统万(今陕西靖边北白城子)	匈奴

资料来源:作者整理。

这一时期,北方地区杀戮严重,生灵涂炭,经济发展出现大破坏和大倒退。"自永嘉丧乱,百姓流亡,中原萧条,千里无烟,饥寒流陨,相继沟壑"(《晋书·慕容皝载记》),"至于永嘉,丧乱弥甚。……又大疾疫,兼以饥馑,百姓又为寇贼所杀,流尸满河,白骨蔽野"(《晋书·食货志》)。刘耀与贾疋相争于长安,"诸郡百姓饥馑,白骨蔽野,百无一存"(《晋书·贾疋列传》)。石季龙的汉将冉闵夺取石氏政权后,屠杀胡羯群众,"闵躬率赵人诛诸胡羯,无贵贱男女少长皆斩之,死者二十余万"(《晋书·石季龙载记》)。淝水之战,苻坚率军近百万,"投水死者,不可胜计,淝水为之不流"(《建康实录·列宗孝武皇帝》)。后来北魏六镇和尔朱氏之乱,东西魏与北齐、北周间的争锋,均发生在北方地区。据统计,自秦代至明末,君主被篡弑者101人,而魏晋南北朝期间却占49人,几占总数之一半(但时间上只占约1/5);后汉1人,三国4人,两晋(不含十六国)9人,南朝16人,北朝19人(侯家驹,2008)。这一时期篡弑成风,政权更替频繁,增加了社会政治风险和不确定性,国民经济严重倒退。

傅筑夫(1981)对这一时期评价道:"它们之间足足互相砍杀了一百三十多年,几乎是无月不战,而无一战不进行疯狂的大屠杀,成为中国历史上最混乱、最黑暗的一个时期。……这不仅把整个社会经济破坏得荡然无存,而且把全部文明彻底毁灭了。"

直到鲜卑族拓跋珪建立北魏政权并统一中国北部,这种大分裂、大倒退的局面才有所好转。经过半个多世纪的休养生息、奖励农桑,社会经济仍然没有复苏,商品经济接近消失,"魏初至于太和(公元477—499年),钱货无所周流"(《魏书·食货志》)。历经大破坏、大倒退的北方地区,国民经济还未恢复,北魏王朝又陷入了分裂和混乱。从西晋"八王之乱"到十六国时期,再到北魏王朝接近200年的历史中,北方地区的国民经济总体来说一直处于大衰败、大萧条的倒退状态,经济复苏一直没有出现。

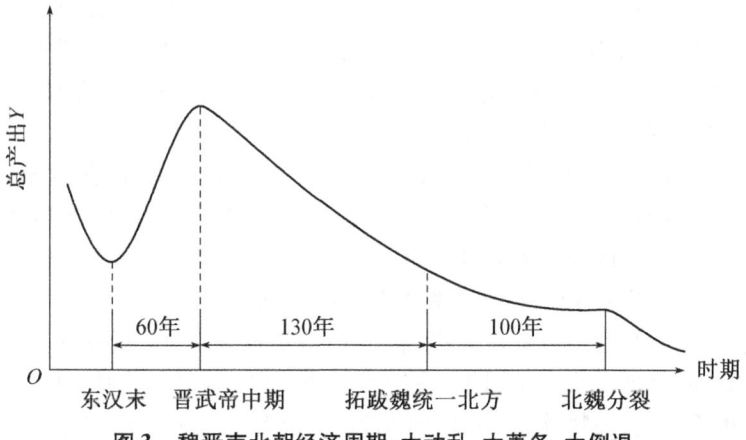

图3 魏晋南北朝经济周期:大动乱、大萧条、大倒退

在封建地主制度中,小农制经济的脆弱性是出现这种长期大萧条的核心原因之一。制度因素对经济周期产生了重大影响,而经济周期又直接影响微观个体的决策和统治者的宏观政策,进而影响整个经济发展状况。

在本次经济周期中,北方地区历经大萧条,南方地区的发展略胜一筹。

西晋王朝灭亡后,晋室南迁重建了东晋王朝。长江作为一个天然的屏障在一定程度上遏制了北方战火的侵袭。为躲避战乱、恢复生产,北方地区大量人口向南方迁移,"洛京倾覆,中州士女避乱江左者十六七"(《晋书·王导列传》),"永嘉之乱,……幽、冀、青、并、兖五州及徐州之淮北流人相帅过江淮,帝并侨立郡县以司牧之"(《晋书·地理志》),"晋元帝过江,……时百姓遭难,流移此境,流民多庇大姓以为客"(《南齐书·州郡志》)。这一时期,北方发生了自秦汉以来的第二次人口大迁徙,人口流向主要包括:巴蜀地区数万户居民流向长江中游的荆湘地区;2 万多户并州胡汉居民流向冀州;关中地区流向西北凉州;由中原向东北流徙;由中原向江南流徙,这是当时最大的一群流民(侯家驹,2008)。北方南迁人口达到百万,占南方人口的 1/6,其中位于今江苏的约 26 万,安徽 17 万,四川约 10 万,湖北 6 万,江西、湖南各 1 万(张全明、张翼之,1995)。大量劳动力南移,促进了南方地区的开发。北方移民把相对先进的生产技术和经验带到南方,江南地区火耕水耨的粗犷式农业逐渐向精耕细作式农业发展。在江南地区先后五个王朝(东晋、南朝四代)的统治中,还出现过几次短暂的繁荣,如东晋太元年间(公元 376—396 年)、刘宋元嘉年间(424—453 年)、南齐永明年间(483—493 年)。"自义熙十一年……至于元嘉末,三十有九载,兵车勿用,民不外劳,役宽务简,氓庶繁息,至余粮栖亩,户不夜扃,盖东西之极盛也。……自晋氏迁流,迄于太元之世,百许年中,无风尘之警,区域之内,晏如也",(《宋书·沈昙庆列传》),"永明之世,十许年中,百姓无鸡鸣犬吠之警,都邑之盛,士女富逸,歌声舞节,袨服华妆"(《南齐书·良政列传》)。以长江、珠江流域为主的南方,经济得到迅速发展,并形成了新的江南经济中心,建康(今南京)是东晋、南朝的政治、经济中心,有 28 万户,100 多万人;成都是当时的织锦业中心和西南贸易中心;福建的建瓯和闽侯是当时的造船中心(张全明、张翼之,1995)。

尽管南方地区也有战火,且土地兼并严重、贫富两极分化,阶级矛盾尖锐,南方王朝多昏君,骄奢淫逸、篡弑事件频繁发生,但是相对于北方的大动乱、大萧条来说,南方地区的发展略胜一筹。

3. 唐宋元经济周期:两次大繁荣与三次大衰退

唐朝前期,社会经济高度繁荣,商品经济迅速发展。"贞观初,户不及三百万,绢一匹易米一斗。至四年,斗米四五钱,外户不闭者数月,马牛被野,人行数千里不赍粮,民物蕃息,四夷降附者百二十万人。……号称太平"(《新唐书·食货志》),"自贞观以后,太宗励精为理,至八年、九年,频至丰稔,米斗四五钱,马牛布野,外户动则数月不闭。至十五年,米每斗值两钱"(《通典·食货七》"历代盛衰户口"),"是时,海内富实,米斗之价钱十三,青、齐间斗才三钱,绢一匹钱二百。道路列肆,具酒食以待行人,店有驿驴,行千里不持尺兵"(《新唐书·食货志》)。唐朝社会的高度繁荣一直持续到唐玄宗天宝年间,前后约130年。唐玄宗天宝十四年,安史之乱爆发,战火瞬间覆盖大半个中国,黄河流域的经济毁于一旦,诗人岑参描述:"胡兵夺长安,宫殿生野草。……胡雏尚未灭,诸将懋征讨。昨闻咸阳败,杀戮净如扫。积尸若丘山,流血涨丰镐。……村落皆无人,萧然空桑枣。"安史之乱摧毁了北方地区的繁荣经济。安史之乱勉强平息后,藩镇分裂割据,唐王朝与各藩镇之间又发生了无休止的战争,"(贞元)二年(公元786年)四月,李希烈平,诏曰:叛臣希烈,窃据淮沂,师旅一兴,绵联莫解;……通邑化为丘墟,遗骸遍于原野"(《册府元龟·帝王部·延赏第二》)。由此可见,藩镇叛乱,社会大动荡,生灵涂炭。与以往历史上的大动荡类似,天灾与战火总是纠结在一起,脆弱的小农制经济不堪一击,百年积累的社会财富被战争与自然灾害毁灭,宏观经济进入衰退萧条阶段。在动荡中,民不聊生,走投无路的农民只能揭竿而起,终于在唐朝末期爆发了黄巢农民起义,社会经济持续萧条。后来秦宗权割据一方,狂暴残酷,"所至屠残人物,燔烧郡邑。西至关内,东极青、齐,南出江淮,北至卫滑,鱼烂鸟散,人烟断绝,荆榛蔽野"(《旧唐书·秦宗权列传》),唐朝后期的大动乱也历经百年之久。唐朝灭亡后,五代十国割据一方,有的是封建军阀,有的是游牧民族的贵族,在半个世纪中发动战争,相互仇杀。他们建立的割据政权大都腐败落后,肆意剥削人民,黄河流域的经济发展再次受到严重摧残。

安史之乱开始到五代十国200多年的动乱,直到宋初才停止。宋王朝采取了很多恢复经济发展的积极措施,奖劝农桑、兴修水利、引进良种、改革工具,取消了坊市制度等传统的束缚和管制,使工商业自由发展。农业、手工业和商业进入了空前繁荣的阶段。在北宋160多年的时间里,国民经济一直在沿着一条上升曲线继续发展,宏观经济进入大繁荣时期。但随着金兵南下进攻中原,战乱逐渐扩大、国家分裂,100多年来社会经济的发展成就又被严重破坏。"建炎元年(公元1127年)秋,余自穰下由许昌以趋宋城,几千里无复鸡犬,井皆积尸,莫可饮;……大逵已蔽于蓬蒿,菽粟梨枣,亦无人采刈。"(《鸡肋编》)宋室南渡后,由于南方自然环境优越,且胡人的骑兵不能渡江,南方地区的经济保持了繁荣。但是金人统治下的北方,政治黑暗,生产方式落后,经济发展缓慢。江南的繁荣一直持续到南宋末年,蒙古铁骑对中原的屠戮成为中国古代史上一次空前的大灾难。"时国兵践蹂中原,河南、北尤甚,民罹俘戮,无所逃命"(《元史·丘处机传》),"金崇庆末(公元1213年),河朔大乱,凡二十余年,数千里间人民杀戮殆尽,其存者以户口计千百不余一"(刘静修《武强尉孙君墓铭》),国民经济再次进入大衰退阶段。

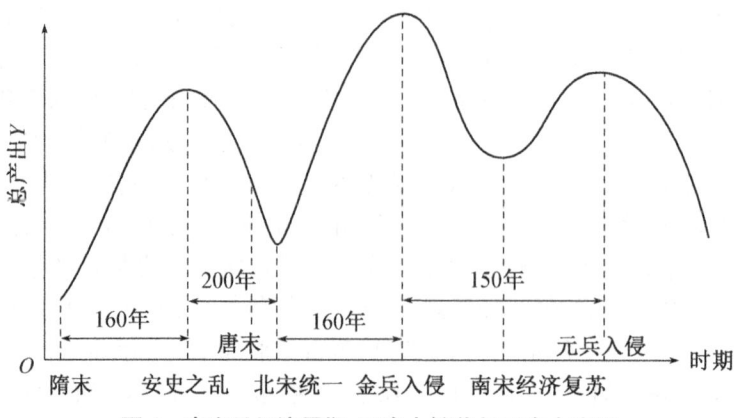

图4 唐宋元经济周期:两次大繁荣与三次大衰退

元代的经济大衰退是中国历史上最后一次巨大的经济波动,明清时代虽然也有天灾和战争,但经济没有出现长期的大衰败和大崩溃(傅筑夫,1981)。相对于秦汉三国、魏晋南北朝、唐宋时期的三次经济周期而言,明清宏观经济波动幅度并不大,因此本文仅分析以上三个经济周期。

在唐宋元经济周期中,南方地区经济发展水平明显超过了北方。

唐朝前中期,南方经济虽有长足进步,但是,从人口的比例来看,仍然是北方高于南方,大约是北方人口占全国总人口的3/5,南方人口占2/5(张全明、张翼之,1995)。自从安史之乱爆发以后,北方社会遭到严重破坏,"关中……北至河曲,人户无几"(《新唐书·食货志》),河南、河北一带"人烟断绝,千里萧条"(《旧唐书·郭子仪传》),北方人口大量减少,而南方人口却不断增加。据统计,京兆府在开元时有36万户人口,历经百年之后,到元和年间,人口不但没有增加,反而减少了1/3,至24万户;河南府人口减少更多,开元时有12万户,元和年间减少了6/7;但南方的饶州在元和时的户数为开元的3倍(张全明、张翼之,1995)。如表2所示,唐朝中期南方地区人口迅速增加,改变了以往南方地广人稀的局面:从贞观十三年(639)到天宝元年(742)的103年当中,襄州、鄂州和邵州的户数增加了5倍以上,鄂州户数增加了8倍以上,其他南方各州户数的增长幅度也都在3~4倍之间。此外,据《新唐书·地理志》记载,天宝元年,太湖周围各州人口一般都在50万以上,常州、润州、苏州的人口均超过了60万;成都更是达到92万;洞庭湖和鄱阳湖周围的一些州人口较少,但也在10万以上。南方人口到中唐以后,已逐步赶上并超过了北方。

表2　　　　　　　　　　唐朝长江中游地区人口的基本情况

州名称	贞观十三年/户数	开元二十九年/户数	天宝元年/户数
荆州	10 260	28 932	30 192
峡州	4 300	7 317	8 098
襄州	8 957	46 056	47 780
郢州	1 580	13 720	12 046
黄州	4 896	14 787	15 512
鄂州	3 754	19 417	19 190
潭州	9 031	32 226	32 272
永州	6 348	20 913	27 494
郴州	8 646	27 990	31 303
邵州	2 856	12 323	17 073
洪州	15 456	55 717	55 530
江州	6 360	26 058	29 025
饶州	11 400	43 149	40 899
虔州	8 994	37 982	37 647
吉州	15 040	39 650	37 752
袁州	4 636	29 391	27 091
抚州	7 354	28 507	30 605

资料来源:牟发松.唐代长江中游的经济与社会.武汉:武汉大学出版社,1989:254-266.

　　江南地区人口大量增加,为进一步发展农业,开始修建水利工程,仅苏州就有水利工程260多项(《天下郡国利病书》)。根据表3可知,唐朝平均每世纪水利灌溉工程数量为87项,远远超过唐朝之前的朝代;宋朝平均水利灌溉工程数量更是达到349项,与唐朝之前的朝代相比,翻了20多倍。其中,北方水利灌溉工程数量仅为南方的2/3。南方水利事业快速发展,耕地面积大量增加,长江中下游逐渐成了富庶之地,"则潭、衡、桂阳必多积谷,关辅汲汲,只缘兵粮,漕引潇、湘、洞庭,万里几日,沧波挂席,西指长安。三秦之人,待此而饱;六军之众,待此而强"(《旧唐书·刘晏传》),这表明南方地区逐渐成为唐朝的经济命脉。

表3　　各朝代有记载的水利灌溉工程（平均每世纪工程数量）

朝　代	包括维修工程/项	不包括维修工程/项
唐朝之前	16	10
唐朝	87	79
宋朝	349	233
元朝	351	492
明朝	822	723
清朝	1 222	600

资料来源：[英]安格斯·麦迪森.中国经济的长期表现 公元960—2030年（修订版）[M].上海：上海人民出版社,2011:26.

北方地区经济衰败,还由于唐中期以后生态环境遭受大破坏以及气候发生剧烈变化。大面积毁林开荒使得黄河中下游地区的森林覆盖率迅速下降。据估算,春秋战国时黄河中游的森林覆盖率为53%,秦汉时还有42%,到唐宋时就下降到32%,明清以后只剩下3%左右（史念海,1981）。安史之乱后,唐肃宗、唐代宗时,朝廷鼓励农民垦种高原上"荒闲陂泽山原"（《唐会要·租税下》）。森林破坏导致水旱灾害频繁发生,唐代河南道附近地区已成为自然灾害最频繁的地区,公元624—741年,河南道患旱、涝、蝗灾共32次,居全国之首;洛阳在唐代遭水灾22次,洛水共泛滥16次,均居全国前列（郑学檬、陈衍德,1991）。唐宋时期的气候由暖转寒,气候变化影响了粮食作物的生长期。唐朝温暖期作物的生长期比现今长10天以上,两宋寒冷期作物的生长期则比现今短。① 随着气候转寒,北方地区一年中农作物总的生长期缩短,农业生产严重受损;南方地区气候温和,农作物可以一年多成熟,农业生产趋向繁荣。气候变化也影响了粮食作物的产量,唐朝温暖期北方麦的单位面积产量比前代增长了10.3%,宋金寒冷期则比前代减少了8.3%（倪根金,1988）。宋代南北普遍降温变冷,但南方变化幅度小于北方,再加上南方地区其他有利条件,南方的粮食产量高于北方。

历经秦汉三国时期、魏晋南北朝时期、唐宋元时期的三次经济周期后,南方地区得到了大规模的开发,南方经济逐渐超过了北方,成为国家的经济命脉。从历史发展历程中,我们可以看到,宏观经济周期变化对南方经济崛起产生了重大影响;而古代中国历史上经济周期与小农制经济密切相关,因此接下来有必要进一步从经济理论上分析小农制经济与经济周期的关系,然后分析宏观经济周期对经济重心南移的影响。

---

① 纪念科学家竺可桢论文集[M].北京:科学普及出版社,1982:195.

四、小农制经济对经济周期的影响：DSGE 模型

在上文第三部分"史实呈现"中，我们看到，在封建地主制下，农民与地主的关系是租佃关系，地主经济的存在并不以农民经济的存在为条件，地主不担心农民经济受到破坏而影响自己的收益。因此，地主对农民的剥削非常残酷，造成了农民的普遍绝对化贫困，农民无法通过"干中学"来提升人力资本，也没有更多精力来建设和改造生产环境，农民还必须兼营一些家庭手工业才能勉强生存。这形成了一种封闭的、自给自足的、落后的小农制经济。小农制经济是古代中国社会经济结构的基本核心，是宏观经济变化的微观基础。本文接下来使用现代宏观经济学主流分析框架——动态随机一般均衡（DSGE），从理论上分析讨论小农制经济对经济周期的影响。

（一）DSGE 模型

小农制经济是一个封闭的、自给自足的经济系统，因此不考虑国际贸易和货币。农民面临的最优决策是使自身的效用最大化，即

$$\max \sum_{t=0}^{\infty} \beta^t u(c_t, l_t)$$

式中，c_t 是农民在 t 时刻的消费；l_t 是农民在 t 时刻的休闲时间；β 是贴现因子，且 $0 < \beta < 1$；$u(c, l)$ 是效用函数，且 $\partial u/\partial c > 0$，$\partial u/\partial l > 0$。假设效用函数的函数形式为：

$$u(c_t, 1 - h_t) = \ln c_t + \theta \ln(1 - h_t)$$

式中，h_t 是劳动时间，$h_t = 1 - l_t$；$\theta(>0)$ 是参数，衡量了休闲相对于消费对农民效用函数的影响程度。

假设社会生产函数为柯布道格拉斯形式，即

$$y(a_t, k_t, h_t) = a_t k_t^{\alpha} h_t^{1-\alpha}$$

式中，y 是社会总产出；a_t 是技术因子，反映了社会生产的技术水平；k_t 是社会总资本，如土地、农民的生产工具等；h_t 是农民总劳动时间。其中，a_t 对社会生产力起着关键作用。如果突然出现战争、自然灾害等外生负向冲击，a_t 会迅速向下衰减，社会生产力持续下降；随着战争和灾荒平息，a_t 又会逐渐恢复到均衡稳态水平，社会生产力开始复苏。在本模型中，a_t 是影响宏观经济变化的一个核心因素，为了进一步讨论外生冲击的影响，假设 a_t 服从一个自回归过程，即 $a_t = \rho a_{t-1} + \varepsilon_{t+1}$，$\rho \in (0,1)$ 是参数，ε_t 是外生冲击，且 $\{\varepsilon_t\}$ 是独立同分布的序列。在宏观经济稳态中，$a_t = a^*$ 不发生变化；当发生外生冲击时，a_t 发生突变，然后根据自回归过程逐渐回复到稳态水平。

资本积累方程为：

$$k_{t+1} = (1-\delta)k_t + I_t$$

式中，δ 是折旧系数；I_t 是社会在 t 期的投资。存在以下资源约束方程：

$$y = (a_t, k_t, h_t) \geq c_t + I_t$$

动态优化贝尔曼方程为：

$$V(k_t, a_t) = \max_{c_t, h_t} \{\ln c_t + \theta \ln(1-h_t) + \beta \mathbb{E}_t[V(k_{t+1}, a_{t+1})]\} \quad (1)$$

方程(1)的约束条件为：

$$a_t k_t^\alpha h_t^{1-\alpha} \geq c_t + I_t$$

$$a_{t+1} = \rho a_t + \varepsilon_{t+1}$$

$$k_{t+1} = (1-\delta)k_t + I_t$$

根据"库恩-塔克"条件，宏观经济处于最优状况时，应该满足：$a_t k_t^\alpha h_t^{1-\alpha} = c_t + I_t$，所以

$$V(k_t, a_t) = \max_{k_{t+1}, h_t} \{\ln(a_t k_t^\alpha h_t^{1-\alpha} + (1-\delta k_t) - k_{t+1}) + \theta \ln(1-h_t) + \beta \mathbb{E}_t[V(k_{t+1}, a_{t+1})]\}$$

由一阶条件可得：

$$\frac{\partial V(k_t, a_t)}{\partial k_{k+1}} = 0 = -\frac{1}{a_t k_t^\alpha h_t^{1-\alpha} + (1-\delta)k_t - k_{t+1}} + \beta \mathbb{E}_t[V_k(k_{t+1}, a_{t+1})] \quad (2)$$

$$\frac{\partial V(k_t, a_t)}{\partial h_t} = 0 = \frac{(1-\alpha)a_t k_t^\alpha h_t^{-\alpha}}{a_t k_t^\alpha h_t^{1-\alpha} + (1-\delta)k_t - k_{t+1}} - \frac{\theta}{1-h_t} \quad (3)$$

由包络定理可得：

$$\frac{\partial V(k_t, a_t)}{\partial k_t} = \frac{\alpha a_t k_t^{\alpha-1} h_t^{1-\alpha} + (1-\delta)}{a_t k_t^\alpha h_t^{1-\alpha} + (1-\delta)k_t - k_{t+1}} \quad (4)$$

联立(2)式、(3)式和(4)式，可以化简得到：

$$\frac{1}{c_t} = \beta \mathbb{E}_t\left[\frac{\alpha a_{t+1} k_{t+1}^{\alpha-1} h_{t+1}^{1-\alpha} + (1-\delta)}{a_{t+1} k_{t+1}^\alpha h_{t+1}^{1-\alpha} + (1-\delta)k_{t+1} - k_{t+2}}\right] \quad (5)$$

$$(1-\alpha)(1-h_t)(a_t k_t^\alpha h_t^{1-\alpha}) = \theta c_t \quad (6)$$

资本租金收入应该等于资本边际产出，即

$$R_t = \alpha a_t k_t^{\alpha-1} h_t^{1-\alpha} \quad (7)$$

在小农制经济中，地主要从农民身上剥削大量的地租，农民的劳动收入小于劳动边际产出，即

$$w_t = \tau(1-\alpha)a_t k_t^\alpha h_t^{-\alpha} \tag{8}$$

式中，w_t 是农民的收入；$(1-\alpha)a_t k_t^\alpha h_t^{-\alpha}$ 是劳动边际产出；τ 反映了地主的剥削强度。把(7)式、(8)式代入(5)式、(6)式，可得：

$$\frac{1}{c_t} = \beta\,\mathbb{E}_t\left[\frac{R_{t+1}+(1-\delta)}{c_{t+1}}\right] \tag{9}$$

$$(1-h_t)w_t = \tau\theta c_t \tag{10}$$

在宏观经济稳态中，$\forall t, a_t = a^*, k_t = k^*, h_t = h^*$，由此可得稳态值，即

$$h^* = \frac{1}{1+\dfrac{\theta}{(1-\alpha)}\left[1-\dfrac{\beta\delta\alpha}{1-\beta(1-\delta)}\right]} \tag{11}$$

$$k^* = h^*\left[\frac{\alpha a^*}{\dfrac{1}{\beta}-(1-\delta)}\right]^{\frac{1}{1-\alpha}} \tag{12}$$

至此，构建完成了 DSGE 的基本模型框架。一共有 8 个核心方程[①]和 8 个变量，即 a_t、c_t、k_t、I_t、h_t、y_t、w_t、R_t。

接下来，将小农制经济的特点抽象化，并融入 DSGE 模型中。将小农制经济的特点归结为四点。第一，农民的实际收入小于劳动边际产出，在(8)式中，存在反映地主剥削强度的参数 τ。第二，地主对农民残酷剥削，农民的稳态劳动时间大幅度上升，即 h^* 增加。第三，小农制经济封闭、自给自足，农民信息闭塞，更加看重目前的当期效用，即贴现因子 β 减小。第四，生产技术落后，农民无法改造自然，对于技术因子的自回归过程 $a_t = \rho a_{t-1} + \varepsilon_{t+1}$，参数 ρ 增大。其经济含义是，如果发生负向的外生冲击，技术因子偏离稳态水平，农民难以在短期内适应这种冲击，所以技术因子需要一个更加漫长的过程才能恢复到原先的稳态水平。

（二）参数和稳态值的设定

本文第四部分强调的是理论分析，而非准确的量化分析，所以本文并没有使用历史数据来对各个参数和稳态值进行准确的校准或者贝叶斯估计。本文把参数和稳态值分为处理组和对照组，处理组模拟小农制经济，对照组的参数根据以往文献中的经验准则来设定（见表4）。

[①] 限于正文篇幅，8 个核心方程详情见附录。

表4　　　　　　　　　　　DSGE 参数和稳态值的设定

对照组

α	β	δ	ρ	a^*	h^*	τ	ε_t
0.33	0.99	0.025	0.974	1	1/3	1	-0.009^2

小农制经济

α	β	δ	ρ	a^*	h^*	τ	ε_t
0.33	0.90	0.025	0.99	1	2/3	0.3	-0.009^2

参考资料:李向阳.动态随机一般均衡(DSGE)模型理论、方法和 Dynare 实践[M].北京:清华大学出版社,2018.

为了模拟外生冲击(战争、灾荒)对宏观经济的影响,设定负向冲击 ε_t 为 -0.009^2,即经济系统突然遭受到一个负向的冲击,社会生产力下降,我们重点观察宏观变量如何变化,需要多少时间才能恢复到稳态水平,从而考察小农制经济对经济周期的影响。

(三)模型求解与分析

使用软件 Matlab 和 Dynare 求解上述模型,得到各个变量的脉冲响应函数图,如图5和图6所示。横坐标表示时间期数,每一期代表1个季度,纵坐标表示各变量偏离稳态的百分比。虚线表示稳态水平,虚线下方表示宏观变量的值低于稳态水平,虚线上方则表示高于稳态水平。①

在图5对照组中,我们可以看到负向外生冲击对对照组宏观经济的影响。战争和自然灾害爆发后,在初始时刻(0时刻),技术因子 a_0 突变减小 0.009%,位于稳态值的下方,于是总产出 $y_0 = a_0 k_0^\alpha h_0^{1-\alpha}$ 突变减少约 1.25%。根据凯恩斯的消费理论,总产出减少,如果边际消费倾向保持不变,那么农民的消费也会减少;在图5中,农民总消费 c_0 减少约 0.43%。负向的外生冲击破坏了社会生产力,劳动的边际产出减少,农民的实际劳动收入降低约 0.74%,甚至低于维持农民生存的最低收入水平,农民愿意提供的劳动随之减少,这造成大量失业,即社会总劳动 h_0 减少约 0.52%。在0时刻,宏观经济进入衰退萧条阶段。根据 $a_{t+1} = \rho a_t + \varepsilon_{t+1}$,且 $0 < \rho < 1$,给定一个负向冲击 ε_t,技术因子 $a\sigma t$ 偏离稳态水平,随后 a_t 将逐渐调整恢复到稳态水平,调整速度取决于 ρ 的大小,ρ 越小则调整速度越快。各个宏观变量的变化过程在总体上就呈现出经济周期。

---

① 本模型设定技术因子的稳态值是1,这只是为了让计算简便和让脉冲响应函数图更加直观,并不会对模型结果有实质性影响。负向外生冲击是 -0.009^2,其经济含义是,相对于当前宏观经济的社会生产力来说,战争、自然灾害等外生冲击导致社会生产力在以后的每一期(每一季度)里都下降 0.008 1%。当然,在负向冲击发生后,宏观经济会不断调整收敛到稳态水平。

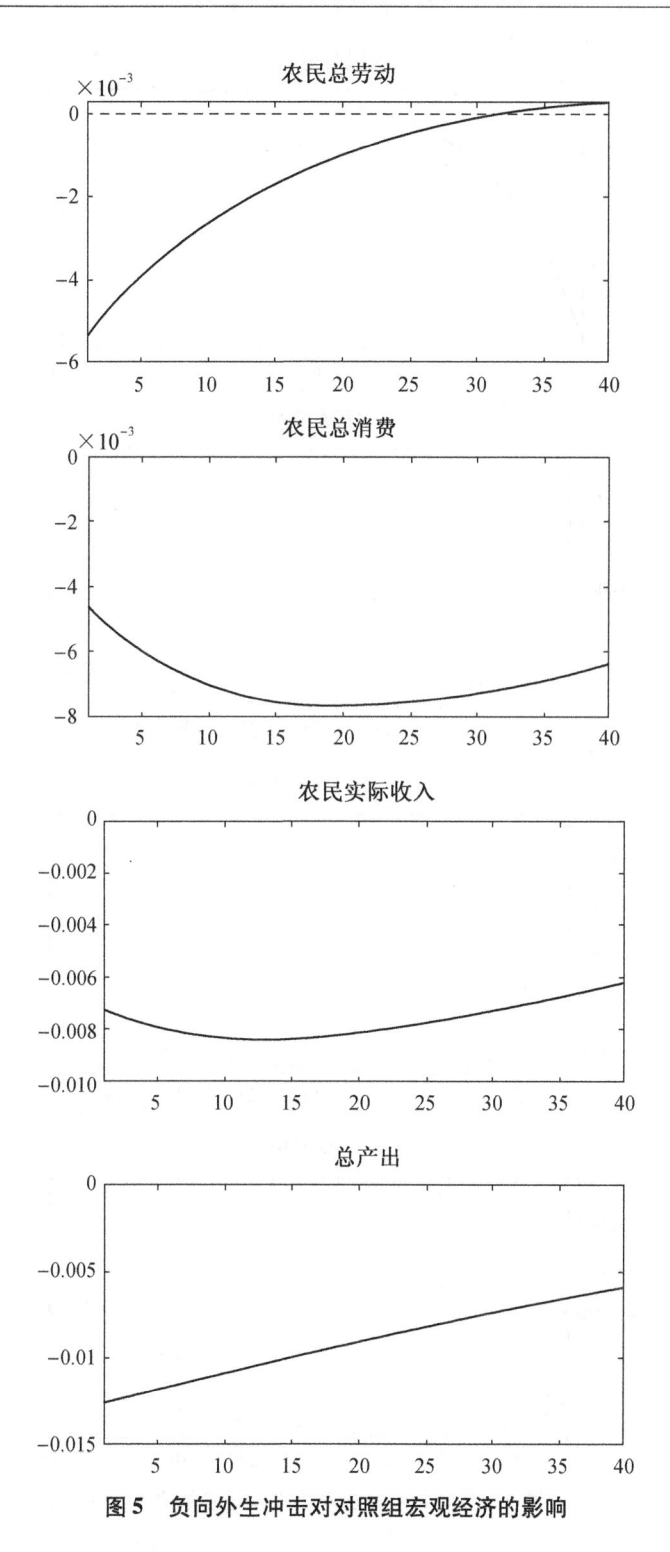

图5 负向外生冲击对对照组宏观经济的影响

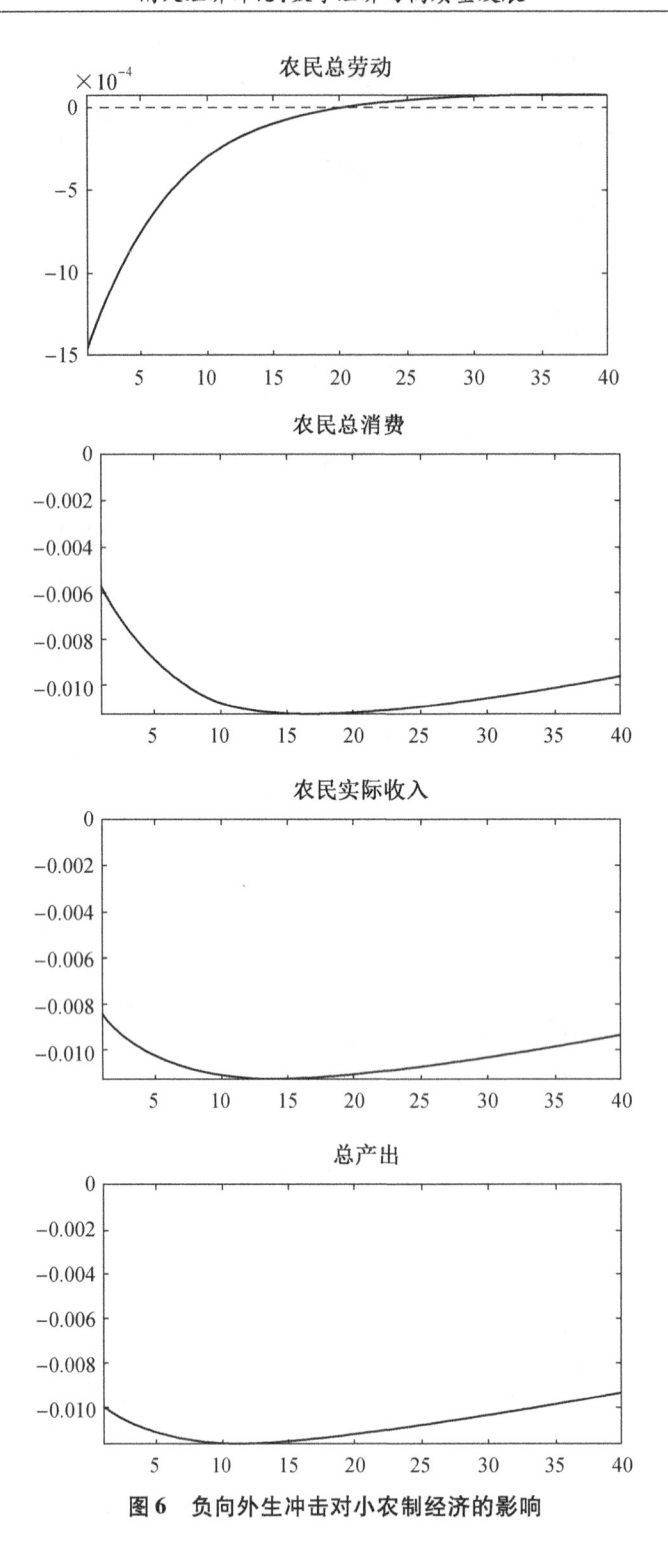

图 6 负向外生冲击对小农制经济的影响

在图 5 对照组中,经过 32 期(8 年)左右的时间,农民的总劳动恢复到稳态值水平,其余变量也逐渐向稳态水平靠拢,这反映了宏观经济从萧条向复苏阶段过渡。但经过 40 期(10 年)以后,消费、实际收入、总产出仍然低于稳态值水平。其中,消费先快速下降再缓慢上升,在第 40 期(第 10 年)时,消费 c_{40} 低于稳态值的幅度为 0.63%,负向冲击导致农民的消费水平长期低于稳态水平。实际收入大致也呈现出先下降再上升的趋势,但是总体上升幅度很小,长期低于稳态水平;在第 40 期时,实际收入 w_{40} 低于稳态的幅度为 0.61%,这表明负向冲击造成农民收入长期减少。总产出呈现线性上升趋势,以较快的速度向稳态水平靠拢;在第 10 年时,总产出低于稳态水平的幅度为 0.53%。

总体来看,对于 $\varepsilon_t = -0.009^2$ 的负向外生冲击,即战争、自然灾害等外生冲击导致社会生产力在以后的每一期(每一季度)里都下降 0.008 1%,在 10 年后,社会劳动恢复到稳态水平,失业问题缓解,但是产出、消费、实际收入远远低于稳态水平,宏观经济仍然处于萧条状态。

接下来,考虑小农制经济与对照组的区别,从而分析小农制经济对经济周期的影响。

在图 6 小农制经济中,面对与对照组完全相同的负向外生冲击,社会总劳动在第 20 期(5 年)时就恢复到了稳态水平,快于对照组;但是总产出、消费、实际收入的恢复程度远远慢于对照组。首先,总产出在前 4 年持续下降,而不是像对照组一样线性上升;第 4 年以后,总产出才逐渐回升,但是 10 年以后,总产出低于稳态水平的幅度达到 0.96%,远高于对照组的 0.53%。其次,农民消费水平在前 5 年一直下跌,减少约 1.3%,远高于对照组的 0.78%;在 10 年以后,消费低于稳态水平的幅度是 0.97%,高于对照组的 0.63%。最后,农民实际收入总体上大幅度下降,在 10 年以后,实际收入低于稳态水平的幅度是 0.96%,同样高于对照组的 0.61%。这充分体现了小农制经济中宏观经济的脆弱性。

小农制经济的脆弱性传导到国民经济层面,并表现为大幅度波动的经济周期。面对同样的战争、自然灾害等外生冲击,小农制经济的调整速度仅为对照组的 50% ~ 60% 左右。换言之,小农制经济会经历更加漫长的衰退和萧条期才能迎来国民经济的复苏。从历史上的三大经济周期来看,在秦汉三国的三次大动乱中,经济衰退萧条的时长分别是 50 年、100 年、150 年;在魏晋南北朝大倒退中,经济衰退萧条的时长是 250 年;在唐宋元的三大衰退中,经济衰退萧条的时长分别是 200 年、150 年、100 年。在这段长达 1 500 多年的历史中,经济衰退萧条时期总计约有 1 000 年,占经济周期的比例高达 67%,由此可见古代中国宏观经济的脆弱性。

但是,我们如何理解小农制经济脆弱性的传导机制,这需要进一步的分析。

（四）机制分析

在封建地主制度中,土地自由买卖,大量社会财富流向土地,社会贫富两极分化。地主经济的存在不以农民经济的存在为条件,地主对农民有着无限的剥削欲望,这造成了农民的普遍绝对化贫困。由此出现了供给和需求反面的两个恶性循环机制。在供给方面,形成"地主剥削→农民低收入→低储蓄能力→低资本形成(物质资本和人力资本)→生产规模难以扩大→低生产率→社会财富流向土地→地主剥削"的恶性循环机制。在需求方面,形成"地主剥削→农民低收入→低购买力和低消费能力→投资引诱不足→低资本形成→生产规模难以扩大→低生产率→社会财富流向土地→地主剥削"的恶性循环机制(见图7)。

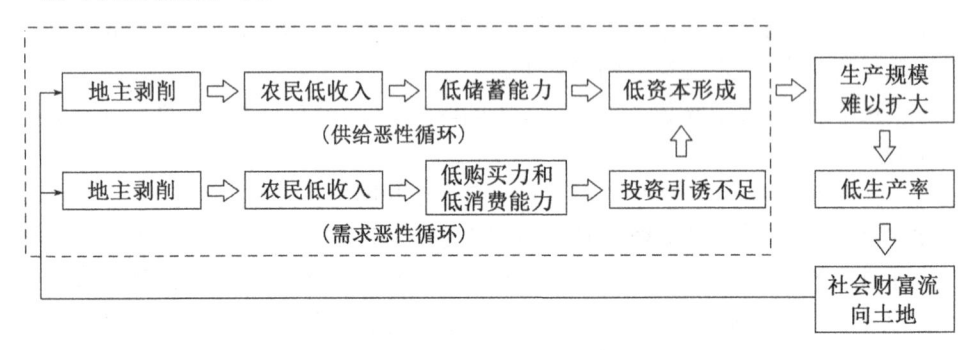

图7 封建地主制度中供给与需求恶性循环

在这两个恶性循环里,小农制经济呈现以下四个特点。第一,小规模经营生产,无法实现规模经济。第二,排斥社会化生产,资本积累水平低。第三,生产的封闭性,导致决策有盲目性和短期性。第四,技术进步停滞,生产技术落后。微观基础对于宏观经济起着决定性作用,小农制经济的脆弱性传导机制如图8所示。

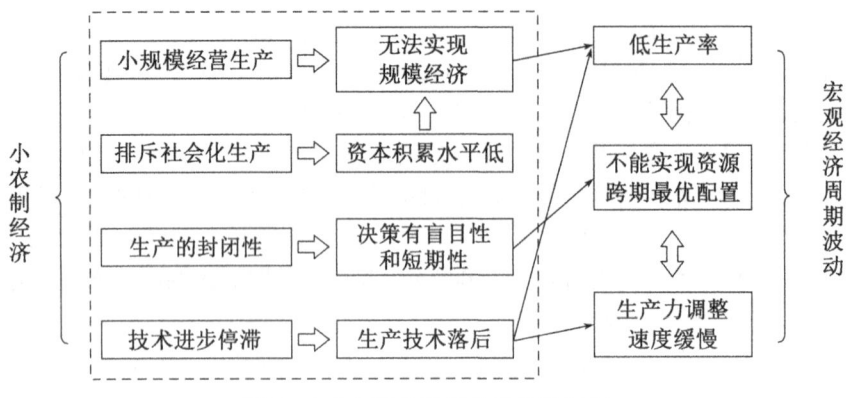

图8 小农制经济脆弱性的传导机制

总结而言,在封建地主制度中,小农制经济的脆弱性传导到宏观经济上,加剧了经济周期的负向波动程度,经济衰退和萧条的时期增加。经济周期的大幅度波动必然会对社会经济产生重大影响。本文接下来结合经济周期来解释古代中国经济重心南移。

五、经济重心南移的解释:新制度经济学视角

从上文第三部分"史实呈现"中,我们可以看到,在秦汉三国、魏晋南北朝、唐宋元时期的三次经济周期波动中,北方人口不断南迁,南方地区得到大规模开发。到唐宋时期,南方经济已经明显超过了北方,南方地区成为全国的经济命脉。经济周期深刻影响着我国古代经济重心南移的进程。上文第四部分论证了小农制经济的脆弱性会传导到宏观经济层面,进而加剧经济周期的波动程度。在封建地主制度下,经济周期剧烈波动具有必然性。接下来,从新制度经济学的视角,分析经济周期对经济重心南移的影响。

(一)诱致性制度变迁

从历史进程来看,古代北方地区和南方地区有着截然不同的生产环境、生产方式和生产关系,经济单位的组织形式、合作和竞争方式也不相同,从而形成了不同的制度安排——北方生产制和南方生产制。

北方地区主要是黄河中下游地区,在远古时期就有适合人类生活和生产的优越自然条件,比如,地势坦荡、利于农耕,气候温润、林草繁茂,土壤疏松、宜于种植,河湖众多(如渭河、泾河、北洛河、汾河等)、交通便利。黄河中下游地区的祖先正是利用了这些优越的自然条件,大力发展农牧业生产以及手工业和商业,并先后孕育了夏商周奴隶制王朝,开创了历史。但早期的南方地区是地广人稀、缺少开发、经济文化相对落后之地。而在秦汉三国、魏晋南北朝、唐宋元三个经济周期中,北方地区出现若干次大动乱,长期处于战乱中,水利设施年久失修,水旱等自然灾害频繁发生,宏观经济进入衰退萧条时期,社会一片动荡混乱;南方地区则较为和平稳定,水利设施也更加完善。南北方的生产环境有着巨大差异:北方多战乱,南方较稳定。随着北方流民带来的生产技术与南方的生产实际相结合,南方地区逐渐出现大量提高生产效率的水田水利工具,水稻插秧与稻麦复种技术推广使用,农田建设水平提高,围田、圩田快速发展。在手工业方面,江南传统的麻布生产很普遍,南方制瓷业、纺织业、造船业发达。所以南北方的生产方式同样有着较大差异:南方水利技术快速发展,农业生产率更高,手工业也比北方更发达。此外,少数民族入侵北方,把落后的奴隶制带进中国,广大北方居民沦为奴隶,生产关系发生严重倒退。

在古代中国三次经济周期中,南方地区经济逐渐崛起,这是自下而上的诱致性制度变迁过程。小农制经济的脆弱性传导到宏观经济上,三次经济周期

大部分时段都处于衰退萧条阶段,北方地区长期的衰退和萧条改变了北方居民的成本收益结构,极大地提高了外部潜在利润,这些潜在利润远高于制度变迁的成本(制度变迁的成本包括:原先在北方地区拥有的固定资产,生产生活经验的损失,迁徙的交通成本等)。北方的劳动资本等要素资源必须流向南方地区,并在南方从事生产活动,才能获得潜在利润和创新收入。

当经济周期处于衰退萧条阶段时,在北方地区已有的制度安排下,北方居民面临着不确定性的生产风险,社会生产力降低,要素相对价格发生变化。这导致外部潜在利润形成,诱致人们努力改变他们现有的制度安排。北方战争发生地往往生灵涂炭,交战双方经常烧毁对方军粮、破坏对方农作物,居民赖以生存的农业遭受重创,北方居民甚至还可能沦为入侵者的奴隶,丧失人身自由。经济形势下行,居民对未来的预期更加悲观。在脆弱的小农制经济中,大多数生产者都是厌恶风险的,只要死了一头牛,小农的生产活动就可能完全停滞,人们偏好有确定结果的活动,并倾向避开那些利润报酬变化很大的高风险活动。对于地方豪强而言,他们的大量财富都投资到了土地这一不动产,在大萧条的环境下,土地生产活动很可能停滞,土地资产也可能遭到军队破坏,然而土地资产是很难转移的。一旦失去土地财富,他们很快就会沦落为流民,这些地方豪强同样面临着较大的生产风险。如果厌恶风险倾向的机制能被创新,总利润就可能增加。南方地区生产环境更加安稳,大量北方居民向南方迁徙;大量贵族新富也开始投资兼并南方的土地,在一定程度上避开了生产风险。大萧条还使北方人口锐减,田地荒芜,土地资源闲置。自然灾害频繁发生使农业衰败,社会生产力降低,即技术因子 a_t 减小,劳动的边际产出 $MP_h = (1-\alpha)a_t k_t^\alpha h_t^{-\alpha}$ 减少,居民的收入也随之减少。南方水利技术发达,再加上水稻插秧、水稻小麦复种技术的推广,社会生产力高于北方,劳动的边际产出更高。在南方从事生产活动可以直接增加生产者的劳动收入,这也是潜在利润的一部分。此外,北方人口锐减造成劳动供给大幅度减少,但社会对劳动的需求只增不减,供小于求,于是劳动要素成本急剧上升,地主也无法从农民身上榨取更多的剩余价值。在已有制度安排下,地主阶级的生产成本明显提高了。

在衰退萧条阶段,要素资源的跨区域流动分散了区域性外生冲击对整体经济的影响,有利于减少经济衰退萧条带来的社会福利损失(蒋满元,2007)。劳动力、资本向南方聚集,分散了三次经济周期对宏观经济的负向冲击,社会总福利增加了。唐宋时期,南方地区的经济发展已经超过了北方,经济重心南移基本完成。中国古代历史上最后一次大的经济波动发生在元朝。明清时代,没有出现过像以往一样巨大波动的经济周期。这在一定程度上反映了经济重心南移后,经济系统抵御外生冲击的能力增强了许多。北方生产制与南方生产制的制度变迁可以看作在封建地主制度下,社会经济系统的自我修复,是一种应对经济周期大冲击的自我实现的方案。在平稳的经济体系下,社会财富才能积累,社会才会持续进步,而不是一次大萧条就足以把所有的社会财富和文明毁灭。要素资源的南移减少了经济周期对社会生产力的破坏,外部潜在利润也因此形成。

只有在经济周期处于衰退萧条阶段才能形成足够多的潜在利润,且大于制度变迁的成本,这样北方的劳动力资产资源才会大量流向南方,诱致性制度变迁才会发生。在经济复苏和繁荣时期,潜在利润可能很小,甚至不存在,初级行动主体团体没有充足的动力去开发南方地区。例如,在秦朝中后期的大动乱后,汉初经济开始复苏,汉武帝在关中地区大兴水利,将天下豪强迁至关中,关中地区因而成为全国最富庶的经济地区,"关中之地,于天下三分之一,而人众不过什三,然量其富,什居其六"(《史记·货殖列传》)。关中地区的土地面积为全国的1/3,人口为3/10,但财富占了6/10,由此可见北方地区之富饶。但是每一次经济大萧条后,北方居民的成本收益结构都会发生巨大改变,潜在利润远远大于制度变迁的成本,潜在利润诱导北方资源流向南方,从而促进南方开发。经过多次经济萧条后,南方积累了更多的生产资源和技术,经济发展超过了北方。南方地区的经济发展逐渐受到历代朝廷的高度重视,例如,晋室南迁、南朝四代定都南方、隋朝修建大运河、唐朝在南方整顿漕运使江淮粮食可以直输长安等,都反映了朝廷对南方的重视,这进一步促进了南方的发展。

宋朝时期,南方成为全国经济重心,制度达到均衡。随着南方的开发,南方人口越来越多,对资源的争夺也不断加剧,土地兼并现象严重,地主剥削变本加厉;北方地区大量利益集团具有政治优势和资金优势,他们大力支持北方经济的发展,所以北方生产资源流向南方的收益不断减小,直到外部潜在利润等于制度变迁的成本,这时就实现了南北方的生产制度均衡。

总结而言,南北方有着不同的生产环境、生产方式和生产关系,从而形成了不同的制度安排。经济重心南移是一种自下而上的诱致性制度变迁。在经济周期处于衰退萧条阶段,北方居民的成本收益结构改变,外部潜在利润远大于制度变迁的成本,制度非均衡,于是北方大量的劳动力和资本资源流向南方并在南方从事生产。经过长期积累后,南方的经济资源、生产技术、生产环境均优于北方,南方经济最终赶超北方,达到制度均衡状态。

(二) 路径依赖

诺思指出,在制度变迁中,存在着报酬递增和自我强化机制。这种机制使得制度变迁一旦走上某条路径,它的既定方向就会在以后的发展中得到自我强化,从而形成对制度变迁轨迹的路径依赖。[①] 由于制度存在互补性,一旦这一制度确立,相应的互补制度的建立就会降低这一制度的交易成本,从而使得

---

① 转引:Douglass North: Institution, Journal of Economic Perspectives, 1991, Vol. 5, No. 1: pp. 97 – 112. 转引自:杨德才:《新制度经济学》,南京大学出版社2016年版,第331页。

这一制度推行的范围越大就越有利。制度的相互依赖会产生巨大的报酬递增,而递增的报酬又会使特定的制度轨迹保持下去,从而决定经济长期运行的轨迹。

由北方生产制到南方生产制的制度变迁,同样存在着制度的路径依赖。东汉后期到三国鼎立时期发生了中国古代历史上第一次人口大规模迁徙,主要流向是北方到江南一带。南方劳动力增多,在刘蜀和孙吴的带领下,落后的南方地区初次得到大规模开发,这是南方经济崛起的基础。这一时期,南方生产力远落后于北方,即使处于经济周期的衰退萧条阶段,大部分北方居民的外部潜在利润仍然小于制度变迁的成本。南移流民是高风险厌恶型的,北方战乱带来的不确定性生产风险极大提高了这部分北方居民的外部潜在利润,大于制度变迁的成本。经过这次大规模开发后,江东大地已是"牛羊掩原隰,田池布千里"(《抱朴子外篇·吴失》),建康一带更是"四野则畛畷无数,膏腴兼倍。……国税再熟之稻,乡贡八蚕之绵"(《吴都赋》),南方地区出现了前所未有的繁荣,南方生产制初步确立,互补的制度开始推行。为了解决劳动力稀少的问题,大量节约劳动力的生产技术在南方普遍推广,如马磨、水排、陂池等。南方多江海湖泊,造船业也发达,海运北达辽东、南通交广,带动了商业的发展。这些互补制度的建立降低了南方生产制的交易成本。魏晋南北朝时期,经济周期处于大萧条、大倒退阶段,北方居民外部潜在利润进一步提高,制度变迁的自我强化机制发挥作用,大量的北方生产资源流向南方,南方水田形成了"耕—耙—耖"的精耕细作技术,南方生产制的交易成本持续降低。唐宋时期,南方生产制及其互补制度已经产生了巨大的报酬递增效应,形成路径依赖,意味着制度变迁的趋势不可逆转。

路径依赖理论可以解释一些学者提出的疑问。例如,吴存浩认为经济重心转移的主要原因并非战乱,"试问,自春秋直至南北朝期间,我国历史上所发生的战乱几乎全在北方农业区,为什么多次战乱并没有动摇北方的经济中心地位呢?为什么安史之乱之后北方也曾有过较长时间的社会稳定,而经济中心地位并没有再次恢复呢"(吴存浩,1998)。春秋到南北朝时期,南方生产制及其互补制度初步建立,交易成本降低,但是北方生产制的生产力基础仍然强于南方。即使在经济大萧条阶段,很大一部分北方贵族豪强等利益集团的外部潜在利润还是低于制度变迁的成本,这些利益集团在北方拥有更多的特权,有着雄厚的资本势力和政治势力,大量平民在战乱中依附这些利益集团,支撑了北方经济发展。春秋至南北朝时期,北方经济处于中心地位,主要是因为制度变迁的报酬递增还没有达到顶峰,自我强化机制的激励程度不够。安史之乱平息后,北方社会长期稳定,但其经济中心地位没有恢复。这是因为由报酬递增导致的路径依赖趋势难以逆转。唐朝中后期处于经济萧条阶段时,南方生产制及其互补制度带来的潜在利润已经远大于制度变迁的成本,南方生产制取代了北方生产制的核心地位。即使在经济复苏阶段,由于巨大报酬递增的诱惑,北方生产资源还是流向南方,直到制度均衡。

(三) 制度耦合

制度耦合是指制度系统内的各项制度安排为了实现某一确定的功能和目标有机地组合在一起,从不同角度来约束人们的行为,使个人利益与社会利益趋于一致。具体而言,可以从以下几个方面来分析:正式制度与非正式制度之间是否耦合,政治制度与经济制度是否耦合,各制度子系统内部各种制度安排间是否耦合(李志强,2002)。

在封建地主制度中,封闭的、自给自足的小农制经济得以出现。小农制经济的脆弱性必然会传导到宏观经济层面,造成经济周期的巨大波动,抑制经济系统的自我修复,延长衰退萧条阶段。每经历一次大萧条,先前积累的社会财富就毁于一旦。既然如此,为什么封建地主制度没有被经济周期摧毁,反而在古代中国历史上持续了上千年? 当然,从利益集团的角度来看,统治阶级本身就是封建地主制度的直接受益者和制度维护者,核心利益集团不可能动摇封建地主制度这一根基。但是,为什么没有自下而上的制度变迁来改变封建地主制度及小农制经济? 制度耦合的视角有助于我们进一步理解小农制经济、经济周期与经济重心南移三者的联系。

如果制度子系统内部的制度安排并不是耦合的,那么个人利益与社会利益偏离,现有制度就会面临危机。小农制经济是封建地主制度当中的一个制度安排,小农制经济的脆弱性引发了经济周期大波动,初级行动团体的成本利益结构发生了巨大变化,外部潜在利润增加,制度变迁的激励作用增加,这意味着个人利益与社会利益并不一致。但是,制度是具有自我修复能力的,制度子系统内部的某些制度变迁,可以让一系列制度安排重新耦合,让个人利益与社会利益保持一致。这样,现有的基本制度就完成了自我修复和巩固,只是子系统内部的某些制度发生了变化。经济重心南移是一种南、北方生产制的制度变迁,实现了生产要素的跨区域流动和社会资源的再优化配置,提高了经济系统抵御经济周期波动的能力,弥补了小农制经济的脆弱性对宏观经济的负面影响。因此,经济重心南移也是一个制度重新耦合的过程,是封建地主制度的自我修复。

从历史的发展历程中可以看到,自从唐宋元这一次经济周期大波动平息后,明清时代 500 多年的统治时期,再没有出现过经济大衰退和大萧条造成经济全面崩溃甚至倒退。经济重心南移对于经济系统抵御经济周期波动有着关键作用,实现了制度耦合,这也是封建地主制度生命力如此顽强的原因之一。

六、结论与启示

（一）结论

首先，本文用动态随机一般均衡模型（DSGE）详细论证了小农制经济的脆弱性必然会传导到宏观经济层面，引起经济周期的巨大波动。然后，本文从新制度经济学的视角，分析古代经济重心南移的原因和影响。本文的主要结论如下：

（1）面对战争、自然灾害等负向的外生冲击，小农制经济需要经历更长的时间才能恢复到稳态水平，经济周期的波动幅度加大，衰退萧条阶段延长。从秦汉三国到唐宋元，在这段长达1500多年的历史中，经济衰退萧条时期约有1000年，占经济周期的比例高达67%，由此可见古代中国宏观经济的脆弱性。

（2）封建地主制度中，存在着供给和需求两个恶性循环，导致农民普遍绝对化贫困，这意味着小农制经济呈现出以下四个特点。第一，小规模经营生产，无法实现规模经济。第二，排斥社会生产，资本积累水平低。第三，生产有封闭性，决策有盲目性和短期性。第四，技术进步停滞，生产技术落后。农民是社会生产的微观基础，小农的这些特点导致整个社会生产率低，难以实现资源跨期最优配置，生产力调整速度缓慢，宏观经济周期波动。

（3）南北方有着不同的生产环境、生产方式和生产关系，从而形成不同的制度安排。经济重心南移是一种自下而上的诱致性制度变迁。在经济周期处于衰退萧条阶段，北方居民的成本收益结构改变，外部潜在利润远大于制度变迁的成本，制度非均衡，于是北方大量的劳动力和资本资源流向南方，并在南方从事生产。经过长期积累后，南方的经济资源、生产技术、生产环境均优于北方，南方经济最终赶超北方，达到制度均衡状态。

（4）经济重心南移的制度变迁存在着路径依赖，由于报酬递增和自我强化机制，诱致性制度变迁难以逆转。即使在经济复苏阶段，由于巨大报酬递增的诱惑，北方生产资源还是流向南方，直到制度均衡。

（5）经济重心南移也是一个制度耦合的过程，实现了生产要素的跨区域流动和社会资源的再优化配置，提高了经济系统抵御经济周期波动的能力，弥补了小农制经济的脆弱性对宏观经济的负面影响，封建地主制度完成了自我修复。

（二）启示

本文认为，制度对于宏观经济有着重大影响，宏观经济的变化又深刻影响着经济活动主体的成本收益结构，从而引发制度变迁，实现制度耦合，最终改变经济发展的历程。新古典宏观经济学从消费者、厂商、要素市场三者均衡的角度来研究和解释宏观经济现象,却忽略了制度对宏观经济的影响,这是新古典宏观经济学的一大缺陷。尤其是中国经济当前正处于转型阶段,制度之于经济增长的重要性,对于中国而言则要超过任何一个国家(杨德才,2016)。思考和研究宏观经济现象,必须把制度纳入分析框架。

此外,根据历史经验,本文尝试对我国当前经济发展改革提出以下建议:

(1)完善社会主义市场经济体制,充分发挥市场在资源配置中的决定性作用。市场价格机制这一"看不见的手"能够快速传递市场信息,降低交易成本,实现社会资源的整合优化。市场机制可以充分调动市场主体创新的积极性,促进技术进步,提高社会生产力。小农制经济封闭、自给自足的特点,是其脆弱性的主要原因。小农在生产中信息闭塞,无法根据经济形势的变化来跨期配置资源。小农生产自给自足,没有创新的激励,也没有"干中学"带来人力资本的提升,导致其生产技术停滞不前,无法改造和优化生产环境。一旦出现自然灾害等重大外部干扰,小农生产立即瘫痪,社会经济顷刻间崩溃萧条。在市场经济中,经济活动主体能够更加灵活地获取信息,有着对未来经济发展的预期。为获取超额利润有创新的动力,市场经济中的资源配置也更加灵活,可以减少外部干扰对经济发展的负面影响。完善的市场经济有利于减少经济波动幅度,避免社会经济长期衰退萧条。

(2)重视区域协调发展,充分发挥各区域的比较优势,实现生产要素的区域最优化配置。要素跨区域流动有利于减缓局部冲击对整个经济系统的影响,保持宏观经济的稳定。在中国古代历史上,北方地区一度是全国的经济核心,而南方地区则是荒凉之地。但是战乱和自然灾害的冲击使北方经济受到重创,国家一片大萧条,经济发展停滞不前。随着南方地区的开发和崛起,大量生产要素流向南方,南方地区也成为国家经济增长的引擎,从而分担了北方经济萧条带来的损失,增加了全社会的福利。

(3)重视制度建设和制度耦合。为推进全面建设社会主义现代化国家,各项制度要符合基本国情,符合社会主义国家经济发展的基本要求,不能完全照搬西方理论。制度建设应该保持个人利益与社会利益相一致,保持社会稳定。

参 考 文 献

[1] 安格斯·麦迪森,2011.中国经济的长期表现公元960—2030年[M].上海:上海人民出版社.

[2] 科斯,阿尔钦,诺思,1994.财产权利与制度变迁[M].上海:上海人民出版社.

[3] 西嶋定生,1984.中国经济史研究[M].北京:农业出版社.

[4] 钱穆,2016.中国经济史[M].北京:北京联合出版有限责任公司.

[5] 侯家驹,2008.中国经济史[M].北京:新星出版社.

[6] 傅筑夫,1981.中国古代经济史概论试论从周初到鸦片战争时期中国社会经济发展迟滞的原因[M].北京:中国社会科学出版社.

[7] 李剑农,1957.先秦两汉经济史稿[M].北京:生活·读书·新知三联书店.
[8] 毛汉光,2002.中国中古社会史论[M].上海:上海书店出版社.
[9] 邹纪万,2010.魏晋南北朝史[M].北京:九州出版社.
[10] 姚大中,2017.南方的奋起[M].北京:华夏出版社.
[11] 张全明,张翼之,1995.中国历史地理论纲[M].武汉:华中师范大学出版社.
[12] 牟发松,1989.唐代长江中游的经济与社会[M].武汉:武汉大学出版社.
[13] 史念海,1981.河山集[M].北京:生活·读书·新知三联书店.
[14] 陈正祥,1983.中国文化地理[M].北京:生活·读书·新知三联书店.
[15] 万绳楠,1997.中国长江流域开发史[M].合肥:黄山书社.
[16] 张步天,1988.中国历史地理[M].长沙:湖南大学出版社.
[17] 郑学檬,1996.中国古代经济重心南移和唐宋江南经济研究[M].长沙:岳麓书社.
[18] 陈智超,乔幼梅,1996.中国封建社会经济史[M].第3卷.北京:文津出版社.
[19] 田昌五,1996.中国封建社会经济史[M].济南:齐鲁书社.
[20] 杨德才,2016.新制度经济学[M].南京:南京大学出版社.
[21] 李向阳,2018.动态随机一般均衡(DSGE)模型理论、方法和Dynare实践[M].北京:清华大学出版社.
[22] 程民生,2004.关于我国古代经济重心南移的研究与思考[J].殷都学刊(1):47-58.
[23] 魏明孔,1999.隋唐手工业与我国经济重心的南北易位[J].中国经济史研究(2):51-60.
[24] 《中国农业通史》编辑部,1997.关于《中国农业通史》的若干问题[J].中国农史(3):103-108.
[25] 王大建,刘德增,1999.中国经济重心南移原因再探讨[J].文史哲(3):49-56.
[26] 蒋满元,2007.要素跨区域流动对区域经济增长和波动的影响探讨[J].财经科学(8):43-50.
[27] 彭克明,1995.我国古代经济重心南移原因析[J].安徽史学(4):24-25.
[28] 郭豫庆,1989.黄河流域地理变迁的历史考察[J].中国社会科学(1):195-210.
[29] 郑学檬,陈衍德,1991.略论唐宋时期自然环境的变化对经济重心南移的影响[J].厦门大学学报(哲学社会科学版)(4):104-113.
[30] 倪根金,1988.试论气候变迁对我国古代北方农业经济的影响[J].农业考古(1):292-299.
[31] 吴存浩,1998.关于《中国农业通史》著述中一些难于表达问题的思考[J].中国农史(3):119-124.
[32] 李志强,2002.制度配置状态:制度耦合、制度冲突与制度真空[J].经济师(4):33-34.
[33] 董咸明,1985.唐代的自然生产力与经济重心南移——试论森林对唐代农业、手工业生产的影响[J].云南社会科学(6):104-112.
[34] 韩茂莉,2013.论北方移民所携农业技术与中国古代经济重心南移[J].中国史研究(4):117-138.

附录　DSGE 核心方程

[1] 生产函数：
$$y_t = a_t k_t^{\alpha} h_t^{1-\alpha}$$

[2] 欧拉方程：
$$\frac{1}{c_t} = \beta \mathbb{E}_t \left[\frac{R_{t+1} + (1-\delta)}{c_{t+1}} \right]$$

[3] 劳动供给方程：
$$\frac{\theta}{1-h_t} = \frac{1}{c_t} w_t$$

[4] 劳动需求方程：
$$w_t = (1-\alpha) a_t k_t^{\alpha} h_t^{-\alpha}$$

[5] 资本积累方程：
$$k_{t+1} = I_t + (1-\delta) k_t$$

[6] 资源约束方程：
$$y_t = c_t + I_t$$

[7] 资本需求方程：
$$R_t = \alpha a_t k_t^{\alpha-1} h_t^{1-\alpha}$$

[8] 技术冲击：
$$\log a_t = \rho \log a_{t-1} + \varepsilon_t$$

制度变迁、路径依赖与中国古代盐业专卖制度
——基于明清盐业专卖制度演变的新制度经济学分析

邵梦齐*

【摘要】 盐业专卖制度是一种国家垄断制度,这一制度在中国古代长期延续,影响深远。本文基于新制度经济学理论及博弈论的方法,通过分析明清时期盐业专卖制度由"开中制"向"纲盐制"演变的原因、过程及结果,利用交易成本、利益集团理论,探究盐业专卖制度演变对经济绩效的影响。最终,依据制度变迁与路径依赖理论,得出盐业专卖制度的变迁具有鲜明的路径依赖性的观点,并强调清晰的产权界定与构建强化市场型政府是破除路径依赖、建立有效率的制度的关键要义。

【关键词】 盐业专卖 制度变迁 路径依赖 制度绩效分析

一、盐业专卖制度及文献综述

食盐是中国古代最稳定、最重要的专卖商品①,在国家财政税收中的地位极为重要,盐业专卖制度与国家的社会经济发展的关系更是十分密切。盐业专卖制度通常是指盐业统一由政府垄断、限于政府授权私人经营,或者政府统一收购等垄断制度。学术界关于盐业专卖制度的研究成果丰硕,其分析理论涵盖历史学、政治学、法学、经济学等多个视角。

与盐业专卖制度相关的历史学分析已经十分成熟,历史学者对盐业专卖制度的纵向演变和横向剖析都已十分详细。就明清时期的盐业专卖制度而言,徐泓的《明代前期的食盐运销制度》(《台大文史哲学报》1974年第23期)、《明代中期食盐运销制度的变迁》(《台大历史系学报》1975年第2期)、《明代后期盐生产组织与生产形态的变迁》、《明代后期盐政改革与商专卖制度的建立》(《台大历史系学报》1977年第4期)等系列论文,以及刘淼的《明代盐业经济研究》(汕头大学出版社1996年第1版)系统地阐述了明代盐业专卖制度及其产权形态、生产运输配给体制的发展演变过程。对清代盐业专卖制度,萧国亮在《清代盐业制度论》《清代盐业制度论(续)》(《盐业史研究》1989年第1、第2期)中探讨了清代盐业专卖制度的内容、特点及运行过程,并

---

* 南京大学商学院经济学系2019级本科生。
① 何亚莉,2004. 二十世纪中国古代盐业史研究综述[J]. 盐业史研究(2):34-44.

与明代做了对比分析；陈锋的《清代盐政与盐税》（河南人民出版社1988年版）对清代盐政的主要问题，如盐业的恢复与盐务的管理及盐政改革等问题的沿革演变和历史原因做出了系统性论述。经查阅文献发现，基于政治学和法学视角探讨的盐业专卖制度多集中于政府盐务管理、盐业专卖制度下的政商关系，以及盐法设置、私盐问题及盐制改革等研究方面，为研究盐业专卖制度提供了不同的研究视角和新的研究方法。本文对此不做赘述，读者可以在1976年创刊的《盐业史研究》系列期刊中查阅上述的诸多研究成果，以及从法学和政治学的相关期刊中查阅到有关盐业专卖制度的研究内容。

有学者基于经济学视角分析盐业专卖制度，例如，杨德才、蒋涵晨的《中国古代食盐专卖的新制度经济学分析——以明朝"开中法"之动因与结构、演化与锁定为例》基于新制度经济学理论，以明朝"开中法"为例，阐释了盐业专卖制度在明中后期"锁定"与衰亡的内在逻辑；王德鹏的《中国古代盐业专卖制度的经济学分析——以金代为例》运用经济学原理对政府实施盐业专卖制度的成本—收益及其影响进行分析，进而研究了封建专卖制度的历史局限性及其弊端；韩晓磊的《专卖制度演变的"寻租"经济学分析——基于明代盐业专卖的案例》以明代盐业专卖制度为例，建立专卖寻租模型，分析了在制度演变中寻租行为的影响。

当前，学界对中国古代食盐专卖制度的研究，多数立足于纯粹的历史学的对史料进行归纳和分析的方法，而从经济学视角对专卖制度进行分析和阐述的文章较少，且从新制度经济学的角度出发，研究制度演变过程中的绩效分析的经济史论文更是鲜有。因此，本文试图运用新制度经济学的理论来分析明清盐业专卖制度由"开中制"向"纲盐制"演变的动因、实质，以及制度变迁的绩效及结论，并且运用制度变迁、路径依赖理论来分析盐业专卖制度在中国锁定的原因，希望能为后续研究提供有益的分析视角。

二、盐业专卖制度——起源与动因探究

我国盐业史上的盐业专卖制度，追根溯源，实始于距今2700年封建时代春秋时期齐国管仲为齐桓公相之时（前685—前645）[①]。管仲之后，战国各自为政，盐铁不加管制，故其利垄于豪商，至秦商鞅仿效管仲"收山泽之税"，官卖盐铁价贵，下民受困。汉武帝元狩四年（前119），桑弘羊等基于封建帝国利益，正式实行盐铁专卖。此后，虽盐业专卖制度在历朝历代时有嬗变（隋朝至唐玄宗开元年间，废除食盐专卖，盐业处于无税无管制阶段），但是得以在中国历史上长期延续。

诺思通过研究经济史，认为制度变迁与技术进步具有相似性，即推动制度

---

① 史卫，2014.食盐专卖两七年[J].新理财（政府理财）(6):86-87.

变迁和技术进步的行为主体都是追求利益最大化的①。在盐业专卖制度的起源、发展及演变的过程中,行为主体对利益最大化的追求始终贯穿于其中,成为影响盐业制度变迁的根本性原因。

盐业专卖制度是一种行政性垄断制度,通过分析封建统治者供给该项制度的原因与动机以及制度的演变,我们可以探究盐业专卖制度实施的绩效与弊端,并分析盐业专卖制度在中国古代长期"锁定"的原因。

(一) 封建统治者行政性垄断制度供给的动因分析

探究盐业专卖制度的动因,离不开对国家的定位、权力和职能的分析。新制度经济学理论认为国家有双重目标,一是制定社会活动中界定、形成产权结构的竞争与合作的基本规则,使统治者租金最大化;二是在第一个目标框架中降低交易费用,使社会产出最大化。国家的双重目标之间存在矛盾,社会产出最大化要求按照社会成员的意愿建立有效制度,然而,为了满足其奢侈性消费、稳固政权、维护统治阶级利益的需要,封建统治者更倾向于通过制度安排来实现统治者租金最大化。中国古代盐业专卖制度的延续、演变正是封建专制国家基于统治者租金最大化的目的进行的制度供给。

以新制度经济学为理论基础的国家分析模型是"掠夺之手",该理论认为:国家有自身利益,并会使用强制力来实现自身利益,当国家这样做时,它就成为掠夺性国家。就中国古代而言,由于封建专制制度的长期存在,国家的自身利益与封建君主的个人利益密不可分。结合曼瑟·奥尔森的观点,在专制国家的模型中,要将固定匪帮在获取最大化窃税的激励下提供公共物品的动机因素考虑在内②,封建君主为维持和增加自身的长远利益,会提供许多公共物品;但是,由于统治者在位时限的不确定性、统治者满足个人高消费的需要,统治者经常难以顾及长远利益,而是基于当前和短期的需要,对民众进行过度的掠夺,从而使代表统治者意志的封建专制国家在一定时期内作为掠夺者存在。

(二) 封建统治者选定盐业进行国家垄断的动因分析

在对封建统治者进行垄断制度供给的动因进行分析后,接下来将继续分析封建统治者选定盐业进行国家专卖的原因。

首先,从财政收支角度分析封建统治者进行盐业垄断的必要性。由于中国封建社会以农立国,土地税、人口税历来是国家财政收入的主要来源,但是由于农作物产量极易受气候变化、环境因素影响,主要财政收入不稳定;同时,随着社会的发展对公共产品需求的增加,财政开支呈现上升趋势。为了解决

---

① 道格拉斯·C. 诺思,1994. 经济史中的结构与变迁[M]. 上海:上海人民出版社:7.
② 曼瑟·奥尔森,2014. 权力与繁荣[M]. 上海:上海世纪出版集团:9.

财政收支的矛盾,封建政府就要从"开源"的角度出发,通过实施行业垄断专卖以增加财政收入。

以清代为例,虽然地丁银始终占财政收入的大部分,但政府地丁银的收入较为固定,同时,盐税银收入不断增长,占财政收入的比重不断上升。但是由于耕地面积的有限性,以耕田为依据的地丁银收入不可能持续高速增长;此外,由"拉弗曲线"描绘的政府税收收入与税率之间的倒"U"型关系可知,土地税及人口税的税率不能过高,要维持在适度水平,因此限制了田赋和丁税收入的增长。表1说明,从总体上考察,清政府的地丁银在政府货币税收中的比重呈下降趋势。自雍正二年至道光二十二年的100多年中,地丁银收入仅仅增加了12.18%,徘徊不前。① 在这种情况下,清政府为了维持日益庞大的封建国家机器的运转,支付日益增长的财政支出,必须开辟财源。表2则反映了清政府盐税银占政府货币收入的比重不断上升的趋势,体现出政府对盐业行政性垄断收入的日益重视。

表1　　　　　　　　　清政府地丁银收入　　　　　　（单位:白银万两）

年　份	地丁银收入	指　数	占清政府货币税收入的比重
顺治九年(1652)	2 126	80.65	87.20%
康熙二十一年(1682)	2 634	99.92	84.69%
雍正七年(1729)	2 636	100.00	—
乾隆三十一年(1766)	2 991	113.47	61.62%
道光二十二年(1842)	2 957	112.18	76.38%

注:王庆云:《石渠余纪》卷三,《直省岁入总数表》《记赋册量表》。
资料来源:赵尔巽:《清史稿》卷一二五,《食货》六,《会计》。

表2　　　　　　　　　清政府盐税银收入　　　　　　（单位:白银万两）

年　份	盐税银收入	指　数	占清政府货币税收入的比重
顺治九年(1652)	212	100.00	8.70%
康熙二十一年(1682)	276	130.19	8.87%
雍正七年(1729)	514	242.45	—
乾隆三十一年(1766)	574	258.02	11.83%

注:王庆云:《石渠余纪》卷三,《直省岁入总数表》《记赋册量表》。清代官修:《清世宗实录》卷九十。
资料来源:赵尔巽:《清史稿》卷一二五,《食货》六,《会计》。

其次,从盐业这一行业的特殊性出发,分析封建统治者把食盐作为国家专卖的垄断产品的可行性。其一,食盐生产受到自然资源、产地限制而相对集中,容易被国家垄断;其二,食盐是一种生活必需品,民众需求量稳定,食盐消

---

① 萧国亮,1988.论清代纲盐制度[J].历史研究(5):64-73.

费量不会因其价格变化而导致较大的波动,因此政府垄断盐业可以获得稳定的财政收入;其三,生产食盐的成本较低,而且由于民众每日消耗食盐的总量不会太大,食盐提价后对人们生活的影响不致过大,因此食盐有较大的提价空间,官府可以从食盐专卖中获利丰厚。

最后,从盐专卖制度与盐税制度的区别出发,分析中国古代盐业专卖制度延续的原因。专卖制度,古称禁榷制度,是一种与国家行政手段相结合的国家垄断经营制度,其主要目的是获取正常经营利润和垄断利润。[1] 盐税制度是指以盐作为课税对象(或税目)的税收制度的统称。就专卖制度和盐税制度的特点而言,专卖制度具有集中计划性、利税合一的特征,而税收则具有强制性和无偿性,在征税过程中往往会产生阶级矛盾,甚至引发社会对抗。在盐专卖制度下,盐的生产、销售和定价都由官府组织执行,甚至对贩卖私盐采取镇压手段,导致其商品属性退化。盐专卖制度替代直接税收,避免激发内部矛盾,又达到了抑商弱民的效果,盐税寓于价的奥秘就在于此。

三、明清盐业专卖制度的演变:
从"开中制"到"纲盐制"

(一) 明朝"开中制"的起源与变迁

"开中制"是明代历史上一项非常重要的盐政制度,是旨在解决边防卫所驻军所需粮饷而将盐政与边政相结合的一种招商代销制度。据《明史》记载:"洪武三年,山西行省言:'大同粮储,自陵县运至太和岭,路远费烦。请令商人于大同仓入米一石,太原仓入米一石三斗者,给淮盐一小引。商人鬻毕,即以原给引目赴所在官司缴之。如此则转运费省而边储充。'帝从之。召商输粮而与之盐,谓之开中。"。

"开中制"实质是一种由封建统治者精心设计的,用食盐专卖权与商人的粮草等物资进行交易的契约。在"开中制"下,封建中央政府直接控制盐的生产和专卖权,可以根据边防军事需要,定期或不定期地出榜招商。应招的商人必须把政府需要的实物代为输送到边防卫所,才能取得贩卖食盐的专门执照——盐引。然后凭盐引到指定的盐场支盐,并在政府指定的范围内销售。明代的开中制度施行之初成效显著。既较好地协调了政府和商人、百姓的利益关系,又促进了商屯的发展,有利于巩固边防,实现了多方共赢的局面。

明代中后期,"开中制"实施的效率不断下降,由于余盐、私盐泛滥,守支问题愈发严重,导致正盐额引同时滞销,"开中法"难以为继。明万历四十五年(1617),盐法道袁世振在"开中制"瓦解的基础上,对盐业专卖制度进行改

---

[1] 张锦鹏,2002.试论中国古代实施禁榷制度的目的[J].贵州社会科学(4):92-95+91.

革,实行民制、商收、商运、商销的"纲盐法"。官府把食盐专卖权委托于某些特定的、得以世代相传的商人,从而使得盐商不像过去那样流动可变。在"纲盐制"下,官府不付本钱、不收盐货,由商人直接向食盐生产者(又称为灶户)购盐,即官盐商收。

"开中制"向"纲盐制"的转变,"结束了中国封建社会的盐业官专卖制度,建立起盐业商专卖制度,成为中国盐法史上的一件大事"①。"纲盐制"的实质是官府利用封建特权仅同一小部分特许商人进行官商分利的商品垄断政策,同"开中制"相比,它把过去给特许商人的一时性的特许专卖权变为永久性的世袭专卖权,从而进一步加强了对盐商的控制。

(二) 清朝"纲盐制"对明末"纲盐制"的继承与发展

清朝统治者延续明代的纲盐制度,"清之盐法,大率因明制而损益之"(《清史稿·食货志》)。清朝的"纲盐制"是指清政府根据食盐产区每年的产量和销区每年的销量,确定所发之引数,订为"纲册",每年编为一纲,招商认引,额满而止。在此过程中,凡认引多者为总商,少者为散商,使散商的盐引隶属于总商的名下,由总商统一管理,按引之多少缴纳盐课。通过对明末"纲盐制"的继承和发展,清代"纲盐制"适应了清前中期食盐产运销经济进一步发展的需要,以不同于旧盐制的特点广泛渗透于食盐产运销诸环节中。

清代"纲盐制"消除了食盐生产、运输、销售三大领域的自由竞争。在食盐生产领域,清朝的灶户只能按照国家强制性计划从事盐业生产。在食盐运输领域,灶户所生产的食盐必须送到"公垣"里,卖给政府所特许的场商,场商从灶户手中购盐之后,再以政府规定的价格转卖给特许的运商,所谓的运商,就是真正发挥产地与销售地连接作用的商人。运商从场商手中所购之盐,又以政府规定的价格转卖给真正的贩运商——水客。每个销盐区都由水客垄断,水客是与食盐消费者有直接经济联系的商人。在销售价格方面,广大消费者毫无议价能力,只能向水客买盐,接受其垄断价格剥削。由此,食盐在"生产—运输—销售"的整个过程中都不存在自由竞争②。专商(包括场商、运商和水客)先低价收购食盐,然后高价出售,与王朝政府共同瓜分高额垄断利润,而灶户和食盐消费者则被盘剥,成为该制度的最大受害者。

在清朝"纲盐制"下,专卖盐商身份及特权世业化,专卖盐商独立商人身份逐渐丧失。清朝"纲盐制"明确规定,无论是从事官盐运输还是官盐销售,都必须具有专卖盐商身份。专卖盐商身份的获得或取消都必须经过一系列从下至上严格的法定程序,也就是说,专卖盐商的身份一经获得,除非其本人自

---

① 张家国,殷耀德,李红卫,1997.试析明代盐法变迁之轨迹[J].法学评论(5):7.
② 魏登云,刘渝龙,2021.论清代纲盐制特点及其存在价值[J].遵义师范学院学报(23):20-25.

动申请放弃,一般是不做改变的。专卖盐商的特权可以子承父业、世代相传,即世业化。随着专卖盐商身份的世业化,专卖盐商对封建国家经济发展的影响日益增强。为了加强对食盐专卖商的控制和利用,清朝统治者在纲盐制度的基础上制定了一系列的盐商管理制度。清朝的一系列盐商管理制度使王朝政府与专卖盐商之间形成了一种纯粹的行政隶属关系,这导致了专卖盐商身份的二重性,专卖盐商既是纳税人,又是清政府的下属,早已丧失了独立的商人身份,从而演化为清政府的盐政工具。

清代前期的"纲盐制"是一种官督商销制,政府垄断食盐的交易对象和途径,将盐引交给纳税的垄断性盐商。为了保证盐商行盐,政府划定不同盐区生产的食盐的销售区域,不允许越界贩卖食盐。随着清王朝封建统治腐败的日益加深,盐商通过向政府缴纳巨额的报效获得盐业经营垄断权,从而取得高额利润。盐商的高额利润、巨额报效最终转嫁给消费者,导致盐价昂贵,私盐盛行,政府难以管制。"道光十二年,陶澍首先在淮北废除纲盐制,实行票盐制。"[1]在"票盐制"下,无论何人,无论资本规模的大小,只要依法纳税,便可以凭票取盐,而食盐一经取得,便可以自行售卖。许多中小商人因此得以进入盐业领域,破除了以往大盐商们对盐业的垄断,改变了以往病态的盐业管理秩序,盐业市场恢复了短暂的健康发展。

同治初年(1861),曾国藩为解决湘军饷绌问题,主张取缔小商小贩,设立招商公所,广招大商人,并规定盐票大票起票为500引,小票起票为120引。这是对"票盐制"改革的巨大冲击,普通盐贩不再具有购买盐票的能力,又重回"纲盐制"下大盐商垄断盐业市场的时代。

(三)"开中制"向"纲盐制"演变的实质

"开中制"的实质是封建政府利用国家力量,实现食盐官收商销,从而切断商灶购销关系,控制盐、灶、商以服从王朝利益。而"纲盐制"的实质是封建政府承认盐商世袭的权利,实现食盐官督商运商销。纲盐制度下,封建政府不再直接垄断食盐的买卖,完全脱离食盐的生产、运输和销售环节,而是由商人和灶户之间直接发生关系。封建政府只是通过盐业管理机构直接向盐商收取课税。因此,从"开中制"向"纲盐制"的转变是政府将官收商销的官府专卖制变成专商收销的豪商专卖制,从而使盐商由封建王朝的代销商转变为经过特许的包销商[2]。

---

[1] 周志初,1988.晚清的两淮盐商[J].盐业史研究(3):46-50.
[2] 张薇,2006.明清盐业专卖制度演变的"寻租"经济学分析——18世纪中国经济兴衰和社会转型的影响因素探讨[J].上海财经大学学报(6):84-89.

四、基于博弈论视角分析：明清盐业专卖制度演变的原因

明朝"开中制"实施过程中出现的守支和私盐泛滥问题是导致明朝中后期"开中制"难以维系的重要原因。本文通过博弈论来分析明代"开中制"下，盐商的"守支困境"和"私盐泛滥"产生的原因，从而探究"开中制"存在的制度漏洞及制度的演化路径。

在明朝"开中制"下，由于封建统治者与商人的利益不完全一致，从而使双方有选择非合作的可能性，这将导致开中制度的实施效果迥异。如果封建统治者与商人的交易契约能够顺利实施，则统治者能以低成本保障边军物资的供应，商人可以通过食盐贩卖获利，最终双方都能从中获利。如果交易契约不能有效实施而出现违约行为，则商人不会参与"开中制"，也不能获得食盐贩卖利润，统治者也无法以低成本保障边军物资供应，最终交易双方都会受到损失。

（一）基于完全信息动态博弈分析明朝开中制度下"守支困境"的成因

盐商守支问题是明代盐政独有的一种现象，曾长时间存在于两淮、两浙以及长芦等主要盐运司，给明廷盐政带来极大困扰。[①] 所谓盐商守支，是指盐商响应朝廷"开中"赴边纳粮后，朝廷却没有足额现成的官盐供其支取，使盐商被迫困守盐场，长期候支。[②] 盐商等候的时间长短不一，短则二三年，长则近十年，最长可至数十年。由于守支时间过长，商人的投资回收期和经营周期被人为延长，导致商人利润率明显下降，从而降低了盐商投入"开中"的热情，致使明代各地盐课收入受到严重影响，造成双方"共输"的结果，迫使明朝政府不断调整相关政策，最终明代盐政实现由"开中制"到"纲盐制"的重大转变。

考虑统治者和一个典型商人进行完全信息动态博弈。商人选择预期盐引数 $E(S)$，统治者在预期盐引数既定的情况下选择实际发行的盐引数 S。假定统治者的决策要兼顾边地军队需要的粮草数 F 和发行的盐引数 S。则统治者的效用函数可表示为：

$$U_{\text{Ruler}} = S^2 + F^2 \tag{1}$$

假设统治者选择实际盐引数的函数形式可表示为：

$$S = \bar{s} + \alpha[E(S) - S], \quad \alpha > 0 \tag{2}$$

[①] 孙晋浩,2000. 明代开中法与盐商守支问题[J]. 晋阳学刊(6):74-80.
[②] 高一伟,2015. 明代盐商守支问题研究综述[J]. 中国经济与社会史评论(0):338-344.

其中,α代表实际盐引数对未预期到的盐引数的敏感程度。如果商人准确地预期到统治者发行的盐引数,就不会被统治者欺骗,即不会参与过量发行盐引的"开中",或者只购买相当于食盐产量$\bar{s}$的盐引数。只有商人未能准确预期到统治者的盐引数才会因受骗而参与"开中",统治者才有机会通过过量发行盐引牟利。统治者所能拥有的粮草数量不会超过盐引发行所得(为计算方便,假设统治者所需粮草完全由"开中制"来筹集),因此统治者的效用函数可表示为:

$$P_F \times F \leq P_S \times S \tag{3}$$

根据公式(1)、(2)、(3)解最大化的一阶条件,我们可以得到商人选择$E(S)$的条件下,统治者的最优选择为:

$$S^* = \frac{[\alpha E(S) + \bar{s}]\alpha P_S^2}{\alpha^2 P_S^2 + P_F^2} \tag{4}$$

下面我们考虑当统治者事先承诺拿到盐引的商人一定会如期得到食盐,决不拖延到下期,商人也相信了统治者的承诺的情况,即$S = \bar{s}, E(S) = \bar{s}$。

此时统治者的效用函数为:

$$U_{\text{Ruler}} = \bar{s}^2 + \frac{P_F^2 \bar{s}^2}{\alpha^2 P_S^2} \tag{5}$$

但是根据公式(4)可知,当商人选择$E(S) = \bar{s}$时,统治者的最优选择是:

$$S^* = \frac{(\alpha+1)\alpha P_S^2 \bar{s}}{\alpha^2 P_S^2 + P_F^2}, \text{且}\ S^* > \bar{s} \tag{6}$$

因为

$$\frac{S^*}{\bar{s}} = \frac{(\alpha+1)\alpha P_S^2}{\alpha^2 P_S^2 + P_F^2} = 1 + \frac{\alpha P_S^2 - P_F^2}{\alpha^2 P_S^2 + P_F^2} \tag{7}$$

所以,只要$\alpha > \frac{P_F^2}{P_S^2}$,则可得$\frac{S^*}{\bar{s}} > 1$。

即如果统治者选择发行的实际盐引数对商人未预期到的盐引数的敏感程度大于粮草与食盐相对价格的平方值,那么统治者即使事先承诺了$S = \bar{s}$,当商人做出$E(S) = \bar{s}$的选择后,这个承诺也是不可信的,因为从统治者个人利益最大化的角度出发,总是存在着使统治者违背契约的激励。

基于以上分析可知,由于统治者追求个人利益最大化的自利行为导致统治者倾向于过量发行盐引,导致守支问题日趋严重。同时,明代的"开中制"对特权阶层缺乏有效的制度约束,因此统治者选择违背契约、攫取额外利益的机会主义行为有一定的合理性和必然性。

诺思认为:"制度运行的关键在于犯规确有成本,并且惩罚也有轻重之分。"①明代"开中制"对政府权力的约束十分有限,政府犯规成本极低,巨大的利益诱惑与极小的违规成本是导致明朝中后期统治阶级利用垄断特权盘剥民众的根本原因。要想真正消除"开中制"实行过程中存在的守支问题,不能仅靠对原有制度的修补来实现,必须重新进行制度设计,建立起真正有效的盐业专卖制度。

(二)基于演化博弈分析明中后期"私盐泛滥"的原因

为行官盐,明政府曾颁布一系列法令,严禁私盐②。但是明政府制定的法规措施不断遭到破坏,私盐贩卖屡禁不止,最终导致明末盐业官专卖制向商专卖制的转变。

明政府确保盐业官专卖的制度设计,以政府获取盐业垄断性经营利润为主要目的。政府垄断导致盐价高企,此时,价格较低的私盐比官盐更有效率,能最大地补充市场需求的缺口,因此余盐贩卖、食盐走私盛行,挤占了官盐的销售市场,导致官盐滞销。由此可知,开中制度的制度设计存在一种悖论——政府盐业垄断程度越大,盐价越高,私盐就越泛滥;私盐越泛滥,官盐越滞销,政府就越难以获利,也就越要加强垄断经营。最终,开中制度难以维系,从而在明末被纲盐制度所取代。

本文基于进化博弈的复制动态和进化稳定性③,研究私盐贩卖者与官府监管部门博弈的进化稳定策略(ESS),以此说明开中制度下,私盐贩卖屡禁不止的原因。

私盐贩卖者的行为策略有两种,即贩卖、不贩卖;官府也有两种策略,即监管、不监管。当官府选择监管时,就会对私盐贩卖行为严格检查,若发现贩卖私盐行为,就要惩罚私盐贩卖者;同时,官府监管需要一定的成本,如果监管有效,可以增加政府财政收入来补偿监管付出的成本。由此,私盐贩卖者和官府监管部门的博弈矩阵如图1所示。

		官府监管部门	
		不监管	监管
私盐贩卖者	不贩卖	0,0	$0,-c_1$
	贩卖	$a,-c_2$	$a-p,r-c_1$

图1 私盐贩卖者和官府监管部门的博弈矩阵

---

① 道格拉斯·C.诺思,2014.制度、制度变迁与经济绩效[M].上海:格致出版社:4-5.
② 张家国,殷耀德,李红卫,1997.试析明代盐法变迁之轨迹.法学评论(5):7.
③ 谢识予,2013.经济博弈论[M].上海:复旦大学出版社:237.

当私盐贩卖者不贩卖时,其非法收益为 0,官府监管部门的监督成本为 $c_1 > 0$。若官府监管不到位,则会造成市场私盐泛滥,影响官盐销售,导致盐税减少,其损失为 $c_2 > 0$。如果官府监管部门切实履行职责,则会抑制私盐贩卖,增加政府财税收入,记收益为 $r > 0$。若私盐贩卖者贩卖私盐偷逃税款,则会收到 $a > 0$ 的收益,但若被查处,则所受处罚 $p > 0$。

在博弈方有限理性的前提下,假设私盐贩卖者群体中采用"不贩卖"策略的比例为 x,则采用"贩卖"策略的比例为 $1 - x$。假设官府监管部门实施"不监管"策略的比例为 y,则采用"监管"策略的比例为 $1 - y$。且 x、y 均是时间 t 的函数。

在上述假设下,一个博弈方的得益一方面取决于自己的类型,另一方面取决于随机配对遇到的对手类型。两个博弈方采用两种策略的期望收益和群体平均期望收益分别如下:

私盐贩卖者选择"不贩卖"策略的期望得益为:
$$u_{1s} = 0y + 0(1-y) = 0$$

私盐贩卖者选择"贩卖"策略的期望得益为:
$$u_{2s} = ay + (a-p)(1-y) = a - p + py$$

私盐贩卖者群体的平均得益为:
$$\bar{u}_s = x \cdot u_{1s} + (1-x) \times u_{2s}$$
$$\bar{u}_s = x \times 0 + (1-x)[ay + (a-p)(1-y)] = (1-x)[a - p + py]$$

私盐贩卖者的复制动态方程为:
$$F(x) = \frac{\mathrm{d}x}{\mathrm{d}t} = x[(1-x)(a - p + py)] = x(1-x)(-a + p - py)$$

官府监管部门选择"不监管"策略的期望得益为:
$$u_{1G} = 0x + (1-x)(-c_2) = (1-x)(-c_2)$$

官府监管部门选择"监管"策略的期望得益为:
$$u_{2G} = x(-c_1) + (1-x)(r - c_1)$$

官府监管部门群体的平均得益为:
$$\bar{u}_G = y \times u_{1G} + (1-y) \cdot u_{2G}$$
$$\bar{u}_G = y[(1-x)(-c_2)] + (1-y)[x(-c_1) + (1-x)(r - c_1)]$$
$$= -yc_2(1-x) + (1-y)[r(1-x) - c_1]$$

官府监管部门的复制动态方程为:
$$G(y) = \frac{\mathrm{d}y}{\mathrm{d}t} = y\{(1-x)(-c_2) + yc_2(1-x) - (1-y)[r(1-x) - c_1]\}$$
$$= -y(1-y)[(c_2 + r - c_1) - (c_2 + r)x]$$

对于私盐贩卖者,若 $y = \dfrac{-a + p}{p}$,且 $p > a$,则 $F(x) = 0$,这意味着所有的 x

都是稳定状态。当 $y \neq \frac{-a+p}{p}$ 时,有两个稳定状态,即 $x_1^* = 0$、$x_2^* = 1$,而且当 $y > \frac{-a+p}{p}$ 时,$x_1^* = 0$ 是稳定状态。当 $y < \frac{-a+p}{p}$ 时,$x_2^* = 1$ 是稳定状态。特别地,当 $p < a$,即当私盐贩卖者由于贩卖私盐受到的处罚小于贩卖私盐取得的收益时,$y > \frac{-a+p}{p}$ 显然成立,即博弈进化的结果为私盐贩卖者趋向于选择"贩卖"策略。当处罚力度很重时,如果官府监管部门监管的比例太小,私盐贩卖者贩卖私盐的行为被有效监管的概率很低,在经过长期的博弈后,仍然会促使私盐贩卖者趋向于选择"贩卖"策略。

就官府监管部门而言,如果 $x = \frac{c_2 + r - c_1}{c_2 + r}$,则 $G(x) = 0$,这意味着所有 y 都是稳定状态。当 $x \neq \frac{c_2 + r - c_1}{c_2 + r}$ 时,有两个稳定状态,即 $y_1^* = 0$、$y_2^* = 1$,而且当 $x < \frac{c_2 + r - c_1}{c_2 + r}$ 时,$y_2^* = 1$ 是演化稳定状态。当 $x > \frac{c_2 + r - c_1}{c_2 + r}$ 时,则 $y_1^* = 0$ 是演化稳定状态。当 $c_1 > c_2 + r$ 时,对于任意的 x,均有 $G'(y_1^*) > 0$、$G'(y_2^*) < 0$。由此可以看出,当每次官府监管成本太高,同时官府的监管对打击私盐贩卖的作用有限,或贩卖私盐的行为未被发现而受到的处罚力度较轻时,在长期演化中,官府监管部门会趋向于选择"不监管"策略(注:明代对于缉私所获盐斤有相应销私程序,即以"功绩盐"或"囚盐",更或是"功绩囚盐"等名色进行变价,兼搭引盐或票盐勒令商人变价坐卖[1];官府缉私的成本、对缴获的私盐的处理方式以及各级政府的分利问题都会对缉私效率产生一定的影响,此为政府选择"不监管"策略的理论基础)。

总之,明中期以后,余盐大行,食盐走私屡禁不止,市场上私盐泛滥,挤占官盐。随着明朝封建统治的日益腐败,官府超发盐引、权豪势要凭借特权倒卖盐引,致使商人困于守支,"开中制"实施的制度基础被破坏,导致其难以维系,最终向"纲盐制"转变。

五、明清盐业专卖制度演变的经济绩效分析

威廉姆森概括了新制度经济学的重要特征之一——充分假设制度有深刻的效率因素,不同制度下绩效是不同的。本文通过对清朝"纲盐制"实施的经济绩效进行分析,探究明清盐业专卖制度从"开中制"向"纲盐制"转变的效果及其影响。

"纲盐制"在清代实行了将近 200 年(1644—1831),在这段历史时期内,

---

[1] 吴先知,2018. 从私盐到正盐:明中后期两浙功绩盐的兼搭销售[J]. 盐业史研究(4):36-48.

西方各国的资本主义经济得到了飞速发展,而中国封建社会的经济相对而言发展缓慢。笔者认为,通过分析清朝盐业专卖制度下的政商关系以及"纲盐制"的经济绩效,清王朝整体的制度环境及其商业发展状况便可见一斑,因而,中国经济发展自清朝以后逐渐落后于西方也就不足为奇了。

从制度激励有效性的角度来分析,"纲盐制"是清政府利用政治权力来实行对盐业经济的垄断,再将盐业专卖权转交给垄断商人的一种垄断性制度。这种官府垄断盐业经济的制度,是一种反向激励的制度[①]。根据诺思的观点:"在这些制度框架下,政治与经济企业家所面对的机会是混杂的,其中大部分机会都对具有再分配性质的活动有利,而不是对生产性活动有利;它们导致垄断,而不是形成竞争性的环境;它们限制机会而不是扩大机会;它们极少能诱发提高生产能力的教育投资。在这种制度框架下发展起来的组织将越来越有效率——只不过,这种效率体现在使社会愈加缺乏生产性、基础制度结构愈加不适应生产性活动方面。这样的路径将一直持续下去,因为这些经济体的政治与经济市场的交易费用,以及行为人的主观模型,都不能使他们迈步向更有效率的结果。"[②]清朝政府及豪商对食盐价格的垄断消除了商品经济下的自由竞争,也在一定程度上破坏了盐业经济中技术进步和其他一切进步的动因,从而导致清代盐业经济发展趋于停滞,缺乏高效率的制度安排,从而导致低效率的盐业专卖制度在中国封建社会长期延续。

从政商关系的角度来分析,正如前文所述,在"纲盐制"下,商人丧失了其独立身份,成为政府的盐政工具。盐商集团要获得垄断特权,取得高额垄断利润,就要依附于封建政府,为清政府服务,这种制度设计扭曲了政商关系,形成了一种基于权力不对称或资源依赖而形成的庇护网络、非正式关系与特殊主义互惠。

"纲盐制"下形成的特殊的政商关系对经济发展及社会进步的影响颇深。其一,清政府通过纲盐制度设计,利用商业资本服务于封建统治,从而增强了商业资本的依附性,削减了商业资本通过发展资本主义经济、瓦解封建经济的力量,即清政府通过化异己力量为己用,进一步巩固了封建统治,制约了资本主义经济在中国的产生和发展。其二,清政府与大盐商因为存在共同利益,从而结成特殊利益集团,大盐商借助政府赋予的垄断特权,获得高额商业垄断利润,握有大量货币财富的盐商并非将资本投入生产性部门进行扩大再生产,而是用于向清政府报效(详见表3),以稳固自己的垄断特权,这种寻租行为的存在使得制度的绩效大打折扣,进一步阻碍了中国经济的发展。其三,中国封建社会中君主专制制度、官本位的存在,使得"纲盐制"实施的经济绩效进一步

[①] 约里斯·卢因迪克,2016.反向激励——金融危机的真正根源[J].博鳌观察(4):49-51+87-89+8.

[②] [美]道格拉斯·C.诺思,2014.制度、制度变迁与经济绩效[M].上海:格致出版社:10.

降低。封建统治阶级基于垄断特权获取的庞大盐税收入极少部分被用于发展社会经济,大部分被封建国家的统治者及其官僚用于奢侈享乐、支出政府机构及官员俸禄的开支等日常开支,影响了经济社会的发展和进步。其四,强大的中央集权政府及其对市场的过度干预,扼制和扭曲了市场力量的成长和运作,进而导致近代中国走入低效制度与落后经济相互加强的恶性循环。中国古代中央集权政府中,封建官僚政治对社会经济生活的干预、官僚机构膨胀及其等级体制在古代封建君主专制的官僚社会中造成了非线性交易成本的增加,更进一步加剧了社会福利的损失[1]。

表3　　　　　　　　　清代盐商报效数额　　　　　　　　单位:两

类别	军需报效	水利报效	备公报效	赈济报效	杂项报效
数额	48 694 070	16 685 148	9 810 000	4 250 619	1 596 500

注:转引自:郭正忠主编.中国盐业史(古代篇)[M].北京:人民出版社,1997:765。

总之,盐业专卖制度由"开中制"向"纲盐制"的转变,虽然在一定程度上解决了开中制度存在的守支问题与明末的私盐泛滥问题,保障了封建政府盐业收入的充足与稳定。但是通过对"纲盐制"的经济绩效进行分析可知,"纲盐制"是一种反向激励的制度,在这一制度体系下,官府与大盐商可以稳定获得高额收益,因此他们不考虑该制度对社会总福利的影响,从而使得这一低效率的盐业专卖制度长期延续;此外,"纲盐制"的制度设计扭曲了政商关系,导致设租、寻租行为的增长,加大了正常进行商业活动的非线性交易成本,制约了社会经济的进一步发展。

六、制度变迁、路径依赖: 中国古代盐业专卖制度的"锁定"

通过前文对明清两代食盐专卖制度演变的分析可知,由"开中制"向"纲盐制"的转变,虽然实现了由盐业官专卖制度到商专卖制度的转变,但是这些变化彼此有着内在的逻辑关系。盐业的经营与发展仍然摆脱不了盐业专卖制度这一核心,盐业仍然由统治阶级及其所属的利益集团掌控,明清时期为摆脱盐业发展困境、促进盐业有序发展进行了很多改革与法律制度的规范,但是盐业制度的演变仍然延续了原有的低效率,甚至是无效率,即明清时期的盐业专卖制度演变存在着路径依赖。

根据制度变迁的相关理论,制度变迁方式的选择主要受制于一个社会的利益集团之间的权力结构和社会的偏好结构[2]。制度变迁大致可区分为需求

---

[1] 曼瑟·奥尔森,2005.权力与繁荣[M].上海:上海人民出版社:4.
[2] 樊纲,1993.两种改革成本与两种改革方式[J].经济研究(1):3-15.

诱致型与供给主导型两种方式。在需求诱致型方式中,担当"第一行动集团"角色的是熊彼特意义上的企业家,他们在不确定性的环境中,为获取潜在收益率先进行制度创新,并独立承担创新的风险①。在中国古代的社会环境中,封建中央集权的政治制度设计、商业资本对官僚阶层的强依附性,致使大商人难以独立自主地去推动乃至实施制度创新。因此,中国古代盐业专卖制度的变迁主要是供给主导型的制度变迁。在这种自上而下的政府主导型制度变迁中,政府主体在政治力量的对比与资源配置权力上均处于优势地位,政府的制度供给能力和意愿是决定制度变迁的方向、深度、广度和形式的主导因素。然而,由于长期受到儒家意识形态的影响,以及受政府的有限理性所致,中国古代封建政府更倾向于较为缓慢的渐进式的制度变迁方式,这是导致中国古代产权制度变革滞后的重要原因之一。

诺思认为,制度变迁的成本与收益之比对于促进或延迟变迁起着关键作用,只有在预期收益大于预期成本的情形下,行为主体才会去推动直至最终实现制度的变迁;反之亦然。这就是制度变迁的原则。② 在供给主导型制度变迁方式下,政府的政治目标通常支配着经济目标,即预期政治收益大于政治成本是政府主动实施制度创新的先决条件③。明清时期,政府为实现社会总产出最大化的目标,有动力建立和维护有效的产权制度。但是,产权制度变革过程中竞争约束和交易费用约束的存在④提高了政府推进产权制度变革的政治成本,封建政府因此就会对无效率的产权结构采取容忍态度,从而使得中国古代盐业专卖制度一直维持着一种低效率乃至无效率的产权制度设计,政府不能明确产权的排他性和可转让性,从而使得市场规则难以建立,导致资源的帕累托最优配置成为空中楼阁,不利于社会整体福利水平的提高。

根据路径依赖理论,一种制度安排形成以后,会产生一批该制度下的既得利益集团,这一利益集团对现有制度有着强烈的偏好,因此会维护既有制度安排,反对任何偏离该制度的制度变迁,缺乏革新的动力。借此理论分析明清时

---

① 杨瑞龙,1994.论我国制度变迁方式与制度选择目标的冲突及其协调[J].经济研究(5):40-49+10.
② 道格拉斯·C.诺思,1994.经济史中的结构与变迁[M].上海:上海人民出版社:7.
③ 杨瑞龙,1993.论制度供给[J].经济研究(8):45-52.
④ 同①。"政府若要变革低效率的产权结构,必将面临政治上的潜在竞争者的挑战。这种挑战主要来自两个方面,一是在产权明晰化过程中失去既得利益的那些利益集团,可能会从权力中心政治上的同盟者变为反对者。如果这些既得利益集团的政治支持对于巩固权力中心的执政地位是至关重要的,那么至少在短期内政府不会变革那种虽无效率但能保护该集团既得利益的产权结构。二是随着排他性产权的确立,原先依附于政府的个人或团体将成为独立的利益主体。经济利益的独立化有可能诱致政治力量的多元化,进而打破原有的力量均势,对政治秩序的稳定性产生潜在威胁。"同时,尽管有效率的产权结构有助于提高社会总产出水平和扩大税收来源,但这种潜在收益的获取存在时滞,政府必须在短期内为产权制度的更替支付大量交易费用(如界定和保护产权的费用,以及建立与新产权规则相适应的税收体系、社会保障体系所需的费用等)。如果这种付费超越了国家财政可承受的限度,改革方案就难以出台。"

期盐业专卖制度的演变可知,明清时期的政府和大盐商在共同利益的驱使下,相互勾结合谋,强化了盐业专卖的制度安排,共同维系一种低效乃至无效的制度安排而不愿变革,即使有所变化,也不过是对旧有制度的局部修补与个别调整。而这种缓慢的、局部性的、临时性的制度调整难以真正突破低效的制度安排,也难以产生导致制度变迁的决定性因素,导致有效率的制度创新缺乏成长的环境,从而使得盐业专卖制度在中国古代长期"锁定",影响中国经济发展的速度与绩效。

通过以上理论分析,我们就能较为明确地分析明清时期"纲盐制"长期"锁定"的因果关系。"纲盐制"是中央集权的封建国家对盐业生产和流通进行行政干预的产物,封建国家通过扶植一部分大盐商、给予其盐业的垄断经营权,使盐商"行盐纳课",从而确保封建国家获得稳定的财政收入。而改变这一制度意味着政府要重新寻求新的盐业管理制度、组织盐业生产、变更原有的税收体系等,在此过程中,政府所耗费的成本较高,且进行制度变迁的预期收益具有较大的不确定性。因此,在盐业专卖制度带来稳定财政收入的前提下,封建政府缺乏推动制度变迁的动力。

诺思认为,有效率的经济组织是经济增长的关键——一个有效率的经济组织在西欧的发展正是西方兴起的原因。反观几乎处于同一时期的中国,盐商的荣辱兴衰维系于专制君主特权,大盐商在政府的庇护下独占盐利,资本量庞大,但是其资本总是作为商业资本以及金融资本运转,而非作为产业资本投资于生产环节。这种由于产权不明晰导致的经济发展低效率与产业资本的缺乏阻碍了生产扩大和近代工业的发展。进一步而言,制度变迁过程中存在的路径依赖导致低效率的盐业专卖制度在中国长期延续,造成一种恶性循环,致使产业愈发落后,中国社会愈加停滞不前,为近代以来中国社会经济全面落后于西方埋下了隐患。

七、结　语

由上文分析可知,封建统治阶级的偏好及有限理性、分利集团对共同利益的维护、路径依赖的影响,甚至意识形态等问题共同作用,使得明清之际盐业专卖制度在经历了"开中制"向"纲盐制"的演变后,仍然处于一种制度低效率的状态。而正是这种路径依赖在中国各朝代的延续,导致了盐业专卖制度在中国古代的"锁定",使其难以真正被破除,这给中国封建社会晚期的社会经济发展带来了严重的影响。

基于新制度经济学的理论,要破除这种路径依赖的影响,进行清晰的产权界定与构建强化市场型政府尤为重要。根据诺思的暴力潜能分配理论,国家供给服务的目的是使统治集团的利益最大化,同时降低交易成本,使整个社会的产出最大化,最终增加国家税收①。但是由于统治集团利益最大化与社会产出最大化的目的不完全一致,尤其是在中国古代的封建中央集权社会,封建君主及官僚机构为了维护封建统治,往往会通过设租寻租、提高税额、人为设置商业准入限制等措施提高交易成本、扰乱商业正常发展秩序,影响经济合理运行及发展。因此,减少官僚机构对经济正常发展的干预,通过规范政商关系、界定产权等措施使商业发展摆脱对官僚机构的依附关系,建设强化市场型政府、降低商业发展的制度性交易成本,这些是破除低效率制度的要义。

诺思认为,有效率的产权制度对经济增长起着决定性作用,一方面是产权制度的基本功效发挥与资源的配置效率有关;另一方面是有效率的产权制度使经济系统形成激励机制。需要指出的是,如果来自内部或外部更有效的组织形式将对现有的统治集团构成威胁,统治者就更缺乏动力通过界定有效产权来促进高效率的组织形式的发展了,这也是相对低效的组织形式会延续存在的原因。这一理论对于研究中国古代盐业专卖制度的"锁定"意义重大,中国古代的封建统治者为维护自身的利益,忽视整体的社会福利,抑制更有效率的市场经济发展,从而导致明晰的产权制度始终难以确立,使得明晰产权、发挥产权制度的资源配置作用与激励作用难以实现。

本文对明清时期盐业专卖制度演变的分析不仅仅是对历史的分析,而且对于思考当下的现实问题也不无裨益。改革开放以来中国经济建设过程中诸多成就的取得,与强化市场型政府的建立以及明晰的产权界定密不可分。在今后,要发展、完善中国特色社会主义市场经济,保障市场主体平稳运转,努力实现共同富裕,如何进一步处理好政商关系、降低制度性交易成本、提高交易效率、提升经济发展效率和韧性,也是我们将要继续探索、回答的问题。

参 考 文 献

[1] 道格拉斯·C.诺思,1995.经济史的结构与变迁[M].台北:时报文化出版企业股份有限公司.

[2] 道格拉斯·C.诺思,2014.制度、制度变迁与经济绩效[M].上海:上海人民出版社.

[3] 奥尔森,苏长和,嵇飞,2005.权力与繁荣[M].上海:上海人民出版社.

[4] 杨德才,2015.新制度经济学[M].北京:中国人民大学出版社.

[5] 谢识序,1997.经济博弈论[M].上海:复旦大学出版社

[6] 赵尔巽,1977.清史稿:志[M].北京:中华书局.

[7] 杨瑞龙,1994.论我国制度变迁方式与制度选择目标的冲突及其协调[J].经济研究(5):40-49+10.

[8] 何亚莉,2004.二十世纪中国古代盐业史研究综述[J].盐业史研究(2):34-44.

---

① [美]道格拉斯·C.诺思.经济史中的结构与变迁[M].上海:上海人民出版社,1994:24.

[9] 张锦鹏,2002.试论中国古代实施禁榷制度的目的[J].贵州社会科学(4):92-95+91.

[10] 高一伟,2015.明代盐商守支问题研究综述[J].中国经济与社会史评论(10):338-344.

[11] 孙晋浩,2000.明代开中法与盐商守支问题[J].晋阳学刊(6):74-80.

[12] 杨德才,蒋涵晨,2012.中国古代食盐专卖的新制度经济学分析——以明朝"开中法"之动因与结构,演化与锁定为例[J].上海财经大学学报,14(2):11-18.

[13] 张薇,2006.明清盐业专卖制度演变的"寻租"经济学分析——18世纪中国经济兴衰和社会转型的影响因素探讨[J].上海财经大学学报(6):84-89.

[14] 萧国亮,1988.论清代纲盐制度[J].历史研究(5):64-73.

[15] 张家国,殷耀德,李红卫,1997.试析明代盐法变迁之轨迹[J].法学评论(5):72-77.

[16] 陈昆,2015.从扶助之手到掠夺之手:盐引与明代金融市场[J].制度经济学研究(1):41-68.

[17] 周志初,1988.晚清的两淮盐商[J].盐业史研究(3):46-50.

[18] 魏登云,刘渝龙,2021.论清代纲盐制特点及其存在价值[J].遵义师范学院学报,23(2):20-25.

[19] 韩燕仪,2020.清代盐价制定中的政商关系——基于雍正初年湖广盐务风波和官员受贿案的考察[J].中国社会经济史研究(1):48-60.

中国小农经济的惰性特征分析

——基于"道义小农"理论框架

孙　诚[*]

【摘要】 小农经济长期存在的原因,植根于小农经济自身的特性。本文将小农经济的各项特性划分为内部惰性与外部惰性,并且基于"道义小农"理论框架重点探讨了生产形式、生产结构、生产效率三方面内部惰性的形成原因。由此发现,中国传统社会小农家庭长期处于恰亚诺夫效用—辛苦关系的非均衡状态。这种非均衡促使小农家庭在有限的条件下追求家庭生产更高的产出与效率,进而导致生产形式与生产结构的固化。此外,生产效率层面的技术惰性具有相对性,即惰性随着小农家庭生存状况的改善与抗风险能力的增强而减弱。

【关键词】 小农经济　内部惰性　道义小农

一、引　　言

在传统中国社会,小农经济是自秦以降历代集权王朝最重要的经济基础。小农经济在宗法专制社会前期迸发出充分的活力,使得中国在经济实力、政治制度、科教文化方面一度遥遥领先于西方社会。但是近代中国积贫积弱与饱受屈辱的历史不禁让人对小农经济加以反思。有学者指出,小农经济的结构固化正是我国动乱贫穷、闭关自守的病根。当前我国的家庭联产承包责任制从本质上来说也是一种新形式的小农经济,研究小农经济,不仅是我们反思近代屈辱历史原因所绕不过的内容,更是在为新时代下"三农"问题改革提供一个历史的参照系。

研究小农经济,必须先从它的特性开始。学术界对小农经济特征的研究可谓成果颇多,男耕女织、精耕细作、内卷化、风险厌恶等都是小农经济的重要特征,但似乎缺乏一个统一的概念统领,本文从物理学研究中借用"惰性"这一概念进行归纳总结。惰性在物理学中包含两方面的含义,一是内部结构稳定,形成一个内部的稳态;二是与外界的联系程度很小,几乎不与外界的物质或事物发生作用。本文认为小农经济的内部"惰性"在于技术停滞、过密化劳

---

[*] 南京大学商学院经济学系 2019 级本科生。

动以及耕织结合紧密,外部"惰性"则主要在于其乡土依附性及向社会化分工转化的困难。传统中国社会小农经济"惰性"的内部结构与外部特征相辅相成,形成一张严丝合缝的逻辑网,包裹住小农经济的转变与进步,这也就是小农经济长期存在的原因。

本文认为以俄国恰亚诺夫、美国斯科特为代表的"道义小农"学派的理论假设及提出的现实依据与传统中国小农经济的各项条件基本相符,因而在"道义小农"学派的理论框架上结合中国实际加以改进,具体分析中国传统社会小农经济的惰性特征及其原因。

综合来说,本文的边际贡献可以归纳为以下几点:

第一,提出中国传统社会小农经济"惰性"特征的概念,将前人的研究成果进行很好的概念性整合。其中,内外部惰性的框架为后续研究小农经济的特征及其长期存在的原因提供了研究方向上的参考。

第二,创造性地将"道义小农"理论引入中国小农经济的特征分析,并根据中国社会具体情况对"道义小农"理论做出了一定的适应性修正。

第三,在技术层面,将恰亚诺夫的辛苦效用均衡关系与家庭生命周期结合,指出小农不同年龄阶段存在辛苦效用均衡点的移动。构造了小农家庭的技术—效用关系曲线用以说明小农家庭的生存条件影响着小农的技术选择。

二、文献综述

(一) 小农经济的概念

马克思对小农有一个形象的概括,他把众多小农比喻为"一个个马铃薯"。按照马克思主义的观点,小农是指小块土地的所有者和租佃者——尤其是所有者,这块土地既不大于他以自己及全家的力量所能耕种的限度,也不小于足以养活他的家口的限度。这个定义表明,小农概念起码应该包含单个家庭、小块土地、自主经营、自家耕作四个要素。

中国学者对小农经济的定义比较有代表性的是赵红军的定义,即所谓小农经济,特指建立在为数众多的小规模农民家庭基础之上的经济模式,或者是以农民家庭为主要生产单位,农民农业生产的地租、税收构成国家主要财政税收来源的经济体。从经济结构的角度,陈永勤指出,小农经济包含地主制经济与自耕农经济两大部分。关于小农经济的参与主体,陈永勤认为地主制经济与地主、佃农、雇农有直接关系,而自耕农经济与自耕农、雇农有直接关系,因此小农经济涉及自耕农、佃农、雇农以及地主四个群体。宁可进一步指出,自耕农的自由所有权是土地所有权的最正常、最有效率的形式,各参与主体比重随着经营土地自由度的减少而降低。自耕农与佃农因而是小农经济中最主要的微观主体。

(二) 小农经济的惰性特征

小农经济的内部"惰性"主要包括耕织紧密结合、技术惰性以及过密化生产三个主要方面。耕织紧密结合是生产结构层面的惰性,技术惰性是生产效率层面的惰性,而精耕细作及发展而成的过密化生产则是生产形式层面的惰性。

论述耕与织,即农主副产品生产紧密结合原因的文献十分丰富。第一种较为流行的观点强调耕织紧密结合较大地受到地主阶级残酷剥削的影响。傅筑夫指出,由于地主阶级及国家机器的剥削非常残酷,农民不能完全依靠租来的或自有的少量土地来维持生活,而必须经营一些可能的家庭副业,一方面,用以满足自己的需要;另一方面,还可以将多余的一点产品出卖来补贴助生活。于素云也认为,苛重的剥削使农民必须以家庭手工业作为农业的补充。庞卓恒在进行中外农业比较研究后认为,地主阶级的异常残酷使小农"双手紧紧抓住耒耜与机杼"。

第二种观点认为纺织原料的变化与纺织工具的落后是耕织紧密结合的重要原因。吴承明认为,棉对麻的取代使得布料生产回归家庭层面,进而导致单锭手摇车取代多锭大纺车的技术退化是耕织紧密结合的重要因素。他还指出,纺织的生产率和收益均低于织布的现实进一步使得耕织难以分离。孔泾源在此基础上更进一步地研究指出,棉花相对于麻更加满足小农家庭自身的消费需求,因此小农家庭便以牺牲劳动与技术为代价,舍麻取棉,中断了技术进步演进,妨碍了耕织分离。

第三种观点强调中西方基层组织专业分工程度的不同。徐新吾认为西欧领主制以庄园大生产为社会基层组织的生产结构,而庄园的耕织活动分工程度高,易于手工业的分化。而中国的耕织活动仅限于家庭内,具有很强的凝固性,因而很难相互分离。萧国亮进一步指出,中国传统社会的耕织结合以家族经济为主体,是一种家族内部的自然分工,农业与手工业由于家族血缘纽带的作用难以分离。

专门论述技术惰性的文献不多,研究小农技术方面的文献更加侧重于技术惰性的现象而非原因。在已有的研究成果中,小农经济劳动生产率的提高被认为可以通过两个因素来实现,一是土地生产率的提高;二是地劳比率的提高。但是人多地少的现状以及拓殖运动的有限性使得大幅度提高地劳比率变得不现实,而只能寄希望于提高土地生产率。陈勇勤进一步指出,在中国小农铁犁牛耕这一固定资本投入方式基本不变的情况下,劳动生产率的提高主要通过"流动资本投入总结为生物技术"这条途径。国内有一些学者将小农技术分为硬技术与软技术,并指出中国小农的软技术(劳动技能)在世界上已经能够排在前列,但是水、肥、机械等硬技术始终制约着农业的发展。

关于技术惰性的原因,学界普遍认为是小农小地块经营所必然带来的强风险规避特征。但是关于农业技术收益与风险的关系,小农风险规避特征强弱的影响因素几乎没有直接的论述。

中国小农经济精耕细作的特点被黄宗智总结为"过密化"生产或农业的"内卷化"。黄宗智的过密化或内卷化概念是指小农在以单位工作日报酬递减为代价的条件下扩展生产。他认为,农业的内卷化会带来过密型的增长,但这是一种没有发展的增长。扬·杜威将农业的集约化分为技术驱动型集约化与劳动驱动型集约化,并指出制约劳动驱动型集约化发展最大的"幽灵"便是"报酬递减率"。席海鹰从历史的角度研究小农经济精耕细作的原因。他指出,中国的自然条件相较于西方较为恶劣,灾害发生较为频繁,这是中国小农经济从一开始便选用精耕细作这一耕作方式的重要原因。董恺忱与杨直民提出,土地经营权的分散化以及公私租税的过于繁重,使小农不得不在有限的土地上连续投入更多的劳动。

小农经济的外部"惰性"主要包括难以向社会分工转化以及对乡土的依附性。有关乡土依附性的文献主要集中于社会学领域,在此不做概括。近年来,有不少学者从社会分工的视角来探讨小农经济的稳定性。李楠认为存在一种"小农经济效率陷阱",他通过农户生产函数的最优化以及交易的帕累托最优效率公式,推导得出各农户间耕与织的边际替代率应当相等,农户不会主动采取一种非农业的活动去代替另一种农业生产活动的结论。他认为,正是这种"效率陷阱"的存在阻碍了社会分工的产生,这是我国小农经济长期存在的一个原因。杨德才教授利用新兴古典模型与新制度经济学框架研究小农经济社会化的阻碍。他认为,交易效率外生改进会使经济体从自给自足向分工的方向演进,但由于中国封建社会的交易效率一直维持在一个低水平区间,从而阻碍了小农经济向分工化方向的转变。

可以看到,关于小农经济特征的研究虽然成果颇丰,但由于缺少一个概念性的统领而显得较为零散。此外,大部分研究特别是有关"内部惰性"特征的研究缺少一个理论框架的支撑与数学模型的基础。因而,本文用惰性的概念对小农经济的典型特征加以整合,并且尝试性地利用"道义小农"的理论框架与基本模型来探讨中国小农经济的内部惰性特征,以期对这个问题的研究能够更加规范化、系统化。

三、"道义小农"理论框架对中国传统小农经济的适用性

小农经济是一种小规模劳作并且劳作成果主要用于自我消费的经济形式。小农经济生产与消费的家庭化特点使得研究小农经济首先需要明晰微观小农主体的经济行为特征。小农经济行为的研究主要分为两个不同流派,一

个是以舒尔茨和波普金为代表的"理性小农"学派,又被称作形式小农学派;另一个是以恰亚诺夫和斯科特为代表的"道义小农"学派,又被称为实体小农学派。

"理性小农"学派延续古典政治经济学中的理性主义与功利主义假定,认为农民经济社会行动的本质是理性化。他们指出,小农在进行资源配置和参与集体行动等问题上表现得非常理性,他们始终关注着成本和收益的计算,力争谋求个人或家庭福利的最大化。舒尔茨认为小农与资本家的经济理性没什么两样,在生产技术的约束下,小农已经达到了生产要素的最优配置。波普金将小农的理性与乡村的集体行动联系起来,认为小农为满足个人利益不惜牺牲村社与集体福利。传统的乡村文化、村社惯例与制度安排在小农的行为选择函数中仅为次要变量,个人利益永远是最为重要的变量。

这一理论假设与传统中国社会的小农经济有着显著的不适应性。明清时期,中国小农的过密化劳动是质疑这一理论的重要证据。黄宗智在研究明清时期中国长三角地区的小农经济特点时,发现长三角地区的家庭农场相当普遍地从粮食生产转向部分的纺织品生产。而"棉花—纱—布"式的纺织品生产,每亩地需要投入12到18倍粮食种植的劳动,而收入增长却远不能达到这一倍数。这种过密化增长的主要原因是中国社会长期以来人地矛盾突出的问题。由于缺少替代性的获利方式,小农会为了自己的生存在土地上耗费劳动直到边际报酬几乎为0时才会停止。而对于一个资本主义企业而言,当生产的边际报酬等于劳动力价格时,生产就会被强制终止,将资本主义企业的经营理性用到中国小农的行为研究中,显然是不符合中国人多地少这一国情的。

此外,中国传统农村社会是一个典型的熟人社会,具有潜在舆论压力大、交往互动的信息对称以及人情作用关系明显的特征,这三大特征使得农户必须遵守乡村文化与村社制度安排。如若违反,则在熟人社会将无法立足,就如同在西方信用社会失去个人信用一般寸步难行,并且会遭受相当大的精神与心理压力。这一点与波普金的小农理论也存在着较大偏差。因此,本文认为,"理性小农"的理论框架不适用于大部分中国传统小农的行为特征。

"道义小农"学派则批判了"理性小农"学说,将农民视为理性工具与客体的"客位"视角,认为小农经济是有别于资本主义经济的类型,是一种独特的社会经济形态。传统社会农民的经济行为更多地受到生存理性、社群规则、互惠原则的影响,农民对生存安全的考虑远远胜于盈利动机。

"道义小农"理论与中国传统小农经济的现实总体上相适应。恰亚诺夫认为,在不存在自由的商品市场与劳动力市场的假设条件下,对于自给自足的小农经济而言,家庭的消费需求是家庭经济活动的第一原则与动力。一个家庭的经济活动量取决于劳动的边际辛苦程度与消费需求满足程度的均衡,这也就是著名的恰亚诺夫劳动—消费均衡。只要家庭的主要消费需求还未满足,即使劳动的边际收益已经远小于劳动的边际成本,小农为了家庭需要仍会一直劳作。小农经济需求决定生产的规律其实在《管子》中就有体现。《管子》中有"谷贵则万物必贱,谷贱则万物必贵"的论述,对于这句话的分析常常从一般等价物的角度展开,但是本文认为从家庭需求满足程度与家庭生产产出的角度展开也具有一定的合理性。在粮食作物丰收之时,家中的生存需求得到很好满足,因此副业生产可以收缩,流通在市场中的其他产品相对较少,造成"万物必贵"的情况;而在粮食歉收时,家中为了满足粮食作物的需求,便加大副业产品生产以换取粮食,从而市场上的副业产品较多,供过于求,因而"万物必贱"。在这种分析角度下,《管子》中的这句话能够反映出劳动—消费均衡对于中国传统小农经济的适用性。此外,恰亚诺夫还提出家庭生命周期论,认为一个家庭存在着新生—繁荣—衰落的阶段性变化,而这一变化主要是由于家庭中消费者与生产者的比例变动导致的。

"道义小农"学派的另一位代表人物斯科特提出,小农是具有生存理性的个体,小农理性的第一原则是"安全至上"。斯科特在考察了东南亚的小农经济之后认为,那些"已被河水淹到脖子"的处于生存边缘的小农主与佃户会将生存看得高于一切,会为了保证正常的生存不受威胁而放弃可能的利润机会。这种"安全至上"的原则使得小农主具有众多规避风险的行为特征:相对于专供销售的农产品,偏好粮食作物、抵制高产水稻、偏好固定地租以及形成乡村成员间的互惠准则与关系网。在中国传统小农社会前中期,中国小农的境况相对宽裕,并没有到达所谓生存的临界线。但随着人口的不断增长、赋税的不断加重以及土地兼并的加剧,中国小农在明清时期已经与东南亚小农一样处于"被水淹到脖子"的窘境。根据王家范、谢天佑的估算,我国封建社会自耕农的收支情况随着封建社会的发展越发恶化。

如表1所示,在汉代,自耕农平均收支余额能达到总产的1/10,自耕农生活相对富裕,并无生存危机。随着赋税的加重,唐代的自耕农所得的平均余额就已经减少了许多。到了清代,随着口粮价格的上涨、农业成本比例的剧增以及赋税的居高不下,自耕农普遍已经出现收不抵支的情况,生存状况变得十分困难。以这一估算结果为基础,本文认为,在封建社会前期,生存理性假设不适用于农民相对富足的生活状态,而在封建社会中后期,特别是在明清时期,中国小农家庭的生活状态是基本符合"安全至上"原则所需满足的家庭境况要求的。

表1 封建社会各朝代自耕农收支情况估算表

五口之家 (二大三小)	汉代		唐代		清代	
	收支	占总产的比重/%	收支	占总产的比重/%	收支	占总产的比重/%
亩积	50/汉大亩		30/唐亩		10 亩	
总产	150	100.0	45.0	100.0	30.00	100.0
口粮	90	60.0	28.0	62.2	20.00	67.0

续表

五口之家 (二大三小)	汉代 收支	汉代 占总产的比重/%	唐代 收支	唐代 占总产的比重/%	清代 收支	清代 占总产的比重/%
农本	10	6.7	8.5	4.5	4.50	15.0
赋租	19	12.6	7.0	15.5	5.00	16.0
衣着	15	10.0	3.5	7.8	2.34	7.8
余额	16	10.7	2.7	6.0	-1.84	-5.8

资料来源:王家范,谢天佑.中国封建社会农业经济结构试析.中国农民战争史论丛第四辑,郑州:河南人民出版社,1978。

基于中国传统社会对恰亚诺夫假设的满足,封建社会中后期小农家庭境况与"道义小农"理论提出背景的符合以及众多历史文献与事实的佐证,本文认为,以"道义小农"理论框架来具体分析小农经济的惰性特征是具有一定合理性的。

四、中国小农经济的惰性特征及其原因分析

以往对小农经济惰性特征的研究,往往是从宏观层面来进行的,但本文认为,从微观层面对农民行为特征的分析也是不可缺少的。我们有充分的理由将微观层面的小农家庭置于分析的核心位置。首先,宏观层面的很多矛盾、关系和趋势在微观层面有呈现,而且往往以最真实的形式表现出来。其次,小农抗争和变迁的种子正是在微观层面生根、萌芽的。最后,其实所有的趋势、预测、价格关系、农业政策的变化或者任何其他宏观因素,都是在微观层面被农民理解并转化为一系列行动的,从而形成了我们实际看到的宏观结果。因而本文从微观层面入手,以小见大,以小农家庭为对象,考察整个宏观小农经济的惰性特征,并且利用改进的"道义小农"学派的理论框架进行系统化阐释。

(一)生产形式与生产结构惰性

精耕细作与耕织结合是小农生产最核心的两个特征,在本文惰性特征的概念下,精耕细作是指生产形式上的惰性,而耕织结合是指生产结构上的惰性。对于这两个特征为什么会产生,本文不再加以赘述。本文重点关注的是,精耕细作为什么会走向过密化生产的极端,以及耕织结合得为什么如此紧密。从微观小农家庭的视角来看,造成这种情况的原因在于正常的生产已经不能满足家庭消费的需要。以恰亚诺夫理论中的术语来说,即中国传统社会的小农家庭长期处于辛苦—效用平衡的左侧非均衡。

恰亚诺夫指出,农民劳动自我开发的程度靠需求满足程度和劳动艰苦程度之间的均衡关系来确定。当家庭的消费需求还未得到满足时,增加一单位

产量所获得的效用将会非常大,维持生存的需求使得这部分消耗劳动的主观艰苦程度并不会很大。但当家庭的消费需求基本得到满足之后,由于农民在此之前已经耗费了很多的精力体力,多增加一单位产量所需劳动的主观艰苦程度将会大于这部分生产所带来的效用,这时农民将不会有意愿进行多余的生产。因此,小农家庭生产的均衡产量是生产该单位产量所获得的主观边际效用与所付出的主观边际辛苦程度相等时的产量。

如图1所示,曲线1上的每一点代表特定总产量 X 的边际效用,曲线2上的每一点代表小农个体通过劳动获得特定产量需要付出的边际辛苦。使得边际效用等于边际辛苦程度的产量 X_0,便是小农在生产过程中选择达到的产量,均衡即图示的 E 点。

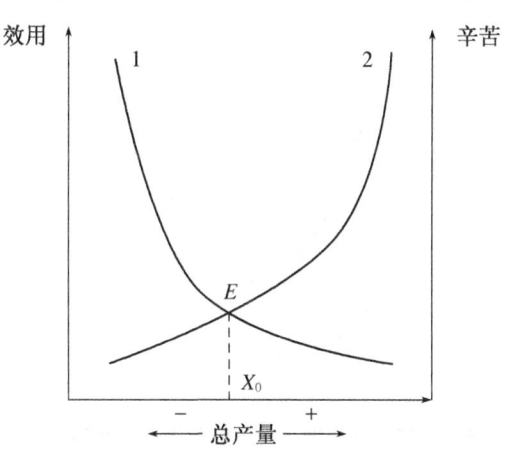

图1 恰亚诺夫辛苦—效用均衡图解

当小农家庭的消费需求增加时,比如,家庭诞生新生儿或者外部赋税加重,增加产量以养活家庭会给小农带来更大的效用,因此曲线1将向右移动(如图2),产生了新的均衡点 F。均衡点的向右移动表明,小农个体将会增加总产量 $(X_1 - X_0)$ 以满足家庭需要。

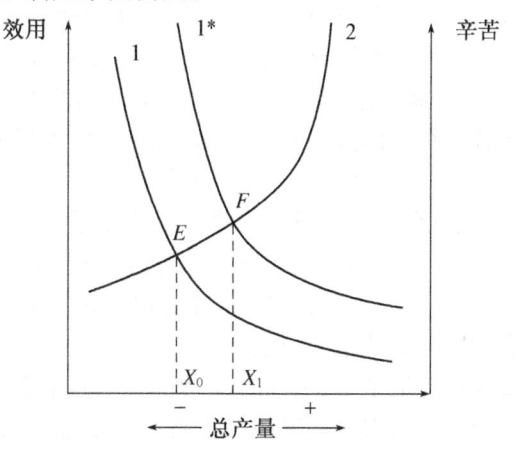

图2 边际效用曲线的向右移动

但是我们需要知道的是,每个人都会有一定劳动强度以及劳动时间的限制,即自然上的限制与生理上的限制。自然上的限制是指一天的时间只有24小时,这是劳动时间的最高限制,同时小农个体生理上每天需要一定时间的休息,这使得一天劳作的时间无法达到24小时。劳动强度以及劳动时间与小农个体的身体状况、劳作熟练度等都是有关系的。总之,受到这两方面的限制,每个小农个体的生产都有一个总产量的上限,即图3中的X^*。当均衡点的总产量X_0超过了这一上限时,小农家庭将会处于效用—辛苦均衡关系的左侧非均衡状态。在这种状态下,由于生产一单位产量的边际效用大于需要承受的边际辛苦,小农将会花费自己所有可能的精力与时间投入生产。

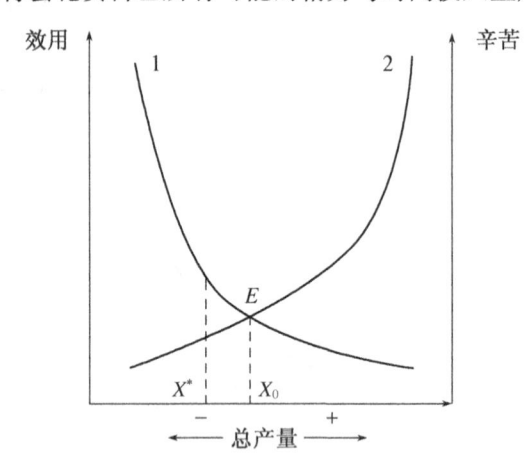

图3 加入总产量限制后的效用—辛苦非均衡

下面我们将看到,由于中国传统封建社会赋税徭役负担过重以及乡村社会文化所导致的预期负担过重,中国封建小农长期处于恰亚诺夫效用—辛苦均衡关系的左侧非均衡。

新制度经济学家诺思指出,统治者具有两大最基本的目标,一是界定形成产权结构的竞争与合作的基本规则,这能使统治者的租金最大化;二是在第一个目标框架中降低交易费用以使社会产出最大,从而使国家税收增加。在中国的封建社会,租金最大化始终是封建统治者的首要目标。历史上所表现的王朝的兴衰往复不过是租金最大化的目标与社会福利的耦合与分离。王朝初期百废待兴,统治者往往采用宽松的政策休养生息、培养税源,这时社会福利最大化与租金最大化是不相抵触的。而至王朝经济繁盛之时,租金最大化与社会福利的冲突往往就会开始显现,对百姓的剥削将会加重,当赋税的征收超过普通家庭的承受能力时,就会爆发农民起义推翻原有王朝。纵观历史之反复,无不如此。可以这样说,中国封建者对租金最大化的追求从未让步于其他任何目标,对小农的剥削也从未停止过。

西汉前期,统治者吸取了秦暴政而亡的教训,休养生息,小农的境遇得到极大改善,但是汉元帝之后农民的赋税徭役负担就明显加重。赋税负担的加重并不是在正税方面,而是重在法外的摊派、浮收与勒索。在汉元帝时就已经出现"乡部私求,不可胜供"的情况。永始二年(前15)十二月,汉成帝在诏书中说:"前将作大匠万年知昌陵卑下,不可为万岁居,奏请营作,建置郭邑,妄为巧诈,积土增高,多赋敛徭役,兴卒暴之作。卒徒蒙辜,死者连属,百姓疲极,天下匮竭。"这表明当时甚至连统治者都明显感觉到赋役之重了,可见当时民不聊生的状况。魏晋南北朝时期的赋税徭役也是十分重的。东晋孝武帝时期每丁赋额高达7石,相当于15.6%的田赋负担率,赋额较之西晋增加了1.3倍。封建徭役的负担更加厉害。孝武帝时,豫章地区已经出现了"今之劳扰,殆无三日休停,至有残刑剪发,要求复除,生儿不复举养,鳏寡不敢妻娶"的景象,小农为躲避徭役已经到了"残刑剪发"的地步,可见当时小农徭役负担之重。

　　隋朝的赋敛徭役更甚。隋炀帝大兴土木,滥用民财,建显仁宫,凿大运河,并且穷兵黩武。苛重的赋税徭役致使"万户则城郭空虚,千里则烟火断绝"。隋炀帝时期的一系列暴政也导致了隋朝的速亡。唐初至天宝中的盛唐时期,农民的负担相对较轻,之后杨炎改租庸调为两税制,也获得了成功。但是在杨炎被贬过世之后,由于两税制"虽无加税之名,而人民已有倍输之实"的固有漏洞以及政治的黑暗,地方官员追求政绩的横征暴敛,小农的徭赋负担达到唐朝前所未有的程度。贞元二十年,京兆地区的农民卖苗纳赋一事已经反映出百姓不堪重负的生活状况。当时有诗云:"秦地城池二百年,何期如此贱田园,一顷麦苗五石米,三间堂屋二千钱。"而且这种情况尚且是在相对富裕的京兆地区,其他地区的情况则会更加糟糕。北宋政府虽然保持着薄赋的政策,但徭役负担由于役户数少,所以每户分担徭役数多而显得相当之重。南宋在北宋的基础上大幅度增加了赋税,其苛捐杂税多如牛毛。南宋的辖区总共只有15路,面积只有北宋的一半左右,但是南渡后增赋4 000万缗钱,这一增赋数额已经超过了北宋天禧、嘉祐的岁入总数。小农不仅要承担州县官的额外摊派,还得忍受吏胥和揽户的敲诈勒索,生活一片惨淡。

　　明清时期,小农赋税徭役之重较前朝有过之而无不及。明朝开历史之先河,实行田赋加派,使得税收更加量出为入,助长了田赋征收的随意性。即使张居正实行一条鞭税制改革,去除了许多不合理的税目,但在张居正死后,明神宗将其全部推翻,重推加派制。田赋加派使得整个明朝中后期的小农税赋一直处于高位。清朝税赋制度在明朝基础上做出了很大改进,摊丁入亩的实行从制度层面给了小农很好的生存空间;此外,漕运负担在康乾时代也有明显降低。但是在嘉庆年之后,清王朝还是由于内部腐败而一蹶不振,对小农的剥削也日益加重。

　　简要梳理中国历代王朝小农的赋税徭役负担之后,我们不难发现,除了在少数王朝的统治前期小农的负担较轻,多数王朝中的大部分时间对小农赋税徭役的剥削都是十分苛重的,而且这一变化呈现出间断性与周期性。总体来看,封建小农所承担的赋税徭役压力一直处于高位,并且官府税收的量出为入与随意性也会导致小农对未来税赋水平的悲观倾向。因此,小农为了承担现有与潜在的赋税徭役负担必然会耗尽自己几乎所有可能的时间进行所谓"过密化生产",以保证家庭的存续。

袁明宝认为,由于中国农民家庭社会文化的嵌入性,小农在达到恰亚诺夫效用—辛苦均衡点之后会因为家庭责任、村庄内部的相互攀比与竞争等农村文化因素而继续投入劳动。因而他认为恰亚诺夫的效用-辛苦均衡对于中国农村家庭行为的解释有一定局限性。而笔者认为,正是这些乡村社会文化因素进一步使得中国封建传统小农偏离恰亚诺夫的效用—辛苦均衡,形成了上文所述的左侧非均衡结果。

传统小农家庭内部的责任观念是导致非均衡结果的重要因素。小农个体不仅有抚育后代成长与赡养年老父母的责任,而且需要承担家庭中婚丧嫁娶等仪式性消费成本,而后一种负担恰恰是小农家庭生命周期中为数不多的大宗消费。恰亚诺夫的家庭生命周期理论以劳动消费比率e/p来衡量小农家庭的负担。他认为,新生家庭由于新生儿的存在,劳动消费比率较高,因此家庭负担较大。但随着家庭中的孩子逐渐成长为完全劳动力,劳动消费比率e/p将会不断降低直至等于1,此时小农家庭的负担最小。当父母丧失劳动能力后,家庭进入衰退期,此时家庭负担较大,直至孩子的家庭脱离父母的家庭,形成新一轮的家庭生命周期。

这一家庭生命周期理论在中国传统小农的文化背景下需要加以调整。一方面,在传统农村社会中,大家庭是一种社会理想,"父母在,不分家"是中国传统社会的基本规范。这表明联合家庭在小农传统社会是一种较为广泛的家庭结构。这意味着年轻夫妇不仅要承担幼小孩子的抚育责任,还要尽到对年老父母的赡养责任,也就是费孝通所说的"反馈式"的代际关系。另一方面,父母不仅要抚养子女成人,还要为其婚嫁特别是儿子的婚娶进行筹备,这是小农家庭大宗消费中最为重要的一环。桂华指出,传统时期农民家庭经济行为选择是围绕整个家庭进行的,是为了儿子或者是完成家庭内部的代际再生产,从而实现资源向下流动,所有的经济活动都以此展开。张永健认为,古代认为婚媾为人伦之始,具有"合二姓之好,上以事宗庙,下以继后世"的意义。关于婚嫁有一套繁杂的礼仪,婚姻必须合乎"六礼"。庶民家庭不可能严遵此礼,但婚礼同样受到高度重视。由此可见,古代婚姻礼仪对于小农家庭的重要程度。筹备子女婚娶的负担往往会成为很大的一笔消费开支。因此,在假定赋税等其他情况不变时,中国小农家庭生命周期中个体负担最大的阶段,并非新生家庭之时,而是小农个体达到中年之龄时。在这个阶段,小农不仅要承担子女婚娶的一大笔开支,还要履行赡养其父母的责任。在家庭生命周期的基础上,不考虑年龄影响边际辛苦曲线的移动,小农的边际效用曲线因为不同年龄阶段的负担变化而呈现出如图4中的移动变化情况。我们可以得到这样的结论,即家庭负担随着成年小农年龄的增长呈现出"倒U型"的变化,边际效用曲线因而发生先向右、后向左的移动。

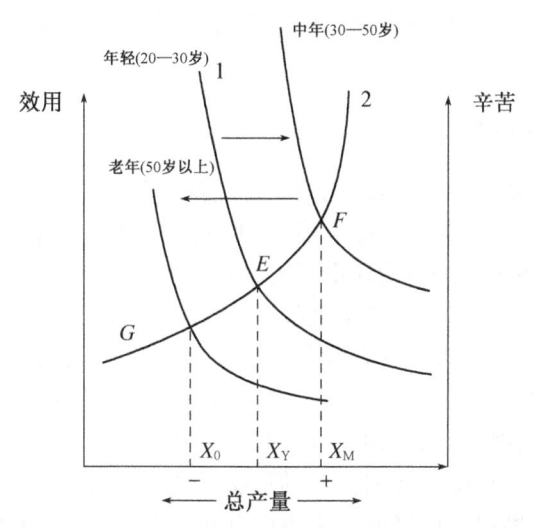

图4 中国小农家庭生命周期下效用—辛苦均衡的移动

此外,农村社会生活中的"脸面"规则,也使得各小农家庭在操办婚丧嫁娶等重要仪式时往往有着能大办则大办的态度。这种小农间的攀比心理与"面子工程"也使得小农对仪式性消费的心理预估很大,这在很大程度上加重了小农的预期负担。

因此,在负担相对较轻的年轻小农向负担较重的中年小农转变的过程中,由于仪式性大宗消费负担的迫近,小农的预期负担会加重,进而其辛苦曲线将会向右移动,导致对效用—辛苦均衡的破坏或者是原先效用—辛苦非均衡的加重。

基于以上两个方面的分析,本文认为,赋税徭役负担过重与仪式性大宗消费所导致的预期负担过重这两个主要因素,共同导致了中国封建小农长期处于恰亚诺夫效用—辛苦均衡关系的左侧非均衡。这一非均衡结果表明,小农个体将会想尽一切办法,花费几乎所有可能的时间与精力从事生产以满足家庭需要。小农个体仅有的生产资料便是土地,面对家庭生活需求的压力,在商品市场与劳动力市场缺失的条件下,其唯一能做的就是对自己唯一拥有的生产要素投入更多的劳动,努力达到自己所能达到的最高非均衡产量,即图3中的 X^*。这便是非均衡所带来的生产形式上的惰性,即过密化生产。同时,粮食作物往往并不需要每日全天候地加以照料,小农为了填补家里需求也会将剩余的农闲时间利用起来。特别是对于小农家庭中的女性劳动力而言,某些高强度的农活往往只有男性壮劳力才能够承担,因而像桑麻、织布这些适合女性身体机能的农副产品的生产可以有效减少自己的农余闲暇,为家里分担。小农家庭的耕织结合是最有效率利用家庭劳动力资源的生产结构,随着生活负担的加大,耕织结合的生产结构可以利用小农家庭更多的闲暇时间进行灵活化、碎片化的生产。离开了耕织任何之一,小农家庭都难以承受来自口粮、赋税、穿衣以及后辈传承各方面的生活压力,因而生产结构上的惰性也只会越发强化。

(二) 技术惰性

小农家庭小地块经营、靠天吃饭的特点就决定了其天生是排斥技术、厌恶风险的。斯科特认为,持有"安全第一"原则的小农在选择种子和耕作技术时,宁愿尽量减少灾害的可能性也不去尽量增加平均利润,这主要是由于其缺少必要的生存保障。当小农发生歉收时,在没有周围农户帮助的情况下,为了生存,其只有向余粮较多的富农或者地主进行口粮贷款,而这种贷款的利息往往高到小农难以承受的地步。因而一年的歉收将会夺取小农之后多年丰收的成果,甚至可能直接让小农家庭破产,变卖田地。

尽管小农具有风险厌恶的特点,但从战国秦汉至清朝前期,土地生产率以及单位亩产在不断提高已经成了学界的共识。其中,卢锋在对历朝历代土地生产率进行估算后认为,从汉到清的2000多年里,我国的亩产与土地生产率得到了长足的发展,清前期的土地生产率已经是汉代的2.44倍。这表明,中国传统农业技术是在不断进步着的,这是小农风险厌恶特征下的技术进步。因而,小农对风险的厌恶并非绝对厌恶,而是一种相对厌恶,随着自身风险承受能力的提升,小农会逐渐接受风险较高但潜在平均收益更大的农作物进行种植。正如斯科特指出的那样,多余的土地与储蓄为小农家庭抵御风险留下了保护性的余地,越是接近生存边缘线的家庭,对风险的耐受性就越小,"安全第一"准则的合理性与约束力也就越大。

基于小农的风险厌恶特征,本文设定小农家庭对于应用技术的效用函数为如下的凹函数形式:

$$U(T) = T - \frac{a}{2}T^2$$

其中,$U(T)$为小农家庭采用特定平均收益的技术所得到的效用;T代表某一技术的平均收益。此外,小农对技术没有完全信息,只能了解到收益与风险呈现出正相关关系。

根据图5,我们可以知道小农将会采用平均收益为$1/a$的技术以达到效用最大化。在极值点右侧的技术虽然平均收益高于$1/a$,但这部分的技术所对应的风险超出了小农所能承受的最大值,因此其效用低于极值点,不会被小农采用。这里借用风险规避系数的概念,以反映小农风险规避程度的影响因素。

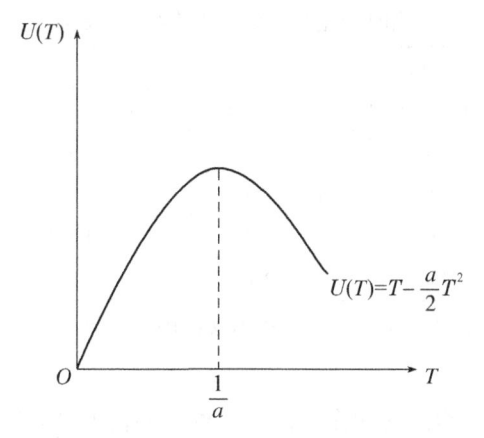

图5 传统小农家庭技术应用的效用函数

绝对风险规避系数为:

$$A(T) = \frac{U''(T)}{U'(T)} = \frac{a}{1-aT}$$

相对风险规避系数为:

$$R(T) = \frac{U''(T)T}{U'(T)} = \frac{aT}{1-aT}$$

在 T 给定的情况下,无论是绝对风险规避系数还是相对风险规避系数都随着 $1/a$ 的变大而变小,即 $1/a$ 越大,小农的风险规避性就越小。而风险规避特性与个体风险的抵御能力有着密切关系,因而 $1/a$ 可以视为小农的风险抵御能力的高低,即储蓄、土地等保障性资产的高低。$1/a$ 的值越大,风险抵御能力就越高,风险规避性也就越小,同时该效用函数的极值点也将右移,即小农所采用的最优技术的风险与收益也会越大。

由此,我们建立了风险抵御能力与技术采用之间的一致关系,即小农生存条件越好,风险抵御能力越强,就越倾向于采用高收益且高风险的技术。

对于这一结论的实证证据,我们仅仅通过历朝历代土地生产率与劳动生产率的变化来衡量小农生存条件与技术进步之间关系是不合理的。对于历代土地生产率与劳动生产率的一个相对具有代表性的估算显示(见表2),土地生产率从汉至清有明显增长。通过这一估算我们发现,在剥削程度相对较低、农民生活相对较好的汉朝,其土地生产率年增长率仅有 0.02%,而在农民生活水平明显相对下降的清代,其土地生产率的增长率达到 0.08%,远高于汉代。但是汉代与清代的历史跨度过大,影响技术进步的因素更多的是重要农业技术的创新。而劳动生产率受到人口增长的影响过于明显,也不适用于实证。

表2　　　　　　　　各朝代土地生产率与劳动生产率估算

朝　代	土地生产率 产量(市斤/市亩)	指　数	劳动生产率 劳动力年产量(市斤)	指　数
汉	92.5	100	2 039.5	100
唐	109	118	2 071	99
宋	133	144	1 894	93
清	228	246	1 450	72

资料来源:安格斯·麦迪森,2007.中国经济的长期表现:公元960—2030年[M].伍晓鹰,马德斌,译.上海:上海人民出版社:37.

因此,本文选择明清两朝作为比较对象。明清两朝相隔时间近,农业技术的理论性发展差距不大,亩产的差异主要在于农村是否广泛地运用了可以收获较高亩产的作物与种植技术。根据麦迪森的估算与整理,1400—1820年,中国农业的重要指标如表3所示。

表3　　　　　　　　1400—1820年中国农业的重要指标

年　份	人口(百万人)	粮食总产出(百万千克)	粮食种植面积(百万公顷)	粮食单产(千克/公顷)
1400	72	20 552	19.8	1 038
1650	123	35 040	32	1 095
1750	260	74 112	48	1 544
1820	381	158 792	86.3	1 840

资料来源:安格斯·麦迪森,2007.中国经济的长期表现:公元960—2030年[M].伍晓鹰,马德斌,译.上海:上海人民出版社:37.

可以发现,在1400—1650年这250年里粮食单产仅仅增加了5.5%,而在1650—1750年这短短100年里粮食单产增长了41%。清朝的农业技术并没比明朝有多大程度的进步,但是亩产的增加速度远超明朝,这一差别与小农的生存状况是密切相关的。

从整体来看,明成祖(1400)开始的明朝赋税负担比清朝自1650年至乾隆十五年的赋税负担要高出许多。洪武年间,朱元璋采取了一系列休养生息的举措,使明朝在明成祖时期达到全盛,这也是明朝为数不多的轻徭薄赋时期。明成祖登基后15年内5次北伐,虽平定边境,但消耗了大量的财力和人力,这种与北方少数民族的斗争一直延续到代宗时期才基本得以解决。紧接着,从宪宗朱见深成化年间开始,吏治逐渐败坏,孝宗时期的太监李广因受孝宗宠爱,大臣多向他行贿,之后孝宗"使使即其家索之,得赂籍已进,多文武大臣名,馈黄白米各千百石",腐败程度可见一斑。官府腐败直接导致明代开始出现财政危机。腐败也使得明朝对百姓的搜刮更加残酷。到了明神宗时期,为了搜刮民间财物,神宗设置矿税与加派税,其中田赋加派使普通小农出现严重的生存危机。田赋加派主要是为了缓解战争所带来的财政危机,万历四十六年,"辽东兵事兴,骤增饷三百万。汝华累请发内帑不得,则借支南京部帑,括天下库藏余积,征宿逋,裁工食,开事例"。但是征收来的银两并没有全部用于战争,相反,多余的银两全部窖藏于宫中。到了崇祯时期,田赋加派变本加厉,"三饷加派"制度更是过度地搜刮民脂民膏。总体来看,自1400年明成祖当朝以来,由于战争压力、官宦腐败与税制的不完善,明朝的税赋始终处于高位,小农的生存境遇长期处于"水淹脖子"的窘境当中,根本无法进行农业种植新技术与新作物品种的尝试。

在清朝前期,清朝统治者为了镇压反抗势力,进行了大规模的屠杀与民族压迫,导致农村人口大量减少与田地大量荒废。顺治二年,河道总督杨方兴言:"山东地土荒芜,一户只存一二人,十亩田只存一二亩者。"可见农村的残破凋零。但是康熙在稳定全国政局之后,立刻实行了轻徭薄赋的休养生息政策,清王朝从此步入和平发展的黄金时期。截至康熙四十四年,康熙帝先后减免各地的钱粮累计达9 000万两。雍正推行摊丁入亩,减轻了无地或少地的穷苦小农的负担,并且大幅削减了东南赋额,尤其是降低了东南地区的漕运负担。乾隆前期,普减天下钱粮的次数甚至比康熙还多。由此可见,在1650—1750年包含清朝黄金时期的这百年间,农民负担是明显处于低位的。将这两个时段进行对比,我们就可以清楚地看到农业亩产的进步与小农生存条件所存在的正相关关系。

五、研究结论

小农经济的特征可以用惰性的概念进行概括,其中内部惰性包括生产形式惰性、生产结构惰性以及技术惰性。本文基于"道义小农"的理论框架,分析指出中国传统小农长期处于恰亚诺夫效用—辛苦关系的左侧非均衡。由于商品市场与劳动力市场的缺失,小农家庭只能通过具有最优效率的耕织结合生产结构以及过密化生产的生产形式来实现自我的再生产,进而形成了生产结构与形式的惰性特征。接着,在斯科特"生存理性"观点的指导下,本文尝试构建小农的技术—效用曲线,并通过实证分析具体阐释了农业技术进步与小农的生存条件有着密切的正相关关系,阐明小农经济的技术惰性是一种相对惰性。

本文的内容不仅是对历史的分析,而且对于思考现实也不无裨益。本文强调了农民家庭微观决策对于传统农业特征形成的重要影响。我们需要认识到的是,在当前乡村振兴的农村发展目标下,重视农民家庭层面的需求同样具有十分重要的意义。满足农民基本的生活需要,提供农民必要的生活保障,是摆脱传统农业发展惯性,进而促进农业现代化的重要基石。

参 考 文 献

[1] 恰亚诺夫,1996.农民经济组织[M].北京:中央编译出版社.
[2] 詹姆斯·C.斯科特,2001.农民的道义经济学:东南亚的反叛与生存[M].南京:译林出版社.
[3] 扬·杜威·范德普勒格,2020.小农与农业的艺术:恰亚诺夫主义宣言[M].北京:社会科学文献出版社.
[4] 西奥多·W.舒尔茨,1987.改造传统农业[M].北京:商务印书馆.
[5] 安格斯·麦迪森,2016.中国经济的长期表现:公元960—2030年[M].上海:上海人民出版社.
[6] 陈勇勤,2008.小农经济[M].郑州:河南人民出版社.
[7] 卢现祥,2003.西方新制度经济学[M].北京:中国发展出版社.
[8] 钟涨宝,2019.农村社会学[M].北京:高等教育出版社.
[9] 中国财政部,1994.中国农民负担史[M].北京:中国财政经济出版社.
[10] 赵红军,2010.小农经济、惯性治理与中国经济的长期变迁[M].上海:格致出版社.
[11] 杨德才,王明,2016.为什么小农经济会长期存在?——一个交易效率视角的探讨[J].农业经济问题,37(5):77-87+112.
[12] 袁明宝,2015.小农家庭的经济行为逻辑——对恰亚诺夫劳动—消费均衡理论的评析[J].中共杭州市委党校学报(6):53-58.
[13] 马良灿,2014.理性小农抑或生存小农——实体小农学派对形式小农学派的批判与反思[J].社会科学战线(4):165-172.
[14] 张轩,杨浩,2013.论小农与小农经济的多面性——关于"理性小农"和"道义小农"理论的现实考察[J].四川文理学院学报,23(4):132-135.
[15] 桂华,2011."嵌入"家庭伦理的农民经济生活——基于华北与江汉地区农村的比较[J].中共宁波市委党校学报,33(3):69-74.
[16] 黄宗智,2008.中国小农经济的过去和现在——舒尔茨理论的对错[J].中国乡村研究(0):267-287.
[17] 王跃生,2008.中国家庭代际关系的理论分析[J].人口研究(4):13-21.
[18] 贺雪峰,2008.农村家庭代际关系的变动及其影响[J].江海学刊(4):108-113+239.
[19] 吴晓燕,2007.现代小农经济的一种解释——兼评恰亚诺夫的《农民经济组织》[J].生产力研究(6):146-148.
[20] 李楠,2005.小农经济结构变迁与资本主义萌芽——关于明清资本主义萌芽缓慢发展的一种尝试性解释[J].南大商学评论(3):127-140.
[21] 张江华,2004.工分制下农户的经济行为——对恰亚诺夫假说的验证与补充[J].社会学研究(6):95-110.
[22] 张永健,1994.婚姻丧葬礼俗与中国传统农民家庭制度[J].社会学研究(1):99-106.

[23] 叶茂,兰鸥,柯文武,1993.传统农业与现代化——传统农业与小农经济研究述评(上)[J].中国经济史研究(3):107-122+143.

[24] 叶茂,兰鸥,柯文武,1993.封建地主制下的小农经济——传统农业与小农经济研究述评(下)[J].中国经济史研究(3):123-143.

[25] 饶夏圻,1990.剖析我国小农经济长期存在的原因[J].当代财经(4):33-36.

[26] 徐新吾,1986.中国封建社会长期延续的基本原因——关于中国小农经济生产结构凝固性问题探讨[J].中国经济史研究(4):23-38.

[27] 席海鹰,1984.论精耕细作和封建地主制经济[J].中国农史(1):10-23.

[28] 李桂海,1983.封建专制主义与小农经济[J].中州学刊(1):115-119.

[29] 吴承明,1983.我国手工棉纺织业为什么长期停留在家庭手工业阶段?[J].文史哲(1):28-35.

[30] 于素云,1980.论中国资本主义萌芽发展的阻滞[J].辽宁大学学报(哲学社会科学版)(3):45-48.

中央官制、利益集团与嫡长子继承制的演进

刘萌萌*

【摘要】 中国古代王朝的皇权继承一度以"立嫡以长,不以贤;立子以贵,不以长"为原则,号称"百王不易之制"。然而历史事实表明,2000余年的君主专制社会中只有约2/5的皇帝凭借嫡长子继承制登上皇位。本文利用新制度经济学中的利益集团理论对嫡长子继承制"名存实亡"的现象予以阐释,认为西周之所以建立嫡长子继承制是因为在宗族血缘特征浓厚、官职体系权责模糊的中央官制下,中央政治集团具有很强的利益相容性,可以基于整体利益最大化原则选择最有效的继承方式。而自秦朝起建立了分工明确、权责清晰的中央官制,由此产生的分利性官僚利益集团基于各集团自身利益最大化的原则参与皇权继承博弈,影响皇帝决策和博弈结果,导致最终继承人的身份具有不确定性。

【关键词】 嫡长子继承制　官僚利益集团　中央官制　贝叶斯博弈

一、引　言

自禹将王位传于启后,中国开始了"家天下"的统治模式。国家成为帝王私产,王权在一姓中世袭,宗族关系成为基本的政治纽带。但是在具体的王位继承方式上,直至西周才正式建制,确立以嫡长子继承为核心的宗法体系。嫡长子继承制相传为周公制礼内容之一,王国维(1917)在《殷周制度论》一文中以周公摄政立成王为例,言:"舍弟传子之法,实自周始。"从此,子继之法成为"百王不易之制",世代流传。《春秋公羊传》中对嫡长子继承制有十分精练的概括,其曰"立嫡以长,不以贤;立子以贵,不以长",即嫡长子享有优先继承权,王位和财产必须传给君主正妻所生的长子。

纵观秦朝以降中国2 000余年的君主专制史,嫡长子继承制确实成为"不变之法",为历代大部分君主所认同,立嫡立长的观念也与儒家尊卑有别的思想相结合,成为正统的继承原则。但是,仔细考察中国封建王朝的兴衰变迁,不难发现,历朝历代真正凭借嫡长子身份继承皇权的统治者并不在多数。谭平(1998)曾根据二十四史本纪统计了从秦朝至清朝的嫡长子继位数据,其中排除了因不可抗力,例如正妻无子、嫡长子夭折等造成的特殊情况。他得出结

---

* 南京大学商学院经济学系2019级本科生。

论:在2 000余年的历史长河中,只有2/5的皇帝是依靠嫡长子继承制登上皇位的。如此看来,事实似乎与理论存在较大的背离,以至于出现嫡长子继承制是否名存实亡的质疑。为回答这一问题,本文将运用新制度经济学理论来分析嫡长子继承制的建立与演进,从而给出合理的解释。

二、文献综述

古代皇权更替历来是学者研究的重点对象,国内史学界对嫡长子继承制的发源、内涵等已经做了翔实的分析。其中较早的研究是民国时期王国维撰写的《殷周制度论》,他认为"周人制度之大异于商者,一曰'立子立嫡'之制,由是而生宗法及丧服之制,并由是而有封建子弟之制,君天子臣诸侯之制"。该观点将嫡长子继承制视为周代的制度创新,并与宗法制结合起来考察,后世学者也多赞同这一看法,认为嫡长子继承制是宗法制的核心,随母权制社会的瓦解与父系氏族社会的兴起而产生(姚伟钧,2002)。但是也有学者认为,"无论在奴隶社会或封建社会,我国都没有确立过长子继承制的原则"(吴浩坤,1984),"宗法制度和嫡长子继承制没有必然的关系"(钱宗范,1996)。然而无论嫡长子继承是否成为一项正式制度、其与宗法制是否必然相关,从已有的历史资料来看,中国在西周时期的确实行了嫡长子继承的方式,并且成为影响后世皇权继承的主要因素之一。所以用新制度经济学的概念来说,中国的嫡长子继承至少属于非正式制度,它代表着一种继承观念和传统,只有承认这一点才具有讨论嫡长子继承制建立和演化的理论意义。

嫡长子继承制作为一种制度本身优缺并存,直观来看,以"嫡长"为标准选择继承人相较"选贤举能"而言简便易行,在一定程度上可以避免皇权争夺的冲突,但其缺点也十分明显——不能保证真正有才能的人成为国家统治者。学者研究发现,自秦以后真正落实这一制度的君主并不在多数,背后的原因也不尽相同。贾如银(2004)从马克思主义学说出发,将嫡长子继承难以落实的原因归结于落后的奴隶制上层建筑与意识形态不能适应封建社会,但未就其内在机制剖析清楚。范学辉、朱宏(1996)考察汉代继承问题后指出,君主的好恶、诸侯的干预、社会思想的变化会影响嫡长子继承;李勇、何春香(2006)研究唐代皇位继承不稳定问题时则认为,专制主义中央集权,皇帝、太子与亲王之间的矛盾,以及官僚、后妃、宦官等都会对皇位继承施加影响。史卉(2007)也认为,皇权至上的现实导致继承方式难以按照既定的制度来实施,皇帝具有主观随意性;另外,皇室权力争斗复杂,嫡长子继承制在某种程度上形同虚设。

从以上文献中可以发现,学界目前对嫡长子继承制的研究主要停留在史学范式,缺乏系统的理论框架来阐释该制度的建立与演化过程。不少学者尽管察觉到政治中各种利益集团的存在会对皇位继承施加影响,但并未就其内在机制进行深入剖析。随着新制度经济学在中国的传播,国内学者开始运用经济学方法来探究中国古代的制度问题,包括对"家天下"专制制度的分析(张焱,2016;李卉、杨德才,2017),以及对王朝兴衰周期律的分析(杨德才、赵文静,2016)。其中涉及的理论涵盖新制度经济学中的重要概念,例如,利益集团、路径依赖、交易成本等,有力地解释了中国古代经济社会的运行规律。这些先行研究为本文探讨嫡长子继承制的建立与演化提供了样例。

三、西周嫡长子继承制的建立

新制度经济学家诺思曾言:"制度是一个社会的博弈规则,或者更规范地说,它们是一些人为设计的、形塑人们互动关系的约束。"任何制度背后都不可避免地包含人为博弈的因素,尤其是利益集团之间的相互博弈。在新制度经济学中,广义的利益集团是指由于共同的利益从而产生了共同的价值观和态度的集合体。狭义的利益集团是指在政治领域通过影响公共政策来追求某种特殊利益的个人所形成的组织。本文探讨的利益集团属于政治领域中狭义的利益集团。曼瑟·奥尔森作为集体行动理论的创始人,对利益集团的组成、分类和运行机制进行了系统的分析,他根据利益主体在追求利益时是否相互包容,将利益集团分成相容性的(inclusive)和排他性的(exclusive)。这两类利益集团面对竞争者的态度完全不同,前者能够接纳新的竞争者,并为整体目标努力;而后者排斥其他同类的利益集团,甚至会以采取措施打压和驱逐竞争者的方式维护自身利益。

政治领域中的利益集团对国家各种制度的建立和演化具有决定性作用,而政治利益集团的形成通常又与该时期实行的官僚制度密切相关。官制是政权机构的重要组织制度之一,中国自原始社会进入阶级社会以来就逐渐发展出一套丰富的职官体系,包括官员的选拔任免、职位的分工设置等。不同的官制下会产生不同的组织,这些组织由于各自经济利益、价值观念和归属感的差异,因而形成不同的利益集团。相应地,利益集团的性质也会存在差异,下文就首先从西周的中央官制特点开始分析其利益集团的性质,并在此基础上阐释西周在诸多继承方式中选择嫡长子继承制的原因。

(一)西周的中央官制特点与相容性官僚利益集团

根据《国语·鲁语下》所言,"天子及诸侯合民事于外朝,合神事于内朝"。西周中央官制分为内、外朝两大体系。外朝主要负责国家的行政和军事,内朝则主要管理占卜、祭祀、记录历史、册命礼仪以及王室日常事务。其中官员的任免遵循世官制,又称世卿世禄制,是指经过权威者的确认,服事者的官职不仅可以终生担任,而且可以经由父传子或祖传孙的途径将此官职传予后代。该选官制度以宗族血缘为基础,国家官员从本族内部产生并世代由其子孙继承,最终形成了一个庞大的同族中央政治集团。

西周最高的统治者被称为"天子",也是政府的首脑。在周天子之下最高的执政官是太师和太保,太师是天子的老师,太保对天子负有保养、辅导的责任,大多由王族的长老或天子的岳父担任。天子、太师和太保构成中央政府的核心,对国家事务具有直接干预的能力。在他们之下是内外朝,外朝事务由卿士寮负责,是实际的执政官,多由王畿内封国的"公"和"伯"担任,负责行政和军事要务。内朝事务属于太史寮管理的范畴,这一职位也几乎由姬姓贵族或与王室密切相关的族内成员担任。西周虽然在名义上划分国家与事务,但在实际运行中依然存在军政合一、官员分工不清的弊病。例如,周公旦作为太师又担任成周军监,不仅管军事,还兼管成周卿士寮。太保一职原与军事无关,却又参与带兵打仗;而太史本为史官之长,管宗教、记史、天文历法等,但是在周康王时期又兼管卿士寮(见图1)。

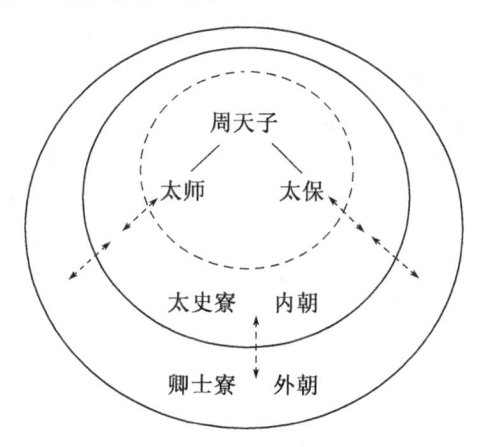

图1 西周中央官制示意图

由此可见,西周中央官制下的政治呈现出两个突出特征。首先是强烈的宗族血缘性。实际上,西周通过分封制在地方也构建起以血缘为基础的贵族政治,但由于本文主要讨论的是中央皇权的继承问题,因此地方官制情况略去不表。在这样的贵族政治下,一切国家大事几乎都由姬姓王室成员决定,他们形成了一个具有共同利益的政治集团。在这个集团内部,每个成员凭借与"天子"血缘关系的亲疏,获得大小不同的政治权力,成员之间的利益具有很强的相容性。这种相容性主要体现在王室成员之间往往一荣俱荣、一损俱损,某个成员追求最大化利益的同时会给自己血缘亲近的成员带来利益。而一旦某个成员因渎职受到惩罚,那么与他亲近的成员也会受到牵连。其次是官员职务体系的模糊性。虽然西周在官员职务名称上已经存在区分,但在实际政治运行中,掌握较大权力的官员尤其是太师、太保以及太史,可以干预其他与本职工作无关的事务。等级相对较低的官员则可能被上级驱使进行兼职或者抽调到其他部门。由此导致中央政治集团内部官员的归属与职能相当复杂和不稳定,职务体系与后世相比非常混乱。这也使得不同部门、不同层级官员之间的利益具有交叉包容的特点。

所以按照奥瑟·曼尔森的理论,西周的中央政治集团具有相容性利益,各个利益主体在追求自身利益时允许共同利益的存在。而且,作为人数较少的特权阶层,西周中央政治集团的小规模不仅有利于统一目标和行动,还存在着选择性激励机制,使集团能够有针对性地对成员符合集体利益最大化的行为进行奖励,同时也能对危害集体利益的行为做出惩罚,这进一步加强了集团内部利益的相容性。根据上述分析可以得出结论:西周的中央政治集团以宗族血缘为纽带,形成了一个庞大的具有共同价值观的相容性利益集团,该利益集团基于自身利益最大化的目标做出决策。

(二) 王位继承方式的选择与嫡长子继承制的确立

王位继承在历史上曾出现过多种方式。传说中的原始社会如炎黄时代多以武力角逐出首领,后来又出现"选贤举能"的禅让制。而进入父权主导下的氏族社会后,随着财富和权力的集中,王位继承逐渐转变成部落内部的权力更替,世袭成为最主要的继承方式,由此开始了中国"家天下"的历史。王位在一姓中继承虽然大幅缩小了选择范围,但具体选择何人继位仍然存在标准不一的问题。在人选上,西周之前的商代曾实行过"兄终弟及",后来逐渐过渡到"父死子继"。在继承的标准上,李衡梅(1988)研究先秦继承制时总结出七种形式,分别是择贤、立长、立爱、行私、卜定、外援、攘夺。为使讨论更加全面完整,本文将"立嫡"也作为一种形式纳入其中(见表1)。这些形式和两类候选人之间可以排列组合出不同的继承方式,以周天子为首的中央政治集团需要从中选择能够使集团利益最大化的一种方式作为政治制度确立下来。

表1　　　　　　　　　　王位的八种继承形式

编　号	继承形式	衡量标准
1	择贤	潜在继承人品德和才能
2	立长	潜在继承人年龄
3	立爱	现任统治者偏好
4	行私	官员偏好
5	卜定	随机概率
6	外援	潜在继承人势力
7	攘夺	潜在继承人政治斗争能力
8	立嫡	潜在继承人母亲是否为正妻

作为国家统治阶级,西周的中央政治集团在选择何种继承方式以追求利益最大化时具体需要考虑两个方面。第一,该制度应该有利于权力过渡的稳定性,尽可能地避免政治斗争。第二,该制度应该有利于权力过渡的有效性,尽可能地"选贤举能"。对于统治者而言,稳定性意味着权力继承对象能够持

续统治一定的时间,且应具有明确性。根据前一条要求,"兄终弟及"显然不是好的继承方式,由于兄弟之间的年龄差通常小于父子之间,若以兄弟作为继承人选容易导致政权更迭频繁,不利于社会形成对政治稳定的预期。纵观中国历史,统治阶层频繁变更的朝代往往处于乱世,例如,南北朝、五代十国等;而以汉、唐、宋、清等为典型的君主平均统治时间较长的朝代则往往出现著名的太平盛世。无独有偶,西方历史也表明频繁的权力更迭与动荡衰落的国家密切相关,在公元455年到476年的短短21年,日渐衰落的西罗马帝国有7位皇帝上台。奥尔森也曾以"历史上人们对君主万寿无疆的关切"为例说明"在专制政体下,王位更替可能是一个社会性的要求,因为这既可以减少继承危机的可能性,也可以使君主对长期效应和社会生产予以更多的关注"。这表明,选择可以长期执政的统治者是政府和百姓的共同期望。因此,"父死子继"取代"兄终弟及"是王位继承的一个必然趋势。

下文继续探讨八种继承形式与"父死子继"的结合。在以上八种继承形式中,择贤、立爱、行私、卜定、外援、攘夺这六种呈现出较大的不确定性。择贤、立爱和行私与人的主观偏好密切相关,极有可能随自身观念、潜在继承人行为等因素而发生变化。而且一旦现任统治者与官员意见相悖,就容易导致统治阶层内部斗争,不利于权力平稳过渡。卜定,从表面上看很公平,每个潜在继承人都有相同的概率成为下一任统治者,但也正由于这种完全客观随机的特点,究竟谁能继承王位难以预计。另外,通过卜定来选择继承人需要付出大量组织仪式的成本,先秦时期的国家还保留着浓厚的原始宗教色彩,卜定是向上天请示获得"神意"。因此,需要专门负责占卜祭祀的史官按照周礼规定来组织,前后要耗费不少人力、物力。所以实际上,卜定这种方式几乎没有得到应用,除非特殊情况,如《左传》"昭公十三年"中提到楚共王"无嫡立焉。乃大有事于群望,而祈曰:'请神择于五人者,使主社稷。'"。可见若非没有嫡子,楚共王也不会采取卜定形式。外援系指自己的妻子或母亲为一强国的女儿,或个人与某强国关系亲近,有势可恃,引以为外援,从而加重被选人的筹码。根据潜在继承人背后的势力大小进行选择在稳定性上具有优势,一般来说,拥有势力的继承人对中央政治的影响力更强,也更容易得到现任统治者和官员的支持。但如果多个潜在继承人的势力大小相当,就易走向攘夺这一形式,激烈残酷的政治斗争在中国历史上并不少见,各种钩心斗角、尔虞我诈使最终登上王位的继承人总要经历一番腥风血雨,这无疑危害政治稳定性。而剩下的两种继承形式立长和立嫡分别以年龄、母亲是否为正妻这类客观因素作为参考标准,其变数很小,且对象具有明确的指向性,符合稳定性这一条件。

从稳定性的角度来看,外援、立长和立嫡相较其他继承形式更有利于王位传承,那么这三种形式是否满足有效性呢?根据西周婚姻制度可以发现,三者很大程度上是内部统一的,而且满足有效性。西周实行一妻多妾制,王后尤其是首任王后的选定,往往不是君主本人所能决定的。或是作为太子之时在父母主导之下选定的,或是父亲去世之时还未大婚,最后在王太后及朝中重臣的辅助之下选定的,而所选定的王后多出身于权高位重的官宦之家。再者,王后与君主常常婚配最早,也最有可能率先生育子女。所以外援、立长、立嫡三者在很大概率上可以同时被满足,统一为嫡长子继承。其有效性主要体现在两个方面:首先,作为长子具有年龄优势,其人生经历、治国才能和政治谋略更加丰富。他的母族、妻族由于势力强大也能在政治上给予助力加以辅佐。相反,幼子不仅在经验上不及长子,还容易受到来自外戚、朝臣和宦官的控制,即使顺利继位也无法真正发挥君主权力。在他成年后,往往不甘于政权旁落,会试图夺回权力引发争斗,从而导致政治内耗。这样的案例在中国历史上也屡见不鲜,汉武帝去世前立8岁的刘弗陵为太子,并托孤于霍光,此后正统权力不断旁落,王莽篡汉便是最典型的案例,直接导致改朝换代。

所以出于利益最大化考虑,西周中央政治集团选择同时满足稳定性和有效性两个条件的结果是采用嫡长子继承的方式,以维持统治阶级整体利益。西周的继位数据也证明嫡长子继承制不仅得到正式确立,同时也在实践中得到落实。西周共计12代君主,除去开国天子周文王姬昌外,其余11代君主中有10位都是嫡长子继承,比例高达91%;东周共计25代君主,除去周平王姬宜臼外,其余24代君主中有19位是嫡长子继承,有1位是因为太子早逝由嫡孙继承,也可以看作实施了嫡长子继承,比例约为80%。在后世朝代中,前文所述的很多因素包括主观偏好、政治斗争内耗、一夫一妻多妾制、长子的年龄优势等也依然存在,因此嫡长子继承制有着强大的生命力,并同儒家观念相结合,成为皇权继承的重要制度原则。但后来的历史事实并非如此,这说明存在其他方面的重大变化导致嫡长子继承在实际应用中出现阻碍。下文主要探讨秦朝之后中央官制如何变化使得中央政治集团集体利益最大化的假设失效,各官僚利益集团干预皇权继承,导致嫡长子继承制难以落实。

四、秦朝以降嫡长子继承制的演进

秦朝是中国古代历史上制度变迁最为频繁激烈的朝代之一,它提供了相当多的制度设计,涉及政治、经济和文化等诸多方面,其中最为突出的是皇帝制度的建立。秦王嬴政在统一全国后,认为自己"德兼三皇,功高五帝",于是取"皇""帝"二字为名,从此天子也被称为皇帝。在皇权继承问题上,秦始皇生前并未正式册立太子,但《史记·秦始皇本纪》中记载秦始皇病重时"乃为玺书赐公子扶苏曰:'与丧会咸阳而葬。'"。那么一般来说,交代扶苏负责葬礼实际上已经表明秦始皇还是遵照嫡长子继承制,默认将皇位传给长子扶苏。[①] 然而在丞相李斯、宦官赵高二人的合谋之下,最终秦始皇的小儿子胡亥

---

① 编者按:此处为作者主观推断。

成为皇帝,长子扶苏自尽而亡。通过这段历史不难发现,嫡长子继承制在实施的过程中受到官僚集团操纵的严重影响。后世王朝的权力继承中也不乏类似案例,潜在继承人联合官僚集团进行政治斗争,使得嫡长子继承"名存实亡",皇权归属充满着极大的不确定性。根据国内学者的研究发现,历史上只有2/5的皇帝依靠嫡长子继承制登上皇位(见表2)。

表2　　　　　　　秦朝至清朝的嫡长子继承实施情况统计

朝代名称	嫡长子继承 一、严格	嫡长子继承 二、宽松	非嫡长子继承	总　计
秦			1	1
西汉	4		7	11
东汉	3	2	6	11
曹魏		2	2	4
孙吴			3	3
蜀汉	1			1
西晋	1	1	1	3
东晋	4		6	10
宋	3		4	7
齐	1	1	4	6
梁		1	2	3
陈	2	1	1	4
北魏(及西、东魏)	4	1	7	12
北齐	3		2	5
北周	2		2	4
隋			2	2
唐	7	3	10	20
后梁			1	1
后唐			3	3
后晋		1		1
后汉			1	1
后周	1	1		2
北宋	2		6	8
辽	3	1	4	8
西夏	5		4	9
南宋	1	1	6	8
金		1	7	8
元	1		9	10
明	10	4	2	16
清	1		9	10
占比	30.73%	10.94%	58.33%	100%

数据来源:统计表引自谭平《中国古代皇位嫡长子继承制的计量分析》,成都大学学报(社会科学版),1998年第4期,数据源自二十四史本纪。严格是指完全按照嫡长子标准统计的继承人数,宽松是指由于皇帝、皇后无子,嫡长子早夭等特殊情况无法实施嫡长子继承而由其他血统最近的皇室成员继承的人数。

除了皇帝制度以外,秦朝在官僚政治制度设计上也为后代提供了范例,"汉承秦制"指的就是西汉对秦朝中央官僚制度的学习和继承。汉代之后,虽然各个王朝都推行了自己的官僚制度,但其中依然有着秦朝制度的影子,官僚政治这一根本特征并未发生改变。因此下文就以秦朝的中央官制为例,分析该制度下官僚利益集团对嫡长子继承的影响。

(一) 秦朝中央官制与官僚利益集团

秦朝是中国历史上第一个统一的专制主义中央王朝,确立了以"三公九卿"为主要架构的中央官僚体系(见图2)。"三公"包括丞相、太尉和御史大夫,分别负责协助皇帝处理政事、军事以及监察工作。"三公"之下的中央各重要部门的主管官员有奉常(宗庙礼仪和教育)、郎中令(宫廷警卫)、卫尉(宫门屯卫)、太仆(宫廷舆马)、廷尉(司法)、典客(少数民族与外交)、宗正(皇室事务)、治粟内史(国家财政)和少府(皇室财政),时人称之为"九卿"。从组织架构上来看,秦朝的中央官僚设置较西周更为专业化,分工明确且存在制衡。丞相并非全权负责政务,而是由太尉分担军务,再由御史大夫掌管监察。"三公"之下,具体事务也有相对应的部门长官负责处理,官员职务体系相对清晰完善。在官员任免上,秦朝与西周的世卿世禄制截然不同。早在秦国时,秦孝公就任用商鞅进行变法,以军功为标准选拔人才,任用了一批具有军事才能的官员。在变法的持续推动下,秦国加强人才吸引政策,为其发展提供大量人才储备。秦孝公还曾发布"求贤令"以招纳人才:"宾客群臣有能出奇计强秦者,吾且尊官,与之分土。"孝公之后,惠王、昭王乃至秦始皇都遵循这一思想,不少异国的能人志士通过荐举、应招、自荐和派遣等途径入秦出仕。以上两种选官方式分别称为军功爵制和举荐,可以看出这与西周凭借血缘关系的官制有着本质区别。秦朝建立之后也沿用秦国时期的选官传统,中央乃至地方的高级官员几乎都经过举荐并最终由皇帝任命,不得世袭,标志着官僚政治取代贵族政治成为中国专制社会的基本政治形式。

图 2　秦朝中央官制示意图

官僚政治的建立与周代贵族政治相比无疑是历史的巨大进步。第一,在任免上破除贵族凭借血缘垄断政治的藩篱,让更多有能力的人加入官员队伍中去。第二,官职设置上分工明确,相互制衡,提高了行政效率。但是这并不意味着中国政治制度达到完善的程度,官僚集团的产生同样引发了新的政治问题,杨德才、刘怡雯(2017)就指出:"为了维护自己的利益,官僚利益集团总是竭力维护对己有利的制度,阻碍相关制度的变迁,由此产生路径依赖,造成无效率制度的锁定,导致王朝周期性兴衰。"而从整个官僚集团内部来看,由于官僚选拔方式和官僚体系设置的改革,秦朝中央政治集团从西周时期的相容性转变为排他性,不同部门、不同层级的官僚都具有各自的特殊利益。军功爵制和举荐使得维系官僚之间的血缘纽带不复存在,共同利益减少;而清晰明确的官制设置又使不同部门、不同层级在资源有限的条件下竞争更加激烈,大部分利益无法相容甚至是对立冲突的。因此中央政治集团分化出不同的分利集团,他们活跃在国家政治舞台,通过干预决策的制定甚至皇权的归属来为自己谋求更多的利益。奥尔森指出,分利集团的利益是排他性的,对于分利集团而言,增加本集团收益的方法有两种,一种是通过促进整个社会生产率的提高来改善本集团的福利;另一种是尽可能为其成员争得社会生产总额中的更大份额来改善本利益集团的福利。分利集团一般选择后者,即分利集团采取集体行动的目标一般都是在既定的利益中争取更多的份额,而不是增加总的社会福利。

  在皇权至上的封建社会背景中,官僚集团在既定的利益中争取更多份额最有效、最快速的方式就是尽可能地亲近皇帝以得到重用。所以出于对未来收益的考虑,不同的官僚集团都希望与自己联系紧密的潜在继承人能够上位,或者选择某个潜在继承人支持其上位。"一朝天子一朝臣",面对皇权更替,各官僚利益集团纷纷站队押注,一旦拥立的潜在继承人顺利登基继位,那么"从龙之功"带来的收益是非常可观的。唐太宗李世民在贞观十七年(643)修建凌烟阁纪念和他一起打天下治天下的二十四功臣,其中有10位,如长孙无忌、房玄龄等就曾支持李世民发动玄武门之变。李贺诗云:"请君暂上凌烟阁,若个书生万户侯?"可见这些功臣不论在财富上还是在声誉上都获得了极高待遇。当然,站队押注也有很大风险,这些风险既来自因结党营私、扰乱朝堂被现任统治者处罚,也来自站错队被新任统治者惩罚,还来自站对队却因为功劳过大导致君主猜忌被"卸磨杀驴"。各官僚集团需要权衡风险收益进行选择,只要风险够低、收益够大,他们就会主动参与到皇权争夺中去,而不是遵守嫡长子继承的传统。官僚利益集团参与皇权斗争的手段大致可分为三种,一是通过正常的政治渠道向皇帝建言献策,推荐自己认为合适的继承人作为储君;二是利用权术谋略,人为地引导皇帝决策;三是采取激进方式,以暴力除去其他潜在继承人,更有甚者直接威胁皇帝。在某个官僚集团势力非常强大的极端情况下,它甚至可能采取控制继承人,把皇帝作为傀儡的方式来攫取利益。这在历史上也有案例,例如,9岁即位的汉平帝刘衎,由大司马王莽操持国政;7岁即位的汉献帝刘协被曹操"挟天子以令诸侯"。

  官僚利益集团追求自身利益最大化的行为,一方面使其内部分化出不同的小团体;另一方面也使整个中央政治集团分割为两个部分——皇帝和官僚利益集团。作为最高统治者,大多数皇帝追求的目标是政治稳定、维系王朝存续,正如秦始皇所言"朕为始皇帝,后世以计数,二世、三世至于万世,传之无穷"。在此基础上,若能让百姓安居乐业,国家繁荣昌盛自然更佳。这既可以增加皇帝享受的物质财富,也能为其带来载入史册、流芳百世的声誉。中国古代很多皇帝都愿同秦皇汉武相提并论,莫不抱着成为"千古一帝"的宏图。所以在嫡长子继承已成为制度的情况下,皇帝在选择继承人时往往遵循古制以维护政治稳定。但是这并不排除皇帝按照主观偏好选择继承人的可能性,专制社会皇权独尊的特征注定没有任何制度能对皇帝产生完全有效的制约。而官僚利益集团不仅会考虑政治稳定和王朝存续的问题,更会从自身利益出发,扶持对自己更有利的继承人。因此,秦以后的中央政治集团与西周相比而言,更加进步的同时也更加复杂。皇帝与官僚利益集团之间、官僚利益集团内部之间都存在着利益矛盾,那么一场关于皇权继承的政治博弈就在所难免了。

(二) 嫡长子继承制下的官僚利益集团博弈

正如前文所述,制度是人为博弈的结果,博弈离不开人的因素。在古代社会,统治者权力继承涉及的参与人主要集中在中央政治集团内部,由现任统治者、潜在继承人以及一定层级的官员来决定权力归属。为了更加清楚地分析官僚利益集团对皇权继承问题的影响,本文采用博弈论的方法构造一个简化的模型。假设如下:在皇权继承博弈中,现任皇帝、潜在继承人和各官僚利益集团构成最主要的博弈方。潜在继承人有两个,一为嫡长子,另一为庶子,官僚利益集团共有两个,分别为 i 和 j。出于政治敏感,潜在继承人通常不会主动向皇帝表达自己的意图,而是经由与之关系密切的官僚利益集团在朝堂上"拉票",给皇帝提供建议,相应地,潜在继承人需要向利益集团许诺一定的报酬。所以本文暂不考虑潜在继承人和官僚利益集团之间的匹配问题,而是将潜在继承人和相对应的官僚利益集团看作一个主体,二者统一决策、统一行动、统一承担结果。而且,与单个潜在继承人相比,其对应的官僚利益集团更具有参与博弈的实力,因此将模型进一步简化为皇帝和官僚利益集团为主体的博弈。

第一阶段,皇帝首先选择立嫡还是立庶。第二阶段,官僚利益集团在皇帝已经做出决策的基础上,根据自身利益表示同意或者反对。当 i 和 j 都同意时,二者得益均为 μ。当 i 和 j 中只有一个同意时,博弈结果仍为同意,即皇帝的决策被通过,此时,表示同意的利益集团得益为 μ,表示反对的利益集团受到新任统治者的政治惩罚 $\beta<0$,得益为 β。当 i 和 j 都不同意时,皇帝出于维持政治稳定的考虑会改变决策,此时 i 和 j 的得益分别为 η_i 和 η_j。其中 η_i 和 η_j 可以看作潜在继承人许诺给利益集团的"好处",促使利益集团向皇帝表示反对,不过对于每个利益集团而言,η 是私人信息,即 i 和 j 不知道潜在继承人给对方许诺了多少的好处,但知道 η 是服从 $[\underline{\eta},\overline{\eta}]$ 上的连续、严格递增的独立同分布(见图3)。

官僚利益集团 j

	同意	反对
官僚利益集团 i 〈同意	μ,μ	μ,β
反对	β,μ	η_i,η_j

图 3　官僚利益集团得益矩阵

观察图 3 中的得益矩阵容易发现,(同意,同意)首先构成了一个纳什均衡,表明存在官僚利益集团倾向与皇帝的决策保持一致的可能性。在这种情况下,如果皇帝无论是遵循古制立嫡长子还是选择立庶,单一官僚集团都会支持皇帝,毕竟如果其中一个官僚集团表示反对,它会面临来自皇权和另一官僚集团的联合对抗,很可能会导致失败,并受到政治惩罚。但这是否意味着官僚利益集团永远都会同意皇帝的决策呢?答案显然是否定的,下文试图构造出利益集团 i 和 j 都表示反对的贝叶斯纳什均衡。对于 i 而言,假设 j 选择反对的概率为 Z,当且仅当 i 选择反对的得益大于等于同意的得益时,i 才会选择反对,即

$$Z\eta_i + (1-Z)\beta \geq \mu$$

$$\eta_i \geq \frac{\mu - \beta + \beta Z}{Z} = \beta + \frac{\alpha}{Z}, \alpha = \mu - \beta$$

令 $\eta_i^* = \beta + \frac{\alpha}{Z}$,所以 i 的策略 S_i^* 为:

$$S_i^*(\eta_i) = \begin{cases} 同意, \underline{\eta} \leq \eta_i < \eta_i^* \\ 反对, \eta_i^* \leq \eta_i \leq \bar{\eta} \end{cases}$$

Z 取值同 j 的 η_j 取值有关,$Z = Prob(\eta_j^* < \eta_j \leq \bar{\eta}) = \frac{\bar{\eta} - \eta_j^*}{\bar{\eta} - \underline{\eta}}$,将 Z 代入 η_i^*,得到:

$$\eta_i^* = \beta + \frac{\alpha}{Prob(\eta_j^*)} = \beta + \frac{\alpha}{Prob\left(\beta + \frac{\alpha}{Prob(\eta_i^*)}\right)}$$

根据 i 和 j 的对称性,可知 η^* 满足:

$$\eta^* = \frac{\bar{\eta} + \beta + \sqrt{(\bar{\eta} - \beta)^2 + 4\alpha(\underline{\eta} - \bar{\eta})}}{2}$$

还有一个解因为小于 0 故舍去。那么,对于利益集团 i 和 j,则有:

$$S^*(\eta) = \begin{cases} 同意, \underline{\eta} \leq \eta_i < \dfrac{\bar{\eta} + \beta + \sqrt{(\bar{\eta} - \beta)^2 + 4(\mu - \beta)(\underline{\eta} - \bar{\eta})}}{2} \\ 反对, \dfrac{\bar{\eta} + \beta + \sqrt{(\bar{\eta} - \beta)^2 + 4(\mu - \beta)(\underline{\eta} - \bar{\eta})}}{2} < \eta_i \leq \bar{\eta} \end{cases}$$

以上策略组合构成一个贝叶斯纳什均衡,当利益集团各自的 η 大于 η^* 时,就有 i 和 j 都选择反对。

再由逆向归纳法分析皇帝的决策。根据不同的博弈结果,假设皇帝的得益有以下四种情况,其中 $a>a',b>b'$。该假设的前提条件有两个,一是皇帝和官僚利益集团决策统一的得益高于分歧的得益;二是实行嫡长子继承制的得益高于不实行嫡长子继承制的得益。对于皇帝而言,他的决策和官僚利益集团如果能达成一致,那么相应政治上的"讨价还价"耗费的成本就会非常低,双方都能实现一个较高的得益。反之,皇帝如果不能与官僚利益集团达成一致,那么博弈结果会削弱他的权威,得益小于前一种情况,即 $b<a,b'<a'$。就决策一致的两种结果立嫡和立庶而言,根据第二节的分析,立嫡的得益要优于立庶,即 $a>a',b>b'$(见图4)。

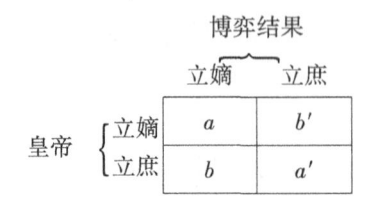

	博弈结果	
	立嫡	立庶
皇帝 立嫡	a	b'
立庶	b	a'

图4 不同博弈结果下的皇帝得益矩阵

因此,第二阶段官僚利益集团的博弈结果无论是立嫡还是立庶,在第一阶段,皇帝决策的原则就是和至少一个官僚利益集团 i 或者 j 的意见保持一致。如果皇帝了解到朝堂整体倾向于立嫡长子为储君,那么他就应该选择立嫡;反之,就应该选择立庶。事实上,古代册立储君并非由皇帝一人决定,皇帝在选择继承人时总会纠结是否遵照嫡长子继承原则,尤其当嫡长子才能并非很出色的时候。所以皇帝在决策前会先去了解各官僚集团的看法,唐太宗李世民传位于唐高宗李治就是一个典型的案例。尽管最初唐太宗按照嫡长子继承原则立李承乾为太子,但李承乾后因叛乱被废。李世民有意立嫡次子李泰为太子,但受到谏议大夫褚遂良的劝阻,遂作罢。之后在褚遂良和长孙无忌等大臣的建议下,李世民最终立第九子李治为太子。由此也可知,官僚利益集团对继承人的态度是皇帝立储的重要参考意见,第二阶段的博弈结果会对第一阶段皇帝的决策产生影响。皇帝的决策在某种程度上被官僚利益集团所"绑架",为了维护政局稳定,提高决策效率,皇帝就可能迁就大多数官僚利益集团的选择。因此,立嫡就成为博弈的均衡之一,而非唯一结果,历史上众多非嫡长子登上皇帝宝座的现象也就有了可信的解释。

五、结 论

本文利用新制度经济学的相关概念和博弈论方法,从中央官制变迁背景下官僚利益集团行为的变化来分析嫡长子继承制在中国古代历史中的建立与演化,重点解释了嫡长子继承制为何建立,建立之后又为何在实际政治中屡遭破坏。首先,西周能够建立起嫡长子继承制与其中央官制密不可分。宗族血缘特征浓厚、权力界限模糊的特征使得西周的中央政治集团具有利益相容性,作为统治阶层倾向于选择最稳定也最有效的继承方式来维护自身利益。在诸多继承方式的组合中,与"兄终弟及"相比,嫡长子继承可以减少政权更迭次数;与择贤、立爱、行私相比,嫡长子继承可以降低因选择标准主观易变导致的不确定性;与卜定相比,嫡长子继承可以消除不必要的随机性和组织成本;与外援相比,嫡长子继承避免了低效率的政治内耗。再加上一夫一妻多妾的制度背景,嫡长子治国理政的能力也可以得到较高的保证。所以西周确立了嫡长子继承制,并在政治实践中落实。

秦朝以来,嫡长子继承制经常名存实亡,这与中央官制变迁和中央政治集团的分化有很大关联。以宗族血缘为纽带的贵族政治被以选拔和举荐为特征的官僚政治所取代,官职体系也从原本的军政合一、权责模糊改进为分工明确、权责清晰。具有排他性利益的官僚利益集团也随之出现,对最高权力的继承问题产生巨大影响。各利益集团都试图扶持自己中意的继承人登上皇位以期获得"好处",因此在继承人选择上不惜承担一定风险反对皇帝的决策。而皇帝与官僚利益集团之间、官僚利益集团内部之间基于各自利益目标的博弈正是导致嫡长子继承制度难以落实的根本原因。皇帝和官僚利益集团意见达成一致,选择同样的继承人是统治阶级整体利益最大化的博弈结果。但是从博弈模型中可以得知,只要各官僚利益集团从潜在继承人那里能得到足够高的"好处",那么它就会积极地通过各种手段去游说皇帝改变策略。而这种行为甚至会迫使皇帝在最初决策时更多参考官僚集团的意见,直接选择嫡长子之外的其他继承人。

参 考 文 献

[1] 奥尔森,2014.权力与繁荣[M].上海:上海人民出版社.
[2] 道格拉斯·C.诺思,2008.制度、制度变迁与经济绩效[M].上海:格致出版社.
[3] 范学辉,朱宏,1996.两汉皇位继承制度略论[J].西南师范大学学报(哲学社会科学版)(3):66-70.
[4] 何旺旺,贺乐民,2019.我国古代君主继承制度形成之研究——以嫡长子继承制的确立为中心[J].唐都学刊,35(1):77-83.
[5] 贾如银,2004.试论中国古代的皇位继承制度[J].社科纵横(6):114-119.DOI:10.16745/j.cnki.cn62-1110/c.2004.06.062.

[6] 江连山,1990.简论西周前期中央官制特点[J].求是学刊(5):82-85.

[7] 李衡梅,1988.先秦继承制为选择继承说[J].中国史研究动态(10):62-68.

[8] 李卉,杨德才,2017.路径依赖与中国历史上"家天下"专制制度——基于博弈论视角的分析[J].文化产业研究(1):2-14.

[9] 李勇,何春香,2006.唐代的皇位继承制度以及影响皇位继承不稳定的因素[J].济宁师范专科学校学报(2):5-9.

[10] 林剑鸣,1983.秦代中央官制简论[J].西北大学学报:哲学社会科学版(1):32-39.

[11] 钱宗范,1996.中国宗法制度论[J].广西民族大学学报:哲学社会科学版(4):6.

[12] 史卉,2007.简析中国古代的皇位嫡长子继承制[J].聊城大学学报(社会科学版),(2):158-160.DOI:10.16284/j.cnki.cn37-1401/c.2007.02.055.

[13] 司马迁,2014.史记[M].北京:中华书局.

[14] 谭平,1998.中国古代皇位嫡长子继承制的计量分析[J].成都大学学报:社会科学版(4):31-32.

[15] 汪超,2011.西周王朝中央官僚体制若干问题研究[D].西安:西北大学.

[16] 吴浩坤,1984.西周和春秋时代宗法制度的几个问题[J].复旦学报(社会科学版)(1):87-92.

[17] 杨德才,赵文静,2016.利益集团、制度僵化与王朝兴衰[J].江苏社会科学(4):42-52.

[18] 杨德才,刘怡雯,2017.论中国封建官僚利益集团的形成与影响——基于新制度经济学分析视角[J].南大商学评论,14(1):42-57.

[19] 杨德才,2019.新制度经济学[M].北京:中国人民大学出版社.

[20] 姚伟钧,2002.宗法制度的兴亡及其对中国社会的影响[J].华中师范大学学报(人文社会科学版),41(3):87-92.

[21] 张焱,2016.中国古代陷入"家天下"路径依赖的原因分析——从新制度经济学和进化博弈理论角度探析[J].文化产业研究(1):251-268.

[22] 左言东,1981.西周官制概述[J].人文杂志(3):99-106.